친절한 스포츠 데이터

with R

저자 황규인

YoungJin.com Y.
영진닷컴

ISBN 978-89-314-6550-1

독자님의 의견을 받습니다.

이 책을 구입한 독자님은 영진닷컴의 가장 중요한 비평가이자 조언가입니다. 저희 책의 장점과 문제점이 무엇인지, 어떤 책이 출판되기를 바라는지, 책을 더욱 알차게 꾸밀 수 있는 아이디어가 있으면 팩스나 이메일, 또는 우편으로 연락주시기 바랍니다. 의견을 주실 때에는 책 제목 및 독자님의 성함과 연락처(전화번호나 이메일)를 꼭 남겨 주시기 바랍니다. 독자님 의 의견에 대해 바로 답변을 드리고, 또 독자님의 의견을 다음 책에 충분히 반영하도록 늘 노력하겠습니다.

이 책은 관훈클럽정신영기금의 도움을 받아 저술 출판되었습니다.

파본이나 잘못된 도서는 구입하신 곳에서 교환해 드립니다.

이메일 : support@youngjin.com

주   소 : (우)08507 서울특별시 금천구 가산디지털1로 128 STX-V 타워 4층 401호

저자 황규인 | **총괄** 김태경 | **진행** 김민경 | **표지디자인** 임정원 | **내지디자인·편집** 김소연
영업 박준용, 임용수, 김도현 | **마케팅** 이승희, 김근주, 조민영, 김예진, 채승희, 김민지 | **제작** 황장협 | **인쇄** 제이엠

1.96!

2021년 5월 현재 만 세 살인 아들에게 '아빠가 제일 좋아하는 숫자가 뭐지?'하고 물으면 이런 답이 돌아옵니다. 공룡 대신 숫자에 빠진 아들이 '아빠는 제일 좋아하는 숫자가 뭐야?'하고 먼저 물어보기에 저렇게 답했더니 재미있던 모양입니다. 보통은 좋아하는 숫자로 정수를 꼽는데 소수점이 들어가는 숫자로 답했으니까요.

21!

'아빠가 두 번째로 좋아하는 숫자가 뭐지?' 그러면 아들은 이렇게 답합니다. 21은 전설적인 메이저리거 로베르토 클레멘테(1934~1972)의 등번호입니다. 1972년 9월 30일 시즌 마지막 타석에서 메이저리그 역대 11번째로 통산 3000안타 기록을 남긴 클레멘테는 그 해 12월 31일 니카라과행 비행기 추락 사고로 세상을 떠나고 맙니다.

당시 니카라과는 지진 피해에 시달리고 있었습니다. 그런데 이 나라를 족벌 통치하던 소모사 가문은 해외에서 보낸 원조 물자를 빼돌리기 바빴습니다. 그래서 클레멘테 본인이 직접 구호물자를 전달하겠다며 비행기에 몸을 실었다가 화를 당하고 말았습니다.

클레멘테는 메이저리그 역사상 8836번째로 데뷔한 선수입니다. 안타 숫자로 따지면 당시까지 상위 0.1%에 해당하는 기록을 남긴 셈입니다. 감히 어떤 사람의 인성을 평가할 수 있다면 클레멘테는 이 역시 상위 0.1% 안에 든다고 할 수 있을 겁니다. 그러니까 클레멘테는 야구 실력과 인성 모두 확실히 '평균 + 1.96 시그마(σ)' 바깥을 벗어난 위대한 사람이었습니다.

'이게 도대체 무슨 말이야?'하고 의문을 품는 분도 계실 겁니다. 그러면 이 책을 잘 골랐다고 말씀드리겠습니다. 이 책을 읽고 나시면 저 문장이 무슨 뜻인지 확실히 알게 되실 거라고 98.6% 확신합니다. 이건 정말입니다.

또 21은 미국프로농구(NBA) 무대에서 '미스터 기본기'(The Big Fundamental)로 통했던 팀 던컨의 등번호이기도 합니다. 이 책 역시 초심자가 데이터 과학 기본기를 다지는 데 도움이 되었으면 좋겠다는 생각으로 썼습니다. 개인적으로는 영어로 기본기를 뜻하는 낱말이 재미(fun)로 시작해 정신력(mental)으로 끝난다는 걸 잊지 않으려고 노력하는 1인이기도 합니다. 최대한 재미있게 읽어주시고 진도가 나가지 않을 때는 정신력을 가다듬고 다시 도전해 주시기를 부탁드립니다.

마지막으로 저를 스포츠 팬으로 키워주신 부모님과 쌍둥이 오빠가 맨날 '넘버 블럭스' 시청을 고집해 번번히 유튜브 선택권을 빼앗고 '저자의 말'에서도 순서가 뒤로 밀린 딸, '책 쓴다'는 핑계로 육아에 소홀한 사이 홀로 쌍둥이를 한 뼘 이상 키운 6시그마급 아내에게도 감사와 사랑의 말씀을 전합니다.

황 규 인

저자 소개

황규인
"이 세상 모든 질문이 스포츠였으면 좋겠다."

동아일보에서 스포츠 기자로 일하고 있습니다. 인문대 출신인 주제에 "야구 기록은 비키니와 같다. 많은 걸 보여주지만 다 보여주지는 않는다"는 격언에 꽂혀 2005년부터 세이버메트릭스(야구 통계학)를 주제로 블로그(kini.kr) 운영을 시작했습니다. 2013년 스포츠 기자가 된 뒤로도 '베이스볼 비키니', '발리볼 비키니', '데이터 비키니' 등을 문패로 스포츠와 데이터의 결합을 추구하고 있습니다. 이 노력을 인정받아 '구글 코리아'에서 주최한 '제1회 데이터 저널리즘 컨퍼런스'에 발표자로 초청을 받기도 했습니다. 대학원 졸업 논문 주제도 '머신러닝으로 장수 외국인 투수를 예측할 수 있을까'였습니다.

소스 코드 다운로드 소개

책에서 사용된 소스 코드는 github.com/bigkini/kindeR에서 다운로드할 수 있습니다.
또는 [영진닷컴 홈페이지]–[부록 CD]에서 "친절한 R with 스포츠 데이터"을 검색하면 소스 코드를 다운로드할 수 있습니다.

목차 | Contents

목차 | Contents

목차 | Contents

이 책은 한국어 사용자에게 R 언어 그 중에서도 tidyverse 사투리를 알리려는 목적으로 세상에 나왔습니다. 기본 어휘를 배우고, 스포츠 데이터를 가지고 'R 회화' 연습을 해볼 겁니다. 그러니까 이 책은 어떤 의미에서는 정보기술(IT) 서적보다 '어학 교재'에 가깝습니다.

많은 이들이 새로운 언어를 배우는 가장 확실한 방법으로 '연애'를 꼽습니다. 스포츠를 사랑하는 분들이라면 R 언어를 전혀 모르셨던 분도 이 책을 통해 R 회화 실력을 한 차원 끌어올릴 수 있으리라고 장담합니다. 아직 스포츠를 사랑하지 않더라도 R 언어 공부에 도움을 받는 셈 치고 이번 기회에 한 번 '대시'해 보세요.

어떤 말이든 한 번 귀가 뚫리고 입이 트이면 어떤 소재로든 자유롭게 의사소통을 하는 게 가능합니다. R 역시 마찬가지입니다. 우리는 스포츠 데이터로 R 언어를 공부할 거지만 일단 코드를 읽고 쓸 줄 알게 되면 어떤 데이터든지 원하는 대로 처리하는 게 가능합니다.

저는 인문대를 졸업한 순수 문과생 출신이고, 현재도 글을 쓰는 게 직업입니다. 코딩 지식도 전문가 수준이라고 하기는 어렵습니다. 그래서 세상에 나와 있는 코딩 책을 훑어 보다가 '이과 출신은 정말 이런 문장을 이해할 수 있단 말이야?'하고 느꼈던 때가 한두 번이 아닙니다.

이 책은 한국어 사용자라면 누구나 R 언어를 공부할 수 있도록 '최대한 친절하게' 썼습니다. 그런 이유로 책을 읽다가 '이 정도는 나도 다 안다'고 느낄 때도 있을 겁니다. 그럴 때는 아는 부분은 과감하게 건너 뛰어도 좋습니다. 대신 아직 이해가 덜 갔는데 설명이 끝났다고 느낄 때는 언제든 피드백을 주세요. 한 번 더 친절하게 설명해 드리겠습니다.

- 이 책을 읽어도 소용 없는 사람 : '타율'이라는 낱말을 지금 처음 알게 되신 분
- 이 책이 꼭 필요한 사람: diamonds, iris, mtcars가 뭔지는 알지만, 원하는 R 코드 3줄도 제대로 못 쓰시는 분
- 이 책을 통해 배울 수 있는 것: R로 데이터 불러오기, 정리하기, 변형하기, 그림 그리기, 모델링하기, 분석 결과 정리하기
- 이 책을 통해 배우기 힘든 것: 빅데이터[1] 및 비정형 데이터 처리

그럼 시작합니다.

```
print("Hello, World!")
## [1] "Hello, World!"
```

이 책에서 사용한 모든 코드 및 데이터는 github.com/bigkini/kindeR에서 확인할 수 있습니다.

---

[1] 그나저나 도대체 데이터가 얼마나 커야 크다고 할 수 있는 걸까요?

Chapter **0**

들어가며

확실히 자동 운전보다 수동 운전이 요령을 익히는 데 다소 시간이 걸린다. 발도 양쪽 다 사용해야 한다. 하지만 자전거나 수영과 마찬가지로 일단 몸에 익으면 평생 잊어버리지 않는다. 그리고 자동 운전만 하는 사람보다 확실히 인생이 한 눈금 더 즐거워진다. 정말로.

確かにマニュアルの運?は゛ オ?トマよりも要領を?えるのに多少時間はかかる゜足も一本余分に使わなくてはならない゜でも自?車や水泳と同じで゛ いったん身?で?てしまえば゛ 一生忘れることはない゜そしてオ?トマしか運?しない人よりも゛ 人生の目盛りひとつぶん確?に?しくなる゜本当ですよ゜

이 글은 일본 소설가 무라카미 하루키(村上春樹) 씨가 쓴 에세이 '로마 시(市)에 감사해야 해'에서 인용한 것입니다. 일본어 원문까지 인용하고 나면 제가 제법 유창하게 일본어를 구사할 것 같지만 사실은 정반대입니다. 고등학교 때 제 2 외국어가 일본어였지만, '수우미양가' 중에서 '가'를 받았습니다. 그 뒤로 쭉 일본어와 거리를 두고 살고 있습니다.

그런데 일본어 낙제생이 별로 어렵지 않게 간단한 구글링으로 원문을 찾을 수 있었던 제일 큰 이유는 이 문장이 '말'이 아니라 '글'이었기 때문입니다. 글은 말과 달리 가만히 멈춰서 기다리고 있기 때문에 얼마든지 찬찬히 뜯어 보고 확인하는 게 가능합니다.

게다가 다소(多少) 요령(要領) 시간(時間) 같은 단어는 우리말에서도 똑같이 쓰기 때문에 이 일본어 문장이 한국어 문장 원문이라고 짐작할 수 있었습니다. 단, 운전(運轉) 역시 한국과 일본에서도 똑같이 쓰는 표현이지만 한국에서는 '구를 전'을 정자체로 '轉'이라고 쓰는 반면 일본에서는 신자체로 '転'이라고 쓴다는 걸 알고 있어야 둘이 같은 단어라는 사실을 알 수가 있습니다.

코드를 읽고 쓰는 일, '코딩' 역시 이렇게 낯선 외국어를 번역하는 작업과 똑같은 방식으로 작동합니다. 코딩은 기본적으로 각 프로그래밍 언어 문법에 따라 컴퓨터와 '글(씨)로' 대화하는 일입니다. 게다가 컴퓨터는 아주 (친절하지는 않지만) 성실한 답변자이기 때문에 우리가 쓴 코드를 이해했는지 아닌지 바로바로 알려줍니다. 머릿속으로 문장을 완성해 놓고 혹시 어디 잘못된 부분이 있는 건 아닐까 고민할 필요 없이 일단 말을 걸어 보면 결과가 나옵니다.

코드 역시 하늘에서 떨어진 건 아닙니다. 자세히 보면 영어 단어와 엇비슷한 명령어(함수)를 쓰는 일이 많습니다. 또 서로 비슷한 기능을 하는 명령어는 서로 비슷한 형태로 줄여 쓴 형태가 많습니다. 구를 전(轉)을 신자체로 '転'이라고 쓰면 전할 전(傳)은 '伝'이라고 쓰는 것처럼 말입니다.

물론 일일이 명령어를 써서 원하는 결과를 얻어야 한다는 건 확실히 자동 운전보다 수동 운전에 가까운 일입니다. 대신 코드를 쓰면 마이크로소프트(MS) 엑셀이나 태블로(Tableau) 같은 자동 운전 방식보다는 훨씬 자유롭게 데이터를 처리할 수 있습니다.

수동 운전을 처음 배울 때는 이 쉬운 걸 왜 이렇게 어렵게 처리하는지 의문이 드는 게 사실이지만, 일단 몸에 익으면 복잡한 문제는 훨씬 쉽게 처리할 수 있고 평생 잊어버리지 않게 됩니다. 그리고 확실히 인생이 한 눈금 더 즐거워 집니다.

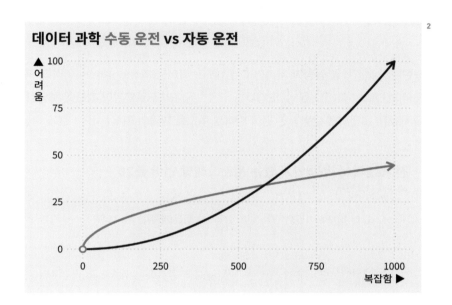

다시 강조하자면 이 책은 '데이터 과학'이라는 세계를 'R'이라는 언어를 통해 이동하는 법을 배우는 'R 여행회화' 책입니다. 회화 책 한 권 읽었다고 그 나라 말을 아주 유창하게 구사할 수 있으리라고 기대하는 분은 없을 겁니다. 대신 어떤 상황에 어떻게 이야기를 해야 하는지는 감을 잡을 수 있습니다. 또 단어를 조금 더 알게 되면 책에 나온 문장 말고 다른 뜻을 전달할 수 있게 됩니다.

마찬가지로 이 책 한 권으로 R을 마스터하는 건 불가능합니다. 대신 어떤 상황에 어떤 식으로 접근하면 좋을지 짐작할 수 있게 될 겁니다. 바라건대 이 책을 통해 R을 어떻게 공부하면 되는지 여러분께 알려주고 싶습니다. 우리 모두의 인생이 한 눈금 더 즐거워질 수 있도록 말입니다.

2　'blog.shotwell.ca/posts/r_for_excel_users/' 자료를 가공

0.1 왜 R인가?

2020년 11월 현재 위키피디아 'List of programming languages'[3]에 올라 있는 프로그래밍 언어는 총 686 개입니다. 사람이 일상 대화에 쓰는 언어(자연어)만큼은 아니어도[4] 코딩 세계에도 참 많은 언어가 존재하는 겁니다.

전 세계에서 구사자가 가장 많은 언어는 영어(약 12억6800만 명)입니다. 프로그래밍 세계에서 이런 지위에 있는 언어는 'C'입니다. 이런 걸 어떻게 아냐고요? 소프트웨어 업체 '티오베(TIOBEO)'는 매달 해당 언어를 능숙하게 구사할 줄 아는 엔지니어 숫자 등 자체적으로 정한 기준에 따라 프로그래밍 언어 순위를 조사해 발표합니다.

티오베에서 발표한 2020년 11월 랭킹에 따르면 C가 1위고, 파이썬(Python)이 2위입니다. 즉, C가 영어라면 파이썬은 표준중국어(만다린)이라고 할 수 있습니다. R은 9위니까 포르투갈어 정도에 해당합니다. 혹시 파이썬을 배울까 R을 배울까 고민하던 분이라면 괜히 파이썬 쪽으로 마음이 기우는 조사 결과 아닙니까?

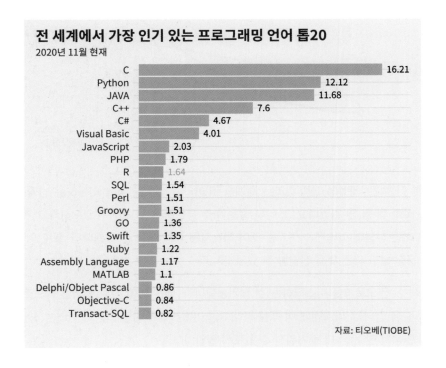

전 세계에서 가장 인기 있는 프로그래밍 언어 톱20
2020년 11월 현재

언어	수치
C	16.21
Python	12.12
JAVA	11.68
C++	7.6
C#	4.67
Visual Basic	4.01
JavaScript	2.03
PHP	1.79
R	1.64
SQL	1.54
Perl	1.51
Groovy	1.51
GO	1.36
Swift	1.35
Ruby	1.22
Assembly Language	1.17
MATLAB	1.1
Delphi/Object Pascal	0.86
Objective-C	0.84
Transact-SQL	0.82

자료: 티오베(TIOBE)

여기서 놓치지 말아야 하는 건 R은 데이터 분석 말고는 사실 쓸 일이 별로 없는 언어라는 점입니다. C나 파이썬이 개발자용 언어라면 R은 분석가용 언어라고 할 수 있습니다. 그런데도 '구글'에서 만든 GO나 '애플'용 프로그램 개발에 쓰는 스위프트(Swift)보다 순위가 높습니다.

---

3   en.wikipedia.org/wiki/List_of_programming_languages
4   하계 언어학 연구소(Summner Institute of Linguistics)에서 해마다 펴내는 '에스놀로그'(Ethnologue··'민족어'라는 뜻) 가장 최신판(제23판)에 따르면 전 세계에 존재하는 언어는 7117개입니다.

파이썬과 R은 공식 홈페이지에서 두 언어를 정의하고 있는 내용부터 차이가 납니다.

> *파이썬은 빠르게 일하고 시스템을 보다 효율적으로 통합할 수 있도록 도와주는 프로그래밍 언어다.*
> *(Python is a programming language that lets you work quickly and integrate systems more effectively.)*

> *R은 통계 계산과 시각화 작업용 무료 소프트웨어 환경이다.*
> *(R is a free software environment for statistical computing and graphics.)*

그런 이유로 두 언어 쓰임새도 살짝 차이가 다릅니다. 두 언어를 놓고 저울질을 하다가 조언을 구하는 사람에게 "'분석이' 하고 싶으면 R을 배우고, '분석도' 하고 싶으면 파이썬을 배우라"고 말하곤 합니다. 그리고 "컴퓨터와 친하지 않으면 않을수록 R을 선택하는 편이 낫다"고 덧붙입니다.

R은 뉴질랜드 오클랜드대 통계학과 교수 로스 이하카(Ross Ihaka)와 캐나다 통계학자 로버트 젠틀맨(Robert Gentleman)이 처음 만들었습니다.[5] R은 애초에 통계학자들이 통계학을 위해 만든 언어였던 겁니다. 이들부터 전문적인 프로그래머가 아니었기 때문에 컴퓨터 공학에 익숙하지 않은 이들도 쉽게 읽고 쓸 수 있는 형태로 R을 개발했습니다.

그래서 컴퓨터 공학 지식이 풍부한 사람들은 R을 문제가 많은 언어로 평가하기도 합니다. 효율성이 떨어지고 느리다는 겁니다. 이를 뒤집어 말하면 '초보 운전자'가 배우기에는 상대적으로 쉬운 언어라는 뜻도 됩니다. 소위 '코드 최적화'와 거리가 먼 이들이 코드를 짜는 일이 많아 코드를 알아보기가 상대적으로 더 수월하기 때문입니다.

그렇다면 사람들은 언제 R을 쓸까요? 'R 스튜디오'[6] 블로그에 따르면 2019년 2,006명을 대상으로 '어떤 상황에서 R을 제일 먼저 쓰는지 모두 골라주세요.'라는 질문에 사람들은 다음 그래프처럼 답했습니다.

---

5   두 사람이 이름이 전부 R로 시작하기 때문에 이 언어 이름이 R입니다.
6   'R 스튜디오'가 뭔지 차차 배우게 될 겁니다.

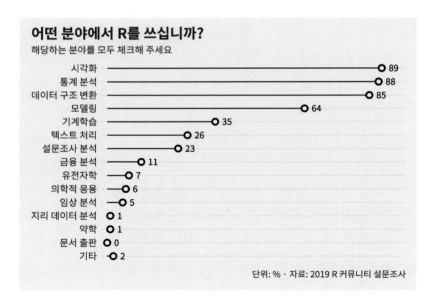

어떤 분야에서 R를 쓰십니까?
해당하는 분야를 모두 체크해 주세요

분야	값
시각화	89
통계 분석	88
데이터 구조 변환	85
모델링	64
기계학습	35
텍스트 처리	26
설문조사 분석	23
금융 분석	11
유전자학	7
의학적 응용	6
임상 분석	5
지리 데이터 분석	1
약학	1
문서 출판	0
기타	2

단위: % · 자료: 2019 R 커뮤니티 설문조사

이런 이유로 이 책 역시 사람들이 가장 많이 쓰는 △시각화 △통계 분석 △데이터 구조 변환 △모델링에 초점을 맞추고 있습니다.

0.2 데이터를 키워가는 방법 : DIKW 피라미드

2단으로 기어를 높이면서 간단한 퀴즈를 하나 풀어보겠습니다. 아래 있는 열 자리 숫자는 무슨 뜻일까요?

0358009999

잘 모르겠다고요? 중간중간 빼기(–) 부호를 넣으면 조금 다르게 보일지 모릅니다.

03-5800-9999

많은 분이 '전화번호'라고 생각했을지 모릅니다. 그래도 이상합니다. 한국에는 '03'이라는 지역번호 또는 식별 번호가 없으니까요. (참고로 '035'도 없습니다.)

일본 전화번호 체계를 아는 분이라면 '이건 도쿄(東京)다.'라고 생각했을지 모릅니다. 03은 도쿄 23구 지역번호고, 5800-9999는 일본 프로야구 팀 요미우리 자이언츠 안방구장 도쿄돔 대표 전화번호입니다.

이렇게 자료를 살짝 가공하면 데이터가 무슨 뜻인지 조금 더 분명하게 보일 때가 많습니다. 그러면 다음 숫자는 뭘까요?

0334048999

이번에는 빼기 부호가 없는데도 많은 분이 도쿄 전화번호라고 생각했을 겁니다. 03-3404-8999는 도쿄를 연고로 쓰는 또 다른 프로야구 팀 야쿠르트 스왈로즈가 안방으로 쓰는 메이지진구(明治神宮) 구장 대표 번호입니다.

이제 마지막 퀴즈입니다. 그러면 아래 숫자는 뭘까요?

0332631159

이번에도 당연히 도쿄에 있는 야구장 전화번호일 것 같습니다. 그러나 답이 계속 똑같으면 재미가 없는 법이죠. 이번에는 033-263-1159처럼 나눠야 합니다. 한국 전화번호처럼 보이나요? 이 번호는 춘천의암구장 대표 번호입니다.

사실 0358009999, 0334048999, 03332631159라는 '데이터'(Data) 자체는 아무 의미가 없습니다. 영어 문법 공부를 열심히 했다면 'data'가 원래 'datum'의 복수형(plural)이라는 사실을 알고 있을 겁니다. 라틴어 datum은 '주어진 것(a given)'이라는 뜻입니다. 엑셀에 이 숫자를 입력하면 그냥 3억 5800만 9999라고 받아들일 뿐입니다.

그런데 이 숫자를 03-5800-9999라고 가공하면 3억 5800만 9999가 아니라 도쿄돔 전화번호가 됩니다. 분석(分析)이라는 한자를 있는 그대로 풀이하면 나누고 가른다는 뜻입니다. 이렇게 데이터를 나누고 가르고 또 이어 붙이면 데이터를 '정보'(Information)로 바꿀 수 있습니다.

다음 단계는 정보에서 패턴을 찾아내는 겁니다. 만약 일본에서 전화기를 들고 03으로 시작하는 전화번호를 하나하나 누르면 전부 도쿄 지역에서 받을 겁니다. 그러면 우리는 03으로 시작하는 일본 전화번호는 도쿄로 연결된다는 규칙, 즉 '지식'(Knowledge)을 얻을 수 있습니다.

단, 한국에서 03으로 시작하는 전화번호를 누르면 인천, 경기, 강원 가운데 한 지역으로 연결되거나 없는 번호라고 나옵니다. 이를 통해 우리는 조건이 달라졌을 때 규칙을 어떻게 수정해야 하는지 알아볼 수 있습니다. 데이터 과학에서는 이렇게 상황이나 맥락에 따라 지식을 다르게 적용할 수 있는 능력을 '지혜'(Wisdom)라고 부릅니다.

이렇게 데이터, 정보, 지식을 통해 지혜를 얻어가는 과정은 'DKIW 피라미드'를 통해 설명할 수 있습니다.

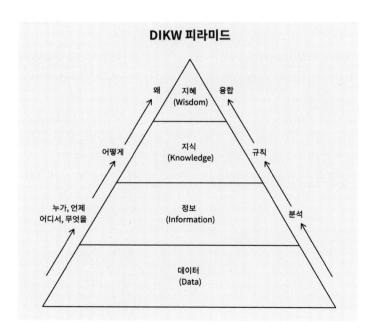

DIKW 피라미드는 우리가 데이터 세계를 탐험하다 보면 본능적으로 느끼게 되는 어떤 느낌적인 느낌을 도표로 정리한 결과에 지나지 않는다고 평가절하할 수도 있습니다. 그러나 이렇게 어떤 개념을 체계화하는 작업은 통찰력(insight)이 없으면 불가능한 일입니다. 요즘에는 DIKW에 통찰력(insight)과 파급력(impact)을 더한 아래 그림도 각 개념을 구분하는 용도로 널리 사용합니다.

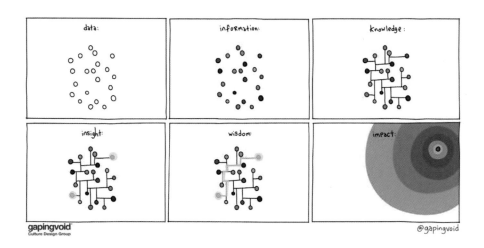

요컨대 데이터 과학은 '날(生) 데이터'로부터 지혜를 찾아가는 여행이라고 할 수 있습니다. 그리고 그 결과 사람들 행동을 바꿀 수 있는 영향력 있는 발견까지 해낸다면 더욱 좋을 겁니다.

0.3 데이터를 분석하는 방법 : PPDAC 모델

결국 '왜?'라는 질문에 대한 해답을 찾으려면 그저 통계 분석에 익숙해지는 것만으로는 부족합니다. 게다가 소위 '빅데이터' 시대에는 '날 데이터'가 부족해서 걱정할 일이 별로 없습니다. 오히려 많아서 문제입니다.

그래서 연구 주제에 관한 도메인(domain) 지식과 함께 데이터 문해력(data literacy)을 기르는 게 중요합니다. 통계적 문해력을 기르려면 통계적 문제 해결 과정에 구조적으로 접근하는 일이 필요합니다. 'PPDAC 모델'이 뜨고 있는 이유가 여기 있습니다.

PPDAC는 문제(Problem)를 특정한 다음, 문제 해결 과정을 계획(Plan)하고, 수집·전처리 과정을 거친 데이터(Data)를 준비한 뒤, 통계적인 분석(Analysis)을 거쳐 결론(Conclusion)에 도달한다는 뜻입니다. 이때 결론은 새로운 문제를 인식하게 만드는 밑거름으로 작용할 수도 있습니다.

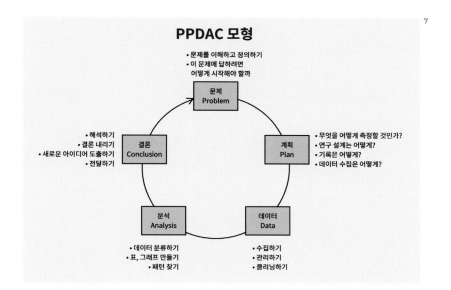

PPDAC 모형

- 문제를 이해하고 정의하기
- 이 문제에 답하려면 어떻게 시작해야 할까

문제
Problem

- 무엇을 어떻게 측정할 것인가?
- 연구 설계는 어떻게?
- 기록은 어떻게?
- 데이터 수집은 어떻게?

계획
Plan

- 해석하기
- 결론 내리기
- 새로운 아이디어 도출하기
- 전달하기

결론
Conclusion

분석
Analysis

데이터
Data

- 데이터 분류하기
- 표, 그래프 만들기
- 패턴 찾기

- 수집하기
- 관리하기
- 클리닝하기

제가 데이터 과학에 처음 입문하는 분들에게 '스포츠 데이터를 만져 보라'고 조언하는 이유도 PPDAC 모델에서 찾을 수 있습니다. 일단 스포츠에는 통계적 검증을 거치지 않은 미신(myth)이 아주 많습니다. 해결해야 하는 문제가 많다는 뜻입니다.

측정 장비와 정보기술(IT)이 발전하면서 스포츠 데이터를 구하는 것도 점점 쉬운 일이 되고 있습니다. 제가 이 책에서 사용한 데이터는 대부분 한국야구위원회(KBO), 한국배구연맹(KOVO) 공식 홈페이지에서 가져온 자료입니다. 미국 프로 스포츠 및 유럽 프로축구 데이터는 '스포츠 레퍼런스'(www.sports-referece.com) 자료를 활용했습니다.[8]

또 스포츠를 '극혐'하는 분들을 제외하면 사람들은 대부분 스포츠에 대한 '기본 상식'은 갖추고 있기 때문에 통계 분석 결과가 아주 말이 되지 않을 때는 그 사실을 어렵지 않게 짐작할 수 있습니다.

우리는 이 가운데 특히 분석(Analysis)에 초점을 맞출 겁니다. 그리고 해들리 위컴 박사가 그 유명한 책 'R을 활용한 데이터 과학(R for Data Science)'에서 제시한 프로그래밍 모형을 바탕으로 R을 공부해 나갈 겁니다.

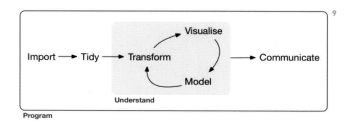

```
                          Visualise
                        ↗          ↘
Import → Tidy → Transform            Communicate
                        ↖          ↙
                            Model
                      Understand
Program
```

---

7   '데이비드 스피겔할터. (2020). 숫자에 약한 사람들을 위한 통계학 수업. 웅진지식하우스'에서 재인용

8   혹시 스포츠 관련 데이터를 구하는 데 애를 먹는 일이 없도록 실제로 이 책에서 필요한 데이터보다 '두둑히' 자료를 넣어 놓았습니다. 원하면 이 책에서 진행하는 작업 말고도 다양한 작업을 진행할 수 있을 겁니다.

9   Grolemund, G., & Wickham, H. (2018). R for data science.

이제 우리 목적지가 어디인지, 데이터 과학이 하는 세계가 어떻게 생겼는지 대충 짐작했을 테니 '운전면허 필기 시험' 문제집부터 살펴보겠습니다.

> 미리 github.com/bigkini/kindeR에서 자료를 내려 받아두시기를 강력히 추천해 드립니다.

R 언어학 입문

이미 컴퓨터에 R을 설치해 본 적이 있다면 이번 장을 건너 뛰어도 좋습니다. 단, 현재 사용하는 컴퓨터 이름이 로마자라고 확신하지 못한다면 앞부분은 조금 읽기를 당부드립니다.

"모든 시작은 기적의 문을 여는 열쇠이다."

– 요한 볼프강 폰 괴테 '파우스트' –

R을 쓰려면 당연히 먼저 R을 내려받고 설치해야 합니다.

이 책은 '최대한 친절하게'를 모토로 하고 있지만, 여러분이 컴퓨터 프로그램을 설치하는 방법을 모를 거라고는 생각하지 않습니다.

인터넷 검색 사이트에서 'R download'를 입력해 현재 사용하는 운영 체제(OS)에 맞는 R 설치 파일을 내려받습니다.[10] 이 프로그램을 내려 받은 뒤 다른 프로그램을 설치할 때와 똑같은 방식으로 설치하면 됩니다.

단, 이때 주의해야 할 점이 두 가지 있습니다. 두 가지 모두 '한글' 그리고/또는 '한국어'와 관련이 있습니다.

먼저 마이크로소프트(MS) 윈도 사용자 가운데 컴퓨터 이름 그리고/또는 계정 이름을 한글로 쓰고 있다면 '로마자'(알파벳)로 바꿔주세요. 그리고 계정 유형은 반드시 '관리자'로 선택해 주세요. 이렇게 설정하지 않으면, 당장은 아니더라도 코딩 과정에서 99.9% 확률로 문제가 생깁니다.

[시작] – [제어판] – [사용자 계정] – [다른 계정 관리] – [새 계정 만들기] – [계정 이름 지정 및 계정 유형 선택]을 차례로 선택하면 이 문제를 해결할 수 있습니다. (도저히 모르겠다 싶으면 잠깐만 구글링해 보세요. 어렵지 않게 해법을 찾을 수 있을 겁니다.)

그리고 설치 과정에서 사용할 언어는 'English'로 지정해 주세요. 그래야 코딩 과정에서 에러 메시지를 마주했을 때 해법을 찾기가 수월합니다. 인터넷 페이지 가운데 영어는 60.3%, 한국어는 0.6%입니다. '나는 어차피 영어를 모르는데'라고 생각하지 마세요. 코딩 과정에서 여러분이 마주하게 될 에러 메시지는 영어처럼 보이지만 사실은 R 언어입니다.

이 두 가지만 잘 지키면 나머지는 보통 프로그램 설치 과정과 다를 게 없습니다. 설치를 마치고 실행해 보면 다음과 같은 화면이 뜰 겁니다.

---

10 집필 시점인 2021년 1월 현재 R 최신 버전은 4.0.3입니다

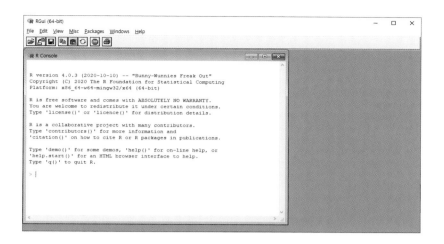

여기까지 성공했다면 그 유명한 "헬로 월드" 프로그램을 작성할 차례입니다. '>' 뒤에 아래 명령어처럼 입력해 보세요. (이렇게 명령을 기다리는 화면을 '콘솔'이라고 부릅니다.)

```
print("Hello, World!")
## [1] "Hello, World!"
```

축하드립니다. 여러분은 지금 인생 첫 'R 회화'에 성공하셨습니다.

이 "헬로 월드" 프로그램은 쉽고 간단해서 많은 프로그래밍 언어 교재에서 제일 처음 제시하는 예제입니다. 간단한 예제를 조금 더 알아볼까요?

1.1 R 언어학 개론

"헬로 월드" 프로그램에 등장한 print() 함수는 영어 단어 뜻 그대로 괄호 안에 있는 내용을 출력하라는 뜻입니다. 사실 print() 함수는 생략할 수 있습니다. 그냥 "Hello, World!"라고만 입력해도 위와 같은 결과를 확인할 수 있습니다.

```
"Hello, World!"
## [1] "Hello, World!"
```

물론 계산 결과를 출력하라고 하는 것도 가능합니다.

```
1 + 2
## [1] 3
```

여기서는 모든 요소를 띄어 썼는데 굳이 이럴 필요는 없습니다. '1+2'라고 써도 같은 결과를 얻을 수 있습니다.

```
1+2
## [1] 3
```

이런 계산 결과를 바로 출력하지 않고 메모리에 일단 넣어두는 것도 가능합니다. 예를 들어, 다음 코드는 1 + 2를 계산한 결과에 'object'라는 이름을 붙여서 메모리에 담고 있으라는 뜻입니다.

```
object <- 1 + 2
```

이 코드를 통해 알 수 있는 첫 번째 사실은 R에서는 '<-' 기호를 써서 어떤 계산 결과를 특정한 이름으로 메모리에 저장할 수 있다는 것입니다. 이렇게 메모리에 따로 저장해둔 '물건'을 코딩에서는 객체(object) 또는 변수(variable)라고 부릅니다.

쉽게 정리해 여러분이 살고 있는 공간 그 자체는 '객체'이고 그 공간을 '101호'라고 이름 붙인 게 변수입니다. (그냥 그렇게 있다고 생각하고 넘어가면 됩니다.)

'1 + 2'를 object라는 객체에 저장하고 나면 print(object) 또는 object만 치면 3이라는 결과를 얻을 수 있습니다.

```
print(object) #object를 출력하라
## [1] 3
object
## [1] 3
```

위의 코드에서 '# object를 출력하라'는 주석(comment)입니다. 실제 실행할 때 # 다음 내용은 실행하지 않습니다.

여기서 Object라고 입력하면 어떻게 될까요?

```
Object #O가 대문자
## Error in eval(expr, envir, enclos): object 'Object' not found
```

에러 메시지가 나옵니다. R은 대소문자를 구분하기 때문에 이런 일이 생기는 겁니다.

객체를 저장할 때 대소문자를 어떻게 처리했는지 궁금하면 ls() 함수를 써서 확인할 수 있습니다. 'list'를 줄인 ls()는 메모리에 현재 들어 있는 모든 객체를 출력하는 함수입니다.

```
ls()
## [1] "object"
```

메모리에서 객체를 제거하고 싶을 때는 rm() 함수를 씁니다. 다음처럼 코드를 실행했을 때 에러 메시지가 나오는 이유는 이미 object를 지웠는데 이를 출력해 달라고 말을 걸었기 때문입니다.

```
rm(object) #object 지우기
object
## Error in eval(expr, envir, enclos): object 'object' not found
```

rm() 함수는 우리가 메모리에서 지워달라는 객체를 일단 'list'라는 쓰레기통에 담아서 처리합니다. 그래서 rm(list = ls())라고 쓰면 ls() 결과 즉, 메모리에 있는 모든 객체를 지울 수 있습니다.

위에서 우리는 '1 + 2'를 object라는 객체에 한 번만 넣었지만, 사실 동시에 여러 객체에 저장하는 것도 가능합니다. 다음처럼 쓰면 x, y, z에 모두 1 + 2 = 3이 들어가게 됩니다.

```
z <- y <- x <- 1 + 2
x
## [1] 3
y
## [1] 3
z
## [1] 3
```

객체 내용을 확인할 때도 이렇게 하나하나 입력해야만 하는 건 아닙니다. c() 함수를 쓰면 여러 데이터를 한 번에 묶는 게 가능합니다. 이때 c는 '묶는다'는 뜻인 영어 단어 'concatenate'에서 머리글자를 따온 겁니다.

```
c(x, y, z)
## [1] 3 3 3
```

물론 처음부터 그냥 c(1, 2, 3)처럼 쓰는 것도 가능합니다.

```
c(1, 2, 3)
## [1] 1 2 3
```

1, 2, 3처럼 숫자를 차례대로 출력할 때는 ':' 기호를 써서 명령을 내릴 수도 있습니다.

```
1:10
##  [1]  1  2  3  4  5  6  7  8  9 10
```

만약 1~10 사이에 홀수만 출력하고 싶을 때는 어떻게 할까요? 이때는 'sequence'를 줄인 seq() 함수를 사용하면 됩니다. seq() 함수는 seq(시작 숫자, 마지막 숫자, 간격) 형태로 씁니다. 따라서 seq(1, 10, 2)처럼 쓰면 원하는 결과를 얻게 됩니다.

```
seq(1, 10, 2)
## [1] 1 3 5 7 9
```

아, 이번 절에서 함수라는 말을 9번 썼습니다. 코딩에서 함수는 '반복적으로 사용할 수 있는 코드 덩어리' = '명령어'라고 이해하면 됩니다.

function() 함수를 쓰면 직접 필요한 함수를 만들어 쓸 수도 있습니다. 예를 들어 x를 입력받아 1을 더하라는 함수는 이렇게 쓸 수 있습니다.

```
add_one <- function(x) { x + 1 }
```

add_one(2)라고 쓰면 이런 결과가 나옵니다.

```
add_one(2)
## [1] 3
```

1.2 2차원 데이터의 기본, 데이터 프레임

지금까지는 'ABC'를 배우는 기분으로 1차원 데이터만 다뤘습니다. 실제 데이터는 마이크로소프트(MS) 엑셀처럼 행과 열이 있는 2차원 형태가 더 많습니다.

이런 2차원 데이터 구조를 R에서는 '데이터 프레임'(Data Frame)이라고 부릅니다. data.frame() 함수로 데이터 프레임을 하나 만들어 df1이라는 객체에 넣겠습니다.

```
df1 <- data.frame(x = c(1, 2, 3),
                   y = c(4, 5, 6))

df1
##   x y
## 1 1 4
## 2 2 5
## 3 3 6
```

여기서 알 수 있는 R의 재미있는 특징은 사용자가 명령을 끝마쳤다고 생각하기 전까지는 코드를 실행하지 않고 기다린다는 점입니다. 그래서 이렇게 줄을 나눠서 코드를 쓰는 게 가능합니다.

이렇게 데이터 프레임을 만든 다음에 class() 함수로 데이터를 열어 보면 이 데이터 클래스가 데이터 프레임이라는 사실을 확인할 수 있습니다.

```
class(df1)
## [1] "data.frame"
```

데이터 프레임을 다룰 때 제일 중요한 기호로는 '$'를 꼽을 수 있습니다. 데이터 프레임에서 특정한 열만 다루고 싶을 때 쓰는 기호가 바로 '$'입니다. 예를 들어 앞에서 만든 데이터 프레임에서 x열만 출력하는 코드는 이렇게 쓸 수 있습니다.

```
df1$x
## [1] 1 2 3
```

열을 추가하고 싶을 때도 $ 기호를 씁니다. 아래처럼 쓰면 z열을 만들어 7, 8, 9를 더하게 됩니다.

```
df1$z <- c(7, 8, 9)

df1
##   x y z
## 1 1 4 7
## 2 2 5 8
## 3 3 6 9
```

데이터 프레임을 다룰 때 두 번째로 중요한 기호는 대괄호([ ])입니다. 대괄호를 쓰면 '데이터 프레임[행, 열]' 형태로 데이터를 입출력할 수 있습니다.

```
df1[1, ] #첫 행을 출력하라
##   x y z
## 1 1 4 7
df1[ , 1] #첫 열을 출력하라
## [1] 1 2 3
df1[2, 2] #두 번째 행, 두 번째 열을 출력하라
## [1] 5
```

이를 응용하면 특정 조건에 맞는 데이터만 선택하는 것도 할 수 있습니다. 일단 여기서 알아야 하는 건 R에서 '같다'를 뜻하는 기호는 '='가 아니라 '=='라는 것입니다.

이렇게 =를 두 번 쓰는 이유는 R에서 '='는 사실상 '<-'와 같은 기호이기 때문입니다. 예컨대 'a = 1'은 1을 a라는 객체에 넣으라는 뜻입니다. 그런데 이렇게 '=' 기호를 써서 어떤 계산 결과를 객체에 저장하는 건 '최상위' 수준에서만 가능합니다. 무슨 말인지 잘 모르겠죠? 한마디로 <- 기호를 놔두고 = 기호를 쓸 필요가 없다는 뜻입니다.

그러면 '1 == 1'이라고 입력하면 어떤 결과가 나올까요?

```
1 == 1
## [1] TRUE
```

이건 둘이 같은 것으로 참(TRUE)이라는 뜻입니다. 그래서 1 == 2를 입력하면 거짓(FALSE)이 나옵니다.

```
1 == 2
## [1] FALSE
```

그러면 'df$x == 1'이라고 입력하면 어떤 결과가 나올까요?

```
df1$x == 1
## [1]  TRUE FALSE FALSE
```

df$x는 1, 2, 3입니다. 첫 번째 값만 1이기 때문에 TRUE가 나오고, 나머지는 FALSE가 나오는 겁니다. 그래서 'df1[df1$x == 1,]'라고 쓰면 'df1[1,]'과 같은 결과를 출력합니다.

```
df1[df1$x == 1,]
##   x y z
## 1 1 4 7
```

'df1[, df1$x == 2]' 역시 'df1[, 2]'와 같은 결과를 나타냅니다.

```
df1[, df1$x == 2]
## [1] 4 5 6
```

1.3 데이터 과학의 좋은 친구, CSV 파일

R로 데이터를 처리하는 과정이 '수동 운전'에 가깝다고 해서 그때마다 필요한 데이터를 일일이 입력해야 하는 건 아닙니다. R은 다양한 소스 파일로부터 데이터를 불러오는 기능을 제공하고 있습니다.

이 가운데 우리는 .csv라는 확장자를 쓰는 CSV 파일 형식을 제일 많이 쓰게 됩니다. CSV는 그저 '쉼표로 구분한 값(Comma-Separated Values)'이라는 뜻입니다. 각 열을 쉼표(,)로 구분하기 때문에 이런 이름이 붙었습니다. 각 행은 그냥 행갈이로 구분합니다.

예를 들어 df1을 CSV 형식으로 만들면 아래 같은 형태가 됩니다.

```
x,y,z
1,4,7
```

```
2,5,8
3,6,9
```

CSV는 기본적으로 그냥 '텍스트 파일'입니다. 그래서 '메모장'처럼 텍스트 파일을 열어볼 수 있는 프로그램을 쓰면 어렵지 않게 내용을 확인할 수 있습니다. MS 엑셀에서도 파일 내용을 열어볼 수 있습니다.

R에서는 read.csv()라는 함수로 CSV 파일을 불러올 수 있습니다. 'kbo_batting_qualified.csv'라는 파일을 읽은 다음 batting이라는 객체에 저장하려면 아래처럼 쓰면 됩니다.

```
batting <- read.csv('kbo_batting_qualified.csv')
```

참고로 'kbo_batting_qualified.csv'는 1982년부터 2019년까지 프로야구에서 규정 타석을 채운 타자들 기록을 담고 있습니다. 다시 한번 말하지만 이 파일은 github.com/bigkini/kindeR에서 내려받을 수 있습니다.

코드가 제대로 작동했나요? 혹시 다음 같은 에러 메시지를 출력하지는 않았나요? (R 설치 과정에서 'English'를 사용 언어로 지정했나요?)

```
## Warning in file(file, "rt"): cannot open file 'kbo_batting_qualified.csv': No
## such file or directory
## Error in file(file, "rt"): cannot open the connection
```

이런 에러 메시지가 나왔다면 '워킹 디렉토리(Working Directory)'에 파일이 있지 않기 때문입니다. 워킹 디렉토리는 R에서 기본적으로 파일을 읽고 쓰는 디렉토리(폴더)를 가리키는 표현입니다. 현재 어떤 폴더를 워킹 디렉토리로 활용하고 있는지 알고 싶다면 getwd() 함수를 쓰면 됩니다.

```
getwd()
## [1] "/Users/kini"11
```

워킹 디렉토리를 따로 설정한 적이 없다면 윈도 사용자는 '문서' 폴더가 워킹 디렉토리입니다. setwd() 함수를 쓰면 특정 폴더를 워킹 디렉토리로 지정할 수 있습니다. 예를 들어 '사용자' 폴더를 워킹 디렉토리로 지정하는 코드는 이렇게 쓸 수 있습니다.

```
setwd('C:/Users')
```

윈도에서는 하위 폴더를 구분할 때 흔히 역슬래시 기호(\)를 쓰지만 R에서는 슬래시 기호(/)를 쓴다는 점은 주의해야 합니다.

---

11 현재 사용 중인 워킹 디렉토리가 나오기 때문에 책과 결과가 다른 게 당연한 일입니다.

워킹 디렉토리를 따로 지정하지 않고 현재 폴더 그대로 불러올 때는 파일 전체 경로를 적어주거나 아니면 file.choose() 함수를 쓰면 됩니다. file.choose() 함수를 쓰면 '파일 선택창'이 뜨는데 이 창을 통해 원하는 파일을 선택하면 됩니다.

```
batting <- read.csv(file.choose())
```

자, 이 정도면 파일을 불러오기에 성공했을 줄로 믿겠습니다. 만에 하나 아직도 파일을 불러오지 못했다면 아래 코드를 입력해 주세요.

```
batting <- read.csv('https://github.com/bigkini/kindeR/blob/main/kbo_batting_qualified.csv')
```

R에서는 이렇게 (인터넷 연결 상태라면) 인터넷에 있는 CSV 파일도 곧바로 불러올 수 있습니다.

class() 함수를 써서 R이 CSV 파일을 어떤 데이터 형태로 처리했는지 확인해 볼까요?

```
class(batting)
## [1] "data.frame"
```

이를 통해 R에서 CSV 파일을 읽은 다음에는 데이터 프레임으로 처리를 한다는 사실을 알 수 있습니다.

이제 데이터 내용을 확인해 볼 차례입니다. batting 객체 역시 데이터 프레임이니까 print(batting) 또는 batting을 입력하면 데이터 전체를 출력해 볼 수 있습니다.

이 작업을 하기 전에 str() 함수를 써서 데이터 구조(structure)를 확인해 봅니다.

```
str(batting)
## 'data.frame':    1621 obs. of  12 variables:
##  $ name     : chr  "백인천" "이종범" "장효조" "테임즈" ...
##  $ throw_bat: chr  "우우" "우우" "좌좌" "우좌" ...
##  $ year     : int  1982 1994 1987 2015 2016 1985 1999 2009 2009 2014 ...
##  $ decade   : int  1980 1990 1980 2010 2010 1980 1990 2000 2000 2010 ...
##  $ avg      : num  0.412 0.393 0.387 0.381 0.376 0.373 0.372 0.372 0.371 0.37 ...
##  $ obp      : num  0.502 0.454 0.468 0.503 0.47 0.458 0.448 0.423 0.442 0.436 ...
##  $ slg      : num  0.74 0.581 0.493 0.79 0.651 0.543 0.672 0.582 0.533 0.547 ...
##  $ ops      : num  1.242 1.035 0.961 1.294 1.121 ...
##  $ hr       : int  19 19 2 47 31 11 35 18 12 7 ...
##  $ rbi      : int  64 77 58 140 144 65 119 74 64 67 ...
##  $ rank     : int  1 1 1 1 1 1 1 1 1 2 1 ...
##  $ team_game: int  80 126 108 144 144 110 132 133 133 128 ...
```

batting 객체에는 총 1621개 관측치(observations)가 있으며 변수(variables·여기서는 '열')는 총 12개라는 사실을 알 수 있습니다.

1621행은 한 번에 열어 보기에는 부담스러운 숫자입니다. 이럴 때는 head() 또는 tail() 함수로 데이터 일부만 미리 볼 수 있습니다. head()는 맨 처음 여섯 행, tail()은 맨 마지막 여섯 행을 출력합니다.

```
head(batting)
##      name throw_bat year decade   avg   obp   slg   ops hr rbi rank team_game
## 1 백인천       우우 1982   1980 0.412 0.502 0.740 1.242 19  64    1        80
## 2 이종범       우우 1994   1990 0.393 0.454 0.581 1.035 19  77    1       126
## 3 장효조       좌좌 1987   1980 0.387 0.468 0.493 0.961  2  58    1       108
## 4 테임즈       우좌 2015   2010 0.381 0.503 0.790 1.294 47 140    1       144
## 5 최형우       우좌 2016   2010 0.376 0.470 0.651 1.121 31 144    1       144
## 6 장효조       좌좌 1985   1980 0.373 0.458 0.543 1.001 11  65    1       110
```

미리 보는 행 숫자를 바꾸는 것도 당연히 가능합니다. 예컨대 맨 마지막 다섯 줄만 보고 싶을 때는 이렇게 쓰면 됩니다.

```
tail(batting, 5)
##         name throw_bat year decade   avg   obp   slg   ops hr rbi rank team_game
## 1617   김호       우우 1993   1990 0.204 0.288 0.286 0.574  4  25   36       126
## 1618 권희동       우우 2013   2010 0.203 0.277 0.393 0.669 15  54   48       128
## 1619   김호       우우 1997   1990 0.199 0.281 0.285 0.566  5  33   39       126
## 1620 박진만       우우 1997   1990 0.185 0.234 0.259 0.494  5  29   40       126
## 1621 권두조       우우 1986   1980 0.162 0.221 0.188 0.409  0  11   35       108
```

특정 열만 미리 확인할 수도 있습니다. avg(타율)에서 제일 먼저 나오는 다섯 개만 확인해 볼까요?

```
head(batting$avg, 5)
## [1] 0.412 0.393 0.387 0.381 0.376
```

같은 방식으로 타율 평균(mean)이나 표준편차(standard devitaion)도 확인할 수 있습니다.

```
mean(batting$avg)
## [1] 0.2886613
sd(batting$avg)
## [1] 0.03089847
```

summary() 함수를 쓰면 각 열에 있는 데이터를 요약(summary)해 볼 수도 있습니다. summary() 함수는 숫자로 된 열에 대해서는 최솟값(Min.), 1분위수(1st Qu.), 중위수(Median), 평균(Mean), 3분위수(3rd Qu.), 최댓값(Max.)을 정리해서 알려줍니다.

```
summary(batting)
##      name              throw_bat            year          decade
##  Length:1621        Length:1621        Min.   :1982    Min.   :1980
##  Class :character   Class :character   1st Qu.:1993    1st Qu.:1990
##  Mode  :character   Mode  :character   Median :2003    Median :2000
##                                        Mean   :2003    Mean   :1997
##                                        3rd Qu.:2013    3rd Qu.:2010
##                                        Max.   :2020    Max.   :2010
##       avg              obp               slg              ops
##  Min.   :0.1620    Min.   :0.2210    Min.   :0.1880    Min.   :0.4090
##  1st Qu.:0.2680    1st Qu.:0.3380    1st Qu.:0.3800    1st Qu.:0.7260
##  Median :0.2880    Median :0.3630    Median :0.4350    Median :0.7990
##  Mean   :0.2887    Mean   :0.3648    Mean   :0.4418    Mean   :0.8066
##  3rd Qu.:0.3090    3rd Qu.:0.3900    3rd Qu.:0.4930    3rd Qu.:0.8760
##  Max.   :0.4120    Max.   :0.5070    Max.   :0.7900    Max.   :1.2940
##       hr               rbi               rank          team_game
##  Min.   : 0.00    Min.   : 11.00    Min.   : 1.00    Min.   : 80.0
##  1st Qu.: 5.00    1st Qu.: 42.00    1st Qu.:11.00    1st Qu.:126.0
##  Median :11.00    Median : 58.00    Median :21.00    Median :128.0
##  Mean   :12.98    Mean   : 61.16    Mean   :21.98    Mean   :127.7
##  3rd Qu.:19.00    3rd Qu.: 76.00    3rd Qu.:32.00    3rd Qu.:133.0
##  Max.   :56.00    Max.   :146.00    Max.   :62.00    Max.   :144.0
```

혹시 모르는 분을 위해 설명하자면 최솟값~최댓값은 통계에서 흔히 '대푯값'이라고 부르는 지표입니다. 만약 0~100을 놓고 이 값을 구하면 아래 같은 결과가 나옵니다.

```
summary(0:100)
##    Min. 1st Qu.  Median    Mean 3rd Qu.    Max.
##       0      25      50      50      75     100
```

최솟값, 최댓값은 문자 그대로 가장 작고, 큰 값입니다. 분위수는 각 1/4 지점에 해당하는 숫자를 나타냅니다. 따라서 1분위수는 1/4, 3분위수는 3/4 지점에 있는 숫자에 해당합니다. 중위수는 2/4 즉, 한 가운데 있는 숫자를 가리킵니다.

1.4 이 많은 함수를 어떻게 외울까?

여기까지 오면서 print()부터 시작해 △ls() △rm() △c() △seq() △function() △data.frame() △class() △ read.csv() △getwd() △setwd() △class() △str() △head() △tail() △mean() △sd() △summary()에 이르기까지 함수 18개를 공부했습니다. 앞으로도 우리가 공부해야 하는 함수 숫자는 더더욱 늘어날 겁니다.

게다가 ls()가 list라는 '쓰레기통'을 썼던 것처럼 별도 옵션을 지정해야 하는 함수도 적지 않습니다.[12]

그렇다고 R에서 쓸 수 있는 모든 함수와 그 인수를 다 외우는 건 불가능합니다. R에서 기본적으로 내장하고 있는 함수만 1246개나 되기 때문입니다.

특정한 패키지에 들어 있는 전체 함수 목록 역시 ls() 함수로 확인할 수 있습니다. ls('package:패키지 이름') 형태로 쓰면 됩니다.

어떤 데이터 숫자 또는 길이를 확인할 때 쓰는 함수는 length()입니다. 따라서 기본 패키지에 들어 있는 함수 숫자는 이렇게 확인할 수 있습니다.

```
length(ls('package:base'))
## [1] 1246
```

결국 자주 써야 하는 함수는 어쩔 수 없이 외워야 합니다. 그렇다고 '깜지'를 쓰면서 외울 필요까지는 없습니다. 어떤 외국어를 배우면 자연스럽게 '기본 단어'를 외우게 되는 것처럼 R도 공부를 하다 보면 자연스럽게 외우게 되는 함수가 있을 겁니다. 이 정도는 외워야 컴퓨터에게 말을 붙일 수가 있습니다.

이를 제외하면 나머지 함수는 그때그때 필요에 따라 '사전'에서 찾아 쓰면 됩니다. 'R한사전'은 기본적으로 R에 들어 있습니다. 특정한 함수가 궁금할 때는 '?함수' 형태로 입력하면 웹브라우저를 통해 함수 설명서를 열어볼 수 있습니다. 예를 들어 콘솔에 '?ls'라고 입력하면 127.0.0.1:25485/library/base/html/ls.html 파일을 열어서 보여줄 겁니다.

함수에 어떤 인수를 입력해야 하는지 헷갈릴 때는 args() 함수를 활용하면 됩니다. args() 함수로 rm() 함수에서 쓰는 인수를 알아보는 코드는 이렇게 쓸 수 있습니다.

```
args(rm)
## function (..., list = character(), pos = -1, envir = as.environment(pos),
##     inherits = FALSE)
## NULL
```

'한R사전'은 구글링이 기본입니다. 구글에 '정규분포 r'이라고 검색해보면 정규분포와 관련이 있는 함수를 소개한 블로그, 포스트 등을 어렵지 않게 찾을 수 있을 겁니다. 다른 기능이 필요할 때도 '해당 기능 + r'로 검색을 하면 마찬가지 결과를 얻을 수 있습니다.

'개념 정도는 영어 단어로 충분히 표현할 수 있다'고 하는 분께는 'R 도큐멘테이션'(www.rdocumentation.org)을 추천해 드립니다. 이 사이트는 'R영사전'과 '영R사전'으로 동시에 활용할 수 있습니다.

---

12 이렇게 함수에 별도로 필요한 값을 매개변수(paramters) 또는 인수(arguments)라고 부릅니다.

또 다른 한 가지 방법은 패키지 설명서 또는 공식 홈페이지를 열심히 읽어보는 겁니다. '자꾸 패키지라는 표현이 나오는데 패키지가 뭐야?'하고 생각하는 분도 있을 겁니다. 그냥 '스마트폰 : 애플리케이션(앱) = R : 패키지'라고 생각하면 됩니다. 스마트폰에 새로운 앱을 깔아 새 기능을 추가할 수 있는 것처럼 R에 패키지를 깔면 새로운 기능을 쓸 수 있습니다.

이런 확장 프로그램을 패키지라고 부르는 건 패키지가 기본적으로 데이터와 '함수 꾸러미'이기 때문입니다. 패키지 설명서에는 어떤 함수를 어떻게 활용하는지 소개하는 내용이 반드시 들어 있습니다. 또 패키지 활용법을 소개하는 홈페이지 또는 깃허브 페이지를 운영 중인 패키지 제작자도 많습니다.

경우에 따라 어떤 패키지는 다른 패키지와 한 가족처럼 닮아 있기도 합니다. 일부러 어떤 패키지를 모방해 패키지를 개발하는 일도 있습니다. 그러다 보면 'R 표준어'(base R)와는 거리가 있는 독특한 '함수 말씨'를 쓰는 무리가 등장하기도 합니다. 자연어와 비교하자면 이 역시 '사투리'라고 부를 수 있을 겁니다. 2021년 5월 현재 R 세계에서 가장 '핫한' 사투리는 역시 'tidyverse'입니다.

> "언어란 육군과 해군이 있는 사투리다."
>
> – 막스 바인라이히 '전후 세계의 이보(YIVO)' –

tidyverse 공식 홈페이지에서는 tidyverse를 이렇게 정의합니다.

> 데이터 과학용으로 고안한 고집 있는 패키지 모음. 모든 패키지는 똑같은 디자인 철학과 문법 그리고 데이터 구조를 공유한다. (The tidyverse is an opinionated collection of R packages designed for data science. All packages share an underlying design philosophy, grammar, and data structures.)

tidyverse가 '고집'하는 건 '깔끔함'(tidiness)입니다. 영어 단어 'tidy'는 '깔끔한', '잘 정돈한'이라는 뜻이고, 'verse'는 '변용(變容·용모가 바뀜)'이라는 뜻입니다.

즉, R 표준어를 깔끔하게 바꾼 사투리가 tidyverse라고 할 수 있습니다.

아직은 이게 무슨 뜻인지 감이 잘 오지 않죠? 실제로 예를 들어서 한 번 설명해 보겠습니다.

R에는 1974년 '모토 트렌드'라는 잡지에서 게재한 자동차 32개 차종 정보를 담은 'mtcars' 데이터 세트가 기본적으로 들어 있습니다. 그냥 mtcars라고 쓰면 데이터 내용을 확인해 볼 수 있습니다.

이 데이터에서 무작위로(랜덤으로) 10개 차종(열 줄)을 선택해 보겠습니다.[13] R 표준어로는 이 작업을 이렇게 처리합니다.

```
mtcars[sample(1:nrow(mtcars), 10), ]
##                     mpg cyl  disp  hp drat    wt  qsec vs am gear carb
## Pontiac Firebird   19.2   8 400.0 175 3.08 3.845 17.05  0  0    3    2
## Chrysler Imperial  14.7   8 440.0 230 3.23 5.345 17.42  0  0    3    4
## Toyota Corona      21.5   4 120.1  97 3.70 2.465 20.01  1  0    3    1
## Merc 230           22.8   4 140.8  95 3.92 3.150 22.90  1  0    4    2
## AMC Javelin        15.2   8 304.0 150 3.15 3.435 17.30  0  0    3    2
## Datsun 710         22.8   4 108.0  93 3.85 2.320 18.61  1  1    4    1
```

13 문자 그대로 '무작위'라 이 출력 결과와 여러분이 보시는 출력 결과가 다른 게 이상한 일이 아닙니다.

```
## Merc 280         19.2  6 167.6 123 3.92 3.440 18.30  1  0    4    4
## Valiant          18.1  6 225.0 105 2.76 3.460 20.22  1  0    3    1
## Camaro Z28       13.3  8 350.0 245 3.73 3.840 15.41  0  0    3    4
## Porsche 914-2    26.0  4 120.3  91 4.43 2.140 16.70  0  1    5    2
```

영어를 번역할 때 '뒤에서부터' 해석하면 뜻을 파악하기 수월할 때가 많은 것처럼 R 코드는 '가운데부터' 해석하는 게 도움이 될 때가 많습니다.

이 코드에서 제일 안에 들어 있는 함수는 nrow()입니다. 이 함수는 number of rows로 행이 몇 개인지 알려줍니다. nrow(mtcars)라고 쓰면 '32'를 출력합니다. 따라서 1:nrow(32)는 1부터 32까지 출력하라는 뜻입니다.

sample()은 무작위로 숫자를 골라주는 함수입니다. 기본적으로 sample(범위, 선택할 개수) 형태로 씁니다. 따라서 sample(1:nrow(mtcars), 10)은 1부터 32 사이에서 숫자 10개를 골라달라는 뜻이 됩니다. 대괄호를 써서 데이터 프레임 일부를 골라낼 수 있다는 건 알고 있죠?

같은 작업을 수행하는 tidyverse 사투리 코드는 이렇게 쓸 수 있습니다.

```
mtcars %>%
  sample_n(10)
##                     mpg cyl  disp  hp drat    wt  qsec vs am gear carb
## Mazda RX4 Wag      21.0  6 160.0 110 3.90 2.875 17.02  0  1    4    4
## Fiat 128           32.4  4  78.7  66 4.08 2.200 19.47  1  1    4    1
## Camaro Z28         13.3  8 350.0 245 3.73 3.840 15.41  0  0    3    4
## Datsun 710         22.8  4 108.0  93 3.85 2.320 18.61  1  1    4    1
## Merc 450SLC        15.2  8 275.8 180 3.07 3.780 18.00  0  0    3    3
## Merc 280C          17.8  6 167.6 123 3.92 3.440 18.90  1  0    4    4
## Lincoln Continental 10.4 8 460.0 215 3.00 5.424 17.82  0  0    3    4
## Merc 280           19.2  6 167.6 123 3.92 3.440 18.30  1  0    4    4
## Hornet Sportabout  18.7  8 360.0 175 3.15 3.440 17.02  0  0    3    2
## Merc 230           22.8  4 140.8  95 3.92 3.150 22.90  1  0    4    2
```

어떤가요? 훨씬 깔끔하지 않은가요? tidyverse는 이렇게 입력 과정이 깔끔할 뿐 아니라 출력 결과도 깔끔합니다. 이에 대해서는 차차 알아보도록 하겠습니다.

서둘러 tidyverse 사투리 코드를 실행해본 사람이 있다면 지금쯤 '어? 안 되는데?'하고 생각할지 모릅니다. 아마 이런 에러 메시지를 마주했을 겁니다.

```
## Error in mtcars %>% sample_n(10): could not find function "%>%"
```

아직 tidyverse 사투리를 쓸 수 없는 건 tidyverse 패키지를 설치하지 않았기 때문입니다. R에서는 install.package() 함수로 패키지 설치 작업을 진행합니다. tidyverse 패키지를 설치하려면 이렇게 씁니다.

```
install.packages('tidyverse')
```

그러면 어떤 '미러 사이트'에서 이 패키지를 내려 받을 건지 물어보는 창이 뜹니다. 고민하지 말고 맨 위의 '0-Cloud [https]'를 선택하면 됩니다. 그러면 길고 긴 메시지를 출력하면서 tidyverse 설치가 완료됩니다.

'패키지를 설치한다'는 건 이 패키지를 컴퓨터 하드디스크에 내려받았다는 뜻입니다. 패키지를 작업에 활용하려면 library() 함수를 써서 메모리에 불러들이는 과정이 필요합니다.

```
library('tidyverse')
## -- Attaching packages ----------------------------------- tidyverse 1.3.0 --
## √ ggplot2 3.3.2     √ purrr   0.3.4
## √ tibble  3.0.4     √ dplyr   1.0.2
## √ tidyr   1.1.2     √ stringr 1.4.0
## √ readr   1.4.0     √ forcats 0.5.0
## -- Conflicts -------------------------------------- tidyverse_conflicts() --
## x dplyr::filter() masks stats::filter()
## x dplyr::lag()    masks stats::lag()
```

위에서 확인한 것처럼 tidyverse는 '패키지 모음'입니다. tidyverse를 불러온다는 건 △ggplot2 △tibble △tidyr △readr △purrr △dplyr △stringr △forcats 등 8개 패키지를 동시에 불러들인다는 뜻입니다. 이 책은 이 8가지 tidyverse '코어'(core) 패키지 사용법을 두루 다룰 겁니다.

코어 패키지가 있다는 건 추가 패키지도 있다는 뜻이겠죠? r에는 이외에도 tidyverse 철학을 공유하는 '서드 파티(third-party)' 패키지도 적지 않게 있습니다.

각 패키지를 언제 어떻게 쓰는지는 사용할 때 설명하겠습니다. (코딩을 배울 때는 당장 꼭 알아야 하는 게 아니면 필요할 때 공부해도 늦지 않습니다.)

단, '함수형 프로그래밍'이라는 개념을 담당하고 있는 purrr[14]와 (영어) 문자열 처리를 담당하는 stringr[15]는 '깊게' 다루지 않을 겁니다. 함수형 프로그래밍은 '초보 운전자'에게는 아직 필요하지 않은 개념에 가깝고, 문자열 데이터는 스포츠 데이터 특성상 처리할 일이 별로 없기 때문입니다. 그렇다고 아예 다루지 않는 건 아닙니다.

아, 패키지 목록 아래 '충돌(conflicts)'이라고 표시한 부분 보이죠? 여기서 충돌은 tidyverse 패키지에 들어 있는 함수 filter(), lag()와 각각 이름이 같은 함수가 이미 R 기본 통계 패키지(stats)에 존재하고 있었다는 뜻입니다. tidyverse 패키지를 불러들이고 나면 filter()와 lag()는 각각 tidyverse 함수로 작동하게 됩니다.

만약 원래 filter(), lag() 함수 기능이 필요할 때는 어떻게 하면 할까요? 이때는 stats::filter(), stats::lag()처

---

14 purrr 패키지가 궁금하면 github.com/rstudio/cheatsheets/raw/master/translations/korean/purrr-cheatsheet-kr.pdf 파일을 읽어보면 도움이 될 수 있습니다.
15 stringr 패키지는 github.com/rstudio/cheatsheets/raw/master/strings.pdf 파일을 읽어보면 대충 감을 잡을 수 있을 겁니다.

럼 쓰면 됩니다. 이 방법은 모든 함수에 적용할 수 있습니다. 코딩 과정에서 library() 함수를 불러들이는 과정을 생략하고 '::' 앞에 패키지 이름을 써도 됩니다.

2.1 패키지 관리 최강자, pacman 패키지

우리는 pacman 패키지[16]를 활용해 패키지를 설치하고 불러오는 작업을 진행할 겁니다. 먼저 pacman 패키지를 설치해 줍니다.

```
install.packages('pacman')
```

그리고, install.packages(), library() 함수 대신 p_load() 함수를 써서 패키지를 설치하고 불러오는 과정을 진행할 수 있습니다. p_load() 함수는 해당 패키지가 없을 때 자동으로 패키지를 설치하는 작업까지 진행합니다. 또, c() 함수를 사용하지 않아도 한 번에 여러 패키지를 설치하고 불러올 수도 있습니다. 다음 코드를 실행해 보면 무슨 뜻인지 이해가 갈 겁니다.

```
pacman::p_load(tidyverse, tidymodels)
```

pacman 패키지를 따로 불러온 적이 없으니까 pacman::p_load()라고 썼다는 것 이해가나요? 또 library() 함수를 썼을 때와 달리 경고 메시지를 출력하지 않는 것도 p_load() 함수 특징입니다.

참고로 pacman과 비슷한 역할을 하는 패키지 중 librarian[17]도 있습니다. 만약, pacman 패키지가 마음에 들지 않는다면 이쪽을 한 번 찾아봐도 나쁘지 않을 겁니다. 물론 원래대로 install.package(), library() 콤보를 사용하는 방법도 나쁘지 않습니다.

2.2 R 스튜디오 설치

앞서는 tidyverse를 '변용'이라는 관점에서 설명했는데 우주를 'universe'라고 부르는 것처럼 tidyverse는 '깔끔한 생태계'를 가리키기도 합니다. 이 생태계를 제대로 탐험하려면 'R 스튜디오'라는 프로그램이 있으면 아주 좋습니다. 'R 스튜디오'는 프로그램 이름이자 tidyverse 패키지를 개발·유지·보수·관리하는 팀 이름이기도 합니다.

자동차는 엔진, 동력전달장치, 제동장치 같은 차대(車臺·섀시)만 있어도 달릴 수 있지만, 다들 그 위에 차체(車體·바디)를 얹어서 자동차를 몰고 다닙니다. R 기본 프로그램이 섀시라면 R 스튜디오는 바디라고 할 수 있습니다.

---

16 github.com/trinker/pacman
17 cran.r-project.org/web/packages/librarian/vignettes/intro-to-librarian.html

섀시

바디

조금 어려운 말로는 이런 프로그램을 'IDE'(Integrated Development Environment·통합 개발 환경)라고 부릅니다. 이 프로그램 안에서 코드 편집부터 배포까지 모든 작업을 처리할 수 있기 때문에 이런 이름이 붙었습니다. R용 IDE로 꼭 R 스튜디오를 써야 하는 건 아니지만 tidyverse 사투리를 쓰지 않아도 IDE로는 R 스튜디오를 선택하는 경우가 많습니다.

R 스튜디오는 rstudio.com/products/rstudio/download/#download에서 쓰고 있는 운영체제(OS)에 맞게 내려 받으면 됩니다. 어떤 버전을 설치해야 할지 모를 때는 'Desktop' 버전을 찾으면 됩니다. 이번에도 설치법은 다른 프로그램과 똑같습니다.

설치를 끝내고 R 스튜디오를 실행해 보면 조금 복잡해 보이는 화면을 만나겠지만, 사실은 아주 간단한 화면입니다. 페인(pane)이라고 부르는 창이 화면을 나누고 있어서 조금 복잡해 보일 뿐입니다.

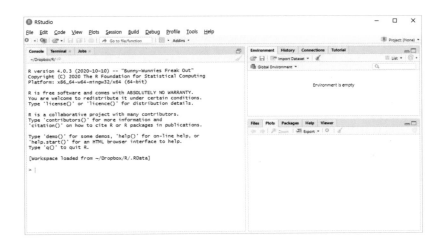

게다가 실제로 작업을 진행할 때는 R 코드를 입력할 수 있는 스크립트(script) 페인을 하나 더 여는 일이 많습니다. 스크립트 페인은 메뉴에서 [File]-[New File]-[R Script]를 선택하거나 Ctrl+Shift+N을 눌러서 엽니다.

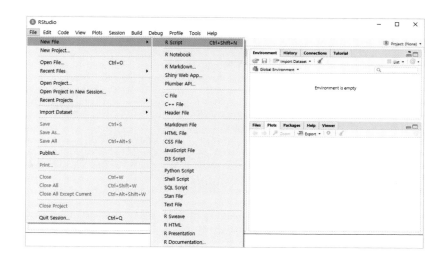

실제로 코드를 입력하는 곳이 바로 스크립트 페인입니다. 스크립트 페인은 그냥 '메모장'이라고 생각하면 됩니다. R 콘솔에서는 [Enter↵]만 누르면 바로 코드를 실행하지만, 스크립트 페인에서는 그냥 줄이 바뀌기만 합니다. 코드를 실행하려면 스크립트 페인에 있는 [Run] 아이콘을 클릭하거나 [Ctrl]+[Enter↵]를 동시에 눌러야 합니다.

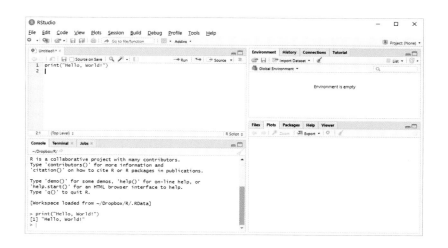

세상에는 스마트폰 사용설명서를 아주 꼼꼼하게 읽어본 다음에 '숨겨진 기능'까지 모두 활용하는 분도 있지만 대부분은 그냥 쓰다 보니 절로 알게 되는 기능 위주로 사용합니다. 그러다가 '이런 기능이 있었네?'하고 새로운 기능을 발견하기도 합니다.

R 스튜디오도 마찬가지입니다. R 스튜디오는 사용법 소개에 따로 책 한 권 분량이 필요할 정도로 다양한 기능을 제공하지만, 지금은 일단 '스크립트 페인에 텍스트를 입력하는 것처럼 코드를 입력한다. [Ctrl]+[Enter↵]를 누르면 코드가 돌아간다. 그다음 그 아래 있는 콘솔 페인 또는 오른쪽 아래 있는 출력 페인에 결과가 뜬다'는 내용만 기억하면 됩니다.

R 스튜디오를 설치하고 나면 이제 R 프로그램 자체는 신경을 꺼셔도 됩니다. 이제부터는 R 스튜디오에서 코딩을 한다고 생각하고 설명을 이어가도록 하겠습니다.

2.3 생활 tidyverse 사투리

⚽ CSV 파일 불러오기

tidyverse 생태계에는 R 표준어와 똑같은 기능을 하는 사투리 함수가 적지 않게 존재합니다. 이를 테면 csv 파일을 읽어 들일 때 쓰는 tidyverse 함수는 read_csv()입니다.

'kbo_batting_qualified.csv' 파일을 read_csv() 함수로 읽어 보고, 내용도 확인해 보겠습니다.

```
batting <- read_csv('kbo_batting_qualified.csv')
##
## -- Column specification ------------------------------------------------
## cols(
##   name = col_character(),
##   throw_bat = col_character(),
##   year = col_double(),
##   decade = col_double(),
##   avg = col_double(),
##   obp = col_double(),
##   slg = col_double(),
##   ops = col_double(),
##   hr = col_double(),
##   rbi = col_double(),
##   rank = col_double(),
##   team_game = col_double()
## )

batting
## # A tibble: 1,621 x 12
##     name  throw_bat year decade  avg   obp   slg   ops    hr   rbi  rank
##     <chr> <chr>    <dbl>  <dbl> <dbl> <dbl> <dbl> <dbl> <dbl> <dbl> <dbl>
##  1 "\xb~ "\xbf\xe~ 1982   1980 0.412 0.502 0.74  1.24    19    64     1
##  2 "\xc~ "\xbf\xe~ 1994   1990 0.393 0.454 0.581 1.03    19    77     1
##  3 "\xc~ "\xc1\xc~ 1987   1980 0.387 0.468 0.493 0.961    2    58     1
##  4 "\xc~ "\xbf\xe~ 2015   2010 0.381 0.503 0.79  1.29    47   140     1
##  5 "\xc~ "\xbf\xe~ 2016   2010 0.376 0.47  0.651 1.12    31   144     1
##  6 "\xc~ "\xc1\xc~ 1985   1980 0.373 0.458 0.543 1.00    11    65     1
##  7 "\xb~ "\xbf\xe~ 1999   1990 0.372 0.448 0.672 1.12    35   119     1
##  8 "\xb~ "\xbf\xe~ 2009   2000 0.372 0.423 0.582 1.00    18    74     1
##  9 "\xc~ "\xbf\xe~ 2009   2000 0.371 0.442 0.533 0.975   12    64     2
## 10 "\xb~ "\xbf\xe~ 2014   2010 0.37  0.436 0.547 0.983    7    67     1
## # ... with 1,611 more rows, and 1 more variable: team_game <dbl>
```

맨 앞에 있는 name, throw_bat 열이 깔끔하지가 않습니다. 이건 read_csv() 함수가 한글을 제대로 처리하지 못해서 생기는 일입니다.

다음처럼 로케일(locale)[18]을 지정하면 우리가 원래 기대했던 대로 파일을 읽어올 수 있습니다.[19]

```
batting <- read_csv('kbo_batting_qualified.csv', locale = locale('ko', encoding = 'euc-kr'))
##
## -- Column specification -----------------------------------------------
## cols(
##    name = col_character(),
##    throw_bat = col_character(),
##    year = col_double(),
##    decade = col_double(),
##    avg = col_double(),
##    obp = col_double(),
##    slg = col_double(),
##    ops = col_double(),
##    hr = col_double(),
##    rbi = col_double(),
##    rank = col_double(),
##    team_game = col_double()
## )
```

R 표준어에서는 str() 함수로 데이터 구조를 파악했습니다. tidyverse 생태계에서 같은 역할을 하는 함수는 glimpse()입니다.

```
glimpse(batting)
## Rows: 1,621
## Columns: 12
## $ name      <chr> "백인천", "이종범", "장효조", "테임즈", "최형우", "장효조", "마해영", "박용
택", "...
## $ throw_bat <chr> "우우", "우우", "좌좌", "우좌", "우좌", "좌좌", "우우", "우좌", "우우", "우
좌...
## $ year      <dbl> 1982, 1994, 1987, 2015, 2016, 1985, 1999, 2009, 2009, 201...
## $ decade    <dbl> 1980, 1990, 1980, 2010, 2010, 1980, 1990, 2000, 2000, 201...
## $ avg       <dbl> 0.412, 0.393, 0.387, 0.381, 0.376, 0.373, 0.372, 0.372, 0...
## $ obp       <dbl> 0.502, 0.454, 0.468, 0.503, 0.470, 0.458, 0.448, 0.423, 0...
## $ slg       <dbl> 0.740, 0.581, 0.493, 0.790, 0.651, 0.543, 0.672, 0.582, 0...
## $ ops       <dbl> 1.242, 1.035, 0.961, 1.294, 1.121, 1.001, 1.120, 1.004, 0...
## $ hr        <dbl> 19, 19, 2, 47, 31, 11, 35, 18, 12, 7, 5, 18, 20, 18, 23, ...
```

---

18 위키피디아에선 로케일을 '사용자의 언어, 국가뿐 아니라 사용자가 선호하는 사항을 지정한 매개 변수 모임'이라고 설명합니다. R 콘솔에 readr::locale()을 먼저 입력한 다음 readr::locale('ko')라고 입력하면 이게 무슨 뜻인지 짐작할 수 있을 겁니다.

19 계속 이렇게 복잡하게 읽어올 건 아니니까 너무 걱정하지 않아도 됩니다.

```
## $ rbi       <dbl> 64, 77, 58, 140, 144, 65, 119, 74, 64, 67, 64, 62, 78, 84...
## $ rank      <dbl> 1, 1, 1, 1, 1, 1, 1, 1, 2, 1, 1, 1, 2, 2, 2, 1, 1, 3, 3, ...
## $ team_game <dbl> 80, 126, 108, 144, 144, 110, 132, 133, 133, 128, 144, 100...
```

이번에는 name, throw_bat 열에 있는 한글을 제대로 읽어왔다는 사실을 알 수 있습니다. 'batting'을 써서 확인해도 마찬가지입니다.

```
batting
## # A tibble: 1,621 x 12
##    name   throw_bat year  decade avg   obp   slg   ops    hr   rbi  rank
##    <chr>  <chr>     <dbl> <dbl>  <dbl> <dbl> <dbl> <dbl> <dbl> <dbl> <dbl>
##  1 백인천~ 우우      1982   1980  0.412 0.502 0.74  1.24    19    64     1
##  2 이종범~ 우우      1994   1990  0.393 0.454 0.581 1.03    19    77     1
##  3 장효조~ 좌좌      1987   1980  0.387 0.468 0.493 0.961    2    58     1
##  4 테임즈~ 우좌      2015   2010  0.381 0.503 0.79  1.29    47   140     1
##  5 최형우~ 우좌      2016   2010  0.376 0.47  0.651 1.12    31   144     1
##  6 장효조~ 좌좌      1985   1980  0.373 0.458 0.543 1.00    11    65     1
##  7 마해영~ 우우      1999   1990  0.372 0.448 0.672 1.12    35   119     1
##  8 박용택~ 우좌      2009   2000  0.372 0.423 0.582 1.00    18    74     1
##  9 홍성흔~ 우우      2009   2000  0.371 0.442 0.533 0.975   12    64     2
## 10 서건창~ 우좌      2014   2010  0.37  0.436 0.547 0.983    7    67     1
## # ... with 1,611 more rows, and 1 more variable: team_game <dbl>
```

여기까지 오면서 read_csv() 함수로 읽어 온 파일은 자동으로 맨 처음 10행만 보여준다는 사실을 눈치챘나요? class() 함수로 데이터 형태를 확인해보면 'data.frame' 이외에도 'spec_tbl_df', 'tbl_df', 'tbl' 같은 형태가 새로 생겼다는 사실을 알 수 있습니다.

```
class(batting)
## [1] "spec_tbl_df" "tbl_df"       "tbl"         "data.frame"
```

이건 기본적으로 tidyverse 생태계에서는 데이터 프레임을 'tibble'이라는 형태로 처리하기 때문에 생긴 일입니다. tibble은 tidyverse 생태계에서 활용하기 편하게 '튜닝한' 데이터 프레임이라고 이해하면 됩니다. read. csv()로 읽은 파일 역시 as_tibble() 함수로 처리하면 tibble로 바꿀 수 있습니다.

```
batting <- read.csv('kbo_batting_qualified.csv')

batting <- as_tibble(batting)

class(batting)
## [1] "tbl_df"      "tbl"         "data.frame"
```

tribble() 함수를 쓰면 직접 데이터를 입력해 tibble을 만들 수도 있습니다. tribble은 'transposed tibble' 즉, 전치(轉置) tibble이라는 뜻입니다. '다른 곳으로 옮겨 놓다'는 뜻인 전치라는 표현을 쓴 건 같은 데이터를 입력하는 방식이 data.frame() 함수와 다르기 때문입니다.

x열 각 행에 1~3, y열 각 행에 4~6을 입력하고 싶을 때 data.frame() 함수로는 이렇게 입력했습니다.

```
df1 <- data.frame(x = c(1, 2, 3),
                   y = c(4, 5, 6))

df1
##   x y
## 1 1 4
## 2 2 5
## 3 3 6
```

tribble() 함수로는 이렇게 씁니다.

```
df2 <- tribble(~x, ~y,
               #---/---
               1,   4,
               2,   5,
               3,   6)

df2
## # A tibble: 3 x 2
##       x       y
##   <dbl>   <dbl>
## 1     1       4
## 2     2       5
## 3     3       6
```

실제 데이터 프레임 모양에 가깝게 입력하는 tribble() 쪽이 훨씬 깔끔하지 않은가요?

tribble()로 tibble을 만들 때는 맨 처음에 '~'(틸드·tilde) 기호를 써서 열 이름을 정해준 다음에 쉼표로 열과 행을 구분하는 방식으로 데이터를 입력합니다. 또 주석 기능을 활용해 열 이름과 데이터를 구분하면 한눈에 데이터 구조를 파악하는 데도 도움이 됩니다.

사실 textConnection() 함수와 read.csv() 함수를 결합하면 R 표준어로도 이렇게 행 단위로 데이터를 입력해 데이터 프레임을 만드는 게 가능하긴 합니다.

```
df2 <- read.csv(textConnection("
x, y
1, 4
2, 5
3, 6
"))

df2
##   x y
## 1 1 4
## 2 2 5
## 3 3 6
```

read.csv()와 textConnection() 함수를 겹쳐 쓰는 것보다 tribble() 함수를 한 번 쓰는 쪽이 훨씬 깔끔하지 않은가요?

⚽ 파이프(%>%)

데이터 프레임에서 제일 중요한 기호가 '$'라면 tidyverse 생태계에서 제일 중요한 기호는 '%>%'를 꼽을 수 있습니다. 이 기호는 '파이프'라고 부릅니다.

현실 세계에서 파이프가 액체나 기체를 한 곳에서 다른 곳으로 이동하는 통로 기능을 하는 것처럼 R에서 파이프 기호 역시 함수와 함수 사이로 데이터를 옮기는 역할을 합니다.

예를 들어 1부터 10까지 합을 구한다고 할 때 지금까지는 sum(1:10)처럼 썼습니다. '함수(데이터)' 형태로 코드를 썼던 것입니다. 이 코드는 파이프를 써서 '1:10 %>% sum()'으로도 쓸 수 있습니다.

```
1:10 %>% sum()
## [1] 55
```

tibble은 기본적으로 10행을 자동으로 표시하는 데 이 숫자를 조절할 때도 파이프 기호를 쓸 수 있습니다. 다음처럼 쓰면 처음 20줄을 표시합니다.

```
batting %>%
  print(n = 20)
## # A tibble: 1,621 x 12
##    name  throw_bat year decade   avg   obp   slg   ops    hr   rbi  rank
##    <chr> <chr>    <int>  <int> <dbl> <dbl> <dbl> <dbl> <int> <int> <int>
##  1 백인천~ 우우     1982   1980 0.412 0.502 0.74  1.24    19    64     1
##  2 이종범~ 우우     1994   1990 0.393 0.454 0.581 1.03    19    77     1
##  3 장효조~ 좌좌     1987   1980 0.387 0.468 0.493 0.961    2    58     1
##  4 테임즈~ 우좌     2015   2010 0.381 0.503 0.79  1.29    47   140     1
##  5 최형우~ 우좌     2016   2010 0.376 0.47  0.651 1.12    31   144     1
##  6 장효조~ 좌좌     1985   1980 0.373 0.458 0.543 1.00    11    65     1
##  7 마해영~ 우우     1999   1990 0.372 0.448 0.672 1.12    35   119     1
##  8 박용택~ 우좌     2009   2000 0.372 0.423 0.582 1.00    18    74     1
##  9 홍성흔~ 우우     2009   2000 0.371 0.442 0.533 0.975   12    64     2
## 10 서건창~ 우좌     2014   2010 0.37  0.436 0.547 0.983    7    67     1
## 11 김선빈~ 우우     2017   2010 0.37  0.419 0.477 0.896    5    64     1
## 12 장효조~ 좌좌     1983   1980 0.369 0.475 0.618 1.09    18    62     1
## 13 박건우~ 우우     2017   2010 0.366 0.423 0.582 1.00    20    78     2
## 14 김태균2~ 우우    2014   2010 0.365 0.467 0.564 1.03    18    84     2
## 15 김태균2~ 우우    2016   2010 0.365 0.48  0.569 1.05    23   136     2
## 16 이대호~ 우우     2010   2000 0.364 0.446 0.667 1.11    44   133     1
## 17 김태균2~ 우우    2012   2010 0.363 0.478 0.536 1.01    16    80     1
## 18 박민우~ 우좌     2017   2010 0.363 0.442 0.472 0.914    3    47     3
## 19 손아섭~ 우좌     2014   2010 0.362 0.458 0.538 0.996   18    80     3
## 20 유한준~ 우우     2015   2010 0.362 0.436 0.579 1.01    23   116     2
## # ... with 1,601 more rows, and 1 more variable: team_game <int>
```

만약 모든 행을 출력하라고 명령하고 싶을 때는 'print(n = Inf)'를 쓰면 됩니다. tibble은 또 모니터 해상도에 따라 출력하는 열 숫자를 조절할 수 있고, 'print(width = Inf)'라고 쓰면 모든 열을 출력할 수 있습니다.[20]

기본적으로 모든 행을 출력하고 싶을 때는 'options(dplyr.print_min = inf)'을 입력하고, 모든 열을 출력하고 싶을 때는 'options(tibble.width = inf)'라고 먼저 입력한 다음 코드를 쓰면 됩니다. 행과 열이 일정한 숫자를 넘어가면 화면에 이를 모두 출력하는 게 부담스러울 수 있습니다. 이때는 객체 %>% View() 함수를 쓰면 엑셀 같은 스프레드 시트 형태로 데이터를 확인할 수 있습니다. V가 대문자라는 사실에 주의하세요!

파이프를 쓰면 '말하듯이' 깔끔하게 코드를 쓸 수 있다는 장점이 있습니다.

'공을 투수가 던졌다. 타자가 쳤다. 타격 결과는?' 이 문장을 일반적인 코드로 쓸 때는 다음과 같습니다.

결과(타격(투구(공)))

---

[20] 이 책에 나와 있는 코드를 실행하다 보면 모양이 살짝 다른 결과가 나올 때가 있을 겁니다. 이는 출력용으로 폭을 조절했기 때문일 뿐 실행결과 자체가 다른 건 아닙니다.

이렇게 쓰면, 괄호 개수가 정확한지부터 헷갈릴 지경입니다. 파이프를 쓰면

공 %>% 투구() %>% 타격() %>% 결과()

가 되기 때문에 직관적으로 알아볼 수 있습니다.

이를 응용하면 'kbo_batting_qualifed.csv' 파일을 읽어서 tibble로 바꾼 다음 batting이라는 객체에 저장하는 코드는 이런 식으로 쓸 수 있습니다.

```
'kbo_batting_qualified.csv' %>%
  read.csv() %>%
  as_tibble() -> batting
```

따로 로케일을 지정하는 것보다 이쪽이 자연스럽게 코드를 입력할 수 있기 때문에 저는 이런 식으로 CSV 파일을 읽습니다. 이건 제 '말투'입니다. 이런 식으로 쓰면 코드가 자연스럽게 튀어나온다는 장점이 있습니다.

또 패키지를 설치하거나 불러올 때 또는 read.csv()로 CSV 파일을 불러올 때도 원칙적으로는 작음 따옴표(' ')가 아니라 큰 따옴표(" ")를 쓰는 게 맞습니다. 그러나 Shift 를 한번 더 누르는 번거로움을 피하고자 저는 작은 따옴표를 선호합니다. 그래도 잘 작동하니까요. 이 역시 제 '말투'입니다.

여기서 재미있는 또 한 가지 사실은 '<-' 기호뿐 아니라 '->' 기호 역시 어떤 값을 객체에 넣을 때 활용할 수 있다는 점입니다. R은 원래 이렇게 '->' 기호를 쓰는 방식이었지만 다른 프로그래밍 언어가 대부분 객체 이름을 왼쪽에 두는 게 기본이기 때문에 '<-' 기호를 쓰게 된 겁니다. '->'를 선호하는 것 역시 제 '말투'입니다.

그래도 대부분은 '<-' 기호를 선호할 겁니다. R 스튜디오에서 Alt + − 를 사용하면 '<-' 기호를 입력할 수 있습니다. 파이프 기호 역시 Ctrl + Shift + M 을 통해 입력할 수 있습니다. 선택한 부분을 주석으로 바꾸는 Ctrl + Shift + C 도 알아두면 편합니다. 개인적으로는 Ctrl + Shift + F10 도 추천합니다. 이 키를 누르면 R 세션을 초기화합니다(= R을 처음 실행한 상태로 바뀝니다). Alt + Shift + K 를 누르면 전체 단축키 목록이 뜨니까 한번 훑어봐도 나쁘지 않을 겁니다.

이 정도면 운전 면허 '이론 강의'는 모두 마쳤다고 할 수 있습니다. 이제 S자, T자 등 각종 코스를 도는 기능 단계를 시작으로 실기를 진행해 본 겁니다. 그렇다고 너무 걱정하지 마세요. 이 책에 사칙연산보다 어려운 건 제곱근(루트), 로그 함수가 몇 번 정도 등장할 뿐입니다.

> "아름다움은 사전에 타인에게서 환심을 사는
> 공개적인 추천장이다."
>
> – 아르투어 쇼펜하우어 '인생론' –

'데이터 과학' 세계 기능 첫 코스는 '그림 그리기'입니다. 본격적인 R 회화 연습 첫 단계로 '시각화'를 추천하는 제일 큰 이유는 '수학의 정석' 때문입니다. 이 책으로 수학을 공부해 본 사람은 책을 옆에서 보면 앞부분은 종이가 까맣고 뒤로 갈수록 하얗던 기억이 날 겁니다.

이 책도 결국 비슷한 운명을 맞이할 확률이 큽니다. 그러면 꼭 필요한 기능부터 시작하는 게 좋지 않겠습니까? '0.1 왜 R인가?'에 있는 두 번째 그래프를 보면 사람들이 R로 제일 많이 하는 작업이 '시각화'라는 사실을 알 수 있습니다. 그래서 시각화부터 출발합니다.

tidyverse 생태계에서는 ggplot2 패키지가 시각화를 담당합니다. 패키지 이름 맨 처음에 나오는 gg는 미국 통계학자 리랜드 윌킨슨 박사가 쓴 책 'The Grammar of Graphics'(그래픽 문법)에서 따온 겁니다. 이 책에서 가장 유명한 단락은 바로 이겁니다.

> *문법은 언어에 표현력을 더한다. 단어만 있고 문법이 없는 언어가 있다면 (문장 = 단어) 우리는 오직 단어 개수만큼만 생각을 표현할 수 있다. 문장 안에서 단어를 어떻게 조합할 수 있는지 규정함으로써 문법은 언어의 지평을 확장한다.*

> *Grammar makes language expressive. A language consisting of words and no grammar (statement = word) expresses only as many ideas as there are words. By specifying how words are combined in statements, a grammar expands a language's scope.*

'그래픽 문법'은 크게 데이터 세트(data set), 좌표계(coordinate system), 기하 객체(geoms) 등 세 가지 '품사'를 뼈대로 문장(그래프)을 완성하는 구조라고 할 수 있습니다. 여기에 어떤 변수를 x, y값 또는 색깔이나 크기 같은 심미적(aesthetics) 요소로 활용할 것인지까지 지정해 주면 그래프가 '짠'하고 나타나게 됩니다.

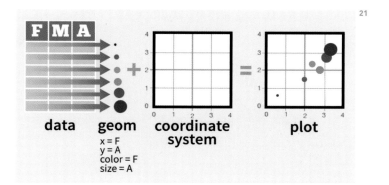

이 문법을 R 코드로 구현할 때는 ggplot() 함수를 기본으로 그때 그때 상황에 맞는 함수를 더하는 방식을 취하게 됩니다. 예를 들어 선(line) 그래프를 그린다고 하면 ggplot() + geom_line() 형태가 되는 방식입니다. 사실 이건 말로 설명하는 것보다 실제로 코드를 써보면 오히려 쉽게 이해할 수 있을 겁니다.

아, 패키지 이름 끝에 숫자 '2'가 붙은 건 그냥 '버전 2'라고 생각하면 됩니다.[22]

tidyverse 패키지를 불러오면 ggplot2 패키지도 자동으로 메모리에 들어갑니다. 그럼 일단 tidyverse 패키지부터 불러오겠습니다.

```
pacman::p_load(tidyverse)[23]
```

이어서 데이터를 불러옵니다. 앞에서 활용했던 'kbo_batting_qualified.csv' 파일을 불러와 batting이라는 객체에 넣어 두겠습니다. 이 파일에는 1982~2002 프로야구에서 규정타석을 채운 타자들 기록이 들어 있습니다.

```
'kbo_batting_qualified.csv' %>%
  read.csv() %>%
  as_tibble() -> batting
```

이제부터 일단 이 데이터로 그래프를 하나 하나 그려보겠습니다.

3.1 히스토그램

히스토그램은 어떤 데이터가 구간별로 얼마나 존재하는지 막대 그래프로 그린 그림입니다. 히스토그램을 그려 보면 어떤 데이터가 어떤 모양으로 분포하고 있는지 확인할 수 있습니다.

---

21 'rstudio.com/wp-content/uploads/2016/11/ggplot2-cheatsheet-2.1.pdf'에서 인용
22 혹시 ggplot1이 궁금하다면 'github.com/hadley/ggplot1'에서 확인할 수 있습니다.
23 이 코드가 무슨 뜻인지 이해가 가지 않는다면 2.1 pacman 패키지를 참조합니다.

ggplot2로 그래프를 그리려면 제일 먼저 ggplot() 함수를 써야 합니다. 우리는 batting 객체를 데이터로 사용할테니 일단 이렇게 코드를 씁니다.

```
ggplot(data = batting)
```

이 코드를 실행하면 R 스튜디오 오른쪽 아래 페인(pane)에 텅 빈 회색 공간이 하나 등장합니다. 아직은 다른 '그래픽 문법' 요소를 지정하지 않았기 때문에 이런 결과가 나타납니다.

이제 타율(avg) 데이터로 히스토그램을 그리라는 코드를 써보겠습니다. avg라는 열에서 데이터를 골라내서 히스토그램을 그릴 겁니다.

이렇게 특정 열을 그래프 요소로 활용하고 싶을 때는 aes() 함수 안에 각 열을 어떤 요소로 활용할 것인지 지정하면 됩니다. 히스토그램을 그릴 때는 x축에 어떤 변수를 쓸 것인지만 지정하면 y축은 자동으로 '빈도'가 됩니다. 따라서 aes(x = avg)처럼 쓰면 됩니다.

그래프를 그리는 건 이런 심미적 요소를 가지고 매핑(mapping)하는 것을 말합니다. 지금까지 이야기한 걸 실제 코드로는 아래처럼 쓸 수 있습니다.

```
ggplot(data = batting, mapping = aes(x = avg)) +
   geom_histogram()
```

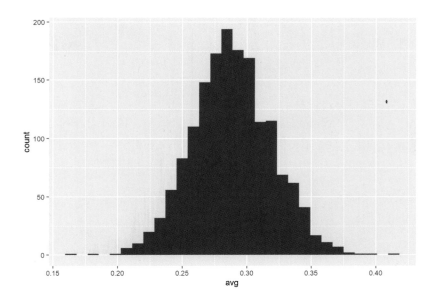

여기서 data, mapping이라는 인수 이름은 생략해도 됩니다. 또, 히스토그램을 그릴 때는 변수가 하나만 필요하기 때문에 아래처럼 코드를 써도 똑같은 결과를 얻을 수 있습니다.

```
ggplot(batting, aes(avg)) +
  geom_histogram()
```

앞에서 배운 파이프를 써서 이런 식으로 코드를 쓰는 것도 가능합니다.

```
batting %>%
  ggplot(aes(avg)) +
  geom_histogram()
```

여기까지 따라왔다면 'stat_bin()' using 'bins = 30'. Pick better value with 'binwidth.'라는 에러 메시지가 계속 나오고 있다는 걸 눈치챘을 겁니다.

이 메시지는 우리가 따로 구간 간격을 지정하지 않았기 때문에 히스토그램 왼쪽 끝부터 오른쪽 끝까지를 30개 구간으로 나눴다는 뜻입니다. 이게 마음에 들지 않을 때는 binwidth 인수를 써서 간격을 지정하라는 조언도 덧붙이고 있습니다.

타율은 보통 0.001까지 따지므로 0.001 간격으로 히스토그램을 그려보겠습니다.

```
batting %>%
  ggplot(aes(avg)) +
  geom_histogram(binwidth = .001)
```

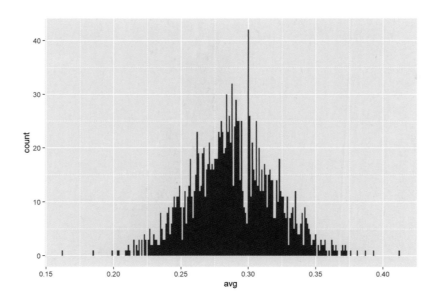

본문에선 0.001라고 써놓고 코드에는 .001이라고만 쓴 걸 눈치챘나요? R에서는 0.xxx를 쓸 때 앞에 있는 0을 생략할 수 있습니다.

지금까지는 그래프가 가운데가 불룩한 '종 모양'인 줄 알았는데 0.001 단위로 구분해 보니 중간이 푹 파여 있습니다. 가장 골이 깊은 지점은 타율 0.299에 해당합니다. 이 데이터에 이름을 올리고 있는 타자 1621명 가운데 타율이 0.299인 타자는 6명밖에 되지 않습니다. 대신 바로 옆에 있는 타율 0.300은 42명으로 인원이 가장 많습니다.

타율 0.299와 0.300 사이에 엄청 대단한 차이가 있다고 하기는 어려울 겁니다. 그러나 타율 0.299를 기록하면 '초라한 2할 타자'로 남는 반면 0.300을 기록하면 '자랑스러운 3할 타자'로 이름을 남길 수 있습니다. 요컨대 우리가 '십진법의 노예'이기 때문에 이런 일이 생긴다고 할 수 있습니다. 우리는 그저 히스토그램을 하나 그렸을 뿐인데 이런 '작은 발견'을 할 수 있습니다.

데이터를 처음 받았을 때 이렇게 생김새를 알아보는 작업을 데이터 과학에서는 '탐색적 데이터 분석(EDA·Exploratory Data Analysis)'이라고 부릅니다. 변수별로 평균이나 표준편차 같은 통계값을 알아보는 것도 물론 데이터를 파악하는 데 도움이 되지만 이렇게 시각화까지 곁들이면 '데이터 생김새'를 더욱 분명하게 알 수 있습니다.

0.3절에서 소개한 PPDAC 모델을 기준으로 설명하면 히스토그램 작성을 통해 PPDAC 한 사이클을 마쳤다고 할 수 있습니다. 그러면 이제 또 새로운 질문을 던질 차례입니다. 예를 들어 '타율 0.299인 상태로 시즌 마지막 타석에 들어선 타자들 타격 기록을 모아 보면 타율이 얼마나 나올 것인가?' 같은 질문도 가능합니다. '초라한 2할 타자'로 시즌을 마치지 않으려면 이 타석에서는 안타 생산 능력이 더욱 올라갈지도 모르니까요.

실제로 미국 펜실베이니아대 경영전문대학원(MBA) '와튼스쿨' 데빈 포프, 유리 시몬손 팀은 1975~2008년 메이저리그 자료를 분석해 타율 0.299로 마지막 타석에 들어선 타자들은 그 마지막 타석에서 타율 0.430을 기록했다는 사실을 밝혀냈습니다. '2할 타자가 되기 싫다'라는 심리가 안타 생산 능력을 약 43.8%(0.299 → 0.430) 끌어올린 셈입니다. 정확하게 0.300인 상태로 타석에 들어선 타자들 기록까지 포함하면 이 기록은 0.463으로 더욱 올라갑니다.

그저 '자존심' 때문에 이렇게 타격 실력이 좋아지는 것만은 아닙니다. 제가 2014년에 칼럼을 쓰면서 1982~2013년 프로야구 기록을 조사한 결과에 따르면 계약 기간 내내 연봉이 똑같은 자유계약선수(FA)를 제외하고, 타율 0.300으로 시즌을 마친 선수는 이듬해 연봉이 38.9% 올랐지만 0.299인 선수는 22.8% 연봉 인상에 그쳤습니다. 0.299를 칠 때 보다 0.300을 쳤을 때가 연봉이 1.7배 많이 오른 겁니다.

3.2 색, 계(色, 戒) : 색깔 다루기

다시 히스토그램 그리기로 돌아갑니다. 히스토그램뿐만 아니라 모든 ggplot 그래프는 색깔을 바꿀 수도 있습니다. ggplot 그래프에서 색을 지정할 때는 color와 fill 두 가지 인수를 활용합니다. color로는 선 색깔을 특정하고, fill로는 어떤 색으로 공간을 채울 것인지 결정합니다. 따라서 아래처럼 쓰면 히스토그램 막대를 회색(gray)으로 칠하고, 막대 외곽선은 빨간색(red)으로 그립니다.

```
batting %>%
  ggplot(aes(avg)) +
  geom_histogram(bins = 30, fill = 'gray', color = 'red')
```

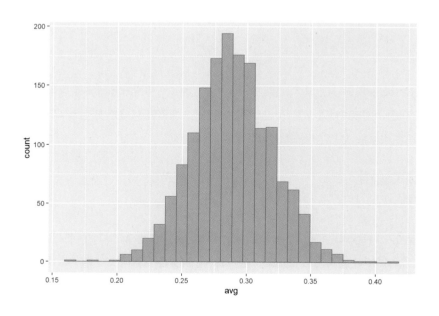

R에서 어떤 색깔을 쓸 수 있는지는 colors() 함수로 알아볼 수 있습니다.[24]

```
colors()
```

rgb() 함수를 써서 색을 지정하는 방법도 있습니다. 먼저 히스토그램부터 그려봅니다.

```
batting %>%
  ggplot(aes(avg)) +
  geom_histogram(bins = 30,
                 fill = rgb(0.325, 0.750, 0.830),
                 color = 'white')
```

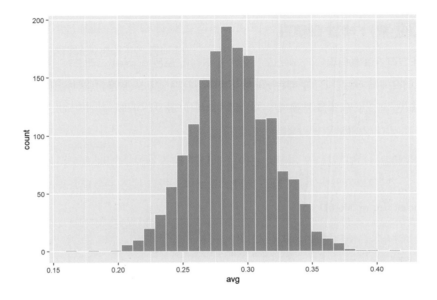

rgb는 미술 시간에 배운 빛의 삼원색 즉, 빨강(red), 녹색(green), 파랑(blue)에서 머리글자를 가져온 것입니다. 각 색깔을 어떤 비율(0~1)로 섞을 것인지 지정하면 그 색깔이 나오는 방식입니다. 빨강 32.4%, 녹색 75.0%, 파랑 83.0% 비율로 한 번 섞어 보겠습니다.

```
rgb(0.324, 0.750, 0.830)
## [1] "#53BFD4"
```

그러면 이상한 글자가 나옵니다. 16진수 숫자 세 개로 된 이 코드는 원래 웹사이트에서 색깔을 지정할 때 쓰는 '웹 색상 코드'입니다. 각 숫자는 0~256을 기준으로 각 색깔을 얼마나 쓰는지 나타냅니다. 예를 들어 맨

---

24 색상이 총 657가지나 되기 때문에 지면 관계상 출력 결과는 생략합니다.

앞에 있는 16진수 숫자 53은 10진법으로 83입니다. 83 ÷ 256 ≒ 0.324이니까 rgb() 함수를 쓸 때 맨 앞에 0.324라고 썼던 겁니다.

물론 곧바로 웹 색상 코드를 써서 색깔을 지정하는 것도 가능합니다. 다음 코드를 실행하면 앞과 똑같은 그림이 나옵니다.

```
batting %>%
  ggplot(aes(avg)) +
  geom_histogram(bins = 30, fill = '#53bfd4', color = 'white')
```

어떤 웹 색상 코드로 색깔을 나타낼 수 있는지 궁금하다면 위키피디아 '웹 색상' 페이지[25] 등을 참고하세요.

3.3 막대 그래프

히스토그램도 각 구간을 x축, 빈도를 y축에 놓고 그리는 막대 그래프라고 할 수 있습니다. 이번 절에서는 규정타석을 채운 타자가 투타(throw_bat)에 따라 어떻게 분포하고 있는지 막대 그래프로 그려보겠습니다.

막대(bar) 그래프를 그려주는 함수는 기본적으로 geom_bar()입니다.

```
batting %>%
  ggplot(aes(throw_bat)) +
  geom_bar()
```

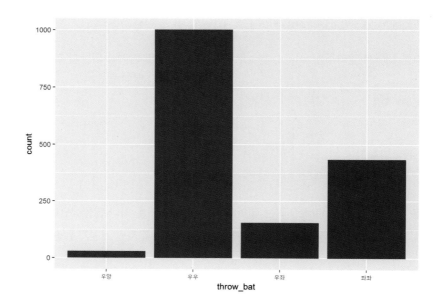

25 ko.wikipedia.org/wiki/웹_색상

이 코드를 쓰면서 우리는 x축에 throw_bat가 온다는 사실만 지정했을 뿐인데 R에서 자동으로 항목별 개수를 세어서 막대 그래프를 그렸습니다. 이건 ggplot2는 사실 이 코드를 다음처럼 받아들여서 그렇습니다.

```
batting %>%
  ggplot(aes(x = throw_bat,
             y = stat(count))) +
  geom_bar()
```

개수(count)라는 통계량(stat)을 계산해서 이를 y축에 반영했던 겁니다. 이렇게 어떤 통계값을 그래프 요소로 활용해야 할 때는 지금처럼 stat() 함수를 활용하면 됩니다. 아니면 '..' 사이에 원하는 통계값을 지정해도 됩니다. 즉, stat(count)는 '..count..'로 쓸 수 있습니다.

```
batting %>%
  ggplot(aes(x = throw_bat,
             y = ..count..)) +
  geom_bar()
```

'stat_어쩌고저쩌고()' 함수를 쓰는 방법도 있습니다. 아래처럼 코드를 입력해도 처음과 똑같은 막대 그래프를 그릴 수 있습니다.

```
batting %>%
  ggplot(aes(throw_bat)) +
  stat_count()
```

그렇다면 데이터 자체가 개수일 때는 어떻게 막대 그래프를 그릴 수 있을까요?

먼저 항목별 개수를 세어서 알려주는 table() 함수로 투타별 타자가 몇 명이나 되는지 확인해 보겠습니다.

```
batting$throw_bat %>%
  table()
## .
## 우양 우우 우좌 좌좌
##   30 1001  155  435
```

이어서 이 숫자를 가지고 bar_exmaple이라는 데이터 프레임(tibble)을 하나 만들겠습니다. 얼핏 생각하면 x축에 throw_bat, y축에 count를 지정하면 막대 그래프를 그려줄 것 같지만 그렇지 않습니다.

```
tribble(
  ~throw_bat, ~count,
  '우양', 30,
  '우우', 1001,
  '우좌', 155,
  '좌좌', 435
) -> bar_example


bar_example %>%
  ggplot(aes(x = throw_bat,
             y = count)) +
  geom_bar()
## Error: stat_count() can only have an x or y aesthetic.
```

데이터 개수를 알고 있을 때는 geom_bar() 안에 "stat = 'identity'"라고 써줘야 막대 그래프를 그립니다. 있는 숫자 그대로 막대 그래프를 그려달라는 뜻입니다.

```
bar_example %>%
  ggplot(aes(throw_bat, count)) +
  geom_bar(stat = 'identity')
```

아니면 geom_col() 함수를 쓰는 방법도 있습니다. 여기서 col은 column 그러니까 '기둥'이라는 뜻입니다.

```
bar_example %>%
  ggplot(aes(throw_bat, count)) +
  geom_col()
```

3.4 팩터(factor)란 무엇인가?

투타 구분처럼 종류가 서로 다른[26] 항목을 x축 또는 y축에 배치할 때 때 ggplot2는 자동적으로 가나다순 그리고/또는 ABC순에 따라서 항목 순서를 정합니다. 이 순서를 바꾸고 싶을 때는 어떻게 해야 할까요?

이럴 때는 범주형 또는 팩터(factor)형 자료 구조를 활용해야 합니다. 말은 어려울 수 있지만 개념 자체는 별것 아닙니다. '아주 나쁨', '나쁨', '보통', '좋은', '아주 좋음'으로 항목을 구분하는 형태가 바로 팩터형 자료입니다. tidyverse 생태계에서는 as_factor() 함수를 써서 데이터를 팩터형으로 바꿀 수 있습니다.

bar_example$throw_bat를 그냥 출력했을 때와 as_factor()를 거쳐 출력했을 때 어떤 차이가 생기는지 볼까요?

---

[26] 영어로는 이를 'discrete'하다고 표현합니다. 반대로 0~100처럼 연속적인 숫자는 'continuous'하다고 합니다. 이 구분이 계속 등장하므로 미리 설명합니다.

```
bar_example$throw_bat
## [1] "우양" "우우" "우좌" "좌좌"

bar_example$throw_bat %>%
  as_factor()
## [1] 우양 우우 우좌 좌좌
## Levels: 우양 우우 우좌 좌좌
```

결과 밑에 생기는 레벨(levels)은 이름 그대로 어떤 항목이 레벨이 높은지 알려주는 역할을 합니다.

fct_relevel() 함수를 쓰면 이 순서를 조절할 수 있습니다.

```
bar_example$throw_bat %>%
  as_factor() %>%
  fct_relevel('우우', '좌좌', '우좌', '우양')
## [1] 우양 우우 우좌 좌좌
## Levels: 우우 좌좌 우좌 우양
```

그러면 항목 자체는 여전히 가나다순으로 나오지만 레벨이 바뀐 사실을 알 수 있습니다.

앞에서는 수동으로 레벨을 정했는데 fct_reorder() 함수를 쓰면 다른 항목을 기준으로 레벨을 자동 적용하는 것도 가능합니다. count 숫자가 많은 것부터 레벨을 정하고 싶을 때는 이렇게 쓰면 됩니다.

```
bar_example$throw_bat %>%
  fct_reorder(bar_example$count)
## [1] 우양 우우 우좌 좌좌
## Levels: 우양 우좌 좌좌 우우
```

x축에 이를 적용하면 항목 순서가 바뀝니다.

```
bar_example %>%
  ggplot(aes(x = throw_bat %>% fct_reorder(count),
             y = count)) +
  geom_col()
```

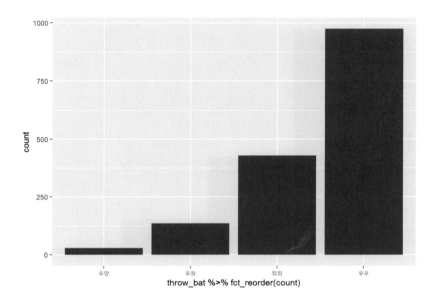

숫자가 많은 항목을 앞에 오게 하고 싶을 때는 .desc 인수에 TRUE 값을 주면 됩니다.

```
bar_example %>%
  ggplot(aes(x = throw_bat %>% fct_reorder(count, .desc = TRUE),
             y = count)) +
  geom_col()
```

숫자를 음수(−)로 바꿨을 때도 순서가 바뀌기 때문에 이렇게 써도 똑같은 결과를 얻을 수 있습니다.

```
bar_example %>%
  ggplot(aes(x = throw_bat %>% fct_reorder(-count),
             y = count)) +
  geom_col()
```

처음에 그렸던 막대 그래프처럼 개수를 자동으로 셀 때는 fct_infreq() 함수로 순서를 정할 수 있습니다.

```
batting %>%
  ggplot(aes(x = throw_bat %>% fct_infreq())) +
  geom_bar()
```

이 세 코드 모두 똑같이 다음 형태로 그래프를 출력합니다.

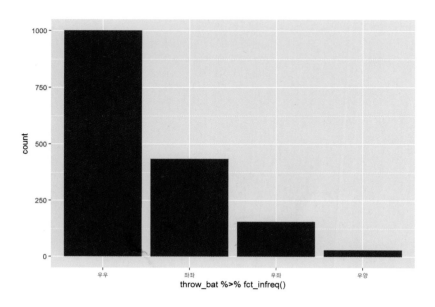

3.5 선 그래프

데이터 값에 따라 변하는 선(line) 그래프도 그릴 수 있습니다. 선 그래프를 그리는 함수는 당연히 geom_line()입니다. geom_line()은 x, y 두 가지 인수를 받아서 선을 그립니다.

시즌별 타율 1위 기록이 어떻게 변했는지 그래프를 그려보겠습니다. 일단 각 시즌 타율 1위 선수만 골라내야겠죠? 이미 rank라는 열에 시즌별 타율 순위를 넣어뒀으니 1위에 해당하는 선수를 골라낼 수 있습니다.

```
batting[batting$rank == 1,]
## # A tibble: 39 x 12
##     name   throw_bat year decade  avg   obp   slg   ops    hr   rbi  rank
##     <chr>  <chr>    <int>  <int> <dbl> <dbl> <dbl> <dbl> <int> <int> <int>
##  1 백인천~ 우우      1982   1980 0.412 0.502 0.74  1.24    19    64     1
##  2 이종범~ 우우      1994   1990 0.393 0.454 0.581 1.03    19    77     1
##  3 장효조~ 좌좌      1987   1980 0.387 0.468 0.493 0.961    2    58     1
##  4 테임즈~ 우좌      2015   2010 0.381 0.503 0.79  1.29    47   140     1
##  5 최형우~ 우좌      2016   2010 0.376 0.47  0.651 1.12    31   144     1
##  6 장효조~ 좌좌      1985   1980 0.373 0.458 0.543 1.00    11    65     1
##  7 마해영~ 우우      1999   1990 0.372 0.448 0.672 1.12    35   119     1
##  8 박용택~ 우좌      2009   2000 0.372 0.423 0.582 1.00    18    74     1
##  9 서건창~ 우좌      2014   2010 0.37  0.436 0.547 0.983    7    67     1
## 10 김선빈~ 우우      2017   2010 0.37  0.419 0.477 0.896    5    64     1
## # ... with 29 more rows, and 1 more variable: team_game <int>
```

이제 x축에는 연도(year), y축에는 타율(avg)을 배치하면 선 그래프가 나타납니다.

```
batting[batting$rank == 1,] %>%
  ggplot(aes(x = year,
             y = avg)) +
  geom_line()
```

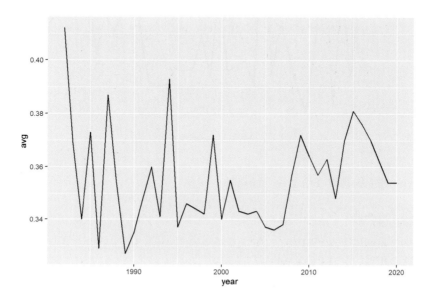

선 그래프에서 선 두께를 조절하고 싶을 때는 lwd 인수를 조절하면 됩니다.

```
batting[batting$rank == 1,] %>%
  ggplot(aes(x = year,
             y = avg)) +
  geom_line(lwd = 1)
```

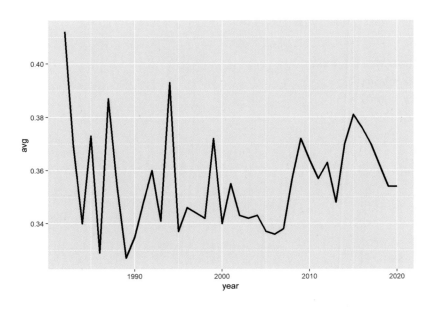

선 종류는 linetype 인수를 통해 조절할 수 있습니다.

```
batting[batting$rank == 1,] %>%
  ggplot(aes(x = year,
             y = avg)) +
  geom_line(linetype = 'dashed')
```

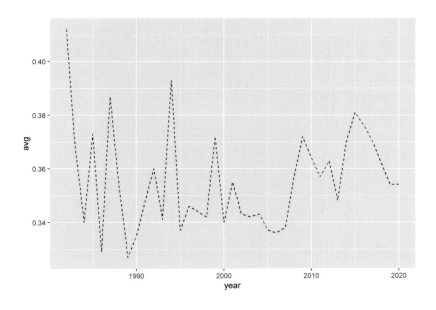

lty 인수를 통해 선 종류를 조절할 수도 있습니다. linetype과 달리 숫자로 선 종류를 구분한다는 차이가 있습니다. "linetype = 'dashed'"와 "lty = 2"가 같은 선 모양을 출력하는 방식입니다.

solid _____

dashed ------------------

dotted ....

dotdash -·-·-·-·-·-·-·-·

longdash — — — — — — — —

twodash -- -- -- -- -- --

1 _____

2 ------------------

3 ....

4 -·-·-·-·-·-·-·-·

5 — — — — — — — —

6 -- -- -- -- -- --

geom_line()뿐만 아니라 수평선을 그리는 geom_hline(), 수직선을 그리는 geom_vline(), y = ax + b 형태 직선을 그리는 geom_abline() 모두 같은 방식으로 선 두께나 종류를 바꿀 수 있습니다.

수평선을 그릴 때는 특정한 y 지점을 기준으로 선을 그리고, 수직선을 그릴 때는 특정한 x 지점을 기준으로 선을 그려야 합니다. 그런 이유로 geom_hline()은 yintercept, geom_vline()은 xintercept라는 인수를 필요로 합니다. intercept는 '절편'이라는 뜻으로, 수학에서 절편은 '축(0)과 만나는 지점'이라는 뜻입니다.

3.6 점 그래프, 바이올린 그래프, 상자 그래프

이제 자료를 바꿔보겠습니다. 메이저리그 토론토 블루제이스 선발 투수 류현진이 2020 시즌 던진 투구 기록을 담고 있는 '2020_ryu.csv' 파일을 불러옵니다.[27]

```
'2020_ryu.csv' %>%
  read.csv() %>%
  as_tibble() -> ryu
```

데이터 프레임에서 행과 열 숫자를 알고 싶을 때는 dim() 함수를 쓰면 됩니다.

```
ryu %>%
  dim()
## [1] 1177   89
```

1179행, 89열이라는 결과가 나왔습니다. 메이저리그 투·타구 측정 시스템 '스탯캐스트'에서 측정한 투구가 총 1179개고, 공마다 89개 정보를 수집했다는 뜻입니다. 열 이름 즉, 변수 이름을 알고 싶을 때는 names() 함수를 쓰면 됩니다.

```
ryu %>%
  names()
##  [1] "pitch_type"               "game_date"
##  [3] "release_speed"            "release_pos_x"
##  [5] "release_pos_z"            "player_name"
##  [7] "batter"                   "pitcher"
##  [9] "events"                   "description"
## [11] "spin_dir"                 "spin_rate_deprecated"
## [13] "break_angle_deprecated"   "break_length_deprecated"
## [15] "zone"                     "des"
## [17] "game_type"                "stand"
## [19] "p_throws"                 "home_team"
## [21] "away_team"                "type"
                                   (이하 생략)
```

이 데이터에서 구종 이름은 'pitch_name'에 들어 있고, 구속(球速)은 'release_speed'에 들어 있습니다. 구종별로 구속이 어떻게 분포하고 있는지 점을 찍어보겠습니다. 점을 찍을 때는 geom_point() 함수를 씁니다. fct_reorder() 함수를 활용해 속도가 느린 구종부터 앞에 세워보겠습니다.

---

[27] 참고로 이런 파일은 baseballsavant.mlb.com/statcast_search에서 추출할 수 있습니다.

```
ryu %>%
  ggplot(aes(x = pitch_name %>% fct_reorder(release_speed),
             y = release_speed)) +
  geom_point()
```

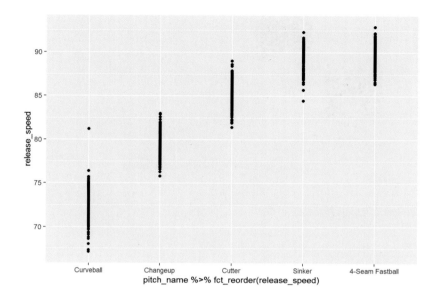

점을 일직선으로 세우다 보니까 어떤 지점에 데이터가 많은지 알기가 어렵습니다. geom_jitter() 함수를 쓰면 점을 옆으로 펼칠 수 있습니다. jitter에는 '조금씩 움직이다'는 뜻이 있습니다.

```
ryu %>%
  ggplot(aes(x = pitch_name %>% fct_reorder(release_speed),
             y = release_speed)) +
  geom_jitter()
```

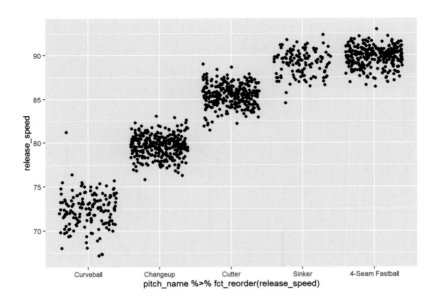

geom_violin() 함수를 쓰는 방법도 있습니다.

```
ryu %>%
    ggplot(aes(x = pitch_name %>% fct_reorder(release_speed),
              y = release_speed)) +
    geom_violin() +
    geom_jitter(alpha = .2)
```

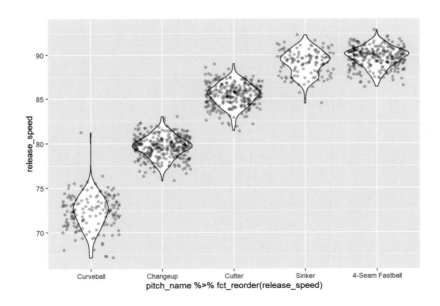

그림을 보면 왜 '바이올린 그래프'라고 부르는지 짐작할 수 있을 겁니다. 이 코드에 등장한 alpha는 투명도를 지정하는 인수이고, 'geom_어쩌고저쩌고()' 함수를 겹쳐써도 된다는 것을 알 수 있습니다.

이 세계(?)에서 제일 유명한 형태는 역시 '상자 그래프' 또는 '상자 수염 그래프'로, geom_boxplot()으로 그립니다.

```
ryu %>%
  ggplot(aes(x = pitch_name %>% fct_reorder(release_speed),
             y = release_speed)) +
  geom_boxplot()
```

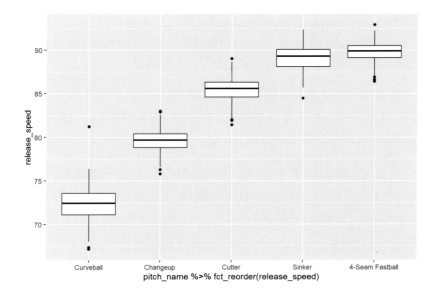

수염 끝에 점으로 남은 값들은 '이상점(outlier)'입니다. 이상점이 무엇인지 상자 그래프에서 상자와 수염이 뜻하는 게 각각 무엇인지는 다음 그래프를 세 개를 통해 확인할 수 있습니다.

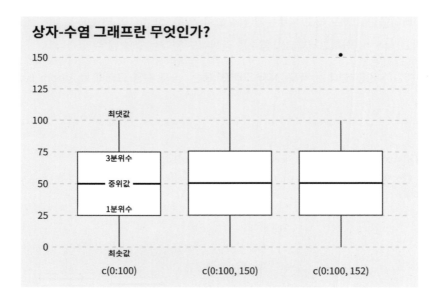

맨 왼쪽에 있는 그래프는 0~100을 가지고 상자 그래프를 그린 겁니다. 이걸 보면 25~75 사이에 상자가 자리 잡고 있다는 사실을 알 수 있습니다. 즉, 상자 아래부터 1분위수, 2분위수(중위값), 3분위수가 각각 자리잡고 있는 것이고, 수염 양 끝은 최솟값(0)과 최댓값(100)을 각각 가리킵니다.

0~100에 150을 하나 붙여도 기본적으로 이 형태를 유지합니다. 그런데 152가 덧붙으면 이 값을 이상치로 처리하고 나머지가 원래 형태로 돌아갑니다. 이건 상자 그래프를 그릴 때 3분위 숫자보다 '3분위수와 1분위수 사이 간격(IQR·Interquartile range)' 1.5배수를 넘어서는 숫자는 이상점으로 간주하기 때문입니다.

말이 어렵지요? 먼저 여기서 3분위 숫자는 75입니다. 그리고 3분위(75)와 1분위(25) 사이 간격은 50입니다. 따라서 IQR은 75(= 50 × 1.5)가 됩니다. 결국 75 + 75 = 150 이하일 때는 이 점을 최댓값으로 인정하지만 이를 넘어서면 이상점으로 간주하는 겁니다.

3.7 산점도

앞에서는 범주형 변수 + 수치형 변수로 점 그래프를 그렸는데 수치형 변수 + 수치형 변수로 점 그래프를 그릴 수도 있습니다. 점이 흩어져 있다는 뜻에서 이런 그래프를 산점도(散點圖, scatter plot)라고 부릅니다.

스탯캐스트는 투수가 던진 공이 어떤 지점을 통해 홈플레이트 위를 지났는지도 측정합니다. 그 결과가 plate_x, plate_z 열에 들어 있습니다.[28] 점을 찍어 봅니다.

---

28 plate_y가 아니라 plate_z인 건 스탯캐스트는 홈 플레이트에서 외야 담장을 향해 뻗어가는 방향을 y축으로 설정하기 때문입니다.

```
ryu %>%
  ggplot(aes(x = plate_x, plate_z)) +
  geom_point()
```

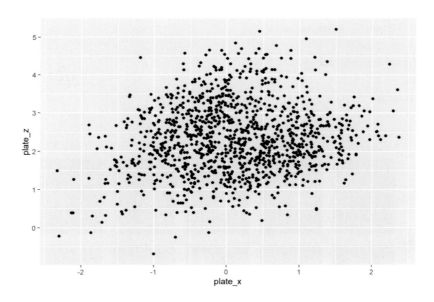

구종별 투구 로케이션을 따로따로 표시하고 싶을 때는 facet을 활용하면 됩니다. facet은 구분면이라는 뜻입니다. facet 구분에 쓰는 대표 함수는 facet_grid()입니다.

```
ryu %>%
  ggplot(aes(x = plate_x, plate_z)) +
  geom_point() +
  facet_grid( ~ pitch_name) +
  coord_fixed()
```

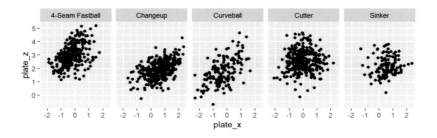

facet_grid(~ 변수)는 가로 방향으로 그래프를 배열하라는 뜻입니다. 세로로 배열하고 싶다면 facet_grid(변수 ~ .) 형태로 쓰면 됩니다. 마지막에 점(.)을 찍어야 한다는 걸 잊으면 안 됩니다. 맨 마지막에 붙은 coord_fixed()는 가로 세로 비율을 일대일로 고정하라는 의미입니다.

이번에도 어느 지점에 공이 많이 들어갔는지 파악하기가 쉽지 않습니다. 이때는 geom_density_2d() 함수 도움을 받으면 됩니다. 상대가 오른손 타자였는지 왼손 타자였는지도 구분해서 그려보겠습니다. 이 정보는 stand 열에 들어 있습니다.

```
ryu %>%
  ggplot(aes(x = plate_x, plate_z)) +
  geom_density_2d_filled() +
  facet_grid(stand ~ pitch_name) +
  coord_fixed() +
  guides(fill = FALSE)
```

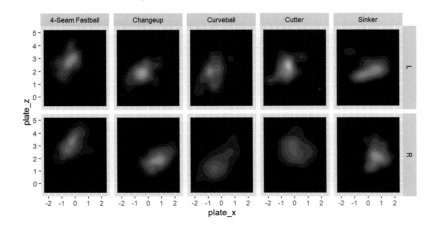

코드 가장 아래에 있는 guides() 함수는 범례(legend)를 어떻게 처리해야 할지 지정하는 역할을 합니다. 이 코드는 색칠(fill) 내용에 대해서는 범례를 표시하지 말라는 뜻입니다.

여기에 스트라이크 존을 그려 볼까요? 일단 그래프 위에 추가 정보를 표시할 때는 annotate() 함수를 활용합니다. annotate는 '주석을 달다'라는 뜻입니다. 스트라이크 존은 사각형(rectangle) 형태니까 이때는 anno-tate(geom = 'rect')라고 쓰면 됩니다. 스트라이크 존은 이 그래프에서 대략 x축은 -1에서 1 사이, z축은 1에서 3 사이입니다. 선 색깔은 하얀색, 선 종류는 쇄선(dashed)으로 지정하는 내용까지 담겠습니다.

구종도 속구(4-Seam Fastball)와 체인지업(Changeup)으로 제한합니다. 그러면 일단 c('4-Seam Fastball', 'Changeup')이라고 쓰면 될 겁니다. 구종 이름이 이 c()에 속하는지 아닌지를 알고 싶을 때는 %in%이라는 연산자를 쓰면 됩니다. 따라서 전체 코드는 이렇게 나옵니다.

```
ryu[ryu$pitch_name %in% c('4-Seam Fastball', 'Changeup'), ] %>%
  ggplot(aes(x = plate_x, plate_z)) +
  geom_density_2d_filled() +
  annotate(
    geom = 'rect',
    xmin = 1,
    xmax = -1,
    ymin = 1,
    ymax = 3,
    color = 'white',
    alpha = .1,
    linetype = 'dashed'
  ) +
  facet_grid(pitch_name ~ stand) +
  coord_fixed() +
  guides(fill = FALSE)
```

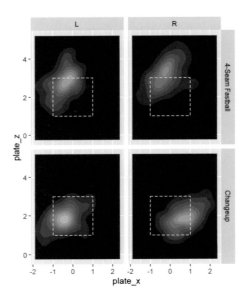

여전히 투수는 공을 되도록 낮게 던지는 게 좋다고 생각하는 분도 있을지 모르지만, 메이저리그에는 이미 타자 눈 가까이 던지는 '하이 패스트볼'이 대세가 된 지 오래입니다. 류현진 역시 빠른 공(속구)은 높은 쪽에 많이 던졌다는 사실을 알 수 있습니다.

데이터 과학에서는 위치를 나타내는 것보다 변수 사이 관계를 나타낼 때 산점도를 많이 씁니다. 다시 타격 데이터로 돌아가 타율(avg)과 출루율(obp) 사이 관계를 산점도로 그려봅니다.

```
batting %>%
  ggplot(aes(x = avg, y = obp)) +
  geom_point()
```

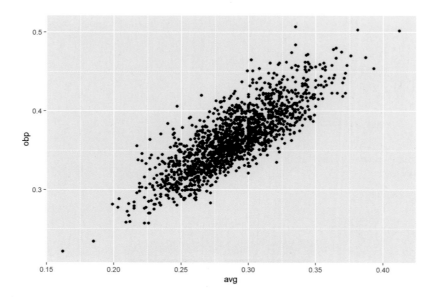

이렇게 산점도를 그리면 일반적으로는 타율이 올라갈수록 출루율도 올라가는 특징이 있다는 사실을 짐작할 수 있습니다. 이 경우에는 특히 두 기록이 직선에 가까운 상태로 변한다는 사실도 알 수 있습니다.

aes() 안에 색(color)이나 모양(shape) 옵션을 주면 변수 세 개 이상 사이가 어떤 관계인지도 알 수 있습니다. 예를 들어 위에서 그린 그래프에서 장타력(slg)을 기준으로 점 색깔 차이를 나타내는 그래프를 그리고 싶다면 아래처럼 쓰면 됩니다.

```
batting %>%
  ggplot(aes(x = avg, y = obp, color = slg)) +
  geom_point() +
  scale_color_gradient(low = 'gray75', high = '#53bfd4')
```

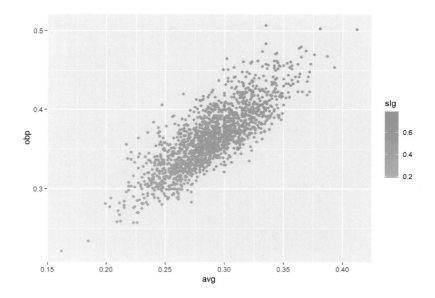

코드 아래에 나온 scale_color_gradient()는 값이 높고 낮을 때 어떤 색을 써야 할지 알려주는 역할을 합니다. 지금 우리가 쓴 코드는 장타력이 낮을 때는 'gray75'라는 색을 칠하고 높으면 '#53bfd4'라는 색을 칠하라는 뜻입니다. 이렇게 데이터가 연속적일 때는 색깔로 구분을 하면 좋습니다.

종류가 나뉘는 데이터가 있을 때는 모양으로 나눌 수 있습니다. 아래처럼 쓰면 투타별로 다른 모양으로 점을 찍습니다.

```
batting %>%
  ggplot(aes(x = avg, y = obp, shape = throw_bat)) +
  geom_point()
```

3.8 밀도(분포) 그래프

굳이 geom_density_2d()라고 이름 붙인 함수가 있다는 건 geom_density() 함수가 따로 있다는 뜻입니다. 이 함수는 기본적으로 히스토그램을 곡선 형태로 바꿔 표현합니다.

류현진이 던진 공 속도가 어떤 분포를 그리는지 확인해 보겠습니다.

```
ryu %>%
  ggplot(aes(x = release_speed)) +
  geom_density(fill = 'gray75')
```

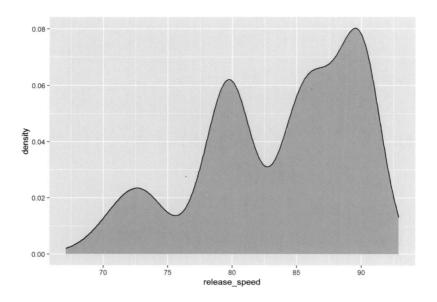

geom_histogram() 함수는 기본적으로 개수를 세어서 그래프 높이를 결정하는 반면, geom_density() 함수는 밀도(density) = 비율이 기준입니다. 그런 이유로 이 그래프 아래 면적을 모두 더하면 1(= 100%)이 나옵니다.

봉우리가 여러 개 나타나는 건 구종별 속도가 다르기 때문입니다. 구종에 따른 속도 분포는 이런 코드로 나타낼 수 있습니다.

```
ryu %>%
  ggplot(aes(x = release_speed)) +
  geom_density(fill = 'gray75') +
  facet_grid(pitch_name %>% fct_reorder(-release_speed) ~ .)
```

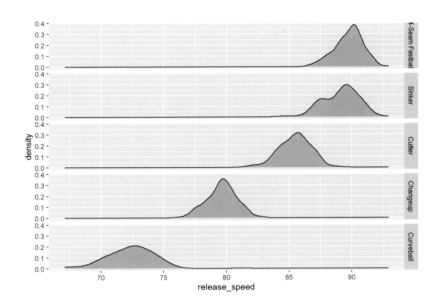

이제 facet_grid() 함수 안에 쓴 내용 정도는 쉽게 이해할 수 있겠죠?

ggplot에는 각종 수학 함수(function) 그래프로 나타내주는 geom_function() 함수도 들어 있습니다.

y = ax +b 같은 형태가 함수라는 것 알고 있죠? 즉, 어떤 x를 넣었을 때 특정한 y값을 출력하는 수식이 바로 함수입니다.

geom_function() 함수는 geom_function(fun = 함수) 형태로 씁니다. 그리고 한글로 쓴 함수는 '반복 가능한 함수 꾸러미'라고 표현한 그 함수입니다.

테이터 과학에서 우리가 제일 많이 접하게 될 함수는 '확률 밀도 함수'입니다. 확률 밀도 함수는 각종 확률 분포를 그릴 때 씁니다. 이 책을 끝까지 읽으면 확률 밀도 함수가 무엇인지 또 확률 분포는 무엇인지 알 수 있습니다.

확률 분포 가운데 제일 유명한 하나를 꼽으라면 역시 '정규분포'입니다. R에서는 dnorm()가 바로 정규분포 확률 밀도 함수입니다. 따라서 정규분포를 그리고 싶을 때는 geom_function(fun = dnorm)이라고 쓰면 되고, 이 함수에 입력할 x를 따로 지정해야 합니다. 예컨대 −5 ~ +5를 x로 입력해 정규분포를 그리는 코드는 이렇게 쓸 수 있습니다.

```
tibble(x = -5:5) %>%
  ggplot(aes(x = x)) +
  geom_function(fun = dnorm)
```

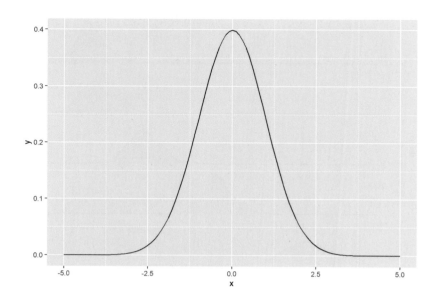

3.9 축 조절하기

x축과 y축에 변화를 줘야 할 때도 있습니다. 이번에는 잠깐 스포츠 데이터에서 벗어나 미국 소셜 뉴스 사이트 '레딧(reddit)'에 등장한 개발자 대상 설문조사 결과를 다뤄보겠습니다. 주제는 '개발자가 가장 힘들어 하는 일은?'이고, 설문조사 결과는 이랬습니다.

```
tribble(
  ~response, ~value,
  '이름 짓기', 49,
  '개발 가능 혹은 불가능한 사항 설명하기', 16,
  '개발 작업이 끝나는 시간 산정하기', 10,
  '다른 사람과 함께 일하기', 8,
  '다른 개발자 코드 작업하기', 8,
  '내가 수긍 못할 기능 구현하기', 3,
  '문서 작성', 2,
  '테스트 작성', 2,
  '해법 찾기', 2
) -> developers_chore
```

개발자 사이에서 제일 어려운 일로 손꼽히는 건 '이름 짓기'였습니다. 일단 막대 그래프로 이 조사 결과를 표현해 봅니다.

```
developers_chore %>%
  ggplot(aes(x = response %>% fct_reorder(value),
             y = value)) +
  geom_col()
```

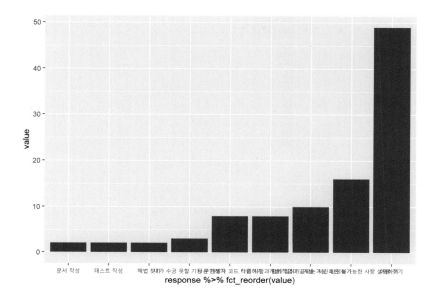

항목 이름이 겹쳐서 어떤 내용인지 알아보기가 힘이 듭니다. 게다가 '월스트리트저널 인포그래픽 가이드' (The Wall Street Journal Guide to Information Graphics)를 비롯한 많은 시각화 참고 서적에서는 "동일한 특성에 따른 순위를 매길 때"는 '수평 막대 그래프'를 활용하라고 조언합니다.

즉, x축과 y축을 바꿔서 그려야 한다는 뜻입니다. 이럴 때는 코드 끝에 coord_flip() 함수만 더하면 됩니다.

```
developers_chore %>%
  ggplot(aes(x = response %>% fct_reorder(value),
             y = value)) +
  geom_col() +
  geom_text(aes(label = value), nudge_y = 2) +
  coord_flip()
```

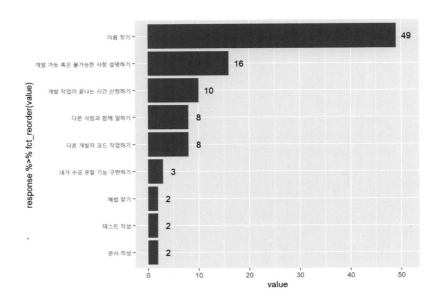

축을 바꾸면서 geom_text() 함수로 결과도 적어 넣었습니다. 이렇게 그래프에 레이블(label)을 표시하려면 어떤 변수를 레이블로 쓸지 지정해주는 과정도 필요합니다.

따로 위치를 지정하지 않으면 텍스트는 그래프 끝에 자리합니다. 그것보다는 그래프 끝 지점과 여유를 두고 텍스트를 배치하는 편이 낫겠죠? 그럴 때는 nudge_y = '숫자' 옵션을 주면 됩니다. coord_flip() 함수로 축 방향은 바꿨지만 여전히 숫자가 나오는 쪽이 y축이기 때문에 nudge_y입니다. 물론 nudge_x도 있고, 음수를 숫자로 지정할 수도 있습니다.

코드 아래에 coord_polar() 함수를 쓰면 원 그래프를 그리는 것도 가능합니다. 우리는 y축을 기준으로 원 그래프를 그리려고 하는 것이기 때문에 theat = 'y' 옵션까지 넣어줘야 합니다.

```
developers_chore %>%
  ggplot(aes(
    x = ' ',
    y = value,
    fill = response %>% fct_reorder(value)
  )) +
  geom_col(width = 1) +
  coord_polar(theta = 'y')
```

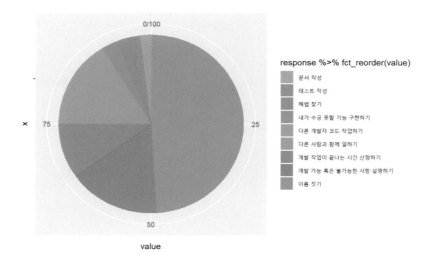

여기서 잠깐. 위에 있는 원 그래프와 앞 장에 있는 막대 그래프 가운데 어느 쪽이 비율 차이를 확인하기 쉬운 가요? 물론 취향 차이는 있겠지만 길이만 따지면 되는 막대 그래프 쪽이 넓이를 따져야 하는 원 그래프보다 차이를 비교하는 데 유리합니다. 이런 이유로 시각화 과정에서 '원 그래프를 무조건 피해야 한다'고 주장하는 분들도 있습니다.

'coord_어쩌고쩌쩌고()' 함수 가운데 기억하면 좋은, 또 다른 한 가지는 coord_cartesian()입니다. 이 함수는 그래프 가운데 일부분만 출력하는 역할을 합니다. 여기서 cartesian은 '데카르트의'라는 뜻입니다. 이런 이름이 붙은 건 4사분면에서 (1, 1)처럼 위치를 표시하는 방식을 '데카르트 좌표'라고 부르기 때문입니다.

ggplot에서는 xlim(), ylim() 함수로 그래프 위치를 제한할 수 있습니다. 그런데 이 함수로 위치를 제한하면 해당 구간에 있는 데이터는 아예 사라지게 됩니다. 위에서 그린 타율 1위 선 그래프에서 타율 0.350 ~ 0.420 에 해당하는 결과만 뽑아보겠습니다.

```
batting[batting$rank == 1,] %>%
  ggplot(aes(x = year,
             y = avg)) +
  geom_line() +
  ylim(.350, .420)
```

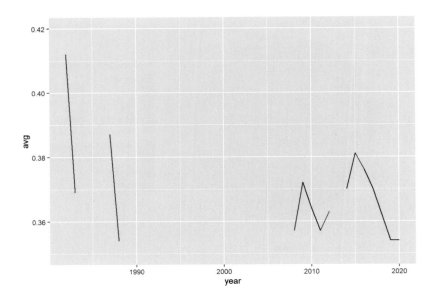

그래프를 그릴 때 이 구간에 속하지 않는 선수 데이터는 아예 제외하기 때문에 선 그래프 중간이 끊어집니다. 반면 coord_cartesian()을 쓰면 이렇게 나타납니다.

```
batting[batting$rank == 1,] %>%
    ggplot(aes(x = year,
               y = avg)) +
    geom_line() +
    coord_cartesian(ylim=c(.350, .420))
```

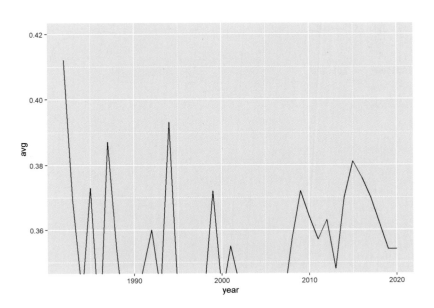

3.10 미처 다 못 그린 그래프

ggplot 사용법을 소개하는 책 'R Graphics Cookbook'은 400 페이지에 육박합니다. 그러니 이 정도 내용으로 ggplot 사용법을 완벽하게 익히는 건 사실 처음부터 불가능에 가까운 일입니다.

원래 이 장(章)만 A4 용지로 200페이지 가까이 썼지만, 이 책이 시각화 그 자체에 초점을 맞추고 있는 건 아니라 이 정도로 줄였습니다. 바라건대 이 정도 내용으로 'ggplot 첫 걸음'을 떼는 법 정도는 감을 잡았으면 좋겠습니다.

ggplot을 사용해 시각화 작업을 하는 데 관심이 생겼다면 일단 ggplot2.tidyverse.org/reference/index.html를 방문해 보기를 추천해 드립니다. 이 페이지를 통해 ggplot 패키지에 들어 있는 각 함수를 어떻게 사용하는지 소개한 페이지로 넘어가실 수 있습니다. 모든 페이지 내용은 영어지만 스크롤을 내려 보면 예제가 나와 있고 예제는 R 언어이기 때문에 '아, 이럴 때는 이렇게 하면 되는구나'하고 짐작할 수 있을 겁니다.

그래프를 잘 베끼는 것도 중요합니다. www.r-statistics.co/Top50-Ggplot2-Visualizations-MasterList-R-Code.html를 방문해 보면 ggplot으로 그린 50가지 그래프 코드를 확인하고 필요에 따라 가져다 쓸 수 있습니다.

위에 있는 'ggplot 시각화 톱 50' 페이지를 방문해 봤다면 ggplot 기능을 업그레이드하는 서드 파티 패키지가 적지 않게 존재한다는 사실을 확인했을 겁니다. 물론 스포츠 데이터 시각화를 도와주는 패키지도 있습니다. 축구 데이터 시각화에 관심이 있다면 ggsoccer[29], 농구 데이터 시각화에 관심이 있다면 BasketballAnalyzeR[30]를 살펴봐도 나쁘지 않을 겁니다.

일일이 코드를 입력해서 그래프를 그리는 게 귀찮다면 프랑스어로 '스케치'라는 뜻인 'esquisse' 패키지[31]에 대해 알아봐도 좋습니다. 이 패키지는 마우스로 각 항목을 선택하는 방식으로 ggplot 그래프를 그리도록 도와줍니다.

---

29 github.com/Torvaney/ggsoccer
30 github.com/sndmrc/BasketballAnalyzeR
31 github.com/dreamRs/esquisse

Chapter **4**

데이터 다루기

"이렇게 지긋지긋한 일만 계속 일어날 수가 있을까요?
인생에서 훌륭한 인격을 필요로 하는 때는 큰 곤란에 부딪혔을 때가 아니에요.
누구든지 큰일을 당하게 되면 분연히 일어날 수가 있습니다.
또 가슴이 무너질 것 같은 슬픈 일이 생겨도 용기를 내서 대처할 수가 있어요.
하지만 돌발적으로 일어나는 매일매일의 사소한 사건들에 대해
웃으면서 대처해 나가는 것이야 말로 용기가 필요하다고 생각합니다."

– 진 웹스터 '키다리 아저씨' –

'하버드 비즈니스 리뷰(HBR)'는 데이터 과학자를 '21세기에 가장 섹시한 직업'으로 꼽았습니다. 그러나 정작 데이터 과학 세계에서 일하는 사람들은 스스로 '21세기에 가장 더러운 직업'을 가지고 있다고 말하곤 합니다. 아예 '데이터 재니터(janitor·청소부)'라는 표현이 있을 정도입니다.

그만큼 데이터를 원하는 형태로 정리하고 필요한 정보만 뽑아내는 건 어떤 의미에서는 참 '지긋지긋한' 일입니다. 그래도 이 작업을 하지 않으면 '데이터 과학'이라는 세계를 여행하는 건 불가능합니다. 이번 장에서는 tidyverse 생태계에서 '데이터 조작(manipulation)'을 담당하는 dplyr 패키지를 통해 데이터를 씹고 뜯고 맛보고 즐기는 방법에 대해 알아보겠습니다.

제일 먼저 할 일은 역시나 tidyverse 패키지 불러오기입니다.

```
pacman::p_load(tidyverse)
```

데이터도 불러와야겠죠? 이번에는 1982년부터 2020년까지 프로야구 팀별 타격 기록을 담고 있는 'kbo_team_batting.csv' 파일을 연습에 활용하도록 하겠습니다.

```
'kbo_team_batting.csv' %>%
  read.csv() %>%
  as_tibble() -> team_batting

team_batting
## # A tibble: 313 x 22
##    team  year      g batters   tpa    ab     h   X2b   X3b    hr    bb   ibb
##    <chr> <int> <int>   <int> <int> <int> <int> <int> <int> <int> <int> <int>
##  1 롯데  1982    80     863  3062  2628   674   112     8    59   326     8
##  2 삼미  1982    80     867  2954  2653   637   117    20    40   221     3
##  3 해태  1982    80     873  2990  2665   696   110    14    84   235    12
##  4 삼성  1982    80     887  3043  2647   705   126    18    57   307     2
##  5 OB    1982    80     930  3098  2745   778   137    23    57   247    22
##  6 MBC   1982    80     952  3061  2686   757   124    12    65   268    20
##  7 삼미  1983   100    1046  3738  3317   814   113    14    62   282    16
##  8 해태  1984   100    1081  3728  3321   822   143    10    76   313     8
##  9 삼미  1984   100    1103  3773  3319   788   134    14    58   332    11
## 10 해태  1983   100    1124  3734  3340   892   130    15    78   294    16
## # ... with 303 more rows, and 10 more variables: hbp <int>, so <int>,
## #   rbi <int>, r <int>, sh <int>, sf <int>, sb <int>, cs <int>, gidp <int>,
## #   e <int>
```

이 CSV 파일을 마이크로소프트(MS) 엑셀 같은 프로그램으로 열어 보면 2루타를 뜻하는 열은 그냥 2B, 3루타를 뜻하는 열은 그냥 3B입니다. 그런데 앞에 X가 붙은 건 R은 숫자로 시작하는 열 이름을 허락하지 않기 때문입니다.

dplyr 패키지에서 가장 기본이 되는 함수는 아래 여섯 가지입니다.[32]

함수	기능	형식
arrange()	행 정렬	arrange(데이터, 변수 이름)
filter()	행 추출	filter(데이터, 조건)
group_by()	행 결합	group_by(조건)
mutate()	열 추가	mutate(데이터, 새 변수 =계산식)
select()	열 선택	select(데이터, 변수 이름 또는 인덱스)
summarise()	행 요약	summarise(데이터, 새 변수 = 계산식)

이들 함수를 사용해 데이터를 조작하는 요령을 이제부터 차근차근 알아보겠습니다.

여기부터 지면 절약 차원에서 출력 결과가 너무 긴 경우는 줄여서 보여드리도록 하겠습니다.

---

[32] tidyverse에서는 자료 처리에 쓰는 함수를 '동사'(verb)라고 부르기도 합니다.

현재는 데이터가 연도(year) 순서로 되어 있습니다. 이걸 팀(team) 순서로 바꾸려면 arrange() 함수를 이용해 이렇게 쓰면 됩니다.

```
team_batting %>%
  arrange(team)
## # A tibble: 313 x 22
##    team  year      g batters   tpa    ab     h   X2b   X3b    hr    bb   ibb
##    <chr> <int> <int>   <int> <int> <int> <int> <int> <int> <int> <int> <int>
## 1 KIA   2007    126    1535  4811  4204  1080   198    16    73   428     7
## 2 KIA   2006    126    1544  4754  4181  1067   191    22    62   390    20
## 3 KIA   2005    126    1564  4848  4234  1102   183    13    99   430    24
## 4 KIA   2008    126    1572  4832  4210  1095   188    28    48   453    14
## 5 KIA   2013    128    1598  5051  4318  1125   195    13    88   537     8
```

내림차순으로 정렬하고 싶을 때는 desc() 함수를 이용하면 됩니다.

```
team_batting %>%
  arrange(team %>% desc())
## # A tibble: 313 x 22
##    team    year      g batters   tpa    ab     h   X2b   X3b    hr    bb   ibb
##    <chr>   <int> <int>   <int> <int> <int> <int> <int> <int> <int> <int> <int>
## 1 히어로즈~ 2009   133    1633  5211  4486  1219   228    20   153   547    22
## 2 히어로즈~ 2008   126    1765  4834  4317  1149   190    19    70   396    20
## 3 현대     2005   126    1506  4899  4190  1071   168    16   134   458    12
## 4 현대     1998   126    1620  4779  4161  1123   216    21   142   413    16
## 5 현대     2006   126    1627  4798  4092  1104   172     9    92   444    17
```

이를 통해 ABC 순서가 먼저 나오고, 이어서 가나다순으로 정렬을 한다는 사실을 알 수 있습니다.

정렬 조건을 여러 개 줄 수도 있습니다. 예를 들어 팀(team)과 연도(year)순으로 정렬하고 싶을 때는 이렇게 쓰면 됩니다.

```
team_batting %>%
  arrange(team, year)
## # A tibble: 313 x 22
##    team  year      g batters   tpa    ab     h   X2b   X3b    hr    bb   ibb
##    <chr> <int> <int>   <int> <int> <int> <int> <int> <int> <int> <int> <int>
## 1 KIA   2002    133    1687  5200  4575  1230   220    14   120   454    32
## 2 KIA   2003    133    1657  5127  4448  1211   219    16   129   505    18
## 3 KIA   2004    133    1685  5190  4426  1182   224     9   143   549    22
## 4 KIA   2005    126    1564  4848  4234  1102   183    13    99   430    24
## 5 KIA   2006    126    1544  4754  4181  1067   191    22    62   390    20
```

특정한 조건에 맞는 열만 골라낼 때는 filter() 함수를 활용합니다.

```
team_batting %>%
  filter(year == 1982)
## # A tibble: 6 x 22
##    team  year     g batters   tpa    ab     h   X2b   X3b    hr    bb   ibb
##    <chr> <int> <int>   <int> <int> <int> <int> <int> <int> <int> <int> <int>
## 1 롯데  1982    80     863  3062  2628   674   112     8    59   326     8
## 2 삼미  1982    80     867  2954  2653   637   117    20    40   221     3
## 3 해태  1982    80     873  2990  2665   696   110    14    84   235    12
## 4 삼성  1982    80     887  3043  2647   705   126    18    57   307     2
## 5 OB    1982    80     930  3098  2745   778   137    23    57   247    22
## 6 MBC   1982    80     952  3061  2686   757   124    12    65   268    20
## # ... with 10 more variables: hbp <int>, so <int>, rbi <int>, r <int>,
## #   sh <int>, sf <int>, sb <int>, cs <int>, gidp <int>, e <int>
```

R 표준어에서 같은 결과를 나타내려면 'team_batting[team_batting$year == 1982,]'라고 써야 합니다. 이것만 봐도 표준어 사용자라면 뭔가 억울한 느낌이 들 것 같지 않나요?

마찬가지로 1:6행을 골라낼 때 표준어로는 'team_batting[1:6,]'이라고 쓰는 걸 tidyverse 사투리로는 slice() 함수로 이렇게 표현합니다.

```
team_batting %>%
  slice(1:6)
## # A tibble: 6 x 22
##    team  year     g batters   tpa    ab     h   X2b   X3b    hr    bb   ibb
##    <chr> <int> <int>   <int> <int> <int> <int> <int> <int> <int> <int> <int>
## 1 롯데  1982    80     863  3062  2628   674   112     8    59   326     8
## 2 삼미  1982    80     867  2954  2653   637   117    20    40   221     3
## 3 해태  1982    80     873  2990  2665   696   110    14    84   235    12
## 4 삼성  1982    80     887  3043  2647   705   126    18    57   307     2
## 5 OB    1982    80     930  3098  2745   778   137    23    57   247    22
## 6 MBC   1982    80     952  3061  2686   757   124    12    65   268    20
## # ... with 10 more variables: hbp <int>, so <int>, rbi <int>, r <int>,
## #   sh <int>, sf <int>, sb <int>, cs <int>, gidp <int>, e <int>
```

무작위로 다섯 행을 골라내는 건 'team_batting[sample(1:nrow(team_batting), 5),]'에서 다음 코드처럼 줄어듭니다.[33]

---

33 '무작위'이기 때문에 출력 결과는 조금 다를 수 있습니다.

```
team_batting %>%
  sample_n(5)
## # A tibble: 5 x 22
##    team   year     g batters   tpa    ab     h   X2b   X3b    hr    bb   ibb
##    <chr> <int> <int>   <int> <int> <int> <int> <int> <int> <int> <int> <int>
## 1 태평양~ 1989   120    1700  4469  3817   943   178    25    48   482    25
## 2 삼성   2000   133    1574  5212  4546  1223   246    15   177   496    23
## 3 LG     2011   133    1677  5158  4522  1203   192    15    94   463    15
## 4 태평양~ 1990   120    1632  4494  3898   961   176    25    47   443    16
## 5 롯데   2009   133    1533  5053  4420  1223   252    15   121   456     8
## # ... with 10 more variables: hbp <int>, so <int>, rbi <int>, r <int>,
## #   sh <int>, sf <int>, sb <int>, cs <int>, gidp <int>, e <int>
```

물론 이 dplyr 함수를 중복해서 쓰는 것도 가능합니다. 1982년 데이터만 골라서 홈런이 많은 순서로 정렬하고 싶을 때는 이렇게 쓸 수 있습니다.

```
team_batting %>%
  filter(year == 1982) %>%
  arrange(hr %>% desc())
## # A tibble: 6 x 22
##    team   year     g batters   tpa    ab     h   X2b   X3b    hr    bb   ibb
##    <chr> <int> <int>   <int> <int> <int> <int> <int> <int> <int> <int> <int>
## 1 해태   1982    80     873  2990  2665   696   110    14    84   235    12
## 2 MBC    1982    80     952  3061  2686   757   124    12    65   268    20
## 3 롯데   1982    80     863  3062  2628   674   112     8    59   326     8
## 4 삼성   1982    80     887  3043  2647   705   126    18    57   307     2
## 5 OB     1982    80     930  3098  2745   778   137    23    57   247    22
## 6 삼미   1982    80     867  2954  2653   637   117    20    40   221     3
## # ... with 10 more variables: hbp <int>, so <int>, rbi <int>, r <int>,
## #   sh <int>, sf <int>, sb <int>, cs <int>, gidp <int>, e <int>
```

앞서 그래프를 그릴 때 봤듯이 그냥 마이너스(-) 부호를 붙여도 내림차순으로 정렬할 수 있습니다.

```
team_batting %>%
  filter(year == 1982) %>%
  arrange(-hr)
## # A tibble: 6 x 22
##    team   year     g batters   tpa    ab     h   X2b   X3b    hr    bb   ibb
##    <chr> <int> <int>   <int> <int> <int> <int> <int> <int> <int> <int> <int>
## 1 해태   1982    80     873  2990  2665   696   110    14    84   235    12
## 2 MBC    1982    80     952  3061  2686   757   124    12    65   268    20
## 3 롯데   1982    80     863  3062  2628   674   112     8    59   326     8
## 4 삼성   1982    80     887  3043  2647   705   126    18    57   307     2
```

```
## 5 OB      1982      80      930   3098   2745   778   137    23    57   247    22
## 6 삼미    1982      80      867   2954   2653   637   117    20    40   221     3
## # ... with 10 more variables: hbp <int>, so <int>, rbi <int>, r <int>,
## #   sh <int>, sf <int>, sb <int>, cs <int>, gidp <int>, e <int>
```

특정한 열만 고를 때는 select() 함수를 쓰면 됩니다.

```
team_batting %>%
  filter(year == 1982) %>%
  select(year, team, h, X2b, X3b, hr)
## # A tibble: 6 x 6
##    year team      h   X2b   X3b    hr
##   <int> <chr> <int> <int> <int> <int>
## 1  1982 롯데    674   112     8    59
## 2  1982 삼미    637   117    20    40
## 3  1982 해태    696   110    14    84
## 4  1982 삼성    705   126    18    57
## 5  1982 OB      778   137    23    57
## 6  1982 MBC     757   124    12    65
```

select() 함수는 열을 지정한 순서에 따라 출력합니다. 따로 열을 선택하지 않고 그냥 위치만 조절하고 싶을 때는 relocate() 함수를 쓰면 됩니다. 아래는 year를 team 앞에 놓으라는 코드입니다.

```
team_batting %>%
  filter(year == 1982) %>%
  relocate(year, .before = team)
```

.before가 있으면 .after도 있겠죠? 경기 숫자(g)를 연도(year) 뒤에 놓는 코드는 이렇게 씁니다.

```
team_batting %>%
  filter(year == 1982) %>%
  relocate(g, .after = year)
## # A tibble: 6 x 22
##    team  year      g batters   tpa    ab     h   X2b   X3b    hr    bb   ibb
##   <chr> <int> <int>   <int> <int> <int> <int> <int> <int> <int> <int> <int>
## 1 롯데  1982     80     863  3062  2628   674   112     8    59   326     8
## 2 삼미  1982     80     867  2954  2653   637   117    20    40   221     3
## 3 해태  1982     80     873  2990  2665   696   110    14    84   235    12
## 4 삼성  1982     80     887  3043  2647   705   126    18    57   307     2
## 5 OB    1982     80     930  3098  2745   778   137    23    57   247    22
## 6 MBC   1982     80     952  3061  2686   757   124    12    65   268    20
## # ... with 10 more variables: hbp <int>, so <int>, rbi <int>, r <int>,
## #   sh <int>, sf <int>, sb <int>, cs <int>, gidp <int>, e <int>
```

선택한 열 이름을 바꿀 수도 있습니다. 아래는 year를 season이라는 이름으로 바꿔서 가져오라는 뜻입니다.

```
team_batting %>%
  filter(year == 1982) %>%
  select(season = year, team, h, X2b, X3b, hr)
```

특정한 열을 빼고 싶을 때는 마이너스(-) 기호만 붙여주면 됩니다. 아래 추가한 코드는 3루타(X3b)를 제외하라는 의미입니다.

```
team_batting %>%
  filter(year == 1982) %>%
  select(year, team, h, X2b, X3b, hr) %>%
  select(-X3b)
## # A tibble: 6 x 5
##    year team      h   X2b    hr
##    <int> <chr> <int> <int> <int>
## 1  1982 롯데    674   112    59
## 2  1982 삼미    637   117    40
## 3  1982 해태    696   110    84
## 4  1982 삼성    705   126    57
## 5  1982 OB      778   137    57
## 6  1982 MBC     757   124    65
```

범위로 열을 지정하는 것도 가능합니다. 아래는 볼넷(bb)부터 맨 마지막 열까지 선택하라는 뜻입니다.

```
team_batting %>%
  filter(year == 1982) %>%
  select(bb:last_col())
## # A tibble: 6 x 12
##     bb   ibb   hbp    so   rbi     r    sh    sf    sb    cs  gidp     e
##    <int> <int> <int> <int> <int> <int> <int> <int> <int> <int> <int> <int>
## 1  326     8    40   315   325   353    41    27    83    53    61    97
## 2  221     3    29   369   272   302    33    17    74    43    44   117
## 3  235    12    41   296   332   374    28    21   155    52    59   102
## 4  307     2    30   349   374   429    36    18   147    42    50    81
## 5  247    22    41   254   362   399    46    18   106    61    35    98
## 6  268    20    47   316   381   419    32    27   134    60    56   105
```

열 위치를 숫자로 선택할 수도 있습니다.

```
team_batting %>%
  filter(year == 1982) %>%
  select(2, 1, 7:10)
## # A tibble: 6 x 6
##    year team      h   X2b   X3b    hr
##   <int> <chr> <int> <int> <int> <int>
## 1  1982 롯데    674   112     8    59
## 2  1982 삼미    637   117    20    40
## 3  1982 해태    696   110    14    84
## 4  1982 삼성    705   126    18    57
## 5  1982 OB      778   137    23    57
## 6  1982 MBC     757   124    12    65
```

열 이름을 가지고도 같은 방식으로 선택할 수 있습니다.

```
team_batting %>%
  filter(year == 1982) %>%
  select(year, team, h:hr)
## # A tibble: 6 x 6
##    year team      h   X2b   X3b    hr
##   <int> <chr> <int> <int> <int> <int>
## 1  1982 롯데    674   112     8    59
## 2  1982 삼미    637   117    20    40
## 3  1982 해태    696   110    14    84
## 4  1982 삼성    705   126    18    57
## 5  1982 OB      778   137    23    57
## 6  1982 MBC     757   124    12    65
```

아직 없는 열을 추가할 때는 mutate() 함수를 씁니다. 총루타(Total Bases)를 계산해 tb라는 열에 넣으려면 이렇게 쓰면 됩니다.

```
team_batting %>%
  filter(year == 1982) %>%
  select(year, team, h:hr) %>%
  mutate(tb = h + X2b + 2 * X3b + 3 * hr)
## # A tibble: 6 x 7
##    year team      h   X2b   X3b    hr    tb
##   <int> <chr> <int> <int> <int> <int> <dbl>
## 1  1982 롯데    674   112     8    59   979
## 2  1982 삼미    637   117    20    40   914
## 3  1982 해태    696   110    14    84  1086
## 4  1982 삼성    705   126    18    57  1038
## 5  1982 OB      778   137    23    57  1132
## 6  1982 MBC     757   124    12    65  1100
```

참고로 원래 총루타는 '단타 + 2 × 2루타 + 3 × 3루타 + 4 × 홈런'으로 계산합니다. 그런데 '단타 = 안타 – 2루타 – 3루타 – 홈런'이기 때문에 이 코드처럼 계산해도 같은 결과가 나옵니다.

이렇게 열을 추가하면 원래 데이터 끝에 붙습니다. 그래서 필요한 열만 따로 골라내려면 mutate()와 select()를 연이어 써야 합니다.

타율(= 안타(h) ÷ 타수(ab))을 계산한 다음 연도, 팀, 타율만 골라내는 코드는 이렇게 씁니다.

```
team_batting %>%
  mutate(avg = h / ab) %>%
  select(year, team, avg)
## # A tibble: 313 x 3
##     year team    avg
##    <int> <chr> <dbl>
## 1  1982 롯데  0.256
## 2  1982 삼미  0.240
## 3  1982 해태  0.261
## 4  1982 삼성  0.266
## 5  1982 OB    0.283
```

transmute() 함수를 쓰면 이 작업을 한 번에 해결할 수 있습니다.

```
team_batting %>%
  transmute(year, team, avg = h / ab)
## # A tibble: 313 x 3
##     year team    avg
##    <int> <chr> <dbl>
## 1  1982 롯데  0.256
## 2  1982 삼미  0.240
## 3  1982 해태  0.261
## 4  1982 삼성  0.266
## 5  1982 OB    0.283
```

아니면 mutate()에 .keep = 'used' 옵션을 주는 방법도 있습니다.

```
team_batting %>%
  mutate(avg = h / ab, .keep = 'used')
## # A tibble: 313 x 3
##      ab     h   avg
##   <int> <int> <dbl>
## 1  2628   674 0.256
## 2  2653   637 0.240
## 3  2665   696 0.261
```

```
## 4  2647    705 0.266
## 5  2745    778 0.283
```

`unused`로 지정하면 계산에 사용하지 않은 열만 출력합니다.

```
team_batting %>%
  mutate(avg = h / ab, .keep = 'unused')
## # A tibble: 313 x 21
##    team  year     g batters   tpa   X2b   X3b    hr    bb   ibb   hbp    so
##    <chr> <int> <int>  <int> <int> <int> <int> <int> <int> <int> <int> <int>
## 1 롯데  1982    80     863  3062   112     8    59   326     8    40   315
## 2 삼미  1982    80     867  2954   117    20    40   221     3    29   369
## 3 해태  1982    80     873  2990   110    14    84   235    12    41   296
## 4 삼성  1982    80     887  3043   126    18    57   307     2    30   349
## 5 OB    1982    80     930  3098   137    23    57   247    22    41   254
```

또 mutate()에서도 .before, .after 인수를 이용해 열 위치를 지정할 수 있습니다.

```
team_batting %>%
  mutate(avg = h / ab, .before = g)
## # A tibble: 313 x 23
##    team  year   avg     g batters   tpa    ab     h   X2b   X3b    hr    bb
##    <chr> <int> <dbl> <int>  <int> <int> <int> <int> <int> <int> <int> <int>
## 1 롯데  1982 0.256    80     863  3062  2628   674   112     8    59   326
## 2 삼미  1982 0.240    80     867  2954  2653   637   117    20    40   221
## 3 해태  1982 0.261    80     873  2990  2665   696   110    14    84   235
## 4 삼성  1982 0.266    80     887  3043  2647   705   126    18    57   307
## 5 OB    1982 0.283    80     930  3098  2745   778   137    23    57   247
```

group_by() 함수를 활용하면 그룹별 계산 결과도 구할 수 있습니다. 아래는 연도별 리그 평균 타율을 구하는 코드입니다.

```
team_batting %>%
  group_by(year) %>%
  mutate(avg = sum(h) / sum(ab), .before = g)
## # A tibble: 313 x 23
## # Groups:   year [39]
##    team  year   avg     g batters   tpa    ab     h   X2b   X3b    hr    bb
##    <chr> <int> <dbl> <int>  <int> <int> <int> <int> <int> <int> <int> <int>
## 1 롯데  1982 0.265    80     863  3062  2628   674   112     8    59   326
## 2 삼미  1982 0.265    80     867  2954  2653   637   117    20    40   221
## 3 해태  1982 0.265    80     873  2990  2665   696   110    14    84   235
## 4 삼성  1982 0.265    80     887  3043  2647   705   126    18    57   307
## 5 OB    1982 0.265    80     930  3098  2745   778   137    23    57   247
```

여기서 주의해야 하는 건 리그 평균 타율을 계산하려면 sum() 함수로 안타와 타수를 먼저 모두 더해야 한다는 점입니다. sum()을 생략하면 그냥 팀 타율을 계산합니다.

```
team_batting %>%
  group_by(year) %>%
  mutate(avg = h / ab, .before = g)
## # A tibble: 313 x 23
## # Groups:   year [39]
##    team  year   avg     g batters  tpa    ab     h   X2b   X3b    hr    bb
##    <chr> <int> <dbl> <int>   <int> <int> <int> <int> <int> <int> <int> <int>
## 1 롯데  1982 0.256    80     863  3062  2628   674   112     8    59   326
## 2 삼미  1982 0.240    80     867  2954  2653   637   117    20    40   221
## 3 해태  1982 0.261    80     873  2990  2665   696   110    14    84   235
## 4 삼성  1982 0.266    80     887  3043  2647   705   126    18    57   307
## 5 OB    1982 0.283    80     930  3098  2745   778   137    23    57   247
```

summarise() 함수를 쓰면 그룹별 계산 결과만 요약해서 보여줍니다.

```
team_batting %>%
  group_by(year) %>%
  summarise(avg = sum(h) / sum(ab))
## `summarise()` ungrouping output (override with `.groups` argument)
## # A tibble: 39 x 2
##    year   avg
##   <int> <dbl>
## 1 1982 0.265
## 2 1983 0.256
## 3 1984 0.254
## 4 1985 0.260
## 5 1986 0.251
```

'summarise()' ungrouping output (override with '.groups' argument)라는 에러 메시지는 .groups = 'drop' 옵션을 주면 사라지게 할 수 있습니다. .groups = 'drop'은 더 이상 그룹으로 묶어둘 필요가 없다는 뜻입니다.

```
team_batting %>%
  group_by(year) %>%
  summarise(avg = sum(h) / sum(ab), .groups = 'drop')
## # A tibble: 39 x 2
##     year   avg
##    <int> <dbl>
## 1   1982 0.265
## 2   1983 0.256
## 3   1984 0.254
## 4   1985 0.260
## 5   1986 0.251
```

물론 이런 요약 결과를 곧바로 그래프를 그리는 것도 가능합니다.

```
team_batting %>%
  group_by(year) %>%
  summarise(avg = sum(h) / sum(ab), .groups = 'drop') %>%
  ggplot(aes(x = year, y = avg)) +
  geom_line()
```

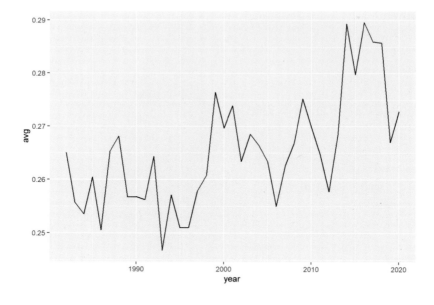

summarise() 함수로 마무리한 결과에 또 다른 dplyr 함수를 쓸 수도 있습니다. 예컨대 1999년 리그 평균 타율은 이렇게 뽑아낼 수 있습니다.

```
team_batting %>%
  group_by(year) %>%
  summarise(avg = sum(h) / sum(ab), .groups = 'drop') %>%
  filter(year == 1999)
## # A tibble: 1 x 2
##    year   avg
##   <int> <dbl>
## 1  1999 0.276
```

난도를 조금 높여 보겠습니다. 가장 리그 평균 타율이 높았던 시즌을 골라내고 싶으면 어떻게 할까요?

가장 손쉬운 방법은 타율을 기준으로 내림차순 정렬을 하는 것입니다.

```
team_batting %>%
  group_by(year) %>%
  summarise(avg = sum(h) / sum(ab), .groups = 'drop') %>%
  arrange(-avg)
## # A tibble: 39 x 2
##     year   avg
##    <int> <dbl>
## 1   2016 0.290
## 2   2014 0.289
## 3   2017 0.286
## 4   2018 0.286
## 5   2015 0.280
```

또 filter() 함수를 써서 이렇게 표현할 수도 있습니다.

```
team_batting %>%
  group_by(year) %>%
  summarise(avg = sum(h) / sum(ab), .groups = 'drop') %>%
  filter(avg == max(avg))
## # A tibble: 1 x 2
##    year   avg
##   <int> <dbl>
## 1  2016 0.290
```

max()는 최댓값을 알려달라고 할 때 쓰는 함수이며 결국 이 코드는 타율이 타율 최댓값과 똑같은 행을 골라
달라는 뜻이 됩니다.

이 정도면 기본적인 감을 잡았을 거라 생각하고 연습문제 풀이로 넘어가겠습니다.

4.2 연습문제 풀이 #1

문1. 타격 기록 중 가장 기본이 되는 [타율/출루율/장타력][34]과 OPS(출루율+장타력) 변수(열)를 만드시오.

답1. 바로 mutate() 함수를 떠올렸죠? 그렇다면 이제 각 기록 공식만 있으면 열을 만들 수 있습니다. 출루율과 장타력은 다음 공식으로 계산합니다.

$$출루율 = \frac{안타 + 볼넷 + 몸에\ 맞는\ 공}{안타 + 볼넷 + 몸에\ 맞는\ 공 + 희생플라이}$$

$$장타력 = \frac{안타 + 2루타 + 2 \times 3루타 + 3 \times 홈런}{타수}$$

OPS는 문자 그대로 출루율과 장타력을 더하면 그만입니다. 내용들을 종합해서 아래처럼 쓰면 정답이 됩니다.

```
team_batting %>%
  mutate(
    avg = h / ab,
    obp = (h + bb + hbp) / (ab + bb + hbp + sf),
    slg = (h + X2b + 2 * X3b + 3 * hr) / ab,
    ops = obp + slg,
    .before = g
  )
## # A tibble: 313 x 26
##    team  year   avg   obp   slg   ops     g batters   tpa    ab     h   X2b
##    <chr> <int> <dbl> <dbl> <dbl> <dbl> <int>   <int> <int> <int> <int> <int>
## 1 롯데  1982 0.256 0.344 0.373 0.717    80     863  3062  2628   674   112
## 2 삼미  1982 0.240 0.304 0.345 0.648    80     867  2954  2653   637   117
## 3 해태  1982 0.261 0.328 0.408 0.736    80     873  2990  2665   696   110
## 4 삼성  1982 0.266 0.347 0.392 0.739    80     887  3043  2647   705   126
## 5 OB    1982 0.283 0.349 0.412 0.762    80     930  3098  2745   778   137
```

문2. 팀 OPS가 0.7 이상이면서 팀 홈런이 70개 미만인 팀이 몇 개인지 구하시오.

답2. '~면서'라는 건 '그리고(and)'라는 뜻입니다. 논리적인 접근이 필요할 때는 '논리 연산자'를 활용해야 합니다. R에서 and는 '&'로 표시합니다. '또는(or)'은 '|'입니다. 또 같은 건 '=='이고, 다른 건 '!='입니다. 크다(>), 크거나 같다(>=), 작다(<), 작거나 같다(<=)도 다 짐작할 수 있을 겁니다.

따라서 ops가 0.7 이상이면서 팀 홈런이 70개 미만이라는 조건은 'ops >= 0.7 & hr < 70'이라고 쓸 수 있습니다. 이 조건에 맞춰 filter() 함수를 쓰면 됩니다. 문제는 이 팀 목록을 출력하라는 게 아니라 팀 개수를 구하라는 것입니다. summarise() 함수 안에 n() 함수를 쓰면 개수를 출력합니다.

```
team_batting %>%
  mutate(
    avg = h / ab,
    obp = (h + bb + hbp) / (ab + bb + hbp + sf),
    slg = (h + X2b + 2 * X3b + 3 * hr) / ab,
    ops = obp + slg,
    .before = g
  ) %>%
  filter(ops >= 0.7 & hr < 70) %>%
  summarise(count = n())
## # A tibble: 1 x 1
##   count
##   <int>
## 1    15
```

여기서 summarise(count = n())은 tally() 함수로 바꿀 수 있습니다. 또 '그리고'는 & 대신 쉼표(,)로 구분해도 충분합니다.

```
team_batting %>%
  mutate(
    avg = h / ab,
    obp = (h + bb + hbp) / (ab + bb + hbp + sf),
    slg = (h + X2b + 2 * X3b + 3 * hr) / ab,
    ops = obp + slg,
    .before = g
  ) %>%
  filter(ops >= 0.7, hr < 70) %>%
  tally()
## # A tibble: 1 x 1
##       n
##   <int>
## 1    15
```

문3. 문2에서 뽑은 15개 팀 중 1991~2000년 사이 팀을 골라 각각 경기당 평균 득점과 도루 개수를 구하시오.

답3. 일단 '그리고'는 쉼표로 처리할 수 있으므로 filter(ops >= 0.7, hr <= 70, year >= 1992, year <= 2000) 처럼 써도 됩니다. 그런데 굳이 이 문제를 넣은 건 어떤 집단에 속한다는 조건을 지정할 때는 '%in%' 연산자 를 쓸 수도 있기 때문입니다. 1991~2002년 사이는 'year %in% 1991:2000'처럼 쓸 수 있습니다.

```
team_batting %>%
  mutate(
    avg = h / ab,
    obp = (h + bb + hbp) / (ab + bb + hbp + sf),
    slg = (h + X2b + 2 * X3b + 3 * hr) / ab,
    ops = obp + slg,
    .before = g
  ) %>%
  filter(ops >= 0.7, hr < 70, year %in% 1991:2000)
## # A tibble: 2 x 26
##    team   year  avg   obp   slg   ops     g batters   tpa    ab     h   X2b
##    <chr> <int> <dbl> <dbl> <dbl> <dbl> <int>   <int> <int> <int> <int> <int>
## 1 쌍방울~  1996 0.264 0.340 0.369 0.709   126    1569  4805  4111  1085   192
## 2 롯데    1992 0.288 0.366 0.417 0.782   126    1616  4904  4205  1213   211
## # ... with 14 more variables: X3b <int>, hr <int>, bb <int>, ibb <int>,
## #   hbp <int>, so <int>, rbi <int>, r <int>, sh <int>, sf <int>, sb <int>,
## #   cs <int>, gidp <int>, e <int>
```

이 조건에서 우리가 계산해야 하고 또 출력해야 하는 건 연도, 팀 이름, 경기당 평균 득점, 경기당 평균 도루 개수입니다. transmute() 함수를 쓰면 되겠죠?

```
team_batting %>%
  mutate(
    avg = h / ab,
    obp = (h + bb + hbp) / (ab + bb + hbp + sf),
    slg = (h + X2b + 2 * X3b + 3 * hr) / ab,
    ops = obp + slg,
    .before = g
  ) %>%
  filter(ops >= 0.7, hr < 70, year %in% 1991:2000) %>%
  transmute(year, team, rg = r / g, sb = sb / g)
## # A tibble: 2 x 4
##    year team    rg    sb
##   <int> <chr> <dbl> <dbl>
## 1  1996 쌍방울  4.33 0.675
## 2  1992 롯데   5.26 1.03
```

문4. 1982~1990년, 1991~2000년, 2001~2010년, 2011~2020년 평균 희생번트 숫자를 구하시오.

답4. 이 작업을 진행하려면 일단 연도에 따라 그룹을 나눠야 합니다. 이때는 %in% 연산자를 쓰는 것보다 <= 으로 구분하는 게 나아 보입니다. 먼저 '1990보다 작거나 같다'를 골라내고 이어서 '2000보다 작거나 같다', '2010보다 작거나 같다', 그 나머지로 구분하면 됩니다.

이렇게 조건에 따라 각기 다른 값을 붙여 넣고 싶을 때는 if_else() 함수를 쓰면 됩니다. if_else() 함수는 엑셀 if() 함수처럼 if(조건, 조건에 맞을 때, 아닐 때) 순서로 씁니다. 여기서 '아닐 때'에는 또 다시 if_else() 함수를 쓰는 게 가능합니다. 따라서 이런 식으로 10년대(decade)를 구분할 수 있습니다.

```
team_batting %>%
  transmute(decades = if_else(year <= 1990, '1980',
                              if_else(
                                year <= 2000, '1990',
                                if_else(year <= 2010, '2000', '2010')
                              )),
            g, sh)
## # A tibble: 313 x 3
##   decades     g    sh
##   <chr>   <int> <int>
## 1 1980       80    41
## 2 1980       80    33
## 3 1980       80    28
## 4 1980       80    36
## 5 1980       80    46
```

그런데 이렇게 그룹이 네 개만 되어도 식이 좀 복잡합니다. 그래서 이럴 때를 대비해 case_when() 함수가 기다리고 있습니다. case_when()은 case(조건~'값') 형태로 씁니다.

```
team_batting %>%
  distinct(year) %>%
  mutate(
    decades = case_when(
      year <= 1990 ~ '1980',
      year <= 2000 ~ '1990',
      year <= 2010 ~ '2000',
      year <= 2020 ~ '2010'
    )
  )
## # A tibble: 39 x 2
##    year decades
##   <int> <chr>
## 1  1982 1980
```

```
##   2   1983 1980
##   3   1984 1980
##   4   1986 1980
##   5   1987 1980
```

앞에서는 일부러 연도를 한 번만 표시하려고 distinct() 함수를 썼습니다. 이 함수는 '뚜렷이 다른'이라는 영어 단어 'distinct' 뜻처럼 겹치는 값이 여럿 있을 때 특유한 값만 골라냅니다.

```
c(1, 1, 3, 3, 3, 3, 5, 5, 5, 5, 5, 5) %>%
  as_tibble() %>%
  distinct()
## # A tibble: 3 x 1
##    value
##    <dbl>
## 1      1
## 2      3
## 3      5
```

이렇게 10년대를 구분했으면 group_by(), summarise() 함수로 요약하면 되겠죠?

```
team_batting %>%
  mutate(
    decades = case_when(
      year <= 1990 ~ '1980',
      year <= 2000 ~ '1990',
      year <= 2010 ~ '2000',
      year <= 2020 ~ '2010'
    )
  ) %>%
  group_by(decades) %>%
  summarise(sh_mean = sum(sh) / sum(g))
## # A tibble: 4 x 2
##   decades sh_mean
##   <chr>     <dbl>
## 1 1980      0.667
## 2 1990      0.657
## 3 2000      0.640
## 4 2010      0.486
```

2010년대 들어 희생번트 숫자가 크게 줄었다는 사실을 알 수 있습니다.

같은 방식으로 10년대별 경기당 평균 실책 숫자를 구해보면 실책 역시 갈수록 줄어든다는 사실을 알게 됩니다.

```
team_batting %>%
  mutate(
    decades = case_when(
      year <= 1990 ~ '1980',
      year <= 2000 ~ '1990',
      year <= 2010 ~ '2000',
      year <= 2020 ~ '2010'
    )
  ) %>%
  group_by(decades) %>%
  summarise(error_mean = e %>% sum() / g %>% sum())
## # A tibble: 4 x 2
##    decades error_mean
##    <chr>        <dbl>
## 1 1980         0.911
## 2 1990         0.814
## 3 2000         0.688
## 4 2010         0.665
```

이번에는 sum(e) 대신에 e %>% sum() 형태로 합계를 계산해 봤습니다.

문5. 통산 병살타가 가장 많은 세 개 팀을 고르시오.

답5. 얼핏 생각하면 아주 쉬운 문제처럼 보입니다. 그냥 팀을 기준으로 그룹을 정하고 병살타(gidp) 합을 구한 다음 많은 순서로 정렬하면 땡인 것처럼 보이니까요. 위에서부터 세 팀만 표시할 때는 head() 함수를 쓰면 됩니다.

```
team_batting %>%
  group_by(team) %>%
  summarise(gidp = sum(gidp), .groups = 'drop') %>%
  arrange(-gidp) %>%
  head(3)
## # A tibble: 3 x 2
##    team   gidp
##    <chr> <int>
## 1 삼성    3731
## 2 롯데    3653
## 3 LG      3044
```

그런데 이 문제가 그렇게 간단하지 않습니다. 0.3절에서 문제에 올바로 접근하려면 '배경 지식'이 필요하다고 말했던 이유가 여기 있습니다.

distinct() 함수로 확인해 보면 이 데이터에는 팀 이름 종류가 총 23개 있습니다.

```
team_batting %>%
  distinct(team)
## # A tibble: 23 x 1
##    team
##    <chr>
##  1 롯데
##  2 삼미
##  3 해태
##  4 삼성
##  5 OB
##  6 MBC
##  7 삼미·청보
##  8 빙그레
##  9 태평양
## 10 LG
## # ... with 13 more rows
```

그런데 여기서 삼미, 삼미·청보[35], 태평양 그리고 여기는 나오지 않은 현대는 역사를 공유하는 팀입니다. 중간에 모(母)기업이 바뀌는 바람에 팀 이름이 달라졌을 뿐입니다. MBC와 LG도 마찬가지입니다. 또 해태, KIA도 한 팀으로 묶어야 합니다. 이렇게 역사를 공유하는 팀은 아래처럼 정리할 수 있습니다.

팀	팀명 변천
두산	OB – 두산
키움	히어로즈 – 넥센 – 키움
한화	빙그레 – 한화
현대	삼미 – 삼미·청보 – 청보 – 태평양 – 현대
KIA	해태 – 해태·KIA – KIA
LG	MBC – LG

이렇게 서로 다른 이름을 쓰는 팀을 하나로 묶는 방법은 크게 두 가지가 있습니다. 하나는 위에서처럼 case_when()을 쓰는 거고, 또 다른 방식은 fct_collapse() 함수를 활용하는 겁니다. fct_collapse()는 원래 여러 팩터를 묶어 또 다른 팩터를 만드는 역할을 하는 함수입니다. fct_collapse(변수, 새로운 팩터 = 원래 팩터 모음, …) 형태로 코드를 씁니다.

각 팀 이름을 최신 팀 이름으로 바꿔서 team_id라는 팩터형 변수를 만드는 코드는 이렇게 쓸 수 있습니다.

---

[35] 삼미·청보, 해태·KIA는 시즌 중간에 팀 이름이 바뀐 경우입니다.

```
team_batting %>%
  mutate(
    team_id = fct_collapse(
      team,
      두산  = c('OB', '두산'),
      키움  = c('히어로즈', '넥센', '키움'),
      한화  = c('빙그레', '한화'),
      현대  = c('삼미', '삼미·청보', '청보', '태평양', '현대'),
      KIA = c('해태', '해태·KIA', 'KIA'),
      LG = c('MBC', 'LG'),
    ), .before = year
  )
## # A tibble: 313 x 23
##    team  team_id  year     g batters   tpa    ab     h   X2b   X3b    hr    bb
##    <chr> <fct>   <int> <int>   <int> <int> <int> <int> <int> <int> <int> <int>
## 1 롯데   롯데    1982    80     863  3062  2628   674   112     8    59   326
## 2 삼미   현대    1982    80     867  2954  2653   637   117    20    40   221
## 3 해태   KIA     1982    80     873  2990  2665   696   110    14    84   235
## 4 삼성   삼성    1982    80     887  3043  2647   705   126    18    57   307
## 5 OB     두산    1982    80     930  3098  2745   778   137    23    57   247
```

이제 team_id를 기준으로 앞서 했던 작업을 반복하면 정답을 알 수 있습니다.

```
team_batting %>%
  mutate(
    team_id = fct_collapse(
      team,
      두산  = c('OB', '두산'),
      키움  = c('히어로즈', '넥센', '키움'),
      한화  = c('빙그레', '한화'),
      현대  = c('삼미', '삼미·청보', '청보', '태평양', '현대'),
      KIA = c('해태', '해태·KIA', 'KIA'),
      LG = c('MBC', 'LG'),
    ), .before = year
  ) %>%
  group_by(team_id) %>%
  summarise(gidp = sum(gidp), .groups = 'drop') %>%
  arrange(-gidp)
## # A tibble: 12 x 2
##    team_id  gidp
##    <fct>   <int>
## 1 KIA      3960
## 2 두산     3861
## 3 삼성     3731
```

```
##  4 롯데      3653
##  5 한화      3630
##  6 LG        3591
##  7 현대      2264
##  8 SK        2012
##  9 키움      1400
## 10 NC         888
## 11 쌍방울      830
## 12 KT         686
```

문6. team_batting 데이터에 존재하는 모든 변수의 연도별 경기당 평균을 구하시오.

답6. '연도별'로 계산해야 하니까 일단 group_by(year)가 들어가야 하고 summarise() 함수로 요약을 하면 됩니다. 예를 들어 연도별 경기당 평균 출전 타자(batters) 숫자는 이렇게 계산할 수 있습니다.

```
team_batting %>%
  group_by(year) %>%
  summarise(batters = sum(batters) / sum(g))
# A tibble: 39 x 2
    year batters
   <int>   <dbl>
 1  1982    11.2
 2  1983    11.6
 3  1984    12.0
 4  1985    12.7
 5  1986    13.1
 6  1987    12.7
 7  1988    12.7
 8  1989    13.5
 9  1990    12.9
10  1991    13.0
# ... with 29 more rows
```

문제는 '모든 변수'에 있습니다. 어떻게 하면 모든 변수에 대해 같은 계산을 할 수 있을까요? 아직 across() 함수를 배운 적이 없으니까 모르는 게 당연한 일입니다.

across() 함수는 여러 열에 걸쳐 똑같은 계산을 반복할 때 씁니다. 기본 형식은 across(해당 열, ~함수) 형태입니다. 함수 앞에 틸드(~) 기호를 붙이는 게 이상하다고 생각하는 분도 있을 겁니다. 우리는 함수형 프로그램을 다루는 purrr 패키지를 심각하게 다루지 않을 테니[36] 이상한 일도 아닙니다. 함수 앞에 ~를 붙이는 건 '이 함수로 반복해서 작업을 하겠다'는 뜻이라고 이해하면 충분합니다.

---

[36] purrr 패키지에 관심이 있다면 github.com/rstudio/cheatsheets/raw/master/translations/korean/purrr-cheatsheet-kr.pdf 파일이 도움이 될 수 있습니다.

그러면 어떤 걸 대상으로 작업을 반복하느냐? 이 반복 대상은 '.x'라고 표시합니다. 이 역시 원래는 purrr 패키지에서 유래한 표현입니다. purrr 패키지로 작업을 반복할 때 쓰는 기본 함수는 map()입니다. 만약 1~5에 각각 1을 더하는 코드를 짜고 싶다면 이렇게 쓰면 됩니다.

```
map(1:5, ~.x+1)
## [[1]]
## [1] 2
##
## [[2]]
## [1] 3
##
## [[3]]
## [1] 4
##
## [[4]]
## [1] 5
##
## [[5]]
## [1] 6
```

마찬가지로 모든 열에 대해 경기당 평균을 구하고 싶을 때는 '~sum(.x) / sum(g)'라고 쓰면 됩니다. 단, 이때 team 열은 텍스트 데이터가 차지하고 있기 때문에 계산을 할 수 없습니다. 그래서 team 열을 빼줘야 합니다.

```
team_batting %>%
  group_by(year) %>%
  summarise(across(-team, ~sum(.x) / sum(g)), .groups = 'drop')
## # A tibble: 39 x 21
##     year     g batters   tpa    ab     h   X2b   X3b    hr    bb   ibb   hbp
##    <int> <dbl>   <dbl> <dbl> <dbl> <dbl> <dbl> <dbl> <dbl> <dbl> <dbl> <dbl>
## 1   1982     1    11.2  37.9  33.4  8.85  1.51 0.198 0.754  3.34 0.140 0.475
## 2   1983     1    11.6  37.6  33.3  8.50  1.34 0.18  0.672  2.93 0.103 0.485
## 3   1984     1    12.0  37.3  32.8  8.32  1.37 0.192 0.638  3.23 0.142 0.435
## 4   1985     1    12.7  37.9  33.2  8.64  1.42 0.165 0.682  3.28 0.106 0.415
## 5   1986     1    13.1  37.5  32.9  8.25  1.29 0.213 0.525  3.19 0.114 0.366
```

잘 나왔습니다. 만약 계산 종류가 여러 개라면 list() 함수로 이를 묶으면 됩니다. 텍스트 형식이 아닌 모든 데이터의 합(sum)과 경기당 평균(mean)을 같이 구해 볼까요?

```
team_batting %>%
  group_by(year) %>%
  summarise(across(-team, list(
    sum = ~sum(.x),
    mean = ~sum(.x) / sum(g))
    ), .groups = 'drop')
## # A tibble: 39 x 41
##     year g_sum g_mean batters_sum batters_mean tpa_sum tpa_mean ab_sum ab_mean
##    <int> <int>  <dbl>       <int>        <dbl>   <int>    <dbl>  <int>   <dbl>
## 1  1982   480      1        5372         11.2   18208     37.9  16024    33.4
## 2  1983   600      1        6962         11.6   22540     37.6  19951    33.3
## 3  1984   600      1        7191         12.0   22400     37.3  19703    32.8
## 4  1985   660      1        8377         12.7   24997     37.9  21890    33.2
## 5  1986   756      1        9895         13.1   28364     37.5  24879    32.9
```

그러면 열 이름에 자동으로 '_sum', '_mean'이 붙는다는 사실도 알 수 있습니다.

4.3 '기타'가 필요할 때

연습 문제를 풀면서 fct_collapse() 함수를 통해 팩터 여러 개를 하나로 묶을 수 있다는 사실을 알게 됐습니다. 그런데 때로는 팩터 여러 개를 '기타'로 묶어야 할 때도 있습니다. 이때는 fct_lump() 함수를 쓰면 됩니다. lump 자체가 '덩어리'라는 뜻입니다.

R 콘솔에 소문자로 letters라고 치면 a부터 z까지 로마자 소문자가 나오고, 대문자로 LETTERS라고 입력하면 대문자를 출력합니다.

```
letters
##  [1] "a" "b" "c" "d" "e" "f" "g" "h" "i" "j" "k" "l" "m" "n" "o" "p" "q" "r" "s"
## [20] "t" "u" "v" "w" "x" "y" "z"
```

이 중에서 a~k만 고르고 싶을 때는 letters[1:11]이라고 쓰면 됩니다.

```
letters[1:11]
##  [1] "a" "b" "c" "d" "e" "f" "g" "h" "i" "j" "k"
```

R에는 어떤 숫자나 문자를 반복해 출력하는 rep() 함수도 있습니다. 예컨대 1:3을 3번 반복하려면 이렇게 씁니다.

```
rep(1:3, 3)
## [1] 1 2 3 1 2 3 1 2 3
```

이 둘을 조합하면 a~k를 특정한 횟수만큼 반복해 달라는 코드를 쓸 수 있습니다.

```
letters[1:11] %>%
  rep(c(64, 32, 16, 8, 4, 2, 1, 1, 1, 1, 1))
##   [1] "a" "a" "a" "a" "a" "a" "a" "a" "a" "a" "a" "a" "a" "a" "a" "a" "a" "a"
##  [19] "a" "a" "a" "a" "a" "a" "a" "a" "a" "a" "a" "a" "a" "a" "a" "a" "a" "a"
##  [37] "a" "a" "a" "a" "a" "a" "a" "a" "a" "a" "a" "a" "a" "a" "a" "a" "a" "a"
##  [55] "a" "a" "a" "a" "a" "a" "a" "a" "a" "a" "b" "b" "b" "b" "b" "b" "b" "b"
##  [73] "b" "b" "b" "b" "b" "b" "b" "b" "b" "b" "b" "b" "b" "b" "b" "b" "b" "b"
##  [91] "b" "b" "b" "b" "b" "b" "c" "c" "c" "c" "c" "c" "c" "c" "c" "c" "c" "c"
## [109] "c" "c" "c" "c" "d" "d" "d" "d" "d" "d" "d" "d" "e" "e" "e" "e" "f" "f"
## [127] "g" "h" "i" "j" "k"
```

여기에 table() 함수를 붙여 쓰면 각 로마자가 몇 번이나 나왔는지 표시할 수 있습니다.

```
letters[1:11] %>%
  rep(c(64, 32, 16, 8, 4, 2, 1, 1, 1, 1, 1)) %>%
  table()
## .
##  a  b  c  d  e  f  g  h  i  j  k
## 64 32 16  8  4  2  1  1  1  1  1
```

중간에 fct_lump(3)이라고 쓴 다음에 개수를 세어 보면 이렇게 나옵니다.

```
letters[1:11] %>%
  rep(c(64, 32, 16, 8, 4, 2, 1, 1, 1, 1, 1)) %>%
  fct_lump(3) %>%
  table()
## .
##     a     b     c Other
##    64    32    16    19
```

갑자기 'Other'가 등장했습니다. 숫자가 제일 많은 a, b, c 세 개를 빼놓고 나머지는 기타로 바뀐 겁니다.

```
letters[1:11] %>%
  rep(c(64, 32, 16, 8, 4, 2, 1, 1, 1, 1, 1)) %>%
  fct_lump(3)
##   [1] a     a     a     a     a     a     a     a     a     a     a     a
##  [13] a     a     a     a     a     a     a     a     a     a     a     a
##  [25] a     a     a     a     a     a     a     a     a     a     a     a
##  [37] a     a     a     a     a     a     a     a     a     a     a     a
##  [49] a     a     a     a     a     a     a     a     a     a     a     a
##  [61] a     a     a     a     b     b     b     b     b     b     b     b
##  [73] b     b     b     b     b     b     b     b     b     b     b     b
##  [85] b     b     b     b     b     b     b     b     b     b     b     b
##  [97] c     c     c     c     c     c     c     c     c     c     c     c
## [109] c     c     c     c     Other Other Other Other Other Other Other Other
## [121] Other Other Other Other Other Other Other Other Other Other
## Levels: a b c Other
```

'Other'를 '기타'로 바꾸고 싶을 때는 other_level = '기타' 옵션을 주면 됩니다.

```
letters[1:11] %>%
  rep(c(64, 32, 16, 8, 4, 2, 1, 1, 1, 1, 1)) %>%
  fct_lump(3, other_level = '기타') %>%
  table()
## .
##    a    b    c 기타
##   64   32   16   19
```

prop 값을 지정하면 비율에 따라서 기타를 지정할 수도 있습니다. 예를 들어 하위 20%를 기타로 바꾸는 코드는 이렇게 씁니다.

```
letters[1:11] %>%
  rep(c(64, 32, 16, 8, 4, 2, 1, 1, 1, 1, 1)) %>%
  fct_lump(prop = .2)
##   [1] a     a     a     a     a     a     a     a     a     a     a     a
##  [13] a     a     a     a     a     a     a     a     a     a     a     a
##  [25] a     a     a     a     a     a     a     a     a     a     a     a
##  [37] a     a     a     a     a     a     a     a     a     a     a     a
##  [49] a     a     a     a     a     a     a     a     a     a     a     a
##  [61] a     a     a     a     b     b     b     b     b     b     b     b
##  [73] b     b     b     b     b     b     b     b     b     b     b     b
##  [85] b     b     b     b     b     b     b     b     b     b     b     b
##  [97] Other Other Other Other Other Other Other Other Other Other Other Other
```

```
## [109] Other Other Other Other Other Other Other Other Other Other Other Other
## [121] Other Other Other Other Other Other Other Other Other Other Other
## Levels: a b Other
```

또 fct_lump_min() 함수를 쓰면 특정한 숫자보다 적은 값을 기타로 묶을 수도 있습니다. 2보다 적은 값을 기타로 처리하는 코드는 이렇게 씁니다.

```
letters[1:11] %>%
  rep(c(64, 32, 16, 8, 4, 2, 1, 1, 1, 1, 1)) %>%
  fct_lump_min(2)
##   [1] a     a     a     a     a     a     a     a     a     a     a     a
##  [13] a     a     a     a     a     a     a     a     a     a     a     a
##  [25] a     a     a     a     a     a     a     a     a     a     a     a
##  [37] a     a     a     a     a     a     a     a     a     a     a     a
##  [49] a     a     a     a     a     a     a     a     a     a     a     a
##  [61] a     a     a     a     b     b     b     b     b     b     b     b
##  [73] b     b     b     b     b     b     b     b     b     b     b     b
##  [85] b     b     b     b     b     b     b     b     b     b     b     b
##  [97] c     c     c     c     c     c     c     c     c     c     c     c
## [109] c     c     c     c     d     d     d     d     d     d     d     d
## [121] e     e     e     e     f     f     Other Other Other Other Other
## Levels: a b c d e f Other
```

4.4 실전 dplyr

이 정도 공부를 했으면 큰 어려움 없이 데이터를 조작할 수 있게 되었으리라 믿습니다. 그러나 이 정도 공부로 데이터를 마음대로 만질 수 있게 된다면 '데이터 재니터'라는 표현도 없을 겁니다. 새로운 길에 들어서면 또 새로운 난관이 찾아오게 마련입니다. 프로배구 팀별 기록(kovo_team.csv)을 가지고 또 다른 어려움과 만나 보겠습니다.

```
'kovo_team.csv' %>%
  read.csv() %>%
  as_tibble() -> kovo_team

kovo_team
## # A tibble: 195 x 79
##    시즌  팀    남녀부 경기  세트  득점 공격종합_성공 공격종합_블로킹
##    <chr> <chr> <chr>  <int> <int> <int>        <int>           <int>
## 1 2005   KAL   남       20    76  1580         1014             205
## 2 2005   삼성  남       20    74  1757         1093             181
```

```
##  3 2005 LG     남      20   80  1791           1133          213
##  4 2005 현대   남      20   70  1685           1006          142
##  5 2005 상무   남      20   72  1468            962          201
##  6 2005 한전   남      20   74  1611           1030          229
##  7 2005 GS     여      16   60  1228            763           97
##  8 2005 KT&G   여      16   60  1390            937          101
##  9 2005 도공   여      16   59  1373            924           67
## 10 2005 현대   여      16   63  1389            946          118
## # ... with 185 more rows, and 71 more variables: 공격종합_범실 <int> (이하 생략)
```

이 데이터를 자세히 보면 남자부와 여자부 모두 '현대'라는 팀이 있는 게 눈에 띕니다. '현대 남매' 중에 남자 팀은 '현대캐피탈'이고, 여자 팀은 '현대건설'입니다.

팀 이름에 또 어떤 문제점이 있는지 알아볼까요? distinct() 함수로 고유한 팀 이름만 골라낸 다음 arrange()로 정렬을 한 뒤 pull() 함수를 써서 이 결과를 벡터로 만들어 보겠습니다. 벡터로 만든다는 건 특정 열을 뽑아서 c()로 묶어 내보내겠다는 뜻이라고 이해하면 됩니다.

```
kovo_team %>%
  distinct(팀) %>%
  arrange(팀) %>%
  pull()
##  [1] "GS"        "IBK"       "KAL"      "KB손보"    "KEPCO"
##  [6] "KEPCO45"   "KGC인삼공사" "KT&G"     "LG"        "LIG"
## [11] "LIG손보"   "OK저축은행"  "도공"      "도로공사"   "드림식스"
## [16] "러시앤캐시"  "삼성"       "상무"      "상무신협"   "신협상무"
## [21] "우리카드"   "우리캐피탈"  "인삼공사"   "한국전력"   "한전"
## [26] "현대"      "흥국"
```

언뜻 봐도 KEPCO와 KEPCO45는 같은 팀일 것 같은 느낌이 듭니다. KGC인삼공사와 그냥 인삼공사도 마찬가지입니다. 프로야구 팀이 그랬던 것처럼 프로배구 팀 이름 역시 '어른들의 사정'에 의해 팀 이름이 바뀌었습니다.

그러면 일단 두 가지 할 일이 생겼습니다. 하나는 '현대 남매'를 구분해 주는 거고, 또 하나는 원래 같은 팀을 똑같은 이름으로 묶어주는 겁니다. 남매 구분은 case_when(), 같은 팀 묶어주기는 fct_collapse()를 쓰면 됩니다. 이해가 되나요? 이렇게 정리한 결과를 다시 kovo_team 객체에 넣겠습니다.

```
kovo_team %>%
  mutate(
    팀 = case_when(
      남녀부 == '남' & 팀 == '현대' ~ '현대캐피탈',
      남녀부 == '여' & 팀 == '현대' ~ '현대건설',
      TRUE ~ 팀),
    팀_이름 = 팀,
```

```
    팀 = fct_collapse(
      팀,
      대한항공 = 'KAL',
      삼성화재 = '삼성',
      상무 = c('상무', '상무신협', '신협상무'),
      우리카드 = c('드림식스', '우리카드', '우리캐피탈'),
      한국전력 = c('한국전력', '한전', 'KEPCO', 'KEPCO45'),
      KB손해보험 = c('KB손보', 'LG', 'LIG', 'LIG손보'),
      OK금융그룹 = c('러시앤캐시', 'OK저축은행'),
      GS칼텍스 = 'GS',
      IBK기업은행 = 'IBK',
      KGC인삼공사 = c('인삼공사', 'KGC인삼공사', 'KT&G'),
      한국도로공사 = c('도공', '도로공사'),
      흥국생명 = '흥국'
    )
  ) -> kovo_team[37]
```

시즌 표기도 거슬립니다. 팀 이름을 뽑을 때와 마찬가지로 시즌 이름도 뽑아보겠습니다.

```
kovo_team %>%
  distinct(시즌) %>%
  pull()
##  [1] "2005"      "2005~2006" "2006~2007" "2007~2008" "2008~2009" "2009~2010"
##  [7] "2010~2011" "2011~2012" "2012~2013" "2013~2014" "2014~2015" "2015~2016"
## [13] "2016~2017" "2017~2018" "2018~2019" "2019~2020"
```

그냥 맨 뒤에 있는 네 글자만 뽑아도 시즌을 구분하는 데 아무 문제가 없어 보입니다. 이렇게 오른쪽에서부터 네 글자만 골라내고 싶을 때는 str_sub() 함수를 이용합니다.

'volleyball'이라는 문자열을 놓고 str_sub()를 쓰면 이런 결과가 나타납니다.

```
'volleyball' %>%
  str_sub(1)
## [1] "volleyball"
```

```
'volleyball' %>%
  str_sub(2)
## [1] "olleyball"
```

str_sub(1)일 때는 'volleyball'이 전부 나타나고 str_sub(2)일 때는 'olleyball'이라고 나옵니다.

---

37 여기서는 결과를 정리한 다음에 다시 ->라고 썼지만 맨 처음에 '%>%' 대신 '%<>%' 기호를 쓰면 사실 같은 결과를 얻을 수 있습니다. 그러니까 %<>% 기호는 파이프 아래 내용을 처리한 뒤 원래 변수에 넣으라는 뜻입니다.

이건 str_sub() 안에 숫자를 넣으면 왼쪽 몇 번째 글자부터 출력하라는 뜻이기 때문입니다. str_sub(1, 2)라고 쓰면 어떻게 나올까요?

```
'volleyball' %>%
  str_sub(1, 2)
## [1] "vo"
```

첫 번째와 두 번째 글자가 나옵니다. 시작과 끝 위치를 지정해 주는 것입니다. 오른쪽부터 따질 때는 마이너스(−) 부호만 붙이면 됩니다.

```
'volleyball' %>%
  str_sub(-4)
## [1] "ball"
```

따라서 현재 시즌이라는 열을 '시즌_이름'으로 바꾸고, 시즌에서 오른쪽 네 글자를 가져오는 코드는 이렇게 쓸 수 있습니다.

```
kovo_team %>%
  mutate(시즌_이름=시즌,
         시즌=시즌 %>% str_sub(-4)) -> kovo_team

kovo_team
## # A tibble: 195 x 81
##     시즌  팀    남녀부  경기  세트  득점 공격종합_성공 공격종합_블로킹
##     <chr> <fct> <chr> <int> <int> <int>      <int>          <int>
## 1 2005 대한항공~ 남       20    76  1580       1014            205
## 2 2005 삼성화재~ 남       20    74  1757       1093            181
## 3 2005 KB손해~ 남       20    80  1791       1133            213
## 4 2005 현대캐피~ 남       20    70  1685       1006            142
## 5 2005 상무   남       20    72  1468        962            201
```

이번에는 일부러 열 이름을 전부 옮겨 봤습니다. 열 이름을 자세히 보면 같은 항목에 대해 성공, 블로킹, 범실, 연결, 시도 등으로 세부 기록을 나눈 걸 알 수 있습니다.

이때 '공격종합'에 해당하는 기록만 추출하고 싶을 때는 어떻게 할까요? 특정한 문자열이 들어간 열만 추출하고 싶을 때는 select() 함수와 contains() 함수를 결합하면 됩니다.

```
kovo_team %>%
  select(시즌, 팀, contains('공격종합'))
## # A tibble: 195 x 8
##    시즌  팀      공격종합_성공 공격종합_블로킹 공격종합_범실 공격종합_연결
##    <chr> <fct>          <int>          <int>         <int>         <int>
## 1 2005  대한항공~        1014            205           165           803
## 2 2005  삼성화재~        1093            181           156           691
## 3 2005  KB손해~         1133            213           191           776
## 4 2005  현대캐피~        1006            142            98           700
## 5 2005  상무             962            201           184           817
```

거꾸로 특정한 문자열을 포함하지 않는 열만 뽑아내고 싶을 때는 마이너스(-) 기호를 활용합니다. 언더바('_')
들어간 열만 제외화고 싶을 때는 이렇게 씁니다.

```
kovo_team %>%
  select(-contains('_'))
## # A tibble: 195 x 10
##    시즌  팀        남녀부  경기  세트  득점 유효블로킹 벌칙 개인범실 팀범실
##    <chr> <fct>     <chr> <int> <int> <int>      <int> <int>    <int>  <int>
## 1 2005  대한항공     남      20    76  1580         NA     1      371     NA
## 2 2005  삼성화재     남      20    74  1757         NA    NA      376     NA
## 3 2005  KB손해보험   남      20    80  1791         NA     1      427     NA
## 4 2005  현대캐피탈   남      20    70  1685         NA    NA      284     NA
## 5 2005  상무         남      20    72  1468         NA    NA      371     NA
```

특정한 문자열로 시작하는 열을 골라내고 싶을 때는 starts_with()를 쓰고,

```
kovo_team %>%
  select(시즌, 팀, starts_with('세트'))
## # A tibble: 195 x 8
##    시즌  팀        세트 세트_성공 세트_범실 세트_연결 세트_시도 세트_세트당_평균
##    <chr> <fct>    <int>    <int>    <int>    <int>    <int>          <dbl>
## 1 2005  대한항공    76      965       16     1155     2136           12.7
## 2 2005  삼성화재    74     1041       18      998     2057           14.1
## 3 2005  KB손해보험~  80     1102       20     1160     2282           13.8
## 4 2005  현대캐피탈~  70      961       17      917     1895           13.7
## 5 2005  상무        72      932       29     1176     2137           12.9
```

특정한 문자열로 끝나는 열을 골라내고 싶을 때는 ends_with()를 씁니다.

```
kovo_team %>%
  select(시즌, 팀, ends_with('세트당_평균'))
## # A tibble: 195 x 6
##    시즌   팀    블로킹_세트당_평균~ 서브_세트당_평균 세트_세트당_평균
##   <chr> <fct>        <dbl>            <dbl>           <dbl>
## 1 2005  대한항공~      2.49             0.263           12.7
## 2 2005  삼성화재~      3.16             0.675           14.1
## 3 2005  KB손해~       2.65             0.637           13.8
## 4 2005  현대캐피~      3.36             0.685           13.7
## 5 2005  상무          2                0.375           12.9
```

그런데 이렇게 '세트당_평균'으로 끝나는 열만 골라냈을 때는 계속 '세트당_평균'이 따라다니는 게 오히려 번잡스럽습니다. 이럴 때는 rename() 함수를 써서 열 이름을 바꿀 수 있습니다. rename() 함수는 rename(새 이름, 옛 이름) 형태로 씁니다. 다음처럼 코드를 쓰면 x열이 z열로 이름을 바꿉니다.

```
tribble(
  ~x, ~y,
  1, 2,
) %>%
  rename(z = x)
## # A tibble: 1 x 2
##       z     y
##   <dbl> <dbl>
## 1     1     2
```

따라서 '블로킹_세트당_평균'을 그냥 '블로킹'으로 바꾸는 코드는 이렇게 쓰면 됩니다.

```
kovo_team %>%
  select(시즌, 팀, ends_with('세트당_평균')) %>%
  rename(블로킹 = 블로킹_세트당_평균,
          서브 = 서브_세트당_평균)
```

이렇게 일일이 바꾸기는 뭔가 귀찮기 때문에 계속 똑같은 패턴으로 문자열을 바꿔야 할 때는 str_replace() 함수 도움을 받으면 좋습니다. str_replace() 함수는 str_replace(문자열, 찾을 패턴, 바꿀 패턴) 형태로 씁니다.

다음 코드처럼 '블로킹_세트당_평균'에서 '_세트당_평균'을 ''으로 바꾸면 '_세트당_평균'이 사라지고 블로킹만 남습니다.

```
str_replace('블로킹_세트당_평균', '_세트당_평균', '')
## [1] "블로킹"
```

이렇게 특정한 조건에 따라 이름을 계속 바꿀 때는 rename() 대신 rename_with() 함수를 씁니다. rename_with() 역시 반복 작업이라 함수 앞에 틸드(~) 표시를 해줘야 합니다. '_세트당_평균'을 지우는 작업을 반복해 열 이름을 바꾸는 코드는 이렇게 쓸 수 있습니다.

```
kovo_team %>%
  select(시즌, 팀, ends_with('세트당_평균')) %>%
  rename_with(~str_replace(., '_세트당_평균', ''))
## # A tibble: 195 x 6
##    시즌  팀           블로킹  서브  세트   디그
##    <chr> <fct>        <dbl> <dbl> <dbl>  <dbl>
##  1 2005  대한항공      2.49 0.263  12.7   10.5
##  2 2005  삼성화재      3.16 0.675  14.1   11.7
##  3 2005  KB손해보험    2.65 0.637  13.8   11.0
##  4 2005  현대캐피탈    3.36 0.685  13.7   11.0
##  5 2005  상무          2    0.375  12.9   11.6
```

여기 나온 기록도 물론 중요하지만 배구 감독이 경기에서 패할 때마다 제일 많이 거론하는 패인은 '서브 리시브 불안'입니다. 서브 리시브 성적은 '서브 리시브 효율'이라는 지표로 측정하며 '(리시브 정확 − 리시브 실패) ÷ 리시브 시도'로 계산합니다.

시즌별 남녀부 평균 서브 리시브 효율을 구하는 코드는 이렇게 쓸 수 있습니다. 한 번에 그래프까지 그려보겠습니다.

```
kovo_team %>%
  group_by(시즌, 남녀부) %>%
  summarise(리시브_효율 = (sum(리시브_정확) - sum(리시브_실패)) / sum(리시브_시도),
            .groups = 'drop') %>%
  ggplot(aes(x = 시즌, y = 리시브_효율, group = 남녀부, color = 남녀부)) +
  geom_line()
```

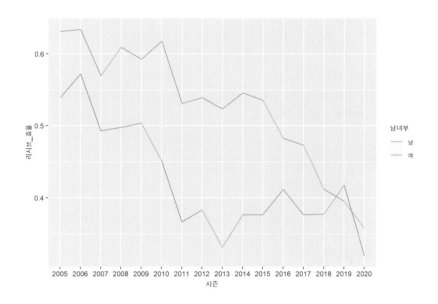

이를 통해 알 수 있는 건 일단 서브 리시브 효율은 시즌이 지날수록 나빠지는 추세라는 점입니다. 그러면 어떤 시즌에 서브 리시브 효율이 가장 많이 떨어졌을까요?

이런 차이를 알아보려면 이전 시즌 기록에서 해당 시즌 기록을 빼면 될 겁니다. 이전 시즌 기록은 어떻게 가져올 수 있을까요? 이때 쓰는 함수는 lag()입니다. lag()는 바로 위에 있는 행에서 데이터를 가져 옵니다.

```
kovo_team %>%
  group_by(남녀부,  시즌) %>%
  summarise(리시브_효율 = (sum(리시브_정확) - sum(리시브_실패)) / sum(리시브_시도)) %>%
  mutate(전_시즌 = lag(리시브_효율))
## # A tibble: 32 x 4
##    남녀부  시즌  리시브_효율 전_시즌
##    <chr>  <chr>        <dbl>    <dbl>
## 1 남      2005         0.631       NA
## 2 남      2006         0.634    0.631
## 3 남      2007         0.569    0.634
## 4 남      2008         0.609    0.569
## 5 남      2009         0.592    0.609
```

반대 기능을 하는 함수는 lead()입니다. lead()는 바로 아래 행에서 데이터를 가져옵니다.

```
kovo_team %>%
  group_by(남녀부, 시즌) %>%
  summarise(리시브_효율 = (sum(리시브_정확) - sum(리시브_실패)) / sum(리시브_시도)) %>%
  mutate(다음_시즌 = lead(리시브_효율)) %>%
  print(n = 17)
## # A tibble: 32 x 4
##    남녀부  시즌   리시브_효율 다음_시즌
##    <chr>  <chr>      <dbl>     <dbl>
## 1  남     2005       0.631     0.634
## 2  남     2006       0.634     0.569
## 3  남     2007       0.569     0.609
## 4  남     2008       0.609     0.592
## 5  남     2009       0.592     0.618
## 6  남     2010       0.618     0.531
## 7  남     2011       0.531     0.539
## 8  남     2012       0.539     0.524
## 9  남     2013       0.524     0.546
## 10 남     2014       0.546     0.535
## 11 남     2015       0.535     0.482
## 12 남     2016       0.482     0.473
## 13 남     2017       0.473     0.412
## 14 남     2018       0.412     0.396
## 15 남     2019       0.396     0.358
## 16 남     2020       0.358     NA
## 17 여     2005       0.539     0.572
## # ... with 15 more rows
```

이를 통해 그룹이 달라질 때는 데이터를 가져오지 않는다는 사실을 확인할 수 있습니다.

전 시즌과 해당 시즌 차이를 뽑아내려면 그냥 현재 시즌 기록에서 이전 시즌 기록을 빼면 되겠죠?

```
kovo_team %>%
  group_by(남녀부, 시즌) %>%
  summarise(리시브_효율 = (sum(리시브_정확) - sum(리시브_실패)) / sum(리시브_시도)) %>%
  mutate(차이 = 리시브_효율 - lag(리시브_효율))
## # A tibble: 32 x 4
##    남녀부  시즌   리시브_효율     차이
##    <chr>  <chr>      <dbl>    <dbl>
## 1  남     2005       0.631 NA
## 2  남     2006       0.634  0.00269
## 3  남     2007       0.569 -0.0643
```

```
##  4 남       2008        0.609  0.0398
##  5 남       2009        0.592 -0.0169
##  6 남       2010        0.618  0.0254
##  7 남       2011        0.531 -0.0869
##  8 남       2012        0.539  0.00806
##  9 남       2013        0.524 -0.0155
## 10 남       2014        0.546  0.0226
## # ... with 22 more rows
```

그러면 평균적으로 서브 리시브 효율은 시즌마다 얼마나 떨어졌을까요? 평균을 계산해 보겠습니다.

```
kovo_team %>%
  group_by(남녀부,  시즌) %>%
  summarise(리시브_효율 = (sum(리시브_정확) - sum(리시브_실패)) / sum(리시브_시도),
            .groups = 'drop') %>%
  mutate(차이 = 리시브_효율 -lag(리시브_효율)) %>%
  summarise(차이_평균 = mean(차이))
## # A tibble: 1 x 1
##   차이_평균
##       <dbl>
## 1        NA
```

NA라는 이상한 값이 나왔습니다. NA는 'Not Applicable' 또는 'Not Available'을 줄인 말로 '해당사항 없음'
이라는 뜻입니다. 위에서 본 것처럼 lag()로 자료를 가져 오면 첫 시즌은 앞선 시즌이 없기 때문에 NA를 출력
합니다. 평균을 계산하려고 하는데 이런 NA가 들어 있으니까 평균도 NA가 되는 겁니다.

그런 경우는 NA를 지워도(remove) 좋다는 옵션을 줘야 합니다. 이 옵션은 na.rm = TRUE라고 씁니다.

```
kovo_team %>%
  group_by(남녀부,  시즌) %>%
  summarise(리시브_효율 = (sum(리시브_정확) - sum(리시브_실패)) / sum(리시브_시도),
            .groups = 'drop') %>%
  mutate(차이 = 리시브_효율 -lag(리시브_효율)) %>%
  summarise(차이_평균 = mean(차이, na.rm = TRUE))
## # A tibble: 1 x 1
##   차이_평균
##       <dbl>
## 1   -0.0100
```

아니면 NA가 들어간 행은 지우라는 뜻인 drop_na() 함수를 중간에 끼워넣어도 됩니다.

```
kovo_team %>%
  group_by(남녀부,  시즌) %>%
  summarise(리시브_효율 = (sum(리시브_정확) - sum(리시브_실패)) / sum(리시브_시도),
            .groups = 'drop') %>%
  mutate(차이 = 리시브_효율 -lag(리시브_효율)) %>%
  drop_na() %>%
  summarise(차이_평균 = mean(차이))
## # A tibble: 1 x 1
##    차이_평균
##       <dbl>
## 1   -0.0100
```

그럼 언제 서브 리시브 효율이 가장 많이 떨어졌을까요? 현재 시즌과 앞선 시즌 차이를 계산한 다음에 정렬을 하면 알 수 있을 겁니다. ".groups = 'drop'" 옵션을 빼서 남녀부를 따로 비교해 보겠습니다.

```
kovo_team %>%
  group_by(남녀부, 시즌) %>%
  summarise(리시브_효율 = (sum(리시브_정확) - sum(리시브_실패)) / sum(리시브_시도)) %>%
  mutate(차이 = 리시브_효율 - lag(리시브_효율)) %>%
  drop_na() %>%
  arrange(차이)
## # A tibble: 31 x 4
##    남녀부 시즌  리시브_효율    차이
##    <chr> <chr>      <dbl>   <dbl>
## 1 여     2020       0.320 -0.0976
## 2 남     2011       0.531 -0.0869
## 3 여     2011       0.367 -0.0848
## 4 여     2007       0.493 -0.0797
## 5 남     2007       0.569 -0.0643
```

여자부는 2019~2020 시즌에 제일 많이 떨어졌습니다. 그리고 남녀부 모두 2010~2011 시즌에 대폭 하락을 경험했습니다. 이런 결과를 접하면 '도대체 2010~2011 시즌에는 무슨 일이 있었을까?' 궁금증이 생기기 마련입니다.

프로배구를 주관하는 한국배구연맹(KOVO)에 확인해 본 결과 '경기 사용구' 즉, 공인구 교체 때문입니다. 공인구가 바뀌면서 공 반발력이 변하는 바람에 서브를 제대로 받기가 더욱 어려워졌습니다. 이렇게 데이터를 잘 조작하면 문제 의식을 품을 수 있게 되고 그 이유도 찾을 수 있게 됩니다.

Chapter **5**

데이터 모양 바꾸기

"청소는 사용한 장소에 고마움을 표현하는 일.
거짓은 달지만 금세 눅눅해지고 진실은 맛 없지만 평생가죠."

– 히가시노 게이고(東野圭吾) '신참자(新参者)' –

윗물이 맑아야 아랫 물이 맑고, 입력 데이터가 깔끔해야 출력 데이터도 깔끔합니다. 어수선한 데이터를 입력받아 깔끔한 데이터로 출력할 때를 제외하면 분명 그렇습니다. 데이터가 깔끔하다는 건 무슨 뜻일까요?

tidyverse 생태계를 이끌고 있는 해들리 위컴 박사는 레프 톨스토이가 쓴 '안나 카레리나'의 유명한 첫 구절을 인용해 "깔끔한 데이터는 모두 비슷하지만 무릇 어수선한 데이터는 나름나름으로 어수선하다"고 말했습니다. 기본적으로 △각 행에 수집 단위 △각 열에 수집 항목 △각 셀에 수집 결과가 들어 있는 형태가 '깔끔한 데이터'입니다.

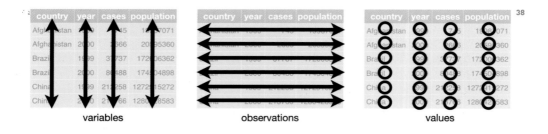

위 그림을 보고 '스프레드시트 데이터는 다 이렇게 생긴 거 아니야?'하고 생각하는 분도 있을 겁니다. 실제로 지금까지 이 책에서 다룬 데이터는 전부 다 이런 구조로 등장한 게 사실입니다. 그건 제가 미리 데이터를 손질해서 보여드렸기 때문입니다. '바깥 세상'에 존재하는 데이터는 어수선하기가 이를 데 없을 때도 적지 않습니다. 사람들은 '나름나름으로' 그러니까 자기 취향대로 데이터를 정리하는 게 보통이니까요.

이번 장에서 우리는 현실 세계에 존재할 법한 마이크로소프트(MS) 엑셀 데이터를 불러와서 이를 깔끔한 형태로 바꾸는 연습을 해볼 겁니다. tidyverse 생태계에서는 tidyr 패키지가 이 기능을 담당합니다. tidyr 역시 tidyverse 핵심(core) 패키지라 tidyverse를 부르면 자동으로 따라옵니다.

38 Grolemund, G., & Wickham, H. (2018). R for data science.

지금까지는 CSV 파일을 통해 데이터를 불러왔는데 이번에는 엑셀 파일을 써봅니다. tidyverse 생태계에서
이 기능을 담당하는 패키지 이름은 readxl입니다. realxl은 tidyverse 핵심 패키지가 아니라서 따로 설치하고
불러오는 과정이 필요합니다. 우리는 물론 pacman 패키지로 한 번에 해결할 수 있습니다.

```
pacman::p_load(tidyverse, readxl)
```

설치 및 로드를 끝냈으면 이제 'kbo_team_slash_untidy.xlsx' 파일을 불러오겠습니다. read_excel() 함수를
쓰면 됩니다.

```
'kbo_team_slash_untidy.xlsx' %>%
  read_excel() -> kbo_untidy
```

이 파일에는 연도별 팀별 타율, 출루율, 장타력 데이터가 들어 있습니다. 이 세 가지 타격 기록을 표시할 때는
'.123/.456/.789'처럼 슬래시(/)를 구분 기호로 활용하는 게 일반적입니다. 그래서 슬래시 라인이라고 부릅니다.

결과 데이터는 다음과 같습니다.

```
kbo_untidy
## # A tibble: 44 x 41
##    팀    구분  '1982' '1983' '1984' '1985' '1986' '1987' '1988' '1989' '1990'
##    <chr> <chr>  <dbl>  <dbl>  <dbl>  <dbl>  <dbl>  <dbl>  <dbl>  <dbl>  <dbl>
##  1 두산  타율   0.283  0.259  0.257  0.262  0.249  0.261  0.258  0.247  0.24
##  2 <NA>  출루율~ 0.349  0.324  0.334  0.332  0.319  0.328  0.33   0.319  0.396
##  3 <NA>  장타력~ 0.412  0.362  0.36   0.37   0.331  0.345  0.349  0.335  0.33
##  4 <NA>  OPS    0.762  0.687  0.693  0.757  0.653  0.669  0.67   0.653  0.639
##  5 롯데  타율   0.256  0.244  0.257  0.256  0.248  0.268  0.273  0.247  0.245
##  6 <NA>  출루율~ 0.344  0.314  0.339  0.327  0.316  0.343  0.339  0.337  0.331
##  7 <NA>  장타력~ 0.373  0.366  0.377  0.377  0.333  0.36   0.377  0.327  0.335
##  8 <NA>  OPS    0.717  0.679  0.78   0.744  0.649  0.726  0.716  0.664  0.666
##  9 삼성  타율   0.266  0.263  0.27   0.276  0.276  0.319  0.278  0.272  0.263
## 10 <NA>  출루율~ 0.347  0.333  0.343  0.355  0.345  0.367  0.356  0.346  0.348
## # ... with 34 more rows, and 30 more variables: '1991' <dbl>, '1992' <dbl>,
## #   '1993' <dbl>, '1994' <dbl>, '1995' <dbl>, '1996' <dbl>, '1997' <dbl>,
## #   '1998' <dbl>, '1999' <dbl>, '2000' <dbl>, '2001' <dbl>, '2002' <dbl>,
## #   '2003' <dbl>, '2004' <dbl>, '2005' <dbl>, '2006' <dbl>, '2007' <dbl>,
## #   '2008' <dbl>, '2009' <dbl>, '2010' <dbl>, '2011' <dbl>, '2012' <dbl>,
## #   '2013' <dbl>, '2014' <dbl>, '2015' <dbl>, '2016' <dbl>, '2017' <dbl>,
## #   '2018' <dbl>, '2019' <dbl>, '2020' <dbl>
```

'어이구야~' 소리를 절로 내뱉은 분도 적지 않을 겁니다. '누가 데이터를 이 따위로 정리해?'하고 생각하는 분
도 있을 겁니다. 그런데 국가통계포털에서 연도별 데이터를 확인해 보면 딱 이런 구조로 되어 있습니다.

제일 먼저 팀 이름에 NA가 늘어선 게 눈에 띕니다. 엑셀 파일을 열어보면 A2:A5 셀을 합쳐 놓은 상태입니다. R에는 '셀 병합' 기능이 없기 때문에 NA로 나오는 겁니다.

	A	B	C	D	E	F	G	H	I	J	K	L	M
1	팀	구분	1982	1983	1984	1985	1986	1987	1988	1989	1990	1991	1992
2		타율	0.283	0.259	0.257	0.262	0.249	0.261	0.258	0.247	0.24	0.25	0.259
3	두산	출루율	0.349	0.324	0.334	0.332	0.319	0.328	0.33	0.319	0.396	0.322	0.332
4		장타력	0.412	0.362	0.36	0.37	0.331	0.345	0.349	0.335	0.33	0.352	0.393
5		OPS	0.762	0.687	0.693	0.757	0.653	0.669	0.67	0.653	0.639	0.672	0.725
6		타율	0.256	0.244	0.257	0.256	0.248	0.268	0.273	0.247	0.245	0.26	0.288
7	롯데	출루율	0.344	0.314	0.339	0.327	0.316	0.343	0.339	0.337	0.331	0.339	0.366
8		장타력	0.373	0.366	0.377	0.377	0.333	0.36	0.377	0.327	0.335	0.378	0.417
9		OPS	0.717	0.679	0.78	0.744	0.649	0.726	0.716	0.664	0.666	0.717	0.782
10		타율	0.266	0.263	0.27	0.276	0.276	0.319	0.278	0.272	0.263	0.272	0.265
11	삼성	출루율	0.347	0.333	0.343	0.355	0.345	0.367	0.356	0.346	0.348	0.357	0.349
12		장타력	0.392	0.393	0.396	0.417	0.398	0.444	0.399	0.397	0.411	0.446	0.435
13		OPS	0.739	0.726	0.739	0.772	0.744	0.812	0.75	0.737	0.752	0.761	0.752
14		타율										0.253	0.249
15	쌍방울	출루율										0.337	0.341
16		장타력										0.379	0.37
17		OPS										0.717	0.711
18		타율											
19	키움	출루율											
20		장타력											
21		OPS											
22		타율					0.236	0.274	0.266	0.276	0.275	0.274	0.267
23	한화	출루율					0.323	0.342	0.334	0.346	0.355	0.353	0.352
24		장타력					0.325	0.368	0.387	0.411	0.42	0.434	0.435

이 문제는 그냥 fill() 함수 한 번이면 간단하게 해결할 수 있습니다.

```
kbo_untidy %>%
  fill(팀)
## # A tibble: 44 x 41
##    팀    구분   '1982' '1983' '1984' '1985' '1986' '1987' '1988' '1989' '1990'
##    <chr> <chr>  <dbl>  <dbl>  <dbl>  <dbl>  <dbl>  <dbl>  <dbl>  <dbl>  <dbl>
##  1 두산  타율   0.283  0.259  0.257  0.262  0.249  0.261  0.258  0.247  0.24
##  2 두산  출루율~ 0.349  0.324  0.334  0.332  0.319  0.328  0.33   0.319  0.396
##  3 두산  장타력~ 0.412  0.362  0.36   0.37   0.331  0.345  0.349  0.335  0.33
##  4 두산  OPS    0.762  0.687  0.693  0.757  0.653  0.669  0.67   0.653  0.639
##  5 롯데  타율   0.256  0.244  0.257  0.256  0.248  0.268  0.273  0.247  0.245
##  6 롯데  출루율~ 0.344  0.314  0.339  0.327  0.316  0.343  0.339  0.337  0.331
##  7 롯데  장타력~ 0.373  0.366  0.377  0.377  0.333  0.36   0.377  0.327  0.335
##  8 롯데  OPS    0.717  0.679  0.78   0.744  0.649  0.726  0.716  0.664  0.666
##  9 삼성  타율   0.266  0.263  0.27   0.276  0.276  0.319  0.278  0.272  0.263
## 10 삼성  출루율~ 0.347  0.333  0.343  0.355  0.345  0.367  0.356  0.346  0.348
```

fill은 .direction 값을 통해 어떤 방향으로 빈 칸을 채울지 결정합니다. 기본값이 down이라 지금은 1행에 있는 두산을 2~4행에, 5행에 있는 롯데를 6~8행에… 채워서 넣은 겁니다.

데이터에 따라서는 아래 있는 데이터를 위로 채워야 할 때도 있습니다. 이때는 그냥 fill(열, .direction = 'up')이라고 쓰면 됩니다.

```
kbo_untidy %>%
  fill(팀, .direction = 'up')
## # A tibble: 44 x 41
##     팀    구분   '1982' '1983' '1984' '1985' '1986' '1987' '1988' '1989' '1990'
##     <chr> <chr>  <dbl>  <dbl>  <dbl>  <dbl>  <dbl>  <dbl>  <dbl>  <dbl>  <dbl>
##  1 두산  타율    0.283  0.259  0.257  0.262  0.249  0.261  0.258  0.247  0.24
##  2 롯데  출루율~ 0.349  0.324  0.334  0.332  0.319  0.328  0.33   0.319  0.396
##  3 롯데  장타력~ 0.412  0.362  0.36   0.37   0.331  0.345  0.349  0.335  0.33
##  4 롯데  OPS     0.762  0.687  0.693  0.757  0.653  0.669  0.67   0.653  0.639
##  5 롯데  타율    0.256  0.244  0.257  0.256  0.248  0.268  0.273  0.247  0.245
##  6 삼성  출루율~ 0.344  0.314  0.339  0.327  0.316  0.343  0.339  0.337  0.331
##  7 삼성  장타력~ 0.373  0.366  0.377  0.377  0.333  0.36   0.377  0.327  0.335
##  8 삼성  OPS     0.717  0.679  0.78   0.744  0.649  0.726  0.716  0.664  0.666
##  9 삼성  타율    0.266  0.263  0.27   0.276  0.276  0.319  0.278  0.272  0.263
## 10 쌍방울~ 출루율~ 0.347  0.333  0.343  0.355  0.345  0.367  0.356  0.346  0.348
```

5.1 와이드 폼 vs 롱 폼

현재 이 kbo_untidy은 연도에 따라 옆으로 늘어선 형태입니다. 굳이 따지자면 데이터 과학에서 이야기하는 '와이드 폼'(wide form) 형태라고 할 수 있습니다. 이와 반대로 아래로 긴 데이터도 있는데 이는 '롱 폼'(long form)이라고 부릅니다.

이런 형태가 와이드 폼이고,

ID	변수1	변수2	변수3
1	A	B	C
2	D	E	F
3	G	H	I

이런 형태가 롱 폼입니다.

ID	구분	값
1	변수1	A
1	변수2	B
1	변수3	C
2	변수1	D
2	변수2	E
2	변수3	F
3	변수1	G
3	변수2	H
3	변수3	I

두 표 모두 ID 1, 변수1에 해당하는 값은 A고, ID3, 변수 3에 해당하는 값은 I입니다. 이렇게 ID별 변수별 값은 똑같고, 그저 형태가 다를 뿐입니다.

이 형태에 정답이 있는 건 아닙니다. (지금 우리가 쓰고 있는 이 데이터는 아닌 쪽에 가깝지만) 경우에 따라서는 와이드 폼이 좋을 때도 있고, 롱 폼이 나을 때도 있습니다. 그래서 tidyr 패키지는 와이드 폼 ↔ 롱 폼이 가능하도록 pivot_longer(), pivot_wider() 함수를 마련해 두고 있습니다.

pivot_longer() 함수에서 제일 중요한 인수는 cols, names_to, values_to 등 세 가지입니다. cols로 어떤 열을 길게 늘어뜨릴지 지정을 하고, names_to로 이 열을 길게 늘어뜨려 만든 새로운 열 이름을 정해줍니다. values_to로는 값이 들어 있는 열에 붙일 이름을 지정합니다. 이 역시 그냥 말로 설명해 드리는 것보다 실제 예제를 보는 편이 낫습니다.

왼쪽 데이터를 오른쪽처럼 바꾸는게 목표입니다.

```
## # A tibble: 2 x 4
##      선수   타율  출루율 장타력
##    <dbl> <dbl>  <dbl>  <dbl>
## 1      1 0.123  0.456  0.789
## 2      2 0.234  0.567  0.891
```

▶

```
## # A tibble: 6 x 3
##      선수 기록     성적
##    <dbl> <chr>   <dbl>
## 1      1 타율     0.123
## 2      1 출루율  0.456
## 3      1 장타력  0.789
## 4      2 타율     0.234
## 5      2 출루율  0.567
## 6      2 장타력  0.891
```

그러면 타율부터 장타력까지 열을 선택한 다음(cols = 타율:장타력), 이 열 이름을 길게 늘어뜨린 새로운 열에는 '기록'이라는 이름을 붙이고(names_to = '기록'), 값이 들어 있는 열 이름은 '성적'(values_to = '성적')이라고 지정해야 합니다.

이걸 코드로 쓰면 이렇게 됩니다.

```
tribble(
  ~선수, ~타율, ~출루율, ~장타력,
  1, .123, .456, .789,
  2, .234, .567, .891
) %>%
  pivot_longer(cols = 타율:장타력, names_to = '기록', values_to = '성적')
## # A tibble: 6 x 3
##      선수 기록     성적
##    <dbl> <chr>   <dbl>
## 1      1 타율     0.123
## 2      1 출루율  0.456
## 3      1 장타력  0.789
## 4      2 타율     0.234
```

```
## 5       2 출루율 0.567
## 6       2 장타력 0.891
```

pivot_wider()는 반대입니다. pivot_wider()에서 제일 중요한 인수는 names_from, values_from 등 두 가지입니다. names_from 값을 통해 어떤 열에서 열 이름이 될 값을 가져올 것인지 지정하고, values_from을 통해 새로 만든 열을 채울 데이터는 어떤 열에서 가져올지 결정하는 방식입니다.

위에서 우리가 롱 폼으로 바꾼 데이터를 뒤집어 생각해 보면 기록 열에서 열 이름을 가져오고(names_from = '기록') 성적 열에서 값을 가져오면(values_from = '성적') 원래대로 되돌릴 수 있을 겁니다.

```
tribble(
  ~선수, ~기록, ~성적,
  1, '타율', .123,
  1, '출루율', .456,
  1, '장타력', .789,
  2, '타율', .234,
  2, '출루율', .567,
  2, '장타력', .891,
) %>%
  pivot_wider(names_from = '기록', values_from = '성적')
## # A tibble: 2 x 4
##     선수   타율 출루율 장타력
##   <dbl> <dbl>  <dbl>  <dbl>
## 1     1 0.123  0.456  0.789
## 2     2 0.234  0.567  0.891
```

5.2 변수 이름

다시 kbo_untidy로 돌아와 이 데이터를 롱폼으로 바꾸려면 일단 1982:2020 열을 길게 늘어뜨리는 작업이 필요합니다. 여기서 이상하다고 생각하신 분 없나요? 4장에서는 분명히 R은 숫자로 시작하는 열 이름을 받아들이지 못한다고 설명했습니다.

거짓말을 한 건 아닙니다. 데이터 프레임은 분명 그렇지만 tibble은 다릅니다. tibble은 원래 데이터 프레임이 허락하지 않는 이름 스타일을 '(QWERTY식 키보드에서 숫자 1 왼쪽에 있는 기호)로 묶는 방식으로 예외를 허용합니다. 따라서 cols = '1982' : '2020' 형태로 쓰면 됩니다.

이 열 이름 데이터로 만든 새로운 열에 어울리는 이름은 '연도'겠지요? 그럼 names_to = '연도'라고 쓰면 됩니다. 이렇게 정리하고 나면 타율, 출루율, 장타력 데이터를 정리한 새로운 열이 나올 텐데 이 열에는 '기록'이라는 이름을 붙이겠습니다(values_to = '기록').

```
kbo_untidy %>%
  fill(팀) %>%
  pivot_longer(
    cols = '1982':'2020',
    names_to = '연도',
    values_to = '기록'
  )
## # A tibble: 1,716 x 4
##    팀    구분  연도  기록
##    <chr> <chr> <chr> <dbl>
##  1 두산  타율  1982  0.283
##  2 두산  타율  1983  0.259
##  3 두산  타율  1984  0.257
##  4 두산  타율  1985  0.262
##  5 두산  타율  1986  0.249
##  6 두산  타율  1987  0.261
##  7 두산  타율  1988  0.258
##  8 두산  타율  1989  0.247
##  9 두산  타율  1990  0.24
## 10 두산  타율  1991  0.25
## # ... with 1,706 more rows
```

얼핏 보면 데이터가 잘 들어 있는 것도 같지만 sample_n() 함수를 써서 랜덤으로 10행을 골라보면 사정이 조금 다른다는 걸 알 수 있습니다.

```
kbo_untidy %>%
  fill(팀) %>%
  pivot_longer(
    cols = '1982':'2020',
    names_to = '연도',
    values_to = '기록'
  ) %>%
  sample_n(10)
## # A tibble: 10 x 4
##    팀     구분   연도  기록
##    <chr>  <chr>  <chr> <dbl>
##  1 삼성   OPS    1990  0.752
##  2 NC     OPS    2011  NA
##  3 두산   출루율 2012  0.322
##  4 KIA    장타력 1990  0.392
##  5 키움   타율   2017  0.291
##  6 KIA    타율   2015  0.256
##  7 NC     출루율 1991  NA
##  8 쌍방울 장타력 1982  NA
```

```
##  9 키움    OPS    1993   NA
## 10 롯데    출루율 1994   0.323
```

각 연도에 존재하지 않았던 팀 이름에는 채울 값이 없기 때문에 그냥 NA가 남아 있는 겁니다. (이 출력 결과는 문자 그대로 '랜덤이라' 여러분이 코드를 실행했을 때는 다른 결과가 나타날 수도 있습니다.) 이런 값을 지우려면 pivot_longer() 함수 안에 'values_drop_na = TRUE' 옵션을 지정하면 그만입니다.

```
kbo_untidy %>%
  fill(팀) %>%
  pivot_longer(
    cols = '1982':'2020',
    names_to = '연도',
    values_to = '기록',
    values_drop_na = TRUE
  ) %>%
  sample_n(10)
## # A tibble: 10 x 4
##    팀     구분    연도   기록
##    <chr>  <chr>  <chr>  <dbl>
##  1 NC     장타력 2015   0.455
##  2 삼성   타율   1983   0.263
##  3 쌍방울 장타력 1992   0.37
##  4 KIA    타율   1985   0.272
##  5 LG     출루율 1985   0.313
##  6 KT     OPS    2015   0.748
##  7 LG     출루율 2000   0.356
##  8 KIA    장타력 2013   0.373
##  9 LG     OPS    2006   0.665
## 10 한화   출루율 2010   0.336
```

이번에는 NA 값이 눈에 띄지 않습니다. 이 결과도 나쁘지 않지만 그래도 타율, 출루율, 장타력은 열이 따로 따로 있는 게 더 좋다고 생각하는 분도 있을 겁니다. 어려울 것 없이 pivot_wider() 함수를 쓰면 됩니다. '구분'에서 열 이름을 가져오고(names_from = '구분'), 기록에서 값을 가져오면(values_from = '기록') 되겠죠?

```
kbo_untidy %>%
  fill(팀) %>%
  pivot_longer(
    cols = '1982':'2020',
    names_to = '연도',
    values_to = '기록',
    values_drop_na = TRUE
  ) %>%
  pivot_wider(names_from = '구분', values_from = '기록')
## # A tibble: 287 x 6
```

```
##    팀    연도    타율  출루율  장타력    OPS
##   <chr> <chr>  <dbl>  <dbl>   <dbl>  <dbl>
##  1 두산  1982   0.283  0.349   0.412  0.762
##  2 두산  1983   0.259  0.324   0.362  0.687
##  3 두산  1984   0.257  0.334   0.36   0.693
##  4 두산  1985   0.262  0.332   0.37   0.757
##  5 두산  1986   0.249  0.319   0.331  0.653
##  6 두산  1987   0.261  0.328   0.345  0.669
##  7 두산  1988   0.258  0.33    0.349  0.67
##  8 두산  1989   0.247  0.319   0.335  0.653
##  9 두산  1990   0.24   0.396   0.33   0.639
## 10 두산  1991   0.25   0.322   0.352  0.672
## # ... with 277 more rows
```

개인적으로는 연도 열이 문자형(<chr>)인 게 거슬립니다. mutate() 함수를 써서 팩터형으로 바꿔주겠습니다.

```
kbo_untidy %>%
  fill(팀) %>%
  pivot_longer(
    cols = '1982':last_col(),
    names_to = '연도',
    values_to = '기록',
    values_drop_na = TRUE
  ) %>%
  pivot_wider(names_from = '구분', values_from = '기록') %>%
  mutate(연도 = 연도 %>% as_factor())
## # A tibble: 287 x 6
##    팀    연도    타율  출루율  장타력    OPS
##   <chr> <fct>  <dbl>  <dbl>   <dbl>  <dbl>
##  1 두산  1982   0.283  0.349   0.412  0.762
##  2 두산  1983   0.259  0.324   0.362  0.687
##  3 두산  1984   0.257  0.334   0.36   0.693
##  4 두산  1985   0.262  0.332   0.37   0.757
##  5 두산  1986   0.249  0.319   0.331  0.653
##  6 두산  1987   0.261  0.328   0.345  0.669
##  7 두산  1988   0.258  0.33    0.349  0.67
##  8 두산  1989   0.247  0.319   0.335  0.653
##  9 두산  1990   0.24   0.396   0.33   0.639
## 10 두산  1991   0.25   0.322   0.352  0.672
## # ... with 277 more rows
```

이상으로 kbo_undity을 깔끔하게 만드는 데 성공했습니다. 청소하느라 고생 많으셨습니다.

Chapter **6**

두 테이블 동사

—

> "자유란 둘 더하기 둘은 넷이라고 말할 수 있는 것이다.
> 이것만 허용된다면 그밖의 모든 것도 이에 따르게 마련이다."
>
> – 조지 오웰 '1984' –

지금까지는 데이터가 전부 테이블(표) 하나에 있었지만 실제로 작업을 하다 보면 여러 곳에 데이터가 흩어져 있을 때도 많습니다. 마이크로소프트(MS) 엑셀에 vlookup() 함수가 존재하는 이유입니다.

물론 tidyverse 패키지(정확히는 dplyr)에도 이럴 때 자료를 합칠 수 있는 기능이 들어 있습니다. 이런 역할을 하는 함수를 흔히 '두 테이블 동사'(Two-table verbs)라고 부릅니다.[39] 두 테이블 동사에는 △inner_join() △left_join() △right_join() △full_join() △semi_join() △anti_join() 여섯 가지[40]가 있습니다.

각 동사가 어떤 역할을 하는지 실제로 테이블을 합치는 작업을 통해 알아보겠습니다. 제일 먼저 할 일은 당연히 tidyverse 패키지 불러오기입니다.

```
pacman::p_load(tidyverse)
```

이어서 확인용 tibble을 두 개 만듭니다. 먼저 프로야구 역대 단일 시즌 최다 홈런 10위 기록을 담고 있는 '홈런'을 만듭니다.

```
tribble(
  ~연도, ~이름, ~홈런, ~팀,
  2003, '이승엽', 56, '삼성',
  1999, '이승엽', 54, '삼성',
  2015, '박병호', 53, '넥센',
  2014, '박병호', 52, '넥센',
  2003, '심정수', 53, '현대',
  2015, '나바로', 48, '삼성',
  2002, '이승엽', 47, '삼성',
  2015, '테임즈', 47, 'NC',
```

---

39 여기서 동사는 '함수'와 같은 뜻입니다.
40 nested tibble을 만들어주는 nest_join()도 있습니다. 이게 무슨 말인지 모르겠죠? 이번에 다루지 않고 넘어간 이유입니다. 궁금하면 직접 nest_join() 함수를 적용해 봐도 좋습니다.

```
    2002, '로하스', 47, 'KT',
    2002, '심정수', 46, '현대'
) -> 홈런
```

이이서 현재 존재하는 프로야구 팀 모기업 이름과 애칭을 담고 있는 '팀'도 만듭니다.

```
tribble(
  ~팀, ~애칭,
  '넥센', '히어로즈',
  '두산', '베어스',
  '롯데', '자이언츠',
  '삼성', '라이온즈',
  '한화', '이글스',
  'KIA', '타이거즈',
  'KT', '위즈',
  'LG', '트윈스',
  'NC', '다이노스',
  'SK', '와이번스'
) -> 팀
```

이 두 tibble에 두 테이블 동사 여섯 가지를 적용하면 어떤 결과가 나오는지 확인해 보겠습니다.

먼저 inner_join()을 적용해 봅니다.

```
홈런 %>% inner_join(팀)
## Joining, by = "팀"
## # A tibble: 8 x 5
##      연도 이름     홈런 팀     애칭
##   <dbl> <chr> <dbl> <chr> <chr>
## 1  2003 이승엽     56 삼성   라이온즈
## 2  1999 이승엽     54 삼성   라이온즈
## 3  2015 박병호     53 넥센   히어로즈
## 4  2014 박병호     52 넥센   히어로즈
## 5  2015 나바로     48 삼성   라이온즈
## 6  2002 이승엽     47 삼성   라이온즈
## 7  2015 테임즈     47 NC    다이노스
## 8  2020 로하스     47 KT    위즈
```

홈런 테이블에 있던 심정수 기록이 모두 사라졌습니다. 심정수는 당시 현대 소속이었지만, 팀 테이블에는 현대라는 팀이 없기 때문에 이런 결과가 나온 겁니다.

left_join()을 쓰면 이런 결과가 나옵니다.

```
홈런 %>% left_join(팀)
## Joining, by = "팀"
## # A tibble: 10 x 5
##      연도 이름    홈런 팀    애칭
##    <dbl> <chr>  <dbl> <chr> <chr>
##  1  2003 이승엽    56 삼성   라이온즈
##  2  1999 이승엽    54 삼성   라이온즈
##  3  2003 심정수    53 현대   NA
##  4  2015 박병호    53 넥센   히어로즈
##  5  2014 박병호    52 넥센   히어로즈
##  6  2015 나바로    48 삼성   라이온즈
##  7  2002 이승엽    47 삼성   라이온즈
##  8  2015 테임즈    47 NC    다이노스
##  9  2020 로하스    47 KT    위즈
## 10  2002 심정수    46 현대   NA
```

이번에는 홈런 테이블에 있는 기록이 모두 살아 남았습니다. 대신 팀 테이블에 현대에 해당하는 애칭(유니콘스)이 없기 때문에 '해당사항 없음'이라는 뜻으로 NA를 출력했습니다.

세 번째는 right_join()입니다.

```
홈런 %>% right_join(팀)
## Joining, by = "팀"
## # A tibble: 14 x 5
##      연도 이름    홈런 팀    애칭
##    <dbl> <chr>  <dbl> <chr> <chr>
##  1  2003 이승엽    56 삼성   라이온즈
##  2  1999 이승엽    54 삼성   라이온즈
##  3  2015 박병호    53 넥센   히어로즈
##  4  2014 박병호    52 넥센   히어로즈
##  5  2015 나바로    48 삼성   라이온즈
##  6  2002 이승엽    47 삼성   라이온즈
##  7  2015 테임즈    47 NC    다이노스
##  8  2020 로하스    47 KT    위즈
##  9    NA NA       NA 두산   베어스
## 10    NA NA       NA 롯데   자이언츠
## 11    NA NA       NA 한화   이글스
## 12    NA NA       NA KIA   타이거즈
## 13    NA NA       NA LG    트윈스
## 14    NA NA       NA SK    와이번스
```

left_join()과 반대로 이 경우에는 오른쪽 테이블에 있는 팀 이름이 모두 나타났습니다. 대신 또 심정수가 이름을 감췄습니다.

이어서 full_join()을 적용해 봅니다.

```
홈런 %>% full_join(팀)
## Joining, by = "팀"
## # A tibble: 16 x 5
##     연도 이름    홈런 팀    애칭
##    <dbl> <chr>  <dbl> <chr> <chr>
## 1  2003 이승엽    56 삼성   라이온즈
## 2  1999 이승엽    54 삼성   라이온즈
## 3  2003 심정수    53 현대   NA
## 4  2015 박병호    53 넥센   히어로즈
## 5  2014 박병호    52 넥센   히어로즈
## 6  2015 나바로    48 삼성   라이온즈
## 7  2002 이승엽    47 삼성   라이온즈
## 8  2015 테임즈    47 NC    다이노스
## 9  2020 로하스    47 KT    위즈
## 10 2002 심정수    46 현대   NA
## 11  NA NA        NA 두산   베어스
## 12  NA NA        NA 롯데   자이언츠
## 13  NA NA        NA 한화   이글스
## 14  NA NA        NA KIA   타이거즈
## 15  NA NA        NA LG    트윈스
## 16  NA NA        NA SK    와이번스
```

드디어 양 쪽 테이블에 있던 자료가 모두 나왔습니다.

semi_join()을 쓰면 어떤 결과가 나올까요?

```
홈런 %>% semi_join(팀)
## Joining, by = "팀"
## # A tibble: 8 x 4
##     연도 이름    홈런 팀
##    <dbl> <chr>  <dbl> <chr>
## 1  2003 이승엽    56 삼성
## 2  1999 이승엽    54 삼성
## 3  2015 박병호    53 넥센
## 4  2014 박병호    52 넥센
## 5  2015 나바로    48 삼성
## 6  2002 이승엽    47 삼성
## 7  2015 테임즈    47 NC
## 8  2020 로하스    47 KT
```

seim_join()은 양 쪽 테이블에 자료가 모두 있는 케이스를 골라주기만 할 뿐 데이터를 합치지는 않습니다.

anti_join()은 반대 기능입니다. 반대 쪽 테이블에는 자료가 없는 케이스를 알려줍니다. 여기서는 홈런 테이블이 기준이라 팀 테이블에 없는 케이스(심정수)를 출력합니다.

```
홈런 %>% anti_join(팀)
## Joining, by = "팀"
## # A tibble: 2 x 4
##     연도 이름    홈런 팀
##   <dbl> <chr> <dbl> <chr>
## 1  2003 심정수    53 현대
## 2  2002 심정수    46 현대
```

현재는 두 테이블에 모두 '팀'이라는 열이 있기 때문에 따로 '어떤 열을 기준으로 자료를 합치라'고 주문할 필요가 없었습니다.

팀 테이블에 있던 팀을 구단이라는 이름으로 바꾼 새로운 tibble을 만들고 left_join() 함수를 써보면 에러 메시지가 나옵니다.

```
tribble(
  ~구단, ~애칭,
  '넥센', '히어로즈',
  '두산', '베어스',
  '롯데', '자이언츠',
  '삼성', '라이온즈',
  '한화', '이글스',
  'KIA', '타이거즈',
  'KT', '위즈',
  'LG', '트윈스',
  'NC', '다이노스',
  'SK', '와이번스'
) -> 팀

홈런 %>% left_join(팀)
## Error: 'by' must be supplied when 'x' and 'y' have no common variables.
## i use by = character()' to perform a cross-join.
```

이때는 by 인수를 활용해 두 테이블에서 서로 어떤 열을 기준으로 자료를 합치면 되는지 알려줘야 합니다. 지금은 홈런 테이블에 있는 '팀'과 팀 테이블에 있는 '구단'이 기준이니까 by = c('팀' = '구단')처럼 쓰면 됩니다.

```
홈런 %>% left_join(팀, by = c('팀' = '구단'))
## # A tibble: 10 x 5
##     연도 이름    홈런 팀    애칭
##   <dbl> <chr> <dbl> <chr> <chr>
```

```
##  1   2003 이승엽      56 삼성   라이온즈
##  2   1999 이승엽      54 삼성   라이온즈
##  3   2003 심정수      53 현대   NA
##  4   2015 박병호      53 넥센   히어로즈
##  5   2014 박병호      52 넥센   히어로즈
##  6   2015 나바로      48 삼성   라이온즈
##  7   2002 이승엽      47 삼성   라이온즈
##  8   2015 테임즈      47 NC     다이노스
##  9   2020 로하스      47 KT     위즈
## 10   2002 심정수      46 현대   NA
```

여기까지는 크게 어려울 게 없었습니다. 이제 실전을 경험해 보도록 하겠습니다.

6.1 FIFA 랭킹별 A매치 결과 구하기 Scene #1

지금부터 우리는 축구 국가대표팀 국가대항전(A매치) 결과와 국제축구연맹(FIFA) 랭킹을 결합하는 작업을 진행할 겁니다. 이를 토대로 'FIFA 랭킹 1위 팀은 A 매치에서 어떤 성적을 남겼을까?', 'FIFA 랭킹 1위 팀을 꺾어 본 가장 랭킹이 낮은 나라는 어디일까?' 같은 질문에 해답을 구할 겁니다.

먼저 A매치 역대 전적은 'international_soccer_matches_results.csv' 파일[41]에 들어 있습니다. (역시 이름을 짓는 건 어렵습니다.) 이 파일을 results라는 객체에 넣겠습니다.

```
'international_soccer_matches_results.csv' %>%
  read.csv() %>%
  as_tibble() -> results
```

glimpse() 함수로 내용을 확인해 보면 이 파일은 총 41,579경기 결과를 담고 있다는 사실을 알 수 있습니다.

```
results %>%
  glimpse()
## Rows: 41,579
## Columns: 9
## $ date       <chr> "1872-11-30", "1873-03-08", "1874-03-07", "1875-03-06", ...
## $ home_team  <chr> "Scotland", "England", "Scotland", "England", "Scotland"...
## $ away_team  <chr> "England", "Scotland", "England", "Scotland", "England",...
## $ home_score <int> 0, 4, 2, 2, 3, 4, 1, 0, 7, 9, 2, 5, 0, 5, 2, 5, 0, 1, 1,...
## $ away_score <int> 0, 2, 1, 2, 0, 0, 3, 2, 2, 0, 1, 4, 3, 4, 3, 1, 1, 6, 5,...
## $ tournament <chr> "Friendly", "Friendly", "Friendly", "Friendly", "Friendl...
```

---

[41] 이 파일은 데이터 과학자 커뮤니티 '캐글'(www.kaggle.com)에서 내려받아 수정한 겁니다. FIFA 공식 기록과 차이가 있을 수 있습니다.

```
## $ city        <chr> "Glasgow", "London", "Glasgow", "London", "Glasgow", "Gl...
## $ country     <chr> "Scotland", "England", "Scotland", "England", "Scotland"...
## $ neutral     <lgl> FALSE, FALSE, FALSE, FALSE, FALSE, FALSE, FALSE, ...
```

이 데이터에는 작은 문제가 하나 있습니다. 수집 단위가 '경기'라는 점입니다. FIFA 랭킹은 당연히 '대표팀' 기준인데 말입니다.

그래서 아래처럼 데이터를 팀 단위로 '풀어주는' 작업을 진행해야 합니다.

```
## # A tibble: 2 x 4
##   home  away  home_score away_score
##   <chr> <chr>      <dbl>      <dbl>
## 1 a     b              1          0
## 2 c     d              0          1

## # A tibble: 4 x 4
##   team  opponent team_score opponent_score
##   <chr> <chr>         <dbl>          <dbl>
## 1 a     b                 1              0
## 2 b     a                 0              1
## 3 c     d                 0              1
## 4 d     c                 1              0
```

home, away였던 팀 구분을 team, opponent로 나누고 home_score와 away_score도 team_score와 opponent_score로 바꾸는 방식입니다.

일단 team을 방문 팀이라고 가정하고, 열 이름을 필요한 형태로 바꾼 다음 results_away 객체에 넣겠습니다.

```
results %>%
  select(
    date,
    team = away_team,
    opponent = home_team,
    team_score = away_score,
    opponent_score = home_score,
    tournament:last_col()
  ) -> results_away
```

이제 results_away를 원래 데이터와 합치는 작업을 진행해야 합니다. 그러려면 일단 원래 데이터도 열 이름을 results_away와 똑같이 바꾼 다음 그 뒤에 results_away 결과만 이어 붙이면 됩니다.

이럴 때 쓰는 함수는 bind_rows()입니다. bind는 묶는다는 뜻이고 rows는 행입니다. 열(column)을 이어주는 bind_cols() 함수도 있습니다. bind_rows() 함수가 어떻게 작동하는지는 다음 예제를 보면 어렵지 않게 짐작할 수 있습니다.

```
tribble(
  ~a, ~b, ~c,
  1, 2, 3,
) -> tbl1

tribble(
  ~a, ~b, ~c,
  4, 5, 6
) -> tbl2

tbl1 %>%
  bind_rows(tbl2)
## # A tibble: 2 x 3
##       a     b     c
##   <dbl> <dbl> <dbl>
## 1     1     2     3
## 2     4     5     6
```

마찬가지로 results와 results_away를 묶어서 다시 resutls 객체에 넣겠습니다.

```
results %>%
  rename(
    team = home_team,
    opponent = away_team,
    team_score = home_score,
    opponent_score = away_score
    ) %>%
  bind_rows(results_away) -> results

results
## # A tibble: 83,158 x 9
##    date   team  opponent team_score opponent_score tournament city  country
##    <chr> <chr> <chr>          <int>          <int> <chr>      <chr> <chr>
## 1 1872~ Scot~ England            0              0 Friendly   Glas~ Scotla~
## 2 1873~ Engl~ Scotland           4              2 Friendly   Lond~ England
## 3 1874~ Scot~ England            2              1 Friendly   Glas~ Scotla~
## 4 1875~ Engl~ Scotland           2              2 Friendly   Lond~ England
## 5 1876~ Scot~ England            3              0 Friendly   Glas~ Scotla~
```

데이터가 83,158개로 늘었습니다. 원래 41,579경기 데이터가 들어 있었으니까 딱 두 배가 됐습니다.

6.2 국가별 A매치 결과 살펴보기

이제 데이터를 합칠 수 있는 상태가 됐지만 dplyr 연습 삼아서 국가별 통산 전적을 알아보도록 하겠습니다.

현재 데이터에는 경기별 결과(승, 패, 무)를 담은 열이 따로 없는데 어렵지 않게 계산할 수 있습니다. 우리 팀 점수(team_score)가 상대 팀 점수(opponent_score)보다 많으면 승(win), 똑같으면 무(draw), 적으면 패(lose)이니까요. 세 열을 만들어 각 경기 결과에 해당하면 1 아니면 0을 넣어 두겠습니다.

그다음 국가별로(group_by(team)) win, draw, lose를 모두 더하면 통산 승(wins), 무(draws), 패(loses)를 구할 수 있습니다. 전체 경기 숫자(matches)는 승, 무, 패를 모두 더하면 됩니다. 또 축구에서 승률은 '승리 ÷ 경기 숫자'로 계산한다는 사실만 알고 있으면 승률(win_percent)도 간단하게 계산할 수 있습니다.

국가대표팀 경기에서 제일 많이 이긴 팀을 알아보려면 앞의 코드에 arrange(-wins)만 쓰면 됩니다.

```
results %>%
  mutate(
    win = ifelse(team_score > opponent_score, 1, 0),
    draw = ifelse(team_score == opponent_score, 1, 0),
    lose = ifelse(team_score < opponent_score, 1, 0)
  ) %>%
  group_by(team) %>%
  summarise(
    wins = sum(win),
    draws = sum(draw),
    loses = sum(lose),
    matches = wins + draws + loses,
    win_percent = wins / matches,
    .groups = 'drop'
  ) %>%
  arrange(-wins)
## # A tibble: 312 x 6
##    team         wins draws loses matches win_percent
##    <chr>       <dbl> <dbl> <dbl>   <dbl>       <dbl>
##  1 Brazil        625   199   157     981       0.637
##  2 England       572   242   195    1009       0.567
##  3 Germany       555   194   200     949       0.585
##  4 Argentina     526   243   211     980       0.537
##  5 Sweden        498   225   293    1016       0.490
##  6 South Korea   454   222   186     862       0.527
##  7 Mexico        439   200   230     869       0.505
##  8 Hungary       434   202   292     928       0.468
##  9 Italy         423   224   153     800       0.529
## 10 France        417   178   245     840       0.496
## # ... with 302 more rows
```

브라질(625승)이 유일하게 600승을 넘겼고 잉글랜드(572승), 독일(555승)이 뒤를 잇고 있다는 사실을 알 수 있습니다. 한국도 454승으로 6위에 이름을 올리고 있습니다.

승률이 가장 높은 팀을 알아보려면 arrange() 함수 부분을 arrange(-win_percent)로 고치면 됩니다.

```
results %>%
  mutate(
    win = ifelse(team_score > opponent_score, 1, 0),
    draw = ifelse(team_score == opponent_score, 1, 0),
    lose = ifelse(team_score < opponent_score, 1, 0)
  ) %>%
  group_by(team) %>%
  summarise(
    wins = sum(win),
    draws = sum(draw),
    loses = sum(lose),
    matches = wins + draws + loses,
    win_percent = wins / matches,
    .groups = 'drop'
  ) %>%
  arrange(-win_percent)
## # A tibble: 312 x 6
##    team              wins draws loses matches win_percent
##    <chr>            <dbl> <dbl> <dbl>   <dbl>       <dbl>
##  1 Asturias             1     0     0       1       1
##  2 Surrey               1     0     0       1       1
##  3 Canary Islands       3     0     1       4       0.75
##  4 Yorkshire            5     1     1       7       0.714
##  5 Padania             29     8     6      43       0.674
##  6 Jersey              55    11    16      82       0.671
##  7 County of Nice       6     1     2       9       0.667
##  8 Parishes of Jersey   2     0     1       3       0.667
##  9 Basque Country      37    11     9      57       0.649
## 10 Brazil             625   199   157     981       0.637
## # ... with 302 more rows
```

최소 경기 숫자 조건을 넣지 않아서 딱 1경기 기록밖에 남아 있지 않은 스페인 아스투리아스 광역 자치구, 영국 서리주(州)가 1전 전승으로 1위에 이름을 올렸습니다. 무려 981경기나 치르면서 통산 승률 0.637을 기록한 브라질이 참 대단해 보입니다.

group_by() 부분을 group_by(team, opponent)로 수정하면 어떤 나라가 어떤 나라를 제일 많이 이겼는지도 알 수 있습니다.

```
results %>%
  mutate(
    win = ifelse(team_score > opponent_score, 1, 0),
    draw = ifelse(team_score == opponent_score, 1, 0),
    lose = ifelse(team_score < opponent_score, 1, 0)
  ) %>%
  group_by(team, opponent) %>%
  summarise(
    wins = sum(win),
    draws = sum(draw),
    loses = sum(lose),
    matches = wins + draws + loses,
    win_percent = wins / matches,
    .groups = 'drop'
  ) %>%
  arrange(-wins)
## # A tibble: 13,612 x 7
##    team     opponent          wins draws loses matches win_percent
##    <chr>    <chr>            <dbl> <dbl> <dbl>   <dbl>       <dbl>
## 1 Argentina Uruguay            81    43    52     176       0.460
## 2 England   Northern Ireland   76    16     7      99       0.768
## 3 England   Wales              67    21    15     103       0.650
## 4 Sweden    Finland            67    11    11      89       0.753
## 5 Hungary   Austria            65    29    39     133       0.489
```

아르헨티나가 우루과이를 81번 꺾은 것이 특정팀 상대 최다 승리 기록입니다. 잉글랜드는 같은 영국 구성국인 북아일랜드(76승), 웨일스(67승)를 상대로 전체 572승 가운데 141승(24.7%)을 챙겼다는 사실도 확인할 수 있습니다.

한국은 어떤 나라에 강했을까요? filter(team == 'South Korea')를 넣으면 한국 기록만 뽑아낼 수 있겠죠?

```
results %>%
  mutate(
    win = ifelse(team_score > opponent_score, 1, 0),
    draw = ifelse(team_score == opponent_score, 1, 0),
    lose = ifelse(team_score < opponent_score, 1, 0)
  ) %>%
  group_by(team, opponent) %>%
  summarise(
    wins = sum(win),
    draws = sum(draw),
    loses = sum(lose),
    matches = wins + draws + loses,
    win_percent = wins / matches,
```

```
    .groups = 'drop'
  ) %>%
  filter(team == 'South Korea') %>%
  arrange(-wins)
## # A tibble: 120 x 7
##   team        opponent       wins draws loses matches win_percent
##   <chr>       <chr>         <dbl> <dbl> <dbl>   <dbl>       <dbl>
## 1 South Korea Japan            32    21    11      64         0.5
## 2 South Korea Malaysia         29    15     9      53       0.547
## 3 South Korea Indonesia        28     5     2      35         0.8
## 4 South Korea Thailand         25     7     8      40       0.625
## 5 South Korea Hong Kong        21     4     2      27       0.778
```

한국이 축구 국가대항전에서 가장 많이 물리친 나라는 일본이었습니다.

6.3 FIFA 랭킹 데이터 살펴보기

앞에서 잠깐 쉬어가는 시간을 보낸 건 지금부터 진행할 작업이 만만찮기 때문입니다. 일단 역대 FIFA 랭킹 파일[42]부터 불러와서 내용을 열어보겠습니다.

```
'fifa_ranking.csv' %>%
  read.csv() %>%
  as_tibble() -> fifa_ranking

fifa_ranking %>%
  glimpse()
## Rows: 62,004
## Columns: 9
## $ id              <int> 43948, 43873, 43816, 1882218, 43820, 43884, 43871, ...
## $ rank            <int> 1, 107, 108, 109, 110, 111, 112, 113, 106, 114, 116...
## $ country_full    <chr> "Germany", "Mozambique", "Indonesia", "Antigua and ...
## $ country_abrv    <chr> "GER", "MOZ", "IDN", "ATG", "JOR", "SDN", "MRI", "C...
## $ total_points    <int> 57, 9, 9, 8, 8, 7, 7, 7, 9, 7, 6, 6, 6, 5, 5, 5, 5,...
## $ previous_points <int> 0, 0, 0, 0, 0, 0, 0, 0, 0, 0, 0, 0, 0, 0, 0, 0, 0, ...
## $ rank_change     <int> 0, 0, 0, 0, 0, 0, 0, 0, 0, 0, 0, 0, 0, 0, 0, 0, 0, ...
## $ confederation   <chr> "UEFA", "CAF", "AFC", "CONCACAF", "AFC", "CAF", "CA...
## $ rank_date       <chr> "1992-12-31", "1992-12-31", "1992-12-31", "1992-12-...
```

이 fifa_ranking 데이터 역시 사소한 문제가 있습니다. 앞에서 살펴본 results는 한국을 'South Korea'라고 표시하고 있습니다. fifa_ranking에서 'South Korea'를 찾아 보면 결과가 없다고 나옵니다.

```
fifa_ranking %>%
  filter(country_full == 'South Korea')
## # A tibble: 0 x 9
## # ... with 9 variables: id <int>, rank <int>, country_full <chr>,
## #   country_abrv <chr>, total_points <int>, previous_points <int>,
## #   rank_change <int>, confederation <chr>, rank_date <chr>
```

그 이유는 한국을 'Korea Republic'이라고 표현하고 있기 때문입니다. (해외 사이트에서 국가를 선택해야 할 일이 있을 때 헤맨 적 다들 있으시죠?)

```
fifa_ranking %>%
  filter(country_full == 'Korea Republic')
## # A tibble: 307 x 9
##       id  rank country_full country_abrv total_points previous_points
##    <int> <int> <chr>        <chr>              <int>           <int>
## 1 43822    49 Korea Repub~ KOR                   28               0
## 2 43822    36 Korea Repub~ KOR                   40              28
## 3 43822    36 Korea Repub~ KOR                   39              40
## 4 43822    37 Korea Repub~ KOR                   39              39
## 5 43822    39 Korea Repub~ KOR                   38              39
```

이런 나라가 한국이 하나가 아닐지도 모르니 일단 서로 나라 이름을 비교해 보도록 하겠습니다.

FIFA 랭킹을 처음 발표한 건 1993년 8월 8일이었습니다. results는 19세기로 기록이 거슬러 올라가니까 이 날짜 이후만 뽑아 보겠습니다. 4.2절의 '문4'를 풀어 봤다면 distinct() 함수로 고유한 결과만 뽑아낼 수 있다는 것도 알고 있을 겁니다. 이렇게 정리한 결과를 results_countries 객체에 넣겠습니다.

```
results %>%
  filter(date >= '1993-08-08') %>%
  select(team) %>%
  distinct() -> results_countries

results_countries
## # A tibble: 301 x 1
##     team
##     <chr>
## 1 Bolivia
## 2 Brazil
## 3 Ecuador
## 4 Guinea
## 5 Paraguay
```

같은 방식으로 fifa_ranking 데이터도 정리합니다. fifa_ranking 데이터는 국가 이름을 country_full과 country_abrv 두 가지로 정리합니다. abrv는 축약형(abbreviation)이라는 뜻입니다. 한국을 KOR이라고 표시하는 형태가 바로 여기서 말하는 축약형입니다.

```
fifa_ranking %>%
  select(country_full, country_abrv) %>%
  distinct() -> fifa_ranking_countries

fifa_ranking_countries
## # A tibble: 216 x 2
##     country_full        country_abrv
##     <chr>               <chr>
##  1 Germany              GER
##  2 Mozambique           MOZ
##  3 Indonesia            IDN
##  4 Antigua and Barbuda  ATG
##  5 Jordan               JOR
```

여기부터는 살짝 어려울 수 있습니다. 일단 생각해야 하는 건 우리에겐 results에 있는 나라가 fifa_ranking에 있는 나라보다 중요하다는 점입니다. 그 이유는 A 매치 결과가 있는 나라는 FIFA 랭킹을 찾아줘야 하지만 FIFA 랭킹이 있는데 A 매치 결과가 없는 나라는 지금 문제 될 게 없다는 뜻입니다. 그러면 left_join(results_countries, fifa_ranking_countries) 형태로 코드를 써야 할 겁니다.

results에서 나라를 나타내는 열은 team이고, fifa_ranking에서는 country_full입니다. 따라서 by = c('team' = 'country_full') 옵션을 더해줘야 합니다. 이런 식으로 두 데이터를 합쳤을 때 team도 있고 country_full도 있는 나라는 country_abrv가 붙을 테지만 아닌 나라에는 NA가 붙게 됩니다. 그리고 NA를 출력하는 그 나라가 바로 한국처럼 우리가 따로 짝을 찾아줘야 하는 대상입니다.

어떤 결과가 NA인지 아닌지는 is.na() 함수로 알아볼 수 있습니다. is.na가 참인 행만 골라내면 되니까 filter(is.na(country_abrv) == TRUE)라고 쓰면 될 겁니다. 이렇게 정리한 결과를 countries_to_match라는 객체에 넣겠습니다.

```
results_countries %>%
  left_join(fifa_ranking_countries,
            by = c('team' = 'country_full')) %>%
  filter(is.na(country_abrv) == TRUE) -> countries_to_match

countries_to_match
## # A tibble: 105 x 2
##     team                country_abrv
##     <chr>               <chr>
##  1 Eswatini             <NA>
```

```
##  2 South Korea        <NA>
##  3 United States      <NA>
##  4 North Korea        <NA>
##  5 Iran               <NA>
```

이렇게 축약형을 찾아줘야 할 나라는 골라놨는데 이 축약형은 어디서 구할 수 있을까요? 여기서 R이 위대한 점이 드러납니다. R에는 이런 축약형을 찾아주는 countrycode 패키지[43]가 있습니다. 새로운 패키지를 설치하고 불러오는 작업부터 진행합니다.

```
pacman::p_load(countrycode)
```

이 패키지에 들어 있는 countrycode() 함수는 여러 가지 종류로 입력값(origin)을 받아서 다양한 형태로 결과(desitination)를 출력합니다. 영어로 된 나라 이름을 쓸 때는 origin = 'country.name'이라고 쓰면 됩니다. 또 KOR처럼 세 글자로 된 국가 코드는 'destination = iso3c'라고 쓰면 얻을 수 있습니다.

countrycode() 함수에 'South Korea', 'Korea Republic'을 넣어 보면 모두 KOR을 잘 출력하는 걸 확인할 수 있습니다.

```
c('South Korea', 'Korea Republic') %>%
  countrycode(origin = 'country.name',
              destination = 'iso3c')
## [1] "KOR" "KOR"
```

이 함수를 countries_to_match에 적용하면 국가 코드를 얻을 수 있을 겁니다. tibble 각 행에 일일이 함수를 적용하고 싶을 때는 어떻게 해야 할까요?

6.4 rowwise()가 필요할 때

다음 같은 tibble이 하나 있다고 해보겠습니다.

```
##       x     y     z
##   <dbl> <dbl> <dbl>
## 1     8     1     6
## 2     3     5     7
## 3     4     9     2
```

---

43 github.com/vincentarelbundock/countrycode

x, y, z열을 더한 값을 나타내는 sum 열을 만들고 싶으면 mutate() 함수를 쓰면 되겠죠?

```
tribble(
  ~x, ~y, ~z,
  8, 1, 6,
  3, 5, 7,
  4, 9, 2,
) %>%
  mutate(sum = sum(x, y, z))
## # A tibble: 3 x 4
##       x     y     z   sum
##   <dbl> <dbl> <dbl> <dbl>
## 1     8     1     6    45
## 2     3     5     7    45
## 3     4     9     2    45
```

이상합니다. 8 + 1 + 6은 45가 아니라 15입니다. 3 + 5 + 7도 마찬가지로 15이고, 4 + 9 + 2도 그렇습니다. 그런데 왜 sum이 전부 45가 된 걸까요? 이건 코드를 이런 식으로 쓰면 각 행에 있는 모든 x, y, z를 더해서 출력하기 때문입니다. 그러니까 (8 + 3 + 4) + (1 + 5 + 9) + (6 + 7 + 2)를 계산해서 45를 출력하는 겁니다.

각 행을 기준으로 계산 결과를 정리해 달라고 명령할 때는 rowwise() 함수를 써야 합니다.

```
tribble(
  ~x, ~y, ~z,
  8, 1, 6,
  3, 5, 7,
  4, 9, 2,
) %>%
  rowwise() %>%
  mutate(sum = sum(x, y, z))
## # A tibble: 3 x 4
## # Rowwise:
##       x     y     z   sum
##   <dbl> <dbl> <dbl> <dbl>
## 1     8     1     6    15
## 2     3     5     7    15
## 3     4     9     2    15
```

그랬더니 세 행 모두 15라는 결과가 나왔습니다.

6.5 A 매치 + FIFA 랭킹 나라 이름 합치기

자, 그러면 국가 코드를 구해오는 코드에도 rowwise()를 넣어 봅니다.

```
countries_to_match %>%
  rowwise() %>%
  mutate(country_abrv =
            countrycode(team,
                        origin = 'country.name',
                        destination = 'iso3c')) -> country_code_result
## There were 50 or more warnings (use warnings() to see the first 50)
```

에러 메시지가 나타난 이유는 데이터를 열어보면 '바스크 지방(Basque Country)' 같은 곳은 국가 코드가 따로 없어서 이런 일이 생겼다는 걸 알 수 있습니다.

```
country_code_result
## # A tibble: 105 x 2
## # Rowwise:
##    team              country_abrv
##    <chr>             <chr>
##  1 Eswatini          SWZ
##  2 South Korea       KOR
##  3 United States     USA
##  4 North Korea       PRK
##  5 Iran              IRN
##  6 Basque Country    <NA>
##  7 Ivory Coast       CIV
##  8 Saint Kitts and Nevis KNA
##  9 Guadeloupe        GLP
## 10 Sint Maarten      SXM
## # ... with 95 more rows
```

애석하지만 이제 국가코드를 찾지 못한 이 대표팀과는 작별할 때가 됐습니다. 국가 코드를 찾지 못한 나라를 살펴 보면 'United Koreans in Japan'처럼 대세에 지장이 없는 팀이 많습니다. 과감하게 drop_na() 함수로 이들과 작별을 고하겠습니다.

이에 앞서 이미 짝이 있던 국가와 새로 짝을 찾아준 데이터를 합쳐주도록 합니다. 처음 두 데이터를 합칠 때 쓴 코드에서 'filter(is.na(country_abrv) == TRUE)'만 제외하면 전체 데이터가 나옵니다.

여기에 bind_rows() 함수로 country_code_result를 붙여 주면 두 데이터를 합칠 수 있습니다. 그러면 맨 마지막에 drop_na() 함수를 한 번만 써도 빈 데이터를 정리할 수 있습니다.

이렇게 정리한 코드를 다시 country_code_result에 넣는 코드는 이렇게 쓰면 됩니다.

```
results_countries %>%
  left_join(fifa_ranking_countries,
            by = c('team' = 'country_full')) %>%
  bind_rows(country_codes_result) %>%
  drop_na() -> country_code_result
```

이렇게 정리하고 나면 results와 fifa_ranking에 모두 country_abrv 열이 있으므로 둘을 합치는 게 가능합니다. FIFA 랭킹은 발표 때마다 변하니까 경기 날짜(date)와 랭킹 발표 날짜(rank_date)도 맞춰야겠죠?

```
results %>%
  filter(date >= '1993-08-08') %>%
  left_join(country_code_result) %>%
  left_join(fifa_ranking,
            by = c('country_abrv', 'date' = 'rank_date')) %>%
  select(id:last_col())
## Joining, by = "team"
## # A tibble: 47,302 x 7
##       id  rank country_full total_points previous_points rank_change
##    <int> <int> <chr>               <int>           <int>       <int>
## 1  43923    59 Bolivia                31              14          28
## 2  43924     8 Brazil                 54              56           5
## 3  43927    35 Ecuador                40              23          30
## 4  43861    65 Guinea                 28              24           2
## 5  43928    67 Paraguay               27              22           1
## 6  43929    70 Peru                   26              16           8
## 7  43892    50 Zimbabwe               33              27           4
## 8     NA    NA <NA>                   NA              NA          NA
## 9     NA    NA <NA>                   NA              NA          NA
## 10    NA    NA <NA>                   NA              NA          NA
## # ... with 47,292 more rows, and 1 more variable: confederation <chr>
```

NA를 확인하기 위해 일부러 일부 열만 선택했습니다. drop_na()로 NA가 들어 있는 열을 제외하면 47,302행이었던 데이터가 4.3% 수준인 2,033행으로 줄어듭니다. 그만큼 사라지는 데이터가 많은 겁니다.

```
results %>%
  filter(date >= '1993-08-08') %>%
  left_join(country_code_result) %>%
  left_join(fifa_ranking,
            by = c('country_abrv', 'date' = 'rank_date')) %>%
  drop_na()
## Joining, by = "team"
## # A tibble: 2,033 x 17
##    date  team  opponent team_score opponent_score tournament city  country
```

```
##    <chr> <chr> <chr>          <int>    <int> <chr>       <chr> <chr>
## 1 1993~ Boli~ Uruguay            3        1 FIFA Worl~ La P~ Bolivia
## 2 1993~ Braz~ Mexico             1        1 Friendly   Mace~ Brazil
## 3 1993~ Ecua~ Venezue~           5        0 FIFA Worl~ Quito Ecuador
## 4 1993~ Guin~ Sierra ~           1        0 Friendly   Cona~ Guinea
## 5 1993~ Para~ Argenti~           1        3 FIFA Worl~ Asun~ Paragu~
```

이런 일이 생기는 건 두 테이블 동사는 두 값이 완전히 똑같을 때만 이를 기준으로 두 데이터를 결합하기 때문입니다. 그러니까 FIFA 랭킹 발표 날짜와 경기 날짜가 똑같을 때만 자료를 결합하고 아닐 때는 전부 NA를 출력했던 겁니다. 이 문제는 어떻게 해결해야 할까요?

6.6 join()으로 대동단결!

해답은 잠시 미뤄두고 일단 국가 코드 붙이기 작업부터 마저 진행하겠습니다. 상대 팀 국가 코드도 붙여봅니다.

우리가 results와 country_code_result를 결합할 수 있었던 건 양 쪽에 모두 team이라는 열이 있었기 때문입니다. team이 서로 같을 때 country_abrv를 가져오는 방식으로 데이터를 결합했습니다.

상대팀 국가 코드를 가져올 때는 results에 있는 opponent를 기준으로 국가 코드를 가져오면 된다는 뜻으로 by = c('opponent' = 'team')이라고 쓰면 됩니다. 그런데 이미 country_abrv가 있는 상태인데 이건 어떻게 처리해야 할까요?

예, 간단합니다. rename() 함수로 미리 이름을 바꿔 놓으면 됩니다. 우리 팀 국가 코드니까 team_abrv로 바꿔서 rename(team_abrv = country_abrv) 코드를 쓰면 됩니다. 상대팀 국가 코드를 합치고 나면 이 쪽도 opponent_abrv로 바꾸겠습니다.

```
results %>%
  filter(date >= '1993-08-08') %>%
  left_join(country_code_result) %>%
  rename(team_abrv = country_abrv) %>%
  left_join(country_code_result,
            by = c('opponent' = 'team')) %>%
  rename(opponent_abrv = country_abrv)
## Joining, by = "team"
## # A tibble: 47,302 x 11
##    date  team  opponent team_score opponent_score tournament city  country
##    <chr> <chr> <chr>         <int>          <int> <chr>      <chr> <chr>
## 1 1993~ Boli~ Uruguay           3              1 FIFA Worl~ La P~ Bolivia
## 2 1993~ Braz~ Mexico            1              1 Friendly   Mace~ Brazil
## 3 1993~ Ecua~ Venezue~          5              0 FIFA Worl~ Quito Ecuador
## 4 1993~ Guin~ Sierra ~          1              0 Friendly   Cona~ Guinea
## 5 1993~ Para~ Argenti~          1              3 FIFA Worl~ Asun~ Paragu~
```

그리고 해답을 찾을 때까지 잠깐 밖에서 기다리는 뜻으로 이 데이터를 'soccer_matches_results_in_progress.csv' 파일에 담아 놓도록 합니다. read.csv() 함수를 쓰면 CSV 파일을 읽을 수 있는 것처럼 write.csv() 함수를 쓰면 CSV 파일을 쓸 수 있습니다.

```
results %>%
    filter(date > '1993-08-08') %>%
    left_join(country_code_result) %>%
    rename(team_abrv = country_abrv) %>%
    left_join(country_code_result,
              by = c('opponent' = 'team')) %>%
    rename(opponent_abrv = country_abrv) %>%
    drop_na() %>%
    write.csv('soccer_matches_results_in_progress.csv')
## Joining, by = "team"
```

이렇게 서로 출처가 다른 자료를 정리할 때는 번거로운 정리 작업을 거쳐야 하는 일이 자주 생깁니다. 여러 곳에 자료를 보내달라고 부탁했을 때도 마찬가지입니다. 예를 들어 어떤 사람은 전화번호를 xxx-xxx-xxxx 이라고 쓰지만 또 다른 사람은 xxx)xxx-xxxx으로 쓰기도 합니다. 심지어 같은 사람도 경우에 따라 자료를 다르게 정리할 때도 있습니다.

이렇게 쓰는 방법에 차이가 나타나는 대표 데이터 형식 가운데 하나가 '날짜'입니다. 어떤 사람은 2021년 1월 1일을 '2021-01-01'이라고 쓰지만, 또다른 사람은 '21/01/01'이라고 쓰기도 합니다. 이런 데이터는 어떻게 깔끔하게 처리할 수 있을까요? 다음 장에서는 날짜 처리 방법에 대해 알아보겠습니다.

> "시간은 모든 일이 동시에 일어나지 말라고 존재하는 것이다.
> 공간은 모든 일이 나한테 일어나지 말라고 있는 것이다."
>
> – 수전 손택 '문학은 자유다' –

한국어에 입문한 외국인 중에는 '한국 사람은 시간을 읽는 방법이 특이하다'고 하는 이들이 적지 않습니다. 시간은 한 시, 두 시, 세 시로 읽는 데 분(分)은 10분, 20분, 30분으로 읽는 게 잘 이해가 가지 않는다는 겁니다.

'R 표준어'(base R)로 시간 데이터를 처리할 때도 어쩐지 부자연스럽다는 느낌을 받을 때가 드물지 않습니다. 그래서 tidyverse 생태계에서 시간 데이터 처리를 맡고 있는 패키지 이름이 'lubridate'인지도 모릅니다. 영어 단어 'lubricate'엔 '윤활유를 바르다', '기름을 치다'는 뜻이 있으니까요.

7.1 lubridate 101

제일 먼저 할 일은 tidyverse 핵심(core) 패키지 불러오기입니다. lubridate도 핵심 패키지가 아니라 따로 설치하고 불러와야 합니다.

```
pacman::p_load(tidyverse, lubridate)
```

R 표준어에서는 as.Date() 함수가 '텍스트형 데이터'를 날짜 데이터로 바꾸는 역할을 합니다.

```
as.Date('2021-01-01')
## [1] "2021-01-01"
```

'텍스트형 데이터'라고 작은 따옴표를 친 건 따옴표가 없으면 날짜형 데이터로 바꾸지 못하기 때문입니다.

```
as.Date(2021-01-01)
## Error in as.Date.numeric(2021 - 1 - 1): 'origin' must be supplied
```

빼기(-) 부호 없이 숫자로만 써도 에러 메시지를 출력합니다.

```
as.Date(20210101)
## Error in as.Date.numeric(20210101): 'origin' must be supplied
```

따옴표를 썼을 때도 미리 정한 패턴과 다르면 역시나 날짜형 데이터로 바꾸는 데 실패합니다.

```
as.Date('20210101')
## Error in charToDate(x): character string is not in a standard unambiguous format
```

반면 lubridate::ymd() 함수[44]는 어떤 모양이든 이를 날짜로 받아들입니다.

```
ymd('20210101')
## [1] "2021-01-01"

ymd(20210101)
## [1] "2021-01-01"
```

연도를 네 자리 모두 쓸 필요도 없습니다.

```
ymd(210101)
## [1] "2021-01-01"
```

ymd는 연(year) 월(month) 일(day) 순서로 날짜를 입력했다는 뜻입니다. 문화권에 따라 월일연 순서로 날짜를 쓰고 싶을 때는 mdy() 함수를 쓰면 됩니다.

```
mdy('January 1st 2021')
## [1] "2021-01-01"
```

월 이름을 영어 단어로 표시해도 문제 없습니다. ymd(), mdy()가 있으니 당연히 dmy()도 있습니다. 이번에는 'January'라는 온전한 단어 대신 'jan'이라고만 썼는데도 문제 없습니다.

```
dmy('1-jan-2021')
## [1] "2021-01-01"
```

---

44 이렇게 쓰면 lubridate 패키지에 있는 ymd() 함수라는 표현이라는 것 기억하죠?

이 정도면 어떤 데이터를 날짜형으로 만드는 방법은 감을 잡으셨을 줄로 믿고, 이제 한 번에 여러 데이터를 바꾸는 방법을 알아보겠습니다.

우리는 프로야구 원년(1982년)부터 2020년까지 1군 경기에 한 번이라도 출전한 경험이 있는 선수들 프로필 정보를 담고 있는 'kbo_players_profiles.csv' 파일을 이용할 겁니다.

```
'kbo_players_profiles.csv' %>%
  read.csv() %>%
  as_tibble -> kbo_profile


kbo_profile
## # A tibble: 2,821 x 8
##      코드 이름    투타      포지션 생년월일     키 몸무게 외국인
##     <int> <chr>  <chr>    <chr>      <int> <int>  <int>  <int>
##  1 10005 차영화  우투우타 타자    19570627   178     82      0
##  2 10082 황태환  좌투좌타 투수    19520806    NA     NA      0
##  3 10182 황기선  우투우타 투수    19580602    NA     NA      0
##  4 20001 우용득  우투우타 타자    19500213   172     83      0
##  5 30003 손상대  우투우타 타자    19541020   175     79      0
```

현재 R은 생년월일에 해당하는 열을 정수형(<int>)이라고 받아들이고 있습니다. 날짜형(<date>)으로 바꿔보 겠습니다.

```
kbo_profile %>%
  select(코드:생년월일) %>%
  mutate(생일 = ymd(생년월일))
## # A tibble: 2,821 x 6
##      코드 이름    투타      포지션 생년월일 생일
##     <int> <chr>  <chr>    <chr>      <int> <date>
##  1 10005 차영화  우투우타 타자    19570627 1957-06-27
##  2 10082 황태환  좌투좌타 투수    19520806 1952-08-06
##  3 10182 황기선  우투우타 투수    19580602 1958-06-02
##  4 20001 우용득  우투우타 타자    19500213 1950-02-13
##  5 30003 손상대  우투우타 타자    19541020 1954-10-20
```

lubridate 패키지를 쓰면 날짜형으로 바꾸는 것뿐만 아니라 연도(year), 월(month), 일(day)은 물론 요일 (wday)까지 뽑아낼 수 있습니다.

```
kbo_profile %>%
  select(코드:생년월일) %>%
  mutate(
    생일 = ymd(생년월일),
    연 = year(생일),
    월 = month(생일),
    일 = day(생일),
    요일 = wday(생일)
  )
## # A tibble: 2,821 x 10
##      코드 이름  투타      포지션 생년월일 생일          연    월    일  요일
##     <int> <chr> <chr>     <chr>     <int> <date>     <dbl> <dbl> <int> <dbl>
## 1  10005 차영화 우투우타  타자   19570627 1957-06-27  1957     6    27     5
## 2  10082 황태환 좌투좌타  투수   19520806 1952-08-06  1952     8     6     4
## 3  10182 황기선 우투우타  투수   19580602 1958-06-02  1958     6     2     2
## 4  20001 우용득 우투우타  타자   19500213 1950-02-13  1950     2    13     2
## 5  30003 손상대 우투우타  타자   19541020 1954-10-20  1954    10    20     4
```

요일이 숫자로 나오는 건 조금 어색합니다. 이때는 wday() 함수에 label = TRUE 값을 주면 (운영체제·OS 언어 설정이 한국어라면) '월', '화', '수'…로 바뀝니다.

```
kbo_profile %>%
  select(코드:생년월일) %>%
  mutate(
    생일 = ymd(생년월일),
    연 = year(생일),
    월 = month(생일),
    일 = day(생일),
    요일 = wday(생일, label = TRUE)
  )
## # A tibble: 2,821 x 10
##      코드 이름  투타      포지션 생년월일 생일          연    월    일 요일
##     <int> <chr> <chr>     <chr>     <int> <date>     <dbl> <dbl> <int> <ord>
## 1  10005 차영화 우투우타  타자   19570627 1957-06-27  1957     6    27 목
## 2  10082 황태환 좌투좌타  투수   19520806 1952-08-06  1952     8     6 수
## 3  10182 황기선 우투우타  투수   19580602 1958-06-02  1958     6     2 월
## 4  20001 우용득 우투우타  타자   19500213 1950-02-13  1950     2    13 월
## 5  30003 손상대 우투우타  타자   19541020 1954-10-20  1954    10    20 수
```

또, 이날이 그해 몇 번째 날이었는지(yday), 전반기인지 후반기인지(semester), 4사분기 중 언제였는지 (quarter)도 확인할 수 있습니다.

```
kbo_profile %>%
  select(코드:생년월일,-c(투타,  코드)) %>%
  mutate(
    생일 = ymd(생년월일),
    연 = year(생일),
    월 = month(생일),
    일 = day(생일),
    요일 = wday(생일, label = TRUE),
    날짜 = yday(생일),
    반기 = semester(생일),
    분기 = quarter(생일)
  )
## # A tibble: 2,821 x 11
##    이름   포지션 생년월일 생일           연    월    일 요일  날짜 반기 분기
##    <chr>  <chr>     <int> <date>      <dbl> <dbl> <int> <ord> <dbl> <int> <int>
## 1 차영화 타자   19570627 1957-06-27  1957     6    27 목     178    1    2
## 2 황태환 투수   19520806 1952-08-06  1952     8     6 수     219    2    3
## 3 황기선 투수   19580602 1958-06-02  1958     6     2 월     153    1    2
## 4 우용득 타자   19500213 1950-02-13  1950     2    13 월      44    1    1
## 5 손상대 타자   19541020 1954-10-20  1954    10    20 수     293    2    4
```

'재미 삼아서' 투수와 타자가 제일 많이 태어난 달이 따로 있는지 알아보고, 한 번에 그래프까지 그려봅니다.

```
kbo_profile %>%
  select(코드:생년월일,-c(투타,  코드)) %>%
  mutate(
    생일 = ymd(생년월일),
    월 = month(생일),
  ) %>%
  group_by(월) %>%
  summarise(count = n()) %>%
  ggplot(aes(x = 월, y = count)) +
  geom_col()
```

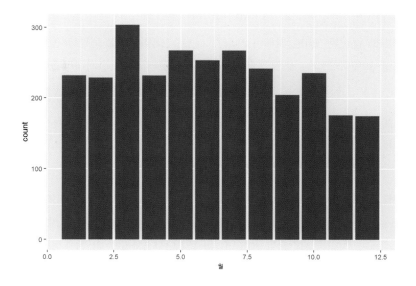

열두 달 가운데 유일하게 3월에만 300명이 넘는 프로야구 선수를 배출했다는 사실을 알 수 있습니다. 반면에 11, 12월에 태어난 프로야구 1군 선수는 별로 없습니다.

7.2 실전 lubridate

lubridate 패키지를 불러오고 나면 파이프(%>%)처럼 생긴 기호(%--%)를 써서 날짜 사이를 나타낼 수 있습니다. 1982년 3월 27일부터 2021년 1월 1일 사이는 이렇게 표시합니다.

```
ymd(820327) %--% ymd(210101)
## [1] 1982-03-27 UTC--2021-01-01 UTC
```

이렇게 기간을 지정한 다음에 as.period() 함수를 쓰면 '몇 년 몇 개월 며칠'이라는 식으로 표시할 수 있습니다.

```
ymd(820327) %--% ymd(210101) %>%
  as.period()
## [1] "38y 9m 5d 0H 0M 0S"
```

그냥 며칠인지 알고 싶을 때는 이 결과를 days(1)로 나누면 14158.44일이라고 소수까지 나옵니다.

```
ymd(820327) %--% ymd(210101) %>%
  as.period() / days(1)
## [1] 14158.44
```

이런 결과가 나오는 건 lubridate가 시간형 데이터를 다시 기간형(period)과 지속형(duration)으로 구분하기 때문입니다.

⏱ 기간형과 지속형

우리 흔히 1분은 60초, 1시간은 60분, 하루는 24시간, 1년은 365일이라고 생각하지만 꼭 그런 건 아닙니다. 4년마다 한 번씩 2월 29일이 있다는 것 알고 있죠? 이런 해를 윤년(leap year)이라고 부른다는 것도 알고 있을 겁니다.

이렇게 하루를 더 넣는 건 지구가 태양 둘레는 한바퀴 도는 데 약 365.2422일이 걸리기 때문입니다. (0.2422일은 5시간 48분 46초) 천문학이 지금처럼 발전하기 전에는 이 기간을 365.25일이라고 생각했기 때문에 4년에 한 번씩 하루를 더 넣어서 이 주기를 맞추자는 아이디어가 나오게 된 겁니다.

천문학이 발전하면서 지구 자전 속도도 갈수록 느려지고 있다는 사실을 알게 됐습니다. 이를 보정하는 방법이 바로 윤초(leap second)입니다. 윤년이 하루를 끼워 넣는 방식인 것처럼 윤초는 1초를 끼워 넣습니다. 가장 최근에 윤초를 적용한 건 한국 시간으로 2016년 1월 1일 오전 8시 59분이었습니다. 이 날은 8시 59분 59초에서 1초가 지난 시각이 9시 정각이 아니라 8시 59분 60초였습니다.

따라서 어떤 기간을 있는 그대로 정확하게 측정하려면 초를 기준으로 삼아야 합니다. 이렇게 초를 기준으로 시간을 구분하는 형태가 바로 지속형입니다. lubridate에서는 as.duration() 함수가 이 계산을 담당합니다.

```
ymd(820327) %--% ymd(210101) %>%
  as.duration()
## [1] "1223424000s (~38.77 years)"
```

이 계산 결과가 있으면 어떤 날로부터 어떤 날이 정확하게 며칠이 지났는지 계산할 수 있습니다. 이때는 지속형을 써야 하니까 days(1) 대신 앞에 d를 한 번 더 넣어서 ddays(1)로 나누면 됩니다.

```
ymd(820327) %--% ymd(210101) %>%
  as.duration() / ddays(1)
## [1] 14160
```

대부분 아직도 '이게 도대체 뭔 소리야?'하고 생각할 확률이 높습니다. 다른 예를 하나 더 들어보겠습니다.

2020년 1월 1일로부터 1년이 지난 날은 언제일까요? 당연히 2021년 1월 1일입니다.

```
ymd(200101) + years(1)
## [1] "2021-01-01"
```

그런데 2020년은 윤년이었기 때문에 2월이 29일까지 있었습니다. 따라서 우리가 흔히 생각하는 1년 = 365일 후는 2021년 1월 1일이 아니라 2020년 12월 31일입니다.

```
ymd(200101) + dyears(1)
## [1] "2020-12-31 06:00:00 UTC"
```

어느 쪽이 1년 뒤인가요? 이 둘을 구분하는 작업이 필요할 때가 있기 때문에 as.period()와 as.duration()이 따로 있는 겁니다.

물론 윤년이 아닌 2021년 같은 해에는 1월 1일에 dyears(1)을 더해도 2022년 1월 1일이 나옵니다.

```
ymd(210101) + dyears(1)
## [1] "2022-01-01 06:00:00 UTC"
```

참고로 어떤 해가 윤년인지 아닌지 알아볼 때는 leap_year() 함수를 쓰면 됩니다.

```
leap_year(c(2020, 2021))
## [1]  TRUE FALSE
```

7.3 시간 데이터

앞에서 1982년 3월 27일을 예로 든 건 그날이 한국 프로야구 역사상 첫 번째 경기가 열렸던 날이기 때문입니다. 이날 오후 2시 30분 지금은 동대문디자인플라자(DDP)로 바뀐 서울 동대문구장에서 삼성과 MBC가 맞대결을 벌였습니다.

날짜와 시간을 같이 쓸 때는 ymd_hm() 함수를 쓰면 됩니다.

```
ymd_hm('820327 14:30')
## [1] "1982-03-27 14:30:00 UTC"
```

이렇게 시간을 표시하면 맨 뒤에 'UTC'라고 로마자 세 글자가 붙는 걸 알 수 있습니다. UTC는 협정 세계시(Universial Time Coordinated)[45]을 줄인 말입니다. 이 UTC를 기준으로 세계 각국은 시간대를 정하게 됩니다. 예컨대 한국 표준시(KST)는 이보다 9시간 빠릅니다.

일반적으로 시간을 계산할 때는 같은 시간대에 속한다고 전제하기 때문에 이렇게 UTC를 기준으로 삼아도 큰 문제가 없습니다. 오후 1시로부터 1시간 뒤는 UTC든 KST든 오후 2시니까요. 하지만 여러 시간대를 놓고 비교해야 할 일이 있을 때는 당연히 각자 시간대를 지정해줄 필요가 있습니다. 이때는 tz(Time Zone) 옵션을 활용하면 됩니다. 한국 시간은 이렇게 쓸 수 있습니다.

```
ymd_hm('820327 14:30', tz = 'Asia/Seoul')
## [1] "1982-03-27 14:30:00 KST"
```

---

45 원래 협정 세계시는 영어로 'Coordinated Universal Time'이라고 써야 맞습니다. 그런데 경도 0도를 기준으로 정한 세계시(Universal Time)를 UT0, UT1, UT2…처럼 쓰기 때문에 '라임(rhyme)'을 맞춘 겁니다.

그러면 한국이 1982년 3월 27일 오후 2시 30분일 때 미국 뉴욕 시간은 어떻게 됐을까요? 이렇게 시간대를 변환하고 싶을 때는 with_tz()를 씁니다.

```
ymd_hm('820327 14:30', tz = 'Asia/Seoul') %>%
  with_tz('America/New_York')
## [1] "1982-03-27 00:30:00 EST"
```

이 시각 뉴욕은 1982년 3월 27일 0시 30분이었다는 사실을 알 수 있습니다.

물론 서로 다른 시간대를 놓고 시간을 계산하는 것도 가능합니다. 영국 런던 시각으로 1982년 3월 27일 오후 2시 30분과 UTC 기준 1982년 3월 27일 오후 2시 30분 사이는 얼마나 차이가 날까요?

```
ymd_hm('820327 14:30', tz = 'Europe/London') - ymd_hm('820327 14:30', tz = 'UTC')
## Time difference of 0 secs
```

정답은 제로(0)입니다. UTC는 런던에 있는 그리니치 천문대를 기준으로 한 그리니치 표준시(GMT)를 기본 바탕으로 삼고 있기 때문에 이런 결과가 나온 겁니다.

나라(도시)별 시간대 이름은 위키피디아[46] 등에서 확인할 수 있습니다.

7.4 날짜, 시간에도 반올림이 있다

날짜 또는 시간을 더하고 빼는 것도 계산이기 때문에 '반올림'(rounding)이라는 개념이 있습니다.

예를 들어 1982년 3월 27일을 연(year) 기준으로 반올림하는 함수는 이렇게 쓸 수 있습니다.

```
ymd(820327) %>%
  round_date(unit = 'year')
## [1] "1982-01-01"
```

1982년 3월 27일은 1983년 1월 1일보다 1982년 1월 1일에 더 가깝기 때문에 이런 결과가 나온 겁니다.

달(month)을 기준으로 반올림 할 수도 있고,

```
ymd(820327) %>%
  round_date(unit = 'month')
## [1] "1982-04-01"
```

---

46 https://en.wikipedia.org/wiki/List_of_tz_database_time_zones

일(day) 기준 반올림도 가능합니다. 단, 이때는 시간까지 같이 있어야 반올림 처리가 의미가 있습니다. 아니면 그냥 제 날짜를 출력하고 말 테니까요.

```
ymd_hm('820327 14:30') %>%
  round_date(unit = 'day')
## [1] "1982-03-28 UTC"
```

반올림 말고 올림(ceiling)과 버림(floor)을 담당하는 함수 ceiling_date()와 floor_date()도 있습니다.

```
ymd(820327) %>%
  ceiling_date(unit = 'year')
## [1] "1983-01-01"
ymd(820327) %>%
  floor_date(unit = 'year')
## [1] "1982-01-01"
```

이렇게 시간대를 올리거나 버리는 연습까지 하고 나니 잊고 있던 파일이 하나 생각나지 않나요? 그렇습니다. 이 두 함수를 활용하면 축구 국가대표 팀 경기 날짜에 국제축구연맹(FIFA) 랭킹을 붙이는 게 가능합니다.

FIFA 랭킹은 기본적으로 한 달에 한 번 발표합니다. (실제로 이때는 아직 FIFA 랭킹이라는 개념이 없었지만) 1982년 3월 FIFA 랭킹을 3월 15일에 발표했다고 가정해 보겠습니다. 그러면 3월 14일에 열린 경기는 2월 랭킹을 기준으로 삼으면 되고 3월 27일 경기는 3월 랭킹을 기준으로 삼으면 됩니다. 실마리를 찾았으니 바로 작업을 진행해 보겠습니다.

7.5 FIFA 랭킹별 A매치 결과 구하기 Scene #2

일단 작업에 필요한 'fifa_ranking.csv', 'soccer_matches_results_in_progress.csv' 파일부터 불러옵니다.

```
'fifa_ranking.csv' %>%
  read.csv() %>%
  as_tibble() -> fifa_ranking

'soccer_matches_results_in_progress.csv' %>%
  read.csv() %>%
  as_tibble() -> results_in_progess
```

fifa_ranking 객체에는 특정 달 랭킹만 들어 있습니다. 우리에게는 이전 달 랭킹도 필요합니다. lag() 함수를 쓰면 이전 달 랭킹(previous_rank)을 가져올 수 있습니다. 그 결과를 이번 달 랭킹(rank) 앞에 놓겠습니다. 물론 작업하기 전에 나라별로 그룹을 만들어야(group_by(country_full)) 엉뚱하게 다른 나라 랭킹을 가져오는 일이 없겠죠?

```
fifa_ranking %>%
  group_by(country_full) %>%
  mutate(previous_rank = lag(rank))
## # A tibble: 62,004 x 10
## # Groups:   country_full [216]
##        id  rank country_full country_abrv total_points previous_points
##     <int> <int> <chr>        <chr>               <int>           <int>
## 1 4.39e4      1 Germany      GER                    57               0
## 2 4.39e4    107 Mozambique   MOZ                     9               0
## 3 4.38e4    108 Indonesia    IDN                     9               0
## 4 1.88e6    109 Antigua and~ ATG                     8               0
## 5 4.38e4    110 Jordan       JOR                     8               0
```

다음 단계는 ymd() 함수를 써서 랭킹 날짜(rank_date)를 날짜형 데이터로 바꿔주는 것입니다. 그리고 이 날짜를 달 기준으로 버림 처리한 열 floor_date도 하나 만들겠습니다.

```
fifa_ranking %>%
  group_by(country_full) %>%
  mutate(
    previous_rank = lag(rank),
    rank_date = ymd(rank_date),
    floor_date = floor_date(rank_date, unit = 'month')
  )
## # A tibble: 62,004 x 11
## # Groups:   country_full [216]
##        id  rank country_full country_abrv total_points previous_points
##     <int> <int> <chr>        <chr>               <int>           <int>
## 1 4.39e4      1 Germany      GER                    57               0
## 2 4.39e4    107 Mozambique   MOZ                     9               0
## 3 4.38e4    108 Indonesia    IDN                     9               0
## 4 1.88e6    109 Antigua and~ ATG                     8               0
## 5 4.38e4    110 Jordan       JOR                     8               0
```

floor_date를 만든 건 병합 작업을 할 때 '키'(key)로 쓰려는 목적입니다. 6.6절에서 문제가 됐던 건 두 테이블 동사는 두 테이블 사이에 정확하게 일치하는 값이 있을 때만 각 행에 해당하는 값을 가져오기 때문이었습니다. 그래서 같은 달을 기준으로 두 데이터를 합칠 수 있도록 키를 만들어 주는 겁니다. 여기까지 작업을 마친 데이터를 ranking_to_join이라는 객체에 넣어 두겠습니다.

```
fifa_ranking %>%
  group_by(country_full) %>%
  mutate(
    previous_rank = lag(rank),
    rank_date = ymd(rank_date),
    floor_date = floor_date(rank_date, unit = 'month')
  ) -> fifa_ranking_to_join
```

이어서 축구 경기 결과(results_in_progress)를 보기 좋게 팀과 날짜 순서로 정렬한 다음 경기 날짜 열에 ymd() 함수를 적용해 날짜형 데이터로 바꿔주고 floor_date 열까지 만들어 줍니다.

```
results_in_progess %>%
  arrange(team, date) %>%
  mutate(date = ymd(date),
         floor_date = floor_date(date, unit = 'month'))
## # A tibble: 45,808 x 13
##         X date       team   opponent team_score opponent_score tournament city
##     <int> <date>     <chr>  <chr>         <int>          <int> <chr>      <chr>
## 1   30093 2003-01-10 Afgh~  Sri Lan~          0              1 SAFF Cup   Dhaka
## 2    7192 2003-01-12 Afgh~  India            0              4 SAFF Cup   Dhaka
## 3    7197 2003-01-14 Afgh~  Pakistan         0              1 SAFF Cup   Dhaka
## 4   30212 2003-03-16 Afgh~  Kyrgyzs~         2              1 AFC Asian~ Kath~
## 5   30215 2003-03-18 Afgh~  Nepal            0              4 AFC Asian~ Kath~
```

이 결과 데이터에는 △우리 팀(team) 랭킹 △우리 팀 이전 랭킹 △상대팀(opponent) 랭킹 △상대팀 이전 랭킹 등 총 네 가지 랭킹이 필요합니다. 6.6절에서 했던 것처럼 lef_join() → rename() → left_join() → re-name() 방식으로 데이터를 가져오겠습니다.

경기 결과 데이터와 랭킹 데이터에 들어 있는 전체 나라 이름(country_full)은 서로 다르지만 약자(country_abrv)는 똑같습니다. 그리고 floor_date 열을 통해 날짜를 맞춰 놓은 상태입니다.

결국 우리 팀 랭킹을 가져올 때는 left_join() 안에 by = c('team_abrv' = 'country_abrv', 'floor_date') 옵션이 필요하고, 상대 팀 랭킹은 by = c('opponent_abrv' = 'country_abrv', 'floor_date') 옵션을 주면 됩니다.

문제는 이 코드를 연달아 이어 쓰면 rank 열에 처음에는 우리 팀 랭킹이 들어갔다가 상대팀 랭킹이 이를 덮어쓰게 된다는 것입니다. previous_rank도 마찬가지입니다. 그래서 먼저 우리 팀 랭킹을 붙인 다음 rank를 team_rank, previous_rank를 team_previous_rank로 바꾸는 과정을 거쳐야 합니다.

```
results_in_progess %>%
  arrange(team, date) %>%
  mutate(date = ymd(date),
         floor_date = floor_date(date, unit = 'month')) %>%
  left_join(fifa_ranking_to_join,
            by = c('team_abrv' = 'country_abrv', 'floor_date')) %>%
  rename(team_rank = rank, team_previous_rank = previous_rank)
## # A tibble: 45,921 x 22
##       X date       team  opponent team_score opponent_score tournament city
##   <int> <date>     <chr> <chr>         <int>          <int> <chr>      <chr>
## 1 30093 2003-01-10 Afgh~ Sri Lan~          0              1 SAFF Cup   Dhaka
## 2  7192 2003-01-12 Afgh~ India            0              4 SAFF Cup   Dhaka
## 3  7197 2003-01-14 Afgh~ Pakistan         0              1 SAFF Cup   Dhaka
## 4 30212 2003-03-16 Afgh~ Kyrgyzs~         2              1 AFC Asian~ Kath~
## 5 30215 2003-03-18 Afgh~ Nepal            0              4 AFC Asian~ Kath~
```

이어서 상대 팀 기준으로 left_join()을 진행한 다음 rank는 opponent_rank, previous_rank는 opponent_previous_rank로 바꾸면 원하는 결과를 얻을 수 있습니다.

```
results_in_progess %>%
  arrange(team, date) %>%
  mutate(date = ymd(date),
         floor_date = floor_date(date, unit = 'month')) %>%
  left_join(fifa_ranking_to_join,
            by = c('team_abrv' = 'country_abrv', 'floor_date')) %>%
  rename(team_rank = rank, team_previous_rank = previous_rank) %>%
  left_join(fifa_ranking_to_join,
            by = c('opponent_abrv' = 'country_abrv', 'floor_date', 'rank_date')) %>%
  rename(opponent_rank = rank, opponent_previous_rank = previous_rank)
## # A tibble: 45,921 x 30
##       X date       team  opponent team_score opponent_score tournament city
##   <int> <date>     <chr> <chr>         <int>          <int> <chr>      <chr>
## 1 30093 2003-01-10 Afgh~ Sri Lan~          0              1 SAFF Cup   Dhaka
## 2  7192 2003-01-12 Afgh~ India            0              4 SAFF Cup   Dhaka
## 3  7197 2003-01-14 Afgh~ Pakistan         0              1 SAFF Cup   Dhaka
## 4 30212 2003-03-16 Afgh~ Kyrgyzs~         2              1 AFC Asian~ Kath~
## 5 30215 2003-03-18 Afgh~ Nepal            0              4 AFC Asian~ Kath~
```

이 부분이 워낙 복잡합니다. 오른쪽에 있는 테이블은 하나인데 왼쪽에 있는 두 가지 기준에 맞춰서 데이터를 가져오려다 보니 중간 단계가 많이 들어 있습니다.

그래도 천천히 뜯어 보면 그냥 team과 opponent 열을 놓고 똑같은 작업을 두 번 반복할 뿐이라는 사실을 짐작할 수 있을 겁니다.

7.6 FIFA 월드컵에서 랭킹 1위를 꺾은 최저 랭킹 국가는?

그래도 슬슬 고지가 보입니다. 이제 경기 날짜와 랭킹 발표 날짜를 비교해 rank와 previous_rank 가운데 한 쪽을 가져오는 코드를 쓸 차례입니다. 여기서 비교한다는 건 어느 쪽이 앞서는지 판가름한다는 뜻입니다. 그리고 그냥 날짜끼리 빼보면 어느 쪽이 앞서는지 알 수 있습니다.

2020년 12월 31일에서 2021년 1월 1일을 빼면 이런 결과가 나옵니다.

```
(ymd(201231) - ymd(210101)) / ddays(1)
## [1] -1
```

앞선 날짜에서 늦은 날짜를 빼면 마이너스(-) 부호가 붙는다는 사실을 알 수 있습니다.

따라서 경기 날짜(date)에서 랭킹 발표 날짜(rank_date)를 빼고 ddays(1)로 나눴는데 음수(-)가 나왔을 때는 앞 랭킹(previous)을 쓰고 아닐 때는 이번 랭킹(ranking)을 쓰면 됩니다. 상대팀 랭킹도 마찬가지입니다.

```
results_in_progess %>%
  arrange(team, date) %>%
  mutate(date = ymd(date),
         floor_date = floor_date(date, unit = 'month')) %>%
  left_join(fifa_ranking_to_join,
            by = c('team_abrv' = 'country_abrv', 'floor_date')) %>%
  rename(team_rank = rank, team_previous_rank = previous_rank) %>%
  left_join(fifa_ranking_to_join,
            by = c('opponent_abrv' = 'country_abrv', 'floor_date', 'rank_date')) %>%
  rename(opponent_rank = rank, opponent_previous_rank = previous_rank) %>%
  select(date, rank_date, team:tournament, team_rank:last_col()) %>%
  mutate(difference_date = (date - rank_date) / ddays(1),
         team_rank = if_else(difference_date < 0, team_previous_rank, team_rank),
         opponent_rank = if_else(difference_date < 0, opponent_previous_rank, opponent_rank)
  )
## # A tibble: 45,921 x 23
##    date       rank_date  team  opponent team_score opponent_score tournament
##    <date>     <date>     <chr> <chr>         <int>          <int> <chr>
## 1 2003-01-10 2003-01-15 Afgh~ Sri Lan~          0              1 SAFF Cup
## 2 2003-01-12 2003-01-15 Afgh~ India             0              4 SAFF Cup
## 3 2003-01-14 2003-01-15 Afgh~ Pakistan          0              1 SAFF Cup
## 4 2003-03-16 2003-03-26 Afgh~ Kyrgyzs~          2              1 AFC Asian~
## 5 2003-03-18 2003-03-26 Afgh~ Nepal             0              4 AFC Asian~
```

지금은 열이 23개나 남아 있는 상태입니다. select() 함수로 이 중에서 필요한 열만 따로 골라낸 뒤 results_ final 객체에 넣는 작업까지 한 번에 달려보겠습니다.

```
results_in_progess %>%
  arrange(team, date) %>%
  mutate(date = ymd(date),
         floor_date = floor_date(date, unit = 'month')) %>%
  left_join(fifa_ranking_to_join,
            by = c('team_abrv' = 'country_abrv', 'floor_date')) %>%
  rename(team_rank = rank, team_previous_rank = previous_rank) %>%
  left_join(fifa_ranking_to_join,
            by = c('opponent_abrv' = 'country_abrv', 'floor_date', 'rank_date')) %>%
  rename(opponent_rank = rank, opponent_previous_rank = previous_rank) %>%
  select(date, rank_date, team:tournament, team_rank:last_col()) %>%
  mutate(difference_date = (date - rank_date) / ddays(1),
         team_rank = ifelse(difference_date < 0, team_previous_rank, team_rank),
         opponent_rank = ifelse(difference_date < 0, opponent_previous_rank, opponent_rank)) %>%
  select(date, team, opponent, team_score, opponent_score, tournament, team_rank, opponent_rank)
-> results_final
```

이제 이렇게 복잡한 코드를 만나도 '아, 이런 뜻이구나'하고 짐작하게 됐을 거라 믿습니다.

아직 이 데이터에는 승, 무, 패 열이 없습니다. 6.2절에서 했던 것처럼 각 열을 만든 다음 다시 results_final에 넣습니다.

```
results_final %>%
  mutate(
    win = ifelse(team_score > opponent_score, 1, 0),
    draw = ifelse(team_score == opponent_score, 1, 0),
    lose = ifelse(team_score < opponent_score, 1, 0)
  ) -> results_final
```

드디어 우리가 원하는 결과를 뽑아낼 수 있는 tibble을 완성했습니다.

한국 대표팀이 승리를 거둔 팀 가운데 당시 세계랭킹이 가장 높았던 팀은 어디일까요? 다음 코드만 있으면 확인할 수 있습니다.

```
results_final %>%
  filter(team == 'South Korea', win == 1) %>%
  arrange(opponent_rank)
## # A tibble: 199 x 11
##    date       team  opponent team_score opponent_score tournament team_rank
##    <date>     <chr> <chr>         <int>          <int> <chr>          <int>
## 1 1999-03-28 Sout~ Brazil            1              0 Friendly          36
## 2 2018-06-27 Sout~ Germany           2              0 FIFA Worl~        57
## 3 2018-10-12 Sout~ Uruguay           2              1 Friendly          55
```

```
##  4 2006-02-15 Sout~ Mexico              1          0 Friendly           31
##  5 1996-11-23 Sout~ Colombia            4          1 Friendly           46
```

한국은 1999년 3월 28일 브라질을 꺾으면서 처음으로 FIFA 랭킹 1위를 물리친 기록을 남겼습니다. 이어 2018년 러시아 FIFA 월드컵 본선 조별리그에서 역시 FIFA 랭킹 1위였던 독일을 물리쳤습니다.

그러면 FIFA 랭킹이 가장 낮은 상태에서 1위 팀을 물리친 나라는 어디일까요?

```
results_final %>%
  filter(win==1, opponent_rank == 1) %>%
  arrange(-team_rank)
## # A tibble: 53 x 11
##   date       team  opponent team_score opponent_score tournament team_rank
##   <date>     <chr> <chr>         <int>          <int> <chr>          <int>
## 1 2017-03-28 Boli~ Argenti~          2              0 FIFA Worl~        97
## 2 2014-10-11 Pola~ Germany           2              0 UEFA Euro~        70
## 3 2001-06-01 Aust~ France            1              0 Confedera~        68
## 4 2013-11-19 Sout~ Spain             1              0 Friendly          61
## 5 2018-06-27 Sout~ Germany           2              0 FIFA Worl~        57
```

2017년 3월 28일 FIFA 랭킹 97위였던 볼리비아가 당시 1위 아르헨티나를 물리친 게 역대 기록입니다. 또 이 기록을 자세히 보시면 월드컵 본선에서 FIFA 랭킹 1위를 물리친 나라 가운데서는 한국이 FIFA 랭킹이 가장 낮았던 나라였다는 사실도 알 수 있습니다. 폭이 줄어 잘 보이지 않지만 #5에 해당합니다.

축하드립니다. 지금까지 열심히 왼발로는 열심히 클러치를 밟고, 오른손으로는 기어를 바꾼 덕에 드디어 '연습용 운전면허' 획득에 성공하셨습니다. 이제 이 면허를 들고 진짜 도로주행 세계로 나설 차례입니다.

Chapter **8**

확률

"여자 형제들은 서로에 대해 모든 것을 알고 있든지
혹은 아무 것도 모르고 있든지 둘 중 하나다."
– 루이제 린저 '삶의 한가운데' –

지금까지 우리는 본격적으로 '데이터 과학' 세계를 여행하기에 앞서 R 언어 그 중에서도 tidyverse 사투리로 수동 기어 차량을 운전하는 법을 배웠습니다. 그러나 운전을 할 줄 안다는 건 그저 차를 움직일 수 있다는 것과는 다릅니다. 신호등과 각종 표지판도 읽을 줄 알고 교통 흐름에 맞게 속도를 조절하는 법도 알아야 합니다.

데이터 과학 세계에서는 확률과 통계가 신호등이고 표지판이며 또 흐름입니다. 문제는 R 같은 프로그래밍 언어나 데이터 과학에 관심을 갖는 분들이 가장 많이 포기하는 지점도 바로 확률과 통계라는 점입니다.

그러나 데이터를 다루고 싶다면서 확률과 통계를 공부하지 않는 건 '나는 평생 장롱면허 소지자로 살래요'라고 선언하는 것과 마찬가지입니다. 이제부터 '문과생' 눈높이에 맞춰서 진도를 나가 볼 테니 열심히 잘 따라와 주세요.

8.1 확률이란 무엇인가?

사실 여러분 모두 확률이 무엇인지 잘 알고 있을 겁니다. 동전을 던져서 앞면 또는 뒷면이 나올 확률은 1/2이고, 주사위를 던졌을 때 1~6 사이에 있는 어떤 숫자가 나올 확률은 1/6입니다. 따로 계산하지 않아도 이 정도 확률은 자동적으로 짐작할 수 있습니다. 동전에는 앞면과 뒷면 두 가지가 있고, 주사위에는 여섯 면이 있으니까요.

이를 수학 공식으로 나타내면 이렇게 쓸 수 있습니다.

$$확률 = \frac{원하는 경우의 수}{모든 경우의 수}$$

이 기본 원리만 이해하면 조금 더 어려운 확률, 예를 들어 로또 1등 당첨 확률 같은 것도 별로 어렵지 않게 계산할 수 있습니다.

로또 용지에는 숫자 45개(1~45)가 있고 이 가운데 6개를 정확하게 맞혀야 1등 상금을 받을 수 있습니다. 따라서 맨 처음에 고른 숫자가 6개 중에 하나일 확률은 6/45가 됩니다. 그다음에는 44개 가운데 5개를 맞혀야 하고 계속해 43개 가운데 4개, 42개 가운데 3개, 41개 가운데 2개, 40개 가운데 1개를 각각 정확하게 골라내야 합니다.

이런 선택 작업이 연달아 일어나야 하기 때문에 위에 나온 각 확률을 곱하면 로또 1등 당첨 확률을 알 수 있습니다.

$$로또 1등 당첨 확률 = \frac{6}{45} \times \frac{5}{44} \times \frac{4}{43} \times \frac{3}{42} \times \frac{2}{41} \times \frac{1}{10}$$

실제로 계산을 해보면 이 확률은 1/8,145,060이 나옵니다.

이렇게 서로 다른 a개 중에 b개를 순서에 관계 없이 골라낼 때는 '조합'(Combination)이라는 개념을 활용하고 공식으로는 이렇게 씁니다.

$$_aC_b = \frac{a!}{(a-b)!\,b!} = \frac{a \times (a-1) \times (a-2) \times \ldots \times (a+b-1)}{b!}$$

여기서 ! 기호[47]는 계승(階乘) 즉, 특정한 숫자에서 시작해 1이 될 때까지 하나씩 줄여가면서 전부 곱하라는 뜻입니다. 예를 들어 3!은 3×2×1 = 6이 됩니다.

결국 위에 있는 공식이 조금 복잡해 보이는 건 사실이지만 알고 보면 그냥 빼기, 곱하기, 나누기만 하는 겁니다. 따라서 45개 가운데 6개를 골라내는 방법은 이렇게 계산할 수 있습니다.

$$_{45}C_6 = \frac{45!}{39!\,6!}$$

---

47 '팩터리얼'이라고 읽습니다.

여기서 45!는 45×44×43×42×41×40×39× ⋯ ×1이니까 밑에 있는 39!(= 39×38×37 ⋯ ×1)과 약분하면 45×44×43×42×41×40만 남습니다.

이 숫자를 다시 6!(= 6×5×4× ⋯ ×1)로 나누면 우리가 원하는 결과를 얻을 수 있습니다.

물론 R에서는 이렇게 직접 계산을 할 필요가 없습니다. choose() 함수를 쓰면 뚝딱 결과를 얻을 수 있기 때문입니다.

```
choose(45, 6)
## [1] 8145060
```

위에서 손으로 계산했던 것과 같은 값이 나왔습니다. 그래서 로또 1등 당첨 확률이 1/8,145,060이 되는 겁니다.

8.2 생일 역설

여기까지는 큰 어려움 없이 따라왔을 테니 난도를 더 높여 보겠습니다.

2020년 한국 프로야구 한 팀 1군 엔트리 숫자는 28명이었습니다. 이 28명 가운데 서로 생일이 같은 선수가 존재할 확률은 얼마일까요? 차근차근 접근해 보겠습니다.

이 문제에 접근하려면 일단 1년이 며칠인지 정해야 합니다. 당연히 365일 아니냐고 생각한다면 2월 29일생이 서운할 겁니다. 그래도 다행스럽게도(?) 한국 프로야구 1군 경기 출전 경험이 있는 2821명 가운데 2월 29일에 태어난 선수는 이미 은퇴한 지 오래인 정영기(1956년생) 딱 한 명뿐입니다. 그런 이유로 1년은 365일이라고 가정해보겠습니다.

이어서 문제를 뒤집어 보는 연습이 필요합니다. 앞에서 확인한 것처럼 주사위를 던졌을 때 특정한 숫자가 나올 확률은 1/6입니다. 그렇다면 그 숫자가 나오지 않을 확률은 5/6입니다. 나머지 숫자 5개 가운데 어떤 숫자가 나와도 상관없으니까요. 이 확률은 '1 − 1/6'로도 계산할 수 있습니다.

'어떤 사건이 일어나지 않을 확률'이라는 개념을 떠올려 본 건 서로 생일이 똑같은 선수가 존재할 확률을 계산하는 것보다 모든 선수가 서로 생일이 다를 확률을 계산하는 편이 쉽기 때문입니다. 이 확률을 계산한 다음에 1에서 빼면 그 값이 바로 생일이 똑같은 선수가 존재할 확률이 됩니다.

일단 첫 번째 선수는 365일 가운데 아무 날짜에나 태어나도 상관이 없습니다. 그다음 선수는 이 날짜를 빼고 364일 가운데 하루에 태어나면 첫 번째 선수와 생일이 다르게 됩니다. 세 번째 선수는 첫 번째, 두 번째 선수와 모두 생일이 달라야 하니까 363일 가운데 하루에 태어나야 합니다. 이런 식으로 계속 정리를 하다 보면 28번째 선수는 338일 가운데 하루에 태어나면 됩니다. 이를 공식으로 쓰면 다음과 같습니다.

$$1 \times (1 - \frac{1}{365}) \times (1 - \frac{2}{365}) \times (1 - \frac{3}{365}) \times ... \times (1 - \frac{27}{365})$$

이 값을 실제로 계산하면 약 0.346 즉, 34.6%가 나옵니다. 따라서 생일이 같은 사람이 존재할 확률은 65.4%(= 100% − 34.6%)가 됩니다. 처음 생각했던 것보다 확률이 높은가요? 낮은가요? 아마 여전히 '정말 이렇게 높다고?'하고 생각하는 분이 적지 않을 겁니다.

지금 우리는 '생일 문제'[48] 또는 '생일 역설'이라고 부르는 유명한 수수께끼 문제를 풀었습니다. 역설이라는 이름이 붙은 건 '사람 n명이 모였을 때 생일이 같은 사람이 존재할 확률은 얼마인가?'에 대한 직관적인 예상이 실제 계산 결과와 크게 다르기 때문입니다.

이렇게 따로 이름이 붙을 만큼 유명한 문제라 R 역시 이 문제 해답을 알려주는 pbirthday() 함수를 제공하고 있습니다. 이 함수로 계산을 해봐도 28명이 모였을 때 생일이 같은 사람이 존재할 확률은 65.4%가 맞습니다.

```
pbirthday(28)
## [1] 0.6544615
```

8.3 tidymodels 입문

아직도 고개를 가우뚱하는 분이 많을 테니 다른 방식으로 또 생일 문제를 풀어보겠습니다. 이번에는 직접 날짜를 골라볼 겁니다. 코드를 짜보겠다는 뜻입니다.

제일 먼저 늘 그렇듯 tidyverse 패키지를 불러옵니다. 그런데 이제부터는 '패키지 묶음'이 하나 더 필요합니다. 깔끔하게 모델링 작업을 도와주는 'tidymodels' 패키지입니다. 이 책에 나온 코드를 열심히 따라했다면 이미 2.1절에서 이 패키지를 설치했을 겁니다.

tidyverse가 패키지 8개를 묶은 것처럼 tidymodels에는 △broom △dials △infer △modeldata △parnip △recipes △rsample △tune △workflows △yardstick 등 총 10가지 패키지가 들어 있습니다.

패키지가 새로 나왔으니 일단 설치하고 불러오는 과정을 거치겠습니다.

```
pacman::p_load(tidyverse, tidymodels)
```

우선, 이 코드도 입력합니다.

```
set.seed(1234)
```

이번 장에서 많이 사용할 함수는 infer::rep_sample_n()입니다. ('::' 기호가 무슨 뜻인지 아직도 모르고 계시는 건 아니겠죠?) 이 함수는 tibble에서 행을 무작위로(랜덤으로) 골라내는 역할을 합니다. 예를 들어 '날짜'라

---

48 en.wikipedia.org/wiki/Birthday_problem

는 행에 숫자 1~365가 들어 있는 tibble에서 28행을 골라내려면 이렇게 쓰면 됩니다.

```
tibble(날짜=1:365) %>%
  rep_sample_n(28)
## # A tibble: 28 x 2
## # Groups:   replicate [1]
##    replicate  날짜
##        <int> <int>
## 1        1   284
## 2        1   336
## 3        1   101
## 4        1   111
## 5        1   133
```

분명 무작위로 숫자를 고른다고 했는데도 여러분 역시 똑같은 숫자를 얻으셨을 겁니다. 이게 바로 set.seed() 함수가 하는 역할입니다. 단, 다른 작업을 하다가 이 코드를 실행하면 다른 결과가 나올 수 있습니다. R은 '메르센 트위스터(Mersenne Twister)'[49]라는 알고리즘을 통해 난수를 생성합니다. 메르센 트위스터는 특성(주기, 난수 범위)을 알고 있으면 다음에 나올 난수가 무엇인지 예측할 수 있는 유사(pseudo) 난수 생성기입니다. set.seed() 함수는 예측 가능한 난수를 발생시키도록 하는 역할을 합니다. 요컨대 R이 만드는 랜덤이 실제로는 (아주) 랜덤하지는 않은 겁니다.

자, 이제 rep_sample_n() 함수로 1년 365일 가운데 28개 날짜를 골라내는 방법을 알게 됐으니 겹치는 날짜가 있는지 없는지 확인하는 방법도 알아보도록 하겠습니다.

일단 R에서 중복 여부를 확인할 때 쓰는 함수는 duplicated()입니다. duplicated()는 TRUE, FALSE로 중복 여부를 알려줍니다. c(1, 1, 3, 3, 3, 3)라는 데이터에 duplicated() 함수를 쓰면 이런 결과가 나옵니다.

```
c(1, 1, 3, 3, 3, 3) %>%
  duplicated()
## [1] FALSE  TRUE FALSE  TRUE  TRUE  TRUE
```

첫 번째 1은 문자 그대로 처음 나왔기 때문에 FALSE가 나오지만, 두 번째 1은 앞에 이미 1이 있었기 때문에 TRUE가 나옵니다. 3 역시 맨 처음에는 FALSE지만 나머지는 전부 TRUE가 나옵니다.

사실 우리는 그냥 겹치는 게 있는지 아닌지만 알면 됩니다. 이를 확인할 수 있는 방법은 크게 두 가지가 있습니다. 하나는 그냥 sum() 함수로 합을 구하는 겁니다. R은 TRUE는 1, FALSE는 0으로 간주합니다. 따라서 합을 구했을 때 0이 나오면 겹치는 데이터가 하나도 없다고 할 수 있습니다. 앞에서 쓴 코드에서는 네 개가 겹치기 때문에 sum()을 붙이면 4가 나옵니다.

49 ko.wikipedia.org/wiki/메르센_트위스터

```
c(1, 1, 3, 3, 3, 3) %>%
  duplicated() %>%
  sum()
## [1] 4
```

any() 함수를 쓰는 방법도 있습니다. any() 함수는 결과 중 하나라도 TRUE가 있으면 TRUE를 표시합니다.

```
c(1, 1, 3, 3, 3, 3) %>%
  duplicated() %>%
  any()
## [1] TRUE
```

날짜 tibble에 이를 적용하려면 summarise() 함수 안에 duplicated() %>% any()를 써주면 됩니다.

```
tibble(날짜 = 1:365) %>%
  rep_sample_n(28) %>%
  summarise(중복 = 날짜 %>% duplicated() %>% any())
## # A tibble: 1 x 2
##   replicate 중복
##       <int> <lgl>
## 1         1 FALSE
```

FALSE가 나왔으니 겹치는 게 없습니다. 사실 이건 아주 당연한 일입니다. rep_sample_n() 함수는 로또 용지에서 숫자 6개를 고를 때처럼 서로 다른 데이터를 골라내는 게 기본 옵션이기 때문입니다. 중복을 허락해 데이터를 골라내게 하려면 'replace = TRUE' 옵션을 주면 됩니다.

지금까지는 '몇 개를 골라달라'고 부탁할 때 그냥 숫자만 썼습니다. 이는 숫자를 하나만 입력했을 때는 rep_size_n() 함수가 자동으로 size 인수에 이 숫자를 지정하기 때문입니다. 이번에는 이 인수 이름도 살려 보겠습니다.

```
tibble(날짜 = 1:365) %>%
  rep_sample_n(size = 28, replace = TRUE) %>%
  summarise(중복 = 날짜 %>% duplicated() %>% any())
## # A tibble: 1 x 2
##   replicate 중복
##       <int> <lgl>
## 1         1 TRUE
```

이번에는 겹치는 값이 있다는 결과(TRUE)가 나왔습니다.

지금까지 우리는 이 실험을 두 번 진행한 셈이 됩니다. 처음에는 생일이 겹치는 사람이 없었고 두 번째는 있었습니다. 이 결과만 가지고 판단하면 28명이 있을 때 생일이 똑같은 사람이 존재할 확률은 50%가 됩니다.

기초 통계 지식이 있다면 동전을 두 번 던져서 앞면, 앞면이 나왔다고 '동전을 던지면 무조건 앞면이 나온다'고 결론을 내리지는 않을 겁니다. 실험을 '충분히' 반복해야 믿을 만한 결과를 얻을 수 있습니다. 일단 이 실험을 100번 반복해 볼까요?

이 행 추출 작업을 여러 번 반복하려면 rep_sample_n() 함수 안에 reps 값을 지정하면 됩니다. 관찰력이 뛰어난 분은 지금까지 tibble 맨 앞에 replicate라는 열이 붙어 있다는 사실을 눈치 챘을 겁니다. 이 실험을 100번 반복하려면 'reps = 100'이라고 옵션을 주면 그만입니다. 그다음 replicate를 기준으로 묶음을 만들면 (group_by(replicate)) 언제 겹치는 날짜가 있고 언제가 아닌지 알 수 있습니다.

```
tibble(날짜 = 1:365) %>%
  rep_sample_n(reps = 100,
               size = 28,
               replace = TRUE) %>%
  group_by(replicate) %>%
  summarise(중복 = 날짜 %>% duplicated() %>% any(),
            .groups = 'drop')
## # A tibble: 100 x 2
##    replicate 중복
##       <int> <lgl>
## 1        1 TRUE
## 2        2 FALSE
## 3        3 TRUE
## 4        4 FALSE
## 5        5 FALSE
```

우리는 어떤 샘플에 겹치는 날짜가 있고 아닌지가 아니라 이 100개 가운데 몇 개에 겹치는 날짜가 있는지가 알고 싶습니다. 그런 경우 간단하게 summarise() 함수를 한 번 더 쓰면 됩니다. TRUE는 1, FALSE는 0이니까 그냥 평균(mean())을 계산하면 그만입니다.

```
tibble(날짜 = 1:365) %>%
  rep_sample_n(reps = 100,
               size = 28,
               replace = TRUE) %>%
  group_by(replicate) %>%
  summarise(중복 = 날짜 %>% duplicated() %>% any(),
            .groups = 'drop') %>%
  summarise(결과 = 중복 %>% mean())
## # A tibble: 1 x 1
##    결과
```

```
##   <dbl>
## 1  0.580
```

58% 즉, 58번 시행에서 생일이 겹치는 사람이 있는 것으로 나타났습니다. 물론 원한다면 100번이 아니라 1000번 또는 그 이상을 반복하는 것도 가능합니다. 이 실험 횟수가 많으면 많을수록 사실에 가깝다고 할 수 있을 겁니다. 실험 횟수를 늘리는 방법은 이미 다들 알고 있을 테니 이번에는 사람 숫자를 늘리거나 줄여 보겠습니다.

8.4 생일 역설 시뮬레이션

그렇다면 사람이 몇 명 모였을 때 생일이 똑같은 사람이 존재할 확률이 절반(50%)을 넘어갈까요?

사람이 한 명이면 생일이 똑같은 사람을 논할 필요가 없고 사람이 366명 이상이면 무조건 생일이 똑같은 사람이 있습니다. 따라서 우리는 사람이 2~365명일 때 생일이 똑같은 사람이 존재할 확률이 얼마인지 알아봐야 합니다.

일단 간단하게 이런 tibble을 만들 수 있습니다.

```
tibble(
  사람 = 2:365
)
## # A tibble: 364 x 1
##     사람
##    <int>
## 1      2
## 2      3
## 3      4
## 4      5
## 5      6
```

그러면 rep_sample_n()에서 size 인수를 '사람'이라고 지정하면 될 거라고 짐작할 수 있습니다. 행별로 함수를 적용하고 싶을 때는 6.4절에서 배운 것처럼 중간에 rowwise() 함수를 써야 합니다.

그리고 이 계산 결과를 사람 숫자 옆에 새로 열을 만들어 붙여 넣으면 되니까 mutate() 함수도 필요할 겁니다. 새로 만들 열 이름을 '결과'라고 해보겠습니다.

이 '결과' 안에 앞에서 우리가 작업했던 내용을 넣으면 그냥 우리가 작업했던 결과가 나옵니다.

```
tibble(
  사람 = 2:365
) %>%
  rowwise() %>%
  mutate(
    결과 = tibble(날짜 = 1:365) %>%
      rep_sample_n(
        reps = 100,
        size = 사람,
        replace = TRUE
      ) %>%
      group_by(replicate) %>%
      summarise(중복 = 날짜 %>% duplicated() %>% any(),
                .groups = 'drop') %>%
      summarise(결과 = 중복 %>% mean())
  )
## # A tibble: 364 x 2
## # Rowwise:
##      사람 결과$결과
##     <int>    <dbl>
## 1      2        0
## 2      3        0
## 3      4     0.01
## 4      5     0.01
## 5      6     0.04
```

잘 나오기는 했는데 열 이름이 조금 이상하게 변했습니다. 맨 마지막 summarise() 함수를 쓸 때 열 이름도 '결과'라서 이런 형태가 나온 겁니다.

이걸 처리는 방법도 여러 가지가 있습니다. 여기서는 아예 첫 번째 summarise() 다음에 나온 결과를 pull() 함수로 뽑아내 c()로 묶은 '벡터' 형태로 만든 다음 평균을 내는 방식으로 바꿔 보겠습니다.

```
tibble(
  사람 = 2:365
) %>%
  rowwise() %>%
  mutate(
    결과 = tibble(날짜 = 1:365) %>%
      rep_sample_n(
        reps = 100,
        size = 사람,
        replace = TRUE
      ) %>%
      group_by(replicate) %>%
```

```
      summarise(중복 = 날짜 %>% duplicated() %>% any(),
                .groups = 'drop') %>%
      pull(중복) %>% mean()
  ) -> birthday_paradox_simulation
```

행을 랜덤으로 골라내서 이 코드를 실행할 때마다 결과가 조금씩 변할테니 이 결과를 birthday_paradox_
simulation이라는 객체에 넣어 두고 다음 작업을 진행하도록 합니다.

몇 명부터 50%가 넘어서는지 알아보려면 filter() 함수를 쓰면 되겠죠?

```
birthday_paradox_simulation %>%
  filter(결과 >= .5)
## # A tibble: 344 x 2
## # Rowwise:
##      사람  결과
##    <int> <dbl>
## 1     21  0.55
## 2     22  0.5
## 3     24  0.59
## 4     25  0.63
## 5     26  0.64
```

사람이 21명 이상이면 생일이 똑같은 사람이 존재할 확률이 절반 이상으로 올라간다는 걸 알 수 있습니다.

그런데 자료를 살짝만 살펴 봐도 사람이 늘어나면 생일이 똑같은 사람이 있을 확률도 올라가는 게 아니라 오
르락 내리락하는 상황이라는 걸 알 수 있습니다. 그래프를 그려보겠습니다.

```
birthday_paradox_simulation %>%
  ggplot(aes(x = 사람, y = 결과)) +
  geom_line()
```

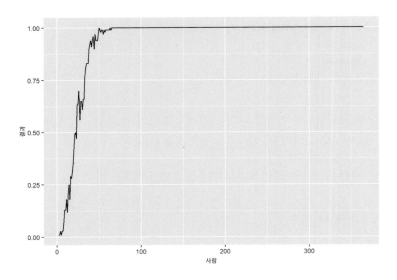

cooard_cartesian() 함수로 x축을 2부터 75까지 제한하면 이 사실을 더욱 분명하게 알 수 있습니다.

```
birthday_paradox_simulation %>%
  ggplot(aes(x = 사람, y = 결과)) +
  geom_line() +
  coord_cartesian(xlim = c(2, 75))
```

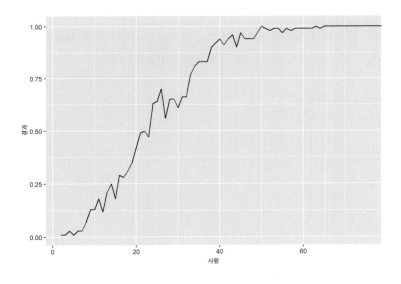

실험 횟수를 더욱 늘려 보면 어떻게 될까요? 기왕 하는 김에 1만 번 해보겠습니다.

```
tibble(
  사람 = 2:365
) %>%
  rowwise() %>%
  mutate(
    결과 = tibble(날짜 = 1:365) %>%
      rep_sample_n(
        reps = 10000,
        size = 사람,
        replace = TRUE
      ) %>%
      group_by(replicate) %>%
      summarise(중복 = 날짜 %>% duplicated() %>% any(),
                .groups = 'drop') %>%
      pull(중복) %>% mean()
  ) -> birthday_paradox_simulation_10000
```

해당 코드가 돌아가는 데는 적지 않은 시간이 걸립니다. 어떤 작업이 얼마나 걸릴지는 system.time() 함수로 알아볼 수 있습니다. 제 컴퓨터에선 413.92초 즉, 6분 53초가 더 걸린다고 나옵니다.

이번에도 filter() 함수로 몇 명부터 50% 확률이 넘어가는지 알아보면 23명이 나옵니다.

```
birthday_paradox_simulation_10000 %>%
  filter(결과 >= .5)
## # A tibble: 343 x 2
## # Rowwise:
##      사람   결과
##     <int> <dbl>
## 1     23 0.516
## 2     24 0.541
## 3     25 0.560
## 4     26 0.590
## 5     27 0.632
```

pbirthday() 함수를 통해 수학 공식으로 계산한 확률을 알아봐도 23명(50.7%)부터 50%가 넘어갑니다. 이 정도면 제법 정확하게 정답을 맞췄다고 할 수 있을 겁니다. 그래프를 통해서도 이 시뮬레이션 결과와 실제 계산 결과가 거의 일치한다는 사실을 알 수 있습니다.

```
birthday_paradox_simulation_10000 %>%
  mutate(확률 = pbirthday(사람)) %>%
  ggplot(aes(x = 사람)) +
  geom_line(aes(y = 확률),
            lwd = 2.5,
            color = '#53bfd4',
            alpha = .25) +
  geom_line(aes(y = 결과), lwd = .75) +
  coord_cartesian(xlim = c(2, 75))
```

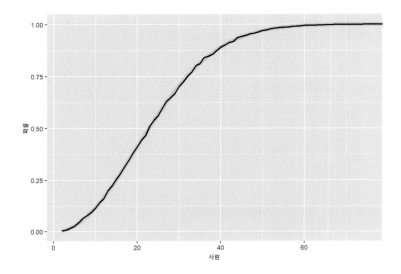

8.5 확률분포

지금까지 무작위로 날짜를 고른 다음 이 날짜가 겹치는지 아닌지를 따졌습니다. 이게 이상하다고 생각하는 분은 그리 많지 않으리라고 짐작합니다. 무작위 즉, 우연에 따라 어떤 결과가 나오는 걸 자연스럽게 받아들였던 겁니다.

사실 우리는 동전 또는 주사위를 던지는 간단한 실험을 진행할 때도 그 결과가 우연하게 나올 거라고 무의식적으로 가정합니다. 예를 들어 동전을 던질 때마다 앞면과 뒷면이 1/2씩 나올 것이기 때문에 앞면이 나오든 뒷면이 나오든 그 결과를 '우연의 산물'이라고 생각하는 것입니다.

이렇게 '객관적인 확률 + 우연'에 따라 특정한 값을 저장하는 (R에서 사용하는 개념으로) 객체를 통계학에서는 '확률변수'라고 부릅니다. 동전을 던져서 앞면이 나오면 1, 뒷면이 나오면 0을 저장하는 확률변수 X가 있다면 1과 0이 1/2 확률로 들어오게 되는 방식입니다.

동전을 한 번만 던졌을 때는 확률을 간단하게 계산할 수 있지만 여러 번 던지면 계산이 조금 복잡해집니다.

일단 '동전을 두 번 던졌을 때 앞면이 한 번 나올 확률을 얼마인가?'라는 문제에 해답을 구해보겠습니다.

동전을 두 번 던졌을 때 나올 수 있는 모든 경우의 수는 {앞, 앞}, {앞, 뒤}, {뒤, 앞}, {뒤, 뒤} 등 네 가지입니다. 이 가운데 앞면이 한 번 나온 건 {앞, 뒤}, {뒤, 앞} 두 가지입니다. 따라서 이때 확률은 2/4 = 1/2입니다. 마찬가 지로 뒷면이 한 번 나올 확률 역시 1/2입니다. 또 동전을 두 번 던졌을 때 앞면과 뒷면이 두 번 나올 확률은 각 각 1/4이 됩니다.

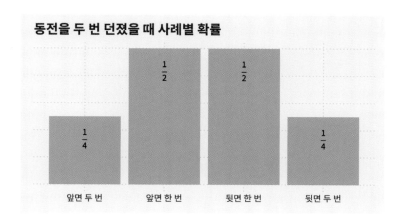

이렇게 확률변수 값과 그 값이 나올 확률을 짝지어 보면 특정한 패턴이 나타난다는 사실을 알 수 있습니다. 이런 패턴을 통계학에서는 '확률분포'라고 부릅니다.

그러면 동전을 100번 던졌을 때 앞면이 50번 나올 확률은 어떻게 구할 수 있을까요? 8.1절에서 본 '조합'이라 는 개념을 떠올렸다면 칭찬 받을 만하지만 수학 공식을 동원하지 않을 겁니다. 대신 코드를 쓸 겁니다.

8.6 시뮬레이션의 좋은 친구, crossing()

0.3절에서 소개한 PPDAC 모델을 기준으로 우리는 지금 첫 번째 P 즉, 문제(Problem) 단계를 통과했습니다.

이제 계획(Plan)을 세울 차례입니다. R로 이런 작업을 진행할 때는 어떤 함수를 활용할 것인지 떠올려 보는 것도 계획이라고 할 수 있습니다. 이번 작업에서 우리가 쓰게 될 제일 중요한 함수는 sample()과 crossing() 입니다.

'생일 역설' 문제에서 쓴 rep_sample_n() 함수가 tibble에서 무작위로 행을 골라내는 역할을 하는 것처럼 sample() 함수는 c()로 묶은 벡터에서 원소를 추출하는 역할을 합니다. 예를 들어 c(1, 2, 3)에서 무작위로 하 나를 골라내는 코드는 이렇게 쓸 수 있습니다.

```
c(1, 2, 3) %>%
  sample(1)
## [1] 2
```

이 코드를 활용하면 동전을 던졌을 때 무작위로 앞면(1) 또는 뒷면(0)이 나오도록 설정할 수 있겠죠?

crossing()이 어떤 함수인지는 개념을 설명을 하는 것보다 실제 사례를 보는 게 빠를 수 있습니다.

```
crossing(
  x = c(1, 2),
  y = c('a', 'b')
)
## # A tibble: 4 x 2
##       x y
##   <dbl> <chr>
## 1     1 a
## 2     1 b
## 3     2 a
## 4     2 b
```

코드 실행 결과를 보면 x에 있는 1과 2, y에 있는 a와 b를 결합해 나올 수 있는 모든 경우의 수를 tibble 행으로 만든 걸 알 수 있습니다.

따라서 다음처럼 코드를 쓰면 동전을 100번 던지는 실험을 10만 번 시행했을 때 각 동전이 앞면인지 뒷면인지 표시할 수 있습니다. 이 코드 역시 실행할 때마다 결과가 달라지니까 일단 coin_toss_simulation이라는 객체에 넣겠습니다.

```
crossing(실험 = 1:100000,
         토스 = 1:100) %>%
  rowwise() %>%
  mutate(앞뒤 = sample(c(0, 1), 1)) -> coin_toss_simulation
coin_toss_simulation
## # A tibble: 10,000,000 x 3
## # Rowwise:
##      실험   토스   앞뒤
##    <int> <int> <dbl>
## 1      1     1     1
## 2      1     2     1
## 3      1     3     0
## 4      1     4     0
## 5      1     5     0
```

이번에도 시간이 조금 걸립니다. 결과만 빨리 보고 싶다면 실험 횟수를 줄이면 됩니다.

이렇게 휘리릭 데이터(Data) 단계까지 지나왔습니다. 이제 분석(Analysis)을 진행할 차례입니다.

동전을 100번 던졌을 때 앞면이 50번 나올 확률을 알아보려면 먼저 각 실험을 기준으로 그룹을 만들어 (group_by(실험)) 앞면이 몇 번이나 나왔는지 합계를 구해야 합니다.(summarise(앞 = sum(앞뒤))

그리고 앞면 횟수에 따라 그룹을 만들고(group_by(앞)) 각 횟수가 몇 번이나 나왔는지 세어 보고(tally()), 앞면이 50번인 경우만 따로 빼면(filter(앞 == 50)) 우리가 원하는 결과를 알 수 있습니다.

```
coin_toss_simulation %>%
  group_by(실험) %>%
  summarise(앞 = sum(앞뒤), .groups = 'drop') %>%
  group_by(앞) %>%
  tally() %>%
  filter(앞 == 50)
## # A tibble: 1 x 2
##       앞     n
##   <dbl> <int>
## 1    50  7932
```

우리가 진짜 알고 싶었던 건 확률이니까 이 숫자를 10만으로 나는 약 7.9%가 답이 됩니다. 이렇게 우리는 결론(Conclusion)에 도달했습니다.

앞면 횟수별 결과를 히스토그램으로 그려 보면 재미있는 모양이 나타납니다. 한 번 볼까요?

```
coin_toss_simulation %>%
  group_by(실험) %>%
  summarise(앞 = sum(앞뒤), .groups = 'drop') %>%
  group_by(앞) %>%
  ggplot(aes(x = 앞)) +
  geom_histogram(binwidth = 1, fill = 'gray70', color = 'white')
```

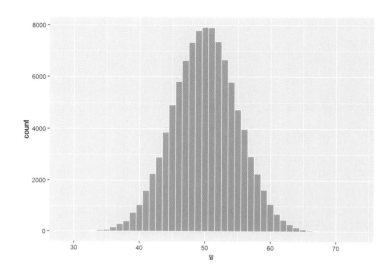

50을 중심으로 가운데가 볼록하고 양쪽 끝으로 갈수록 빈도가 낮아지는 형태입니다. 3.1절에서 타율을 가지고 히스토그램을 그렸을 때도 이런 모양이 나왔습니다.

이렇게 어떤 확률이 마구잡이로 나타나는 게 아니라 특정한 형태를 향해 수렴하기 때문에 '확률분포'라는 표현을 쓰는 겁니다.

8.7 이항분포 그리고 시뮬레이션

사실 동전을 던지는 실험은 '이항분포'(Binomial distribution)라는 확률분포를 통해 설명할 수 있습니다. 주사위 던지기도 마찬가지입니다.

주사위를 던졌을 때 합이 3이 나와야 이기는 게임이 있다고 해보겠습니다. 주사위를 두 개 던졌을 때는 총 36가지(= 6×6) 경우가 나올 수 있으며 이 중 합이 3인 경우는 {1, 2}, {2, 1}뿐입니다. 따라서 이 게임에서 승리할 확률은 2/36 = 1/18이 됩니다.

그러면 주사위 두 개를 세 번 던져서 처음과 두 번째는 실패하고 세 번째만 성공할 확률은 어떻게 구할 수 있을까요? 성공할 확률이 2/36이라면 실패할 확률은 (1 − 2/36)이 됩니다.

그러면 이 확률은 이렇게 계산할 수 있습니다.

$$(1-\frac{2}{36})\times(1-\frac{2}{36})\times\frac{2}{36}=(1-\frac{2}{36})^2\times(\frac{2}{36})^1$$

전체 시행 횟수(n)에서 성공한 횟수(k)를 빼면 실패한 횟수(n–k)가 나오니까 성공 확률이 p라고 할 때 이 공식은 이렇게 일반화해서 쓸 수 있습니다.

$$p^k\times(1-p)^{n-k}$$

여기까지는 순서가 중요했습니다. 순서에 관계 없이 세 번 중 한 번 성공할 확률은 어떻게 계산할 수 있을까요? 성공을 O, 실패를 X라고 하면 OXX, XOX, XXO 세 가지 경우가 세 번 중 한 번 성공하는 경우입니다.

이 세 가지 경우 모두 위에서 계산한 것과 같은 확률이 나옵니다. 전부 곱하기만 하면 되고 1×2×3, 1×3×2, 2×1×3, 2×3×1, 3×1×2, 3×2×1이 전부 6인 것처럼 곱하기는 순서를 바꿔도 결과가 달라지지 않습니다. 결국 위에서 계산한 결과에 3을 곱하면 우리가 원하는 값이 나옵니다.

이렇게 n번 가운데 k번 성공할 확률을 계산하는 개념이 바로 이 장 맨 앞에서 확인한 조합입니다. 지금까지 논의한 내용을 일반화시켜서 정리하면 이렇게 쓸 수 있습니다.

$$_nC_k\times p^k\times(1-p)^{n-k}$$

이 공식이 바로 이항분포를 나타냅니다. 정리하자면 공식이 복잡해 보여도 사실 그냥 곱하기와 나누기 그리고 빼기만 하는 겁니다.

이걸 직접 계산할 필요도 없습니다. R에는 이 공식을 계산해서 알려주는 dbinom() 함수가 있기 때문입니다. 동전을 100번 던졌을 때(size = 100) 앞면이 50번(x = 50) 나올 확률을 계산하는 코드는 이렇게 쓸 수 있습니다. prob = 0.5가 붙은 이유는 짐작하겠죠?

```
dbinom(x = 50, size = 100, prob = .5)
## [1] 0.07958924
```

수학적 확률이 약 8%니까 시뮬레이션을 통해서도 아주 가까운 값()을 얻었다는 사실을 확인할 수 있습니다.

아, 앞에서는 인수 이름을 전부 써줬지만 그냥 dbinom(50, 100, .5)라고만 써도 같은 결과가 나옵니다.

8.8 롯데 자이언츠 가을 야구 진출 확률은?

이항분포를 활용하면 "프로야구 팀 롯데 자이언츠가 '가을 야구'에 진출할 확률은?" 같은 문제에 해답을 구할 수도 있습니다.

롯데가 시즌 44 경기를 치른 상황에서 22승 22패(승률 0.500)를 기록하고 있다고 가정해 보겠습니다. 프로야구가 10개 구단 체제를 갖춘 2015년 이후 2020년까지 가을 야구 '마지노선'인 5위 팀은 평균 73승을 기록했습니다.

프로야구는 한 시즌에 144경기를 치르니까 롯데는 남은 100경기에서 51승 이상을 거둬야 가을 야구 티켓을 노려볼 수 있다고 할 수 있습니다.

그러면 dbinom(51, 100, .500)라고 쓰면 이 확률을 알아볼 수 있을까요? 아닙니다. 이 코드는 롯데가 정확하게 51승을 기록할 확률을 출력하기 때문입니다. 이때는 '누적 확률'을 계산하는 pbinom() 함수를 써야 합니다.

누적 확률이라는 건 pbinom(51, 100, 0.500)이라고 쓰면 롯데가 0~51승을 거둘 확률을 계산한다는 뜻입니다. 우리에게 필요한 건 51~100승을 거둘 확률입니다. 이때는 '1 – pbinom(50, 100, 0.500)'이라고 쓰거나 아니면 pbinom(50, 100, 0.500, lower.tail = FALSE)라고 써야 합니다.

```
1 - pbinom(50, 100, .500)
## [1] 0.4602054
pbinom(50, 100, .500, lower.tail = FALSE)
## [1] 0.4602054
```

두 코드가 같은 계산 결과를 출력한다는 사실을 알 수 있습니다. pbinom()은 0~어떤 수 '까지' 계산하기 때문에 51~100승을 계산하려면 0~50승 확률을 계산한 다음 1에서 이 숫자를 빼야 합니다.

그렇다면 롯데가 40~60승을 기록할 확률을 얼마일까요? 이 확률은 다음 코드로 계산할 수 있습니다.

```
pbinom(60, 100, .500) - pbinom(40, 100, .500)
## [1] 0.9539559
```

이 확률은 동전을 100번 던졌을 때 앞면 또는 뒷면이 40~60번 나올 확률과 완전히 똑같은 개념입니다. 그렇죠?

8.9 이항분포 ∞ 정규분포?

이항분포에는 또 한 가지 재미있는 특성이 있습니다. 성공 확률이 1/2에 가까울수록 또 시행 횟수가 많을수록 '정규분포'(Normal Distribution)와 가까운 모양새를 나타낸다는 점입니다.

통계학에 익숙하다면 동전을 100번 던진 결과물을 봤을 때부터 아니면 3.1절에서 타율 히스토그램을 처음 봤을 때부터 이 개념을 떠올렸을지 모릅니다.

고등학교 수학 시간에는 이런 특징을 '이항분포의 정규근사'라는 개념으로 설명합니다. 실제로 dbinom() 함수로 롯데가 남은 100경기에서 0~100승을 거둘 확률을 계산해 히스토그램을 그린 다음 그 위에 평균 50, 표준편차 5인 정규분포 그래프를 얹어 보면 두 그래프가 아주 잘 맞아 떨어지는 걸 알 수 있습니다.

```
tibble(x = 0:100) %>%
  rowwise() %>%
  mutate(prob = dbinom(x, 100, 0.5)) %>%
  ggplot(aes(x = x, y = prob)) +
  geom_col(fill = 'gray70', color = 'white') +
  stat_function(
    fun = dnorm,
    args = list(mean = 50, sd = 5),
    lwd = 1,
    color = '#53bfd4'
  )
```

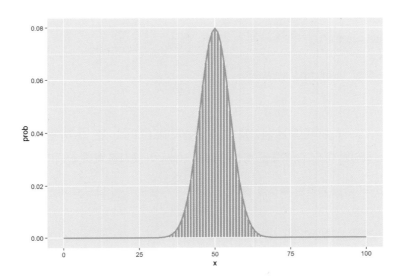

이 코드를 자세히 보면 이항분포를 계산할 때 dbinom() 함수를 쓰는 것처럼 정규분포는 dnorm() 함수를 쓴다는 사실을 알 수 있습니다. 마찬가지로 pnorm() 함수도 존재합니다. R에서 쓸 수 있는 주요 확률분포 관련 함수는 다음과 같습니다.

확률분포	확률밀도함수	누적분포함수	분위수함수	난수함수
기하분포	dgeom()	pgeom()	qgeom()	rgeom()
베타분포	dbeta()	pbeta()	qbeta()	rbeta()
연속균등분포	dunif()	punif()	qniuf()	runif()
음이항분포	dnbinom()	pnbimom()	qnbinom()	rnbinom()
이항분포	dnimom()	pbinom()	qbinom()	rbinom()
정규분포	dnorm()	pnorm()	qnorm()	rnorm()
초기하분포	dhyper()	phyper()	qhyper()	rhyper()
푸아송분포	dpois()	ppois()	qpois()	rpois()
F-분포	df()	pf()	qf()	rf()
t-분포	dt()	pt()	qt()	rt()

아직 어떤 분포가 어떤 의미인지 몰라도 전혀 관계없습니다. 분포는 서로 달라도 함수가 서로 같은 형태라는 사실을 확인하기 위해 이 표를 그렸을 뿐이니까요.

확률밀도함수와 누적분포함수는 무슨 뜻인지 이미 감을 잡으셨을 겁니다. 분위수 함수는 문자 그대로 분위 그러니까 특정한 %에 해당하는 숫자가 얼마인지 알려줍니다. 예컨대 평균이 0, 표준편차가 1인 정규분포에서 50%에 해당하는 값은 0입니다. 이를 알려달라는 코드는 이렇게 입력할 수 있습니다.

```
qnorm(p = .5, mean = 0, sd = 1)
## [1] 0
```

난수함수는 이 분포를 따르니까 이 분포 모양을 그릴 수 있는 숫자를 랜덤으로 골라달라는 뜻입니다. 예를 들어 정규분포를 따라 난수를 10,000개 발생시켜 히스토그램을 그려보면 당연히 정규분포 형태로 나타납니다.

```
tibble(
  x = rnorm(10000, mean = 0, sd = 1)
) %>%
  ggplot(aes(x = x)) +
  geom_histogram(fill = 'gray70', color = 'white', bins = 30)
```

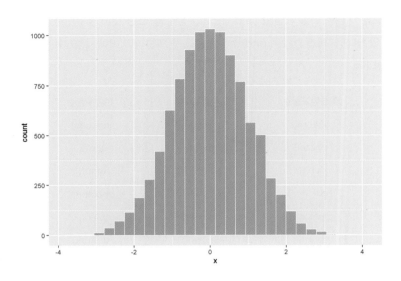

8.10 세상은 정규분포

앞에서 나온 각종 분포 가운데 제일 유명한 건 역시 정규분포입니다. 정규분포를 '통계학의 꽃'이라고 평가하는 이들도 있습니다. 인간과 자연 세상에서 일어나는 수 많은 일을 설명할 때 이 분포가 도움이 되기 때문입니다.

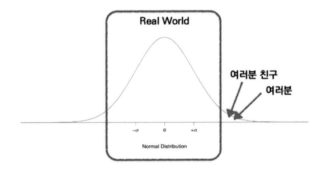

이 그림에서 제일 중요한 표현은 'Real World'입니다. 위에서 우리는 롯데가 40~60승 사이를 기록할 확률이 95.4%라는 걸 확인했습니다. 이를 다른 말로 표현하면 50 ±10 즉, 평균 ± 2 × 표준편차 안에 전체 사례 가운데 95.4%가 자리한다는 뜻이 됩니다.

이 성질이 정규분포를 유명하게 만들었다고 해도 과언이 아닙니다. 데이터를 충분히 모으면 정규분포를 따라 분포하게 되고, 어떤 데이터가 정규분포를 따라 분포하면 평균과 표준편차에 따라 샘플이 얼마나 모여있는지 알 수 있다는 점 말입니다. 이 결과는 다음처럼 정리할 수 있습니다.

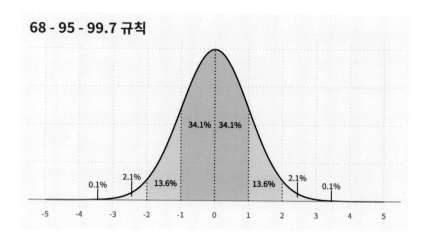

68 - 95 - 99.7 규칙

이런 성질을 흔히 '68 – 95 – 99.7 규칙' 또는 '3 시그마 규칙'이라고 부릅니다. '시그마'라는 표현이 등장하는 건 통계학에서 시그마(σ) 기호를 써서 (모집단) 표준편차를 나타내기 때문입니다.

스포츠에서 3 시그마 규칙을 활용한 사례로는 메이저리그 스카우팅 리포트를 꼽을 수 있습니다. 메이저리그 스카우트는 20~80점 사이로 선수 능력을 평가합니다. 평균을 50, 표준차를 10이라고 놓으면 20~80점 사이만 써도 전체 선수 가운데 99.7%를 평가할 수 있으니까요.

> 여기서 원인과 결과가 뒤바뀐 것 아니냐고 생각하는 분도 있을 겁니다. 데이터를 수집하다 보면 그 결과가 정규분포 형태로 나오는 것인데 처음부터 정규분포를 가정하고 데이터를 수집해서는 안 된다고 생각하는 접근법입니다. 예, 사실 이건 착각에서 비롯된 기록 방법입니다.

그러니까 이렇게 정규분포를 사용해 어떤 관찰 결과를 정리한다는 건 이 데이터가 정규분포에서 어떤 '위치'에 자리잡고 있는지를 나타낸다는 뜻이 됩니다. 이 특징을 활용하면 서로 단위나 척도, 난도가 다른 데이터끼리도 서로 비교할 수 있습니다.

예컨대 시험 점수가 똑같이 70점이라고 해도 평균이 80점인 과목에서 70점을 받은 것과 평균이 60점인 과목에서 70점을 받은 건 '상대적으로' 다른 결과라고 할 수 있습니다. 대학수학능력시험 등에서는 과목 난도 차이를 고려해 '표준 점수'를 활용하는 이유이기도 합니다.

기본적으로 표준 점수는 아래 공식을 활용해 계산합니다.

$$표준점수(z) = \frac{개별\ 데이터(x) - 평균(\mu)}{표준편차(\sigma)}$$

이 공식을 통해 계산하면 개별 데이터가 평균과 비교할 때 표준편차와 얼마나 떨어져 있는지 배율로 알 수 있습니다. 그러면 z값이 ± 2 × 표준편차만큼 떨어져 있다면 그 사이에는 샘플 몇 %가 들어 있다고 할 수 있을까요? 네, 95.4%입니다.

소수점을 빼고 95%는 ±1.96표준편차 사이에 자리합니다. 'Real World'를 상징하는 숫자가 바로 1.96인 셈입니다. 이 때문에 세상에서 제일 중요한 숫자는 1.96이라고 말씀하는 분들도 계십니다.

사실 정규분포 그래프는 아래 공식(함수)에 x를 집어 넣었을 때 나오는 결과로 그리는 겁니다.

$$f(x) = \frac{1}{\sqrt{2\pi\sigma^2}} \, e^{-\frac{(x-\mu)^2}{2\sigma^2}}$$

이런 함수가 바로 8.10절 표에 등장했던 그 '확률 밀도 함수'(PDF·Probability Density Function)입니다. 이 공식을 보여드리는 건 어디선가 이런 모양을 보셨을 때 '아, 이게 정규분포구나'하고 짐작하라는 뜻이지 다른 이유는 없습니다.

지금까지 진짜 먼 길을 오셨습니다. 그래도 여기까지 읽으셨다면 이제 확률이 무엇인지는 충분히 감을 잡았을 걸로 믿습니다. 이번 장에서 샘플이라는 표현을 자주 썼으니 다음 장에서는 '샘플링'이 뭔지 알아보겠습니다.

일부로 전체를
추론하기

"특정한 지역에 폭탄이 얼마나 많이 떨어졌든 미래의 확률은 차이가 없어.
로켓들은 각자, 서로와 아무 관계없이 떨어져. 폭탄은 (파플로프의) 개가 아니야.
관계도 모르고, 기억도 없어. 적응이란 것도 없어."

– 토미스 핀천 '중력의 무지개' –

평소 팬이 적기로 유명한 서울 고척스카이돔에 모처럼 만원 관중(16,731명)이 들어찼습니다. 이 구장을 안방으로 쓰는 프로야구 키움 히어로즈는 '야구 in girl', '주부특공대' 같은 프로그램을 통해 여성 팬 대상 마케팅을 꾸준히 진행해왔습니다. 만원 관중이 들어 찬 기념으로 여성 팬 비율이 얼마나 되는지 조사해 보기로 합니다.

이럴 때 가장 일반적으로 생각할 수 있는 접근법은 구역을 나눠 따로 따로 성비를 집계하는 겁니다. 이 구단이 이 조사에 활용할 수 있는 인원은 아르바이트생 15명이 전부였습니다. 마케팅팀장은 야구장을 15개 구역으로 나눈 뒤 이들에게 각 구역에 있는 남녀 숫자를 세어 오라고 했습니다. 이들이 각자 집계한 인원을 모두 더하면 전체 비율을 알 수 있을 테니까요.

문제는 야구장을 15개 구역으로 나눠도 아르바이트생 한 명당 1000명이 넘는 사람을 세어야 한다는 데 있었습니다. 게다가 관중석이 네모 반듯하게 나뉜 게 아니고 자리에서 움직이는 사람도 많아서 정확하게 숫자를 알아내는 게 불가능에 가까운 일이었습니다.

그때 세이버메트릭스(야구통계학)에 정통한 전력분석팀장이 '그냥 아무나 눈에 띄는 대로 30명씩 골라 여성 팬 숫자만 세어 와라. 아르바이트생 한 사람이 똑같은 사람을 두 번 세면 안 되지만 다른 아르바이트생과 겹치는 건 아무 관계가 없다'고 이야기했습니다.

정말 이런 방식으로 전체 관중 가운데 여성 팬 숫자를 알아낼 수 있을까요?

9.1 (복원) 추출이란 무엇인가?

이 방법이 먹힐지 아닐지 R에서 시뮬레이션을 진행해서 알아보겠습니다. 제일 먼저 할 일은 당연히 tidyverse, tidymodel 패키지 불러오기입니다. 이젠 시드도 지정해야겠다는 생각이 들 겁니다.

```
pacman::p_load(tidyverse, tidymodels)

set.seed(1234)
```

이어서 전체 관중 성별이 들어 있는 'gocheock_attendance.csv' 파일을 불러 오고 glimpse() 함수로 어떤 내용이 들어 있는지도 알아보겠습니다.

```
'gocheock_attendance.csv' %>%
  read.csv() %>%
  as_tibble() -> gocheock_attendance

gocheock_attendance %>%
  glimpse()
## Rows: 16,731
## Columns: 2
## $ 코드 <int> 1, 2, 3, 4, 5, 6, 7, 8, 9, 10, 11, 12, 13, 14, 15, 16, 17, 18, 1...
## $ 성별 <chr> "남", "남", "여", "남", "남", "여", "여", "남", "남", "남", "남", "여", "남",...
```

여기서 '코드'는 중복 집계 여부를 확인하려고 넣은 변수입니다.

물론 4.1절에서 dplyr 기본기 공부를 끝낸 독자라면 summarise() 함수로 어렵지 않게 정답을 구할 수 있을 겁니다. 그러나 고척돔에 있는 그 누구도 현재까지는 정답을 모르기 때문에 우리도 정답을 모르는 상태라고 가정해 보겠습니다.

대신 8.3절에서 그랬던 것처럼 이번에도 우리는 rep_sample_n() 함수를 써서 아르바이트생 15명이 각자 '이미 집계한 사람을 내가 또 세면 어떻게 할까' 고민하지 않고 30명을 고르는 작업을 진행해 보겠습니다.

이런 작업을 유식한 말로 '복원 추출'이라고 합니다. 주머니에서 공을 하나씩 고르는 작업을 한다고 할 때 한 번 나온 공을 다시 주머니에 집어 넣고 다시 꺼내는 방식이 바로 복원 추출입니다.

그러면 당연히 비복원 추출도 있겠죠? 복원이든 비복원이든 이렇게 원본 데이터에서 특징한 표본을 골라내는 작업을 뜻하는 영어 표현이 바로 샘플링(sampling)입니다. 우리는 계속 복원 추출을 진행해 보겠습니다.

rep_sample_n() 함수에서는 'replace = TRUE' 옵션을 주면 복원 추출을 진행합니다. 코드를 실행할 때마다 결과가 달라지지 않도록 첫 번째 추출 결과를 gocheock_quick_search라는 객체에 넣은 다음 확인해 보겠습니다.

```
gocheock_attendance %>%
  rep_sample_n(reps = 15,
               size = 30,
               replace = TRUE) -> gocheock_sample


gocheock_sample
## # A tibble: 450 x 3
## # Groups:   replicate [15]
##    replicate  코드 성별
##        <int> <int> <chr>
## 1          1  7452 남
## 2          1  8016 여
## 3          1  7162 여
## 4          1  8086 남
## 5          1  9196 여
```

원래 reps 인수에는 추출 작업을 몇 번 진행해야 할지 알려주는 값을 넣는데 여기서 우리는 이 반복 횟수를 아르바이트생 숫자라고 간주합니다. 이 아르바이트생 15명이 각자 고른 30명 중 여성 팬이 몇 명인지 알아보고 싶을 때는 이렇게 코드를 쓰면 됩니다.

```
gocheock_sample %>%
  summarise(여성합계 = sum(성별 == '여'))
## # A tibble: 15 x 2
##    replicate 여성합계
##        <int>    <int>
## 1          1       15
## 2          2       12
## 3          3       14
## 4          4       10
## 5          5       13
```

"성별 == '여'"라는 건 성별이 '여'인지 아닌지 TRUE 또는 FALSE로 알려달라는 뜻입니다. R에서는 TRUE를 1, FALSE를 0으로 취급하고, TRUE를 '더하면' 여성 숫자가 나옵니다.

우리가 알고 싶은 건 30명 가운데 여성 비율이니까 앞서 구한 여성 팬 합계를 30으로 나누면 됩니다. 아르바이트생이 각자 30명씩 성별을 확인하고 왔으니까 30으로 나누는 겁니다.

```
gocheock_sample %>%
  summarise(여성합계  = sum(성별  == '여'),
               여성비율 = 여성합계 / 30)
## # A tibble: 15 x 3
##    replicate 여성합계 여성비율
##         <int>   <int>    <dbl>
## 1         1      15      0.5
## 2         2      12      0.4
## 3         3      14      0.467
## 4         4      10      0.333
## 5         5      13      0.433
```

이어서 아르바이트생 15명이 각자 집계한 여성 팬 비율 평균을 계산해 보겠습니다.

```
gocheock_sample %>%
  summarise(여성합계  = sum(성별  == '여'),
               여성비율 = 여성합계 / 30) %>%
  summarise(여성비율_평균 = mean(여성비율))
## # A tibble: 1 x 1
##    여성비율_평균
##         <dbl>
## 1      0.387
```

38.7%가 나왔습니다. 이 숫자는 실제 여성 팬 비율과 얼마나 차이가 있을까요?

정답을 알아보기에 앞서 아르바이트생 15명이 각자 집계한 여성 팬 비율이 어떻게 분포하고 있는지 히스토그램을 하나 그려보겠습니다.

```
gocheock_sample %>%
  summarise(여성합계  = sum(성별  == '여'),
               여성비율 = 여성합계 / 30) %>%
  ggplot(aes(x = 여성비율)) +
  geom_histogram(binwidth = .05, fill = 'gray75', color = 'white')
```

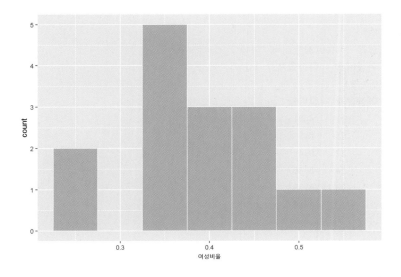

숫자를 한 번만 세는 걸로는 역시 부족해 보이니까 똑같은 과정을 한 번 더 진행해서 이번에는 gocheock_quick_search2 객체에 넣어둡니다.

```
gocheock_attendance %>%
  rep_sample_n(reps = 15,
               size = 30,
               replace = TRUE) -> gocheock_sample2
```

그리고 첫 번째와 두 번째 실험 결과를 bind_rows() 함수로 합쳐서 다시 gocheock_sample 변수에 넣겠습니다.

현재는 어떤 행이 첫 번째 실험인지 두 번째 실험인지 알려주는 열이 없습니다. 그래서 둘을 합치기 전에 각각 trial이라는 열을 만들어서 몇 번째 실험이었는지 확인할 수 있도록 해두겠습니다.

```
gocheock_sample %>%
  mutate(trial = 1) %>%
  bind_rows(
    gocheock_sample2 %>%
      mutate(trial = 2)
  ) -> gocheock_sample

gocheock_sample
## # A tibble: 900 x 4
## # Groups:   replicate [15]
##    replicate  코드 성별  trial
##        <int> <int> <chr> <dbl>
## 1          1  7452 남        1
## 2          1  8016 여        1
```

```
## 3        1  7162 여          1
## 4        1  8086 남          1
## 5        1  9196 여          1
```

다시 아르바이트생 15명이 두 차례 실험에 걸쳐 집계한 여성 비율 평균은 어떻게 되는지 계산해 봅니다. trial 과 replicate에 따라 그룹을 나눠서(group_by(trial, replicate)) 계산하면 되겠죠?

```
gocheock_sample %>%
  group_by(trial, replicate) %>%
  summarise(여성합계  = sum(성별  == '여'),
            여성비율 = 여성합계 / 30,
            .groups = 'drop') %>%
  summarise(여성비율_평균 = mean(여성비율))
## # A tibble: 1 x 1
##   여성비율_평균
##        <dbl>
## 1       0.404
```

이번에는 40.4%로 비율이 올랐습니다. 계속해서 히스토그램도 그려봅니다.

```
gocheock_sample %>%
  group_by(trial, replicate) %>%
  summarise(여성합계  = sum(성별  == '여'),
            여성비율 = 여성합계 / 30,
            .groups = 'drop') %>%
  ggplot(aes(x = 여성비율)) +
  geom_histogram(binwidth = .05, fill = 'gray75', color = 'white')
```

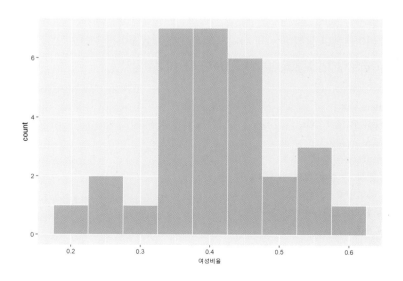

어쩐지 히스토그램이 점점 자리를 잡아간다는 느낌적인 느낌이 들지 않나요?

앞에서는 개념 설명 차원에서 객체를 한 번 새로 만들었지만 사실 그럴 필요가 없습니다. 그냥 실험 반복 횟수(reps)를 늘리면 그만이니까요. 이 실험을 세 번 진행하고 나서 여성 비율 평균까지 계산해 출력하는 코드를 써보겠습니다.

```
gocheock_attendance %>%
  rep_sample_n(reps = 15 * 3,
               size = 30,
               replace = TRUE) %>%
  summarise(여성합계  = sum(성별  == '여'),
            여성비율 = 여성합계 / 30) %>%
  summarise(여성비율_평균 = mean(여성비율))
## # A tibble: 1 x 1
##    여성비율_평균
##         <dbl>
## 1         0.424
```

42.4%가 나왔습니다. 이제 summarise() 함수로 실제 여성 팬 비율을 알아보겠습니다.

```
gocheock_attendance %>%
  summarise(여성비율 = mean(성별 == '여'))
## # A tibble: 1 x 1
##    여성비율
##        <dbl>
## 1    0.437
```

실제 비율은 43.7%였습니다. 아르바이트생 15명을 세 바퀴 돌린 결과가 42.4%였으니까 제법 가까운 숫자를 맞춘 셈입니다.

우리는 실제로 아르바이트생이 움직이는 게 아니라 컴퓨터로 시뮬레이션을 하고 있을 뿐이니까 실험 횟수를 더 많이 늘릴 수도 있습니다. 이 실험을 100번 진행해 보면 어떨까요?

```
gocheock_attendance %>%
  rep_sample_n(reps = 15 * 100,
               size = 30,
               replace = TRUE) %>%
  summarise(여성합계  = sum(성별  == '여'),
            여성비율 = 여성합계 / 30) %>%
  summarise(여성비율_평균 = mean(여성비율))
## # A tibble: 1 x 1
```

```
##   여성비율_평균
##        <dbl>
## 1       0.439
```

차이가 더욱 줄었습니다. 이뿐만이 아닙니다. 히스토그램을 그려보면 이 정답에 해당하는 구간이 가장 높이 올라가 있다는 사실도 확인할 수 있습니다.

```
gocheock_attendance %>%
  rep_sample_n(reps = 15*100,
               size = 30,
               replace = TRUE) %>%
  summarise(여성합계  = sum(성별  == '여'),
            여성비율 = 여성합계 / 30) %>%
  ggplot(aes(x = 여성비율)) +
  geom_histogram(binwidth = .05, fill = 'gray75', color = 'white') +
  geom_vline(xintercept = .437)
```

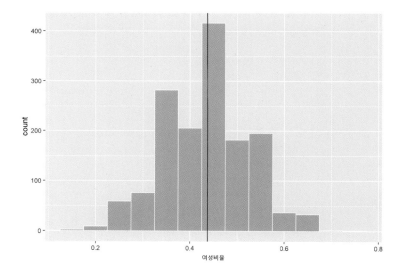

신기하지 않나요? 도대체 어떻게 이런 일이 생긴 걸까요?

9.2 모집단 vs 표본집단

c(1, 2, 3)이라는 데이터가 있다고 해봅시다. 이 데이터 평균은 2, 분산은 2/3입니다.

$$평균 = \frac{1+2+3}{3} = 2$$

$$분산 = \frac{(1-2)^2 + (2-2)^2 + (3-2)^2}{3} = \frac{2}{3}$$

이 데이터에서 반복을 허락해 두 개씩 데이터를 뽑는 방법은 9가지(= 3 × 3)가 있습니다. 8.7절에 등장했던 crossing() 함수를 쓰면 이 9가지 경우의 수를 표현할 수 있습니다.

```
crossing(
  x = c(1, 2, 3),
  y = c(1, 2, 3)
)
## # A tibble: 9 x 2
##       x     y
##   <dbl> <dbl>
## 1     1     1
## 2     1     2
## 3     1     3
## 4     2     1
## 5     2     2
## 6     2     3
## 7     3     1
## 8     3     2
## 9     3     3
```

행별 평균을 구해 봅니다.

```
crossing(
  x = c(1, 2, 3),
  y = c(1, 2, 3)
) %>%
  mutate(평균 = (x + y) /2)
## # A tibble: 9 x 3
##       x     y   평균
##   <dbl> <dbl> <dbl>
## 1     1     1     1
## 2     1     2   1.5
## 3     1     3     2
## 4     2     1   1.5
## 5     2     2     2
## 6     2     3   2.5
```

```
## 7        3        1      2
## 8        3        2      2.5
## 9        3        3      3
```

계속해서 이 평균의 평균을 계산해 보겠습니다.

```
crossing(
  x = c(1, 2, 3),
  y = c(1, 2, 3)
) %>%
  mutate(평균 = (x + y) / 2) %>%
  summarise(평균_평균 = 평균 %>% mean())
## # A tibble: 1 x 1
##   평균_평균
##      <dbl>
## 1        2
```

그랬더니 원래 평균과 같은 값 2가 나왔습니다.

c(1, 2, 3)처럼 전체 데이터(모집단)를 대상으로 평균을 계산한 결과를 모(母)평균, 샘플(표본)을 추출해 샘플별로 계산한 평균을 표본평균이라고 합니다. '표본평균의 평균'은 모평균과 똑같습니다. 이런 특징 때문에 샘플링을 반복하면 우리가 원래 알고 싶었던 값에 근접한 결과를 얻어낼 수 있는 겁니다.

9장 앞부분에 평균과 분산을 같이 썼다는 건 분산도 재미있는 특징을 나타낸다는 얘기겠죠? 앞에서 본 것처럼 '관측값 – 평균'으로 편차(deviation)를 계산해 제곱한 다음 이 숫자를 데이터 개수로 나눠주면(평균을 내면) 분산이 나옵니다.

```
crossing(
  x = c(1, 2, 3),
  y = c(1, 2, 3)
) %>%
  mutate(평균 = (x + y) /2 ,
         편차 = 2 – 평균,
         편차_제곱 = 편차 ^ 2) %>%
  summarise(across(평균:편차_제곱, mean))
## # A tibble: 1 x 3
##    평균   편차 편차_제곱
##   <dbl> <dbl>    <dbl>
## 1     2     0    0.333
```

표본분산 1/3(= 0.333…)은 앞서 우리가 확인했던 모분산 2/3와 다릅니다. 그런데 모분산(2/3)을 샘플 크기 그러니까 2로 나누면 1/3로 표본 분산과 같은 값이 나옵니다.

앞에서는 쉽게 이해가 가도록 편차라는 단어를 썼지만 모평균은 참값, 표본평균은 근삿값에 해당하기 때문에 이때는 '오차'(error)라고 표현하는 게 맞습니다. 그래서 이 표본 분산에 루트를 씌운 값도 표준편차(standard deviation)가 아니라 표준오차(standard error)라고 부릅니다.

9.3 중요극한정리

이 샘플링 실험에서 또 한 가지 놓치지 말아야 하는 건 '히스토그램' 모양입니다. 눈썰미가 좋다면 실험 횟수를 늘릴수록 아르바이트생별 여성 팬 비율이 점점 정규분포 형태를 닮아간다고 생각하셨을 겁니다.

통계학에서는 이런 현상을 '중요극한정리(CLT·Central Limit Theorem)'또는 '중심극한정리'라는 표현으로 설명합니다. CLT는 모집단 분포 모양에 관계없이 표본평균의 분포는 정규분포에 가까워진다는 내용입니다.

더 거칠게 설명하면 모집단으로 히스토그램을 그렸을 때는 저마다 다른 모양이 나올 수 있지만 표본평균으로 히스토그램을 그리면 정규분포 형태로 나타난다는 이야기입니다.

8.10절에서 확인했던 것처럼 R에는 다양한 확률 분포에 따라 무작위로(랜덤으로) 숫자를 골라내는 함수가 들어 있습니다. 정규분포와 베타분포를 기준으로 난수를 각 5만 개씩 총 10만개를 만들어 population1[50]이라는 객체에 넣겠습니다. 베타분포가 뭔지 모르는 분이 대부분이겠지만 관계없습니다. 그냥 전혀 엉뚱한 모양을 만들겠다는 뜻일 뿐이니까요.

```
tibble(
  x = (rnorm(n = 50000, mean = 50, sd = 10))
) %>%
  bind_rows(
    tibble(x = rbeta(n = 50000, 50, 10) * 100)
  ) -> population1
```

히스토그램을 그려보면 이 모집단은 아래 같은 형태라는 걸 알 수 있습니다.

```
population1 %>%
  ggplot(aes(x = x)) +
  geom_histogram(bins = 30, fill = 'gray75', color = 'white')
```

---

50 population이 아니라 population1이라고 쓴 건 tidyverse 정확히는 tidyr 패키지에 219개국 1995~2013년 인구 숫자를 담고 있는 population 데이터 세트가 존재하고 있기 때문입니다.

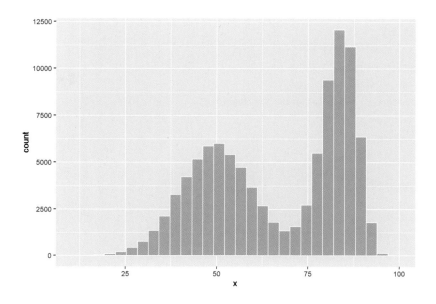

정규분포를 기준으로 난수를 발생시켰으니 왼쪽에는 정규분포 모양이 자리잡고 있기는 하지만 전체적으로는 정규분포와 거리가 멉니다.

이제 표본평균으로 히스토그램을 그릴 차례입니다. 샘플 1, 5, 10, 30, 50, 100개를 10, 100, 1000, 10000번 샘플링해서 표본평균을 계산하고 이를 sample_mean_tbl 객체에 넣어 보겠습니다.

```
crossing(size = c(1, 5, 10, 30, 50, 1000),
         reps = c(10, 100, 1000, 10000)) %>%
  rowwise() %>%
  mutate(
    sample_mean =
      population1 %>%
      rep_sample_n(
        size = size,
        reps = reps,
        replace = TRUE
      ) %>%
      group_by(replicate) %>%
      summarise(mean = mean(x), .groups = 'drop') %>%
      pull(mean) %>% lst()
  ) %>%
  unnest(sample_mean) -> sample_mean_tbl
```

이 코드가 잘 이해가 가지 않을 수 있습니다. 그 이야기는 이번 장 마지막에 하기로 하고 결과부터 살펴보겠습니다. 샘플 숫자를 가로 방향, 시행 횟수를 세로 방향에 배치해 히스토그램을 그려보면 이런 모양이 나타납니다.

```
sample_mean_tbl %>%
  ggplot(aes(x = sample_mean)) +
  geom_density(fill = 'gray75') +
  facet_grid(reps ~ size) +
  geom_vline(xintercept = population1$x %>% mean(),
             linetype = 'dotted')
```

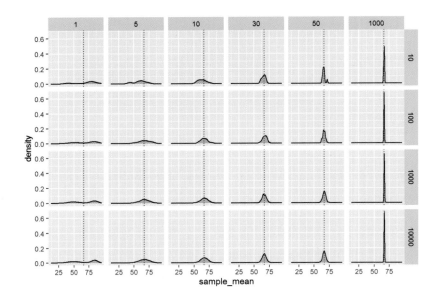

오른쪽 세 번째 열을 통해 확인할 수 있는 것처럼 표본이 30개 정도 되면 시행 횟수에 크게 관계없이 정규분포 모양과 가까워지는 걸 확인할 수 있습니다. 통계학 공부를 하다 보면 '표본이 30개 이상이면 정규성을 가정한다'는 문장을 접할 수 있는 건 이 때문입니다.

앞 장에서 정규분포를 '통계학의 꽃'이라고 말씀드렸습니다. '68 – 95 –99.7 규칙'을 비롯해 정규분포 특성에 관해서는 거의 해부가 끝난 상황입니다. CLT가 작동하기 때문에 우리는 표본 생김새에 크게 구애받지 않고 각종 통계 검정 작업을 진행할 수 있습니다.

아, 이렇게 샘플링을 했을 때도 '모평균 = 표본평균'이라고 할 수 있을까요? 물론 그렇습니다.

우리가 계산에 활용한 각 표본평균을 놓고 평균을 계산하면 66.7이 나옵니다.

```
sample_mean_tbl %>%
  summarise(mean = sample_mean %>% mean())
## # A tibble: 1 x 1
##    mean
##   <dbl>
## 1  66.7
```

마찬가지로 population1$x 평균도 66.66392로 거의 똑같은 숫자가 나타납니다.

```
population1$x %>% mean()
## [1] 66.63458
```

'모분산 ÷ 표본 크기 = 표본분산' 역시 마찬가지입니다.

```
sample_mean_tbl %>%
  group_by(size) %>%
  summarise(mean = sample_mean %>% mean(),
            se = sample_mean %>% sd(),
            .groups = 'drop') %>%
  mutate(sd = sd(population1$x) / sqrt(size))
## # A tibble: 6 x 4
##    size  mean    se    sd
##   <dbl> <dbl> <dbl> <dbl>
## 1     1  66.6  18.5  18.5
## 2     5  66.8  8.20  8.25
## 3    10  66.7  5.80  5.84
## 4    30  66.7  3.38  3.37
## 5    50  66.7  2.61  2.61
## 6  1000  66.7 0.589 0.584
```

샘플 데이터로 표준오차(se)를 계산한 값과 모 표분편차(sd)를 표본 크기 제곱근으로 나눈 값이 거의 똑같다는 사실을 확인할 수 있습니다. 왜 분산을 이야기하다가 표준오차, 표준편차가 등장했는지 의문인 분도 이제 없겠죠?

9.4 중첩 tibble이 필요할 때

이제 CLT 검증 과정에 등장했던 문제의 코드를 살펴볼 때가 됐습니다.

코드를 이해하기 어려울 때는 뒤에서부터 지워 보면 오히려 이해가 잘 될 수도 있습니다. 코드 전체를 실행하려면 시간이 적지 않게 걸리니까 표본 2개를 10번 추출하도록 설정해 놓은 다음에 뒤에서부터 코드를 한 줄 한 줄 지워보겠습니다.

```
crossing(
  size = 2,
  reps = 10
) %>%
  rowwise() %>%
  mutate(
    sample_mean =
```

```
    population1 %>%
    rep_sample_n(
      size = size,
      reps = reps,
      replace = TRUE
    ) %>%
    group_by(replicate) %>%
    summarise(mean = mean(x), .groups = 'drop') %>%
    pull(mean) %>% lst()
  ) %>%
  unnest(sample_mean)
```

맨 마지막에 있는 unnest(sample_mean)을 지우면 이런 결과가 나옵니다.

```
crossing(
  size=2,
  reps=10
) %>%
  rowwise() %>%
  mutate(sample_mean =
          population1 %>%
          rep_sample_n(size = size, reps = reps) %>%
          group_by(replicate) %>%
          summarise(mean = mean(x), .groups = 'drop') %>%
          pull(mean) %>% lst())
## # A tibble: 1 x 3
## # Rowwise:
##    size  reps sample_mean
##   <dbl> <dbl> <named list>
## 1     2    10 <dbl [10]>
```

sample_mean 열이 리스트(list) 형태입니다. 어떻게 생겼는지 한 번 열어볼까요? '$' 기호를 쓰면 특정한 열만 확인할 수 있다는 것 기억하나요? 파이프(%>%) 기호로 연결 중일 때 자기 자신을 뜻하는 기호는 점(.)입니다.

```
crossing(
  size = 2,
  reps = 10
) %>%
  rowwise() %>%
  mutate(sample_mean =
          population1 %>%
          rep_sample_n(size = size, reps = reps) %>%
```

```
          group_by(replicate) %>%
          summarise(mean = mean(x), .groups = 'drop') %>%
          pull(mean) %>% lst()) %>%
   .$sample_mean
## $.
## [1] 81.87204 62.40649 81.85207 83.69835 52.84515 76.37985 48.52659 62.03220
## [9] 79.98079 73.11542
```

이 열이 리스트 형태인 건 바로 위에서 lst() 함수를 써서 벡터[51]를 리스트 형태로 바꾸라고 명령했기 때문입니다. 이 코드를 지우면 에러 메시지를 출력합니다. 그 이유는 mutate() 함수 안에 들어 있는 부분을 실행해 보면 알 수 있습니다. ('size = 2, reps = 5'라고 따로 입력한 이유는 알고 계시죠?)

```
population1 %>%
  rep_sample_n(size = 2, reps = 5) %>%
  group_by(replicate) %>%
  summarise(mean = mean(x), .groups = 'drop')
## # A tibble: 5 x 2
##   replicate  mean
##       <int> <dbl>
## 1         1  69.9
## 2         2  66.5
## 3         3  76.0
## 4         4  40.1
## 5         5  63.5
```

실행 결과가 tibble이었는데 이 결과를 '열'로 붙여 넣으라는 명령을 받았으니 에러 메시지를 출력한 겁니다.

사실 tibble 열에 tibble을 넣지 못하는 건 아닙니다. 이런 형태를 중첩(nested) tibble이라고 부릅니다. 중첩 tibble을 만들려면 당연히 중간에 '이 부분을 중첩해줘'라고 처리하는 부분이 필요합니다. 그 코드가 바로 pull(mean) %>% lst()에 해당합니다.

tibble 안에 tibble을 넣는데 리스트로 바꾼 건 tibble 아니 데이터 프레임 자체를 리스트의 한 형태로 볼 수 있기 때문입니다.

사실 이 내용을 정확하게 이해하려면 purrr 패키지를 공부해야 합니다. 단, 통계 공부만으로도 버거울 수 있으니 이번 책에서 이를 다루지 않도록 하겠습니다.[52]

---

51 c()로 묶었을 때 나오는 데이터 형
52 purrr 패키지가 궁금하다면 github.com/rstudio/cheatsheets/raw/master/translations/korean/purrr-cheatsheet-kr.pdf 파일을 내려받아 보면 도움이 될 수 있습니다.

"「톰 소여의 모험」이라는 책을 읽어 보지 않은 사람이라면
나에 대해 아마 잘 모를 거야. 하지만 그건 상관없어.
그 책은 마크 트웨인 선생님이 쓴 책인데
그 분은 진실을 이야기하셔. 거의 대부분은 그래."

– 마크 트웨인 '허클베리 핀의 모험' –

9장은 관중이 적기로 소문난 프로야구 경기장 서울 고척스카이돔에서 시작했습니다. 이번에는 관중이 많기로 소문난 천안 유관순체육관으로 가보겠습니다. 이 체육관은 프로배구 남자부 현대캐피탈 스카이워커스 안방 구장입니다.

프로 스포츠 리그는 여성 팬보다 남성 팬이 많은 게 일반적입니다. 그런데 현대캐피탈 관계자는 만원 관중(5482명)이 들어찬 어느날 '아무리 봐도 오늘은 여성 팬이 더 많은 것 같다'는 생각이 들었습니다. 그리고 정말 그런지 알아보기로 했습니다.

이 관계자는 '샘플링'이 무엇인지 공부를 해둔 덕분에 아르바이트생 10명에게 '각자 20명씩 관중 성별을 조사해 와라. 한 사람이 관중 한 명을 여러 번 세지만 않으면 아르바이트생끼리 관중이 겹치는 건 관계없다'고 말했습니다.

문제는 이 관계자가 의문을 품은 시점이 너무 늦었다는 것이었습니다. 현대캐피탈이 세트 스코어 3-0 완승을 거두면서 관중이 빠른 속도로 체육관을 빠져 나가기 시작했습니다. 샘플링 작업에 '복원 추출'을 활용하는 건 모집단 특성을 그대로 유지한 상태에서 표본을 골라내야 작업이 유효하기 때문입니다. 관중이 빠져 나가서 모집단 특성이 달라졌을 때 표본을 새로 추가하는 건 의미가 없습니다.

그래도 이 관계자는 낙담하지 않았습니다. 그는 샘플링뿐 아니라 '부트스트래핑'(bootstrapping)이 무엇인지도 알고 있는 '능력자'였으니까요.

10.1 부트스트래핑이란 무엇인가?

부츠, 가죽 장화에는 신고 벗기 편하라고 가죽 손잡이가 달려 있는 경우가 많습니다. 그 손잡이가 바로 부츠스트랩(bootstrap)입니다.

이 부츠스트랩이 들어가는 가장 유명한 영어 표현은 'pulling oneself up by one's bootstrap'입니다. 이 표현을 문자 그대로 해석하면 '(구덩이에 빠졌을 때) 자기 부츠스트랩을 혼자 위로 끌어 당겨서 탈출한다'는 뜻입니다. 얼핏 생각하면 이런 일은 불가능해 보이고, 실제로 저 표현에도 '불가능해 보이는 일을 해내다'는 의미가 있습니다.

그런데 여러분은 아마 오늘도 부트스트래핑을 지켜봤을 확률이 높습니다. 컴퓨터 중앙처리장치(CPU)에 전원을 공급하면 CPU는 자기 자신을 구동시킬 프로그램을 스스로 불러냅니다. 이 과정을 부트스트래핑이라고 부릅니다. 단, 이제는 부팅(booting)이라고 줄여서 말하는 경우가 더 많습니다.

그러면 통계학에서 이야기하는 부트스트래핑은 뭘까요? 기존 샘플 데이터에서 새 샘플 데이터를 반복적으로 복원 추출하는 작업을 뜻합니다. 이렇게 설명을 하고 나면 왜 이런 이름이 붙었는지는 짐작할지 몰라도 정확하게 어떤 작업을 뜻하는지는 이해하기 어려울 수도 있습니다. 한 번 직접 해보겠습니다.

제일 먼저 해야 하는 일은 언제나 그런 것처럼 tidyverse, tidymodels 패키지 불러오기입니다.

```
pacman::p_load(tidyverse, tidymodels)
```

시드 지정이 필요하다는 것도 이제 자동으로 떠오를 겁니다.

```
set.seed(1234)
```

계속해서 유관순체육관 관중 정보가 들어 있는 CSV 파일도 불러오겠습니다.

```
'cheonan_attendance.csv' %>%
  read.csv() %>%
  as_tibble() -> cheonan_attendance

cheonan_attendance %>%
  glimpse()
## Rows: 5,482
## Columns: 2
## $ 코드 <int> 1, 2, 3, 4, 5, 6, 7, 8, 9, 10, 11, 12, 13, 14, 15, 16, 17, 18, 1...
## $ 성별 <chr> "남", "남", "남", "여", "남", "남", "여", "남", "여", "여", "여", "여", "남",...
```

파일 기본 구조는 고척돔 관중 데이터와 똑같습니다.

이번에는 정말 부트스트래핑이 작동하는지 알아보는 게 중요하니까 일단 정답부터 확인해 보겠습니다.

```
cheonan_attendance %>%
  summarise(여성비율 = mean(성별 == '여'))
## # A tibble: 1 x 1
##    여성비율
##    <dbl>
## 1   0.585
```

이날 유관순체유관을 찾은 전체 관중 가운데는 58.5%(3205명)가 여성이었습니다.

우리가 활용할 수 있는 자료는 아르바이트생 10명이 각 30명을 조사한 샘플 하나뿐입니다. 이제 만들어 봅니다.

한 번에 여성 팬 비율까지 붙여 넣는 과정을 이제는 이해할 수 있을 겁니다. 이 조사 결과 여성 팬 비율은 57%라고 추정할 수 있습니다.

```
cheonan_attendance %>%
  rep_sample_n(reps = 10,
               size = 20,
               replace = TRUE) %>%
  group_by(replicate) %>%
  summarise(여성비율 = mean(성별 == '여'),
            .groups = 'drop') -> cheonan_sample

cheonan_sample %>%
  summarise(결과 = 여성비율 %>% mean(),
            .groups = 'drop')
## # A tibble: 1 x 1
##    결과
##    <dbl>
## 1 0.570
```

여기까지는 '샘플링' 작업을 진행한 것이고, 이제부터는 '부트스트래핑' 단계로 넘어가겠습니다.

일단 우리에게 필요한 열은 '여성비율' 하나뿐이니까 selelct() 함수로 이 열만 골라냅니다. 그 다음 샘플링을 진행할 때와 똑같이 그러나 이 샘플을 모집단으로 해서 1000번 복원 추출을 진행해 보겠습니다. 그리고 그 결과를 cheonan_sample_bootstap에 넣어 둡니다.

```
cheonan_sample %>%
  select('여성비율') %>%
  rep_sample_n(reps = 1000,
               size = 20,
               replace = TRUE) -> cheonan_sample_bootstrap
```

이번에도 '결과'를 계산하면 57%가 나옵니다.

```
cheonan_sample_bootstrap %>%
  summarise(여성비율_평균 = mean(여성비율)) %>%
  summarise(결과 = 여성비율_평균 %>% mean())
## # A tibble: 1 x 1
##     결과
##    <dbl>
## 1 0.570
```

이럴 때 '아재'들이 쓰는 표현이 바로 '안 봐도 비디오'입니다. '모평균 = 표본평균'이기 때문에 이 결과는 첫 샘플 계산 결과와 거의 똑같이 나오는 게 당연합니다.

그렇다면 부트스트래핑을 도대체 왜 한 걸까요?

10.2 신뢰구간이란 무엇인가?

히스토그램에 비밀이 숨어 있습니다. 먼저 샘플링 결과로 히스토그램을 그려봅니다.

```
cheonan_sample %>%
  ggplot(aes(x = 여성비율)) +
  geom_histogram(binwidth = .05, fill = 'gray75', color = 'white')
```

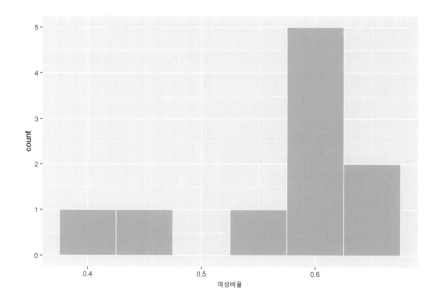

이번에는 부트스트래핑 결과입니다. (계급 크기를 0.01로 조정했습니다.)

```
cheonan_sample_bootstrap %>%
  summarise(여성비율_평균 = mean(여성비율)) %>%
  ggplot(aes(x = 여성비율_평균)) +
  geom_histogram(binwidth = .01, fill = 'gray75', color = 'white')
```

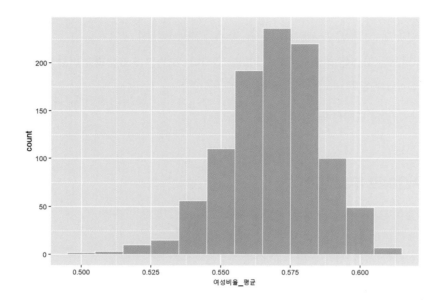

앞 장에서 괜히 중요극한정리(CLT)를 공부했던 게 아닙니다. 또 8.11절에서 우리는 '68 − 95 − 99.7 규칙'에 대해 공부했습니다. 그러면 이 부트스트래핑 결과에서 표본평균 95%가 몰려 있는 구간은 어디일까요?

일단 각 분위에 해당하는 숫자를 알려주는 quantile() 함수를 사용하면 해당값을 알아낼 수 있습니다. 그리고 95%가 분포하고 있는 지역을 알아내려면 상·하위 2.5%를 제외하면 됩니다.

```
cheonan_sample_bootstrap %>%
  summarise(여성비율_평균 = mean(여성비율)) %>%
  summarise(low = quantile(여성비율_평균, .025),
            high = quantile(여성비율_평균, .975))
## # A tibble: 1 x 2
##     low  high
##   <dbl> <dbl>
## 1 0.535   0.6
```

53.5%~60% 구간에 표본평균 95%가 몰려 있다는 사실을 알 수 있습니다. 통계학에서는 이런 구간을 '(모평균에 대한) 95% 신뢰구간(Confidence Interval)'이라고 부릅니다. 실제 여성 팬 비율(58.5%) 역시 이 구간에 속합니다.

그렇다면 여기서 '95% 신뢰한다'는 건 무슨 뜻일까요?

부트스트래핑 작업을 100번 반복하면 그때마다 조금씩 재표집(resampled) 데이터 분포가 달라질 겁니다. 그러면 역시 서로 조금씩 차이가 나는 신뢰구간 100개도 그릴 수 있습니다. 이렇게 95% 신뢰구간을 100개 구한 다음 그래프로 표시하면 아래 결과를 얻을 수 있습니다.

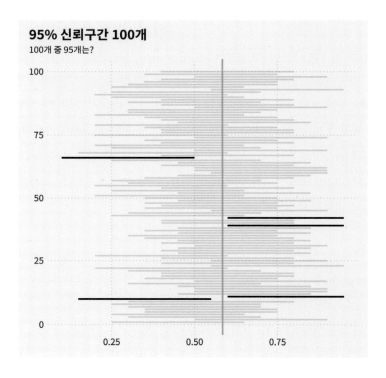

신뢰구간 100개 가운데 95개는 95% 신뢰구간 안에 참값(58.5%)이 들어가지만 나머지 5개는 해당사항이 없습니다. 물론 항상 이렇게 100번 가운데 딱 95 대 5로 나뉘는 건 아닙니다. 전체적으로 95%는 참값을 포함하지만 나머지 5%는 엉뚱한 지점에 신뢰구간이 들어선다는 뜻입니다.

통계학에서는 이런 참값을 모수(parameter)라는 용어로 표현합니다. 지금 우리는 모수를 알고 있는 상태에서 이 그래프를 그렸습니다. 그런데 현실 세계에서는 모수가 얼마인지 모를 때가 훨씬 더 많습니다. 모수는 대개 '우리가 알고자 하는 어떤 값'일 때가 많기 때문입니다.

또 모수가 얼마인지 모르기 때문에 지금 우리가 계산한 신뢰구간에 그 모수가 속하는지 아닌지 알 수 없습니다. 그저 같은 방법으로 신뢰구간 100개를 만들면 그 가운데 95개는 신뢰구간을 포함하고 지금 우리 눈 앞에 있는 결과가 95개에 속하기를 희망할 뿐입니다.

이렇게 특정한 값이 아니라 어떤 범위로 모수를 예상하는 방식을 '구간 추정'이라고 부릅니다. 거꾸로 딱 숫자 하나를 예상하는 건 '점 추정'이라고 합니다.

이제부터는 infer 패키지[53]를 통해 통계적 추정 작업을 진행하는 방법을 알아보겠습니다. infer라는 영어 단어는 '추정한다', '추론한다'는 뜻입니다. tidymodels 패키지를 불러올 때 이미 infer 패키지도 불러온 상태입니다.

10.3 infer 패키지 입문

infer 패키지로 추정 작업을 진행할 때 첫 단계는 specify() 함수로 변수를 '특정'하는 겁니다.

통계학에서는 변수 사이 관계를 나타낼 때 설명변수(explanatory variable), 반응변수(response variable)라는 표현을 씁니다. 설명변수는 입력값 또는 원인을 뜻하고, 반응변수는 결과물이나 효과를 뜻합니다. 예컨대 '삼진을 많이 잡는 투수는 볼넷도 많다'는 문장이 있다면 삼진 비율이 설명변수, 볼넷 비율이 반응변수에 해당합니다. 다른 말로 설명변수는 독립변수(independent variable), 반응변수는 종속변수(dependent variable)라고 부르기도 합니다.

우리가 알고 싶은 결과는 '여성 비율'입니다. 따라서 이 비율이 반응변수가 됩니다. 여성비율이라는 열을 반응변수로 지정하는 코드는 이렇게 씁니다.

```
cheonan_sample %>%
  specify(response = 여성비율)
## Response: 여성비율 (numeric)
## # A tibble: 10 x 1
##    여성비율
##       <dbl>
## 1      0.45
## 2      0.6
## 3      0.6
## 4      0.65
## 5      0.6
## 6      0.6
## 7      0.65
## 8      0.6
## 9      0.4
## 10     0.55
```

얼핏 보면 아무 변화도 없는 것 같습니다. 그래도 class() 함수로 데이터 형태를 알아보면 'infer'형을 추가했다는 사실을 알 수 있습니다.

---

53 www.tidymodels.org/tags/infer/

```
cheonan_sample %>%
  specify(response = 여성비율) %>%
  class()
## [1] "infer"      "tbl_df"      "tbl"         "data.frame"
```

두 번째 단계는 generate() 함수로 재표집 데이터를 만드는 겁니다. 우리는 당연히 부트스트래핑 방식으로 데이터를 만들 겁니다. type = 'bootstrap'이라고 지정하면 됩니다. 앞서 그랬던 것처럼 샘플 1000개를 만들겠습니다.

```
cheonan_sample %>%
  specify(response = 여성비율) %>%
  generate(reps = 1000, type = 'bootstrap')
## Response: 여성비율 (numeric)
## # A tibble: 10,000 x 2
## # Groups:   replicate [1,000]
##    replicate 여성비율
##        <int>    <dbl>
## 1          1      0.6
## 2          1     0.65
## 3          1      0.6
## 4          1     0.45
## 5          1      0.6
```

이제 뭘 해야 할까요? 샘플별로 평균을 계산해야 합니다. 이때는 calculate() 함수를 씁니다. 우리가 계산해야 하는 통계량(statistic)은 평균(mean)이니까 stat = 'mean'이라고 옵션을 넣어줍니다.

```
cheonan_sample %>%
  specify(response = 여성비율) %>%
  generate(reps = 1000, type = 'bootstrap') %>%
  calculate(stat = 'mean')
## # A tibble: 1,000 x 2
##    replicate  stat
##        <int> <dbl>
## 1          1 0.575
## 2          2 0.585
## 3          3   0.6
## 4          4  0.57
## 5          5  0.61
```

아, '모집단 : 모수 = 표본집단 : 통계량'입니다. 그러니까 표본 집단을 이용해 계산한 결과가 통계량입니다. 다시 활용하기 편하도록 이 계산 결과를 cheonan_bootsrap에 넣겠습니다.

```
cheonan_sample %>%
  specify(response =  여성비율) %>%
  generate(reps = 1000, type = 'bootstrap') %>%
  calculate(stat = 'mean') -> cheonan_bootstrap
```

히스토그램이 빠지면 섭섭하겠죠? visualize() 함수 하나로 히스토그램을 그릴 수 있습니다.

```
cheonan_bootstrap %>%
  visualize()
```

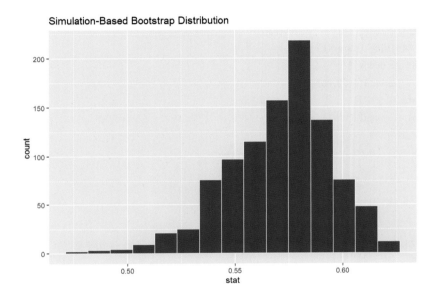

이제 get_confidence_interval() 함수를 써서 신뢰구간을 알아보겠습니다. 이 함수를 쓸 때 신뢰 수준(level)을 따로 지정하지 않으면 95% 신뢰구간을 알려줍니다.

```
cheonan_bootstrap %>%
  get_confidence_interval()
## Using 'level = 0.95' to compute confidence interval.
## # A tibble: 1 x 2
##   lower_ci upper_ci
##      <dbl>    <dbl>
## 1     0.52    0.615
```

곧 다시 쓸 일이 있으니까 95% 신뢰구간은 ci_endpoints 객체에 넣어 놓겠습니다.

```
cheonan_bootstrap %>%
  get_confidence_interval() -> ci_endpoints
## Using 'level = 0.95' to compute confidence interval.
```

신뢰 수준을 90%로 바꾸면 어떻게 될까요?

```
cheonan_bootstrap %>%
  get_confidence_interval(level = .9)
## # A tibble: 1 x 2
##   lower_ci upper_ci
##      <dbl>    <dbl>
## 1    0.525    0.605
```

범위가 더 좁아진다는 사실을 알 수 있습니다. 동전을 100번 던졌을 때 앞면이 40~60번 나올 확률이 95.4% 이고, 42~58번 나올 확률이 89%라는 점을 떠올리시면 범위가 좁아지는 이유를 이해할지 모릅니다.

앞서 히스토그램을 그렸던 코드에 shade_confidence_interval() 함수를 덧붙이면 신뢰구간을 그려 넣을 수 있습니다. 이 함수 안에는 신뢰구간 끝 지점을 따로 지정해 줘야 합니다. 그래서 ci_endpoints에 결과를 저장 했던 겁니다. 그냥 endpoints = c(시작점, 끝점) 형태로 옵션을 넣어도 됩니다.

```
cheonan_bootstrap %>%
  visualize() +
  shade_confidence_interval(
    endpoints = ci_endpoints
  )
```

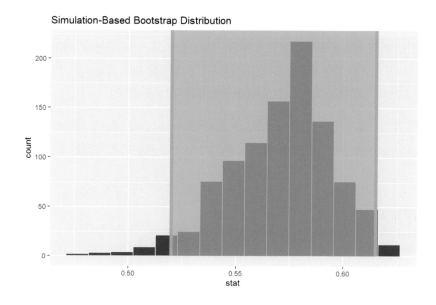

이 그래프 역시 기본적으로 ggplot을 기반으로 그린 겁니다.

따라서 size, color, fill 값을 바꾸면 그래프 모양이 달라집니다.

```
cheonan_bootstrap %>%
  visualize() +
  shade_confidence_interval(
    endpoints = ci_endpoints,
    color = 'gray75', fill = 'gray75', size = 0
  )
```

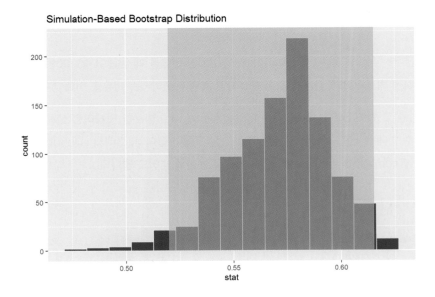

물론 visualize() 함수 안에 옵션을 주면 히스토그램 모양도 바꿀 수 있습니다.

현재 이 신뢰구간은 분위수를 기준으로 그린 겁니다. '평균 ± 1.96 × 표준편차' 사이에 전체 샘플 가운데 95%가 존재하는 정규분포 특성을 기준으로 95% 신뢰구간을 결정할 수도 있습니다. 아, 우리는 표본 분포의 표준편차를 다루고 있기 때문에 이때는 표준오차(se)라는 표현이 정확합니다.

표준오차를 기준으로 신뢰구간을 구할 때는 get_confidence_interval() 함수 안에 type = 'se' 옵션을 주고, 점 추정(point_estimate) 결과도 넣어줘야 합니다. 우리가 첫 샘플링을 통해 추정한 값은 57%(= 0.570)였습니다.

```
cheonan_bootstrap %>%
  get_confidence_interval(type = 'se', point_estimate = .570)
## Using 'level = 0.95' to compute confidence interval.
## # A tibble: 1 x 2
##   lower_ci upper_ci
```

```
##      <dbl>   <dbl>
## 1    0.522   0.618
```

분위수 기준 신뢰구간을 그린 그래프 위에 geom_vline() 함수로 표준오차 기준 신뢰구간을 얹어 보겠습니다.

```
cheonan_bootstrap %>%
  visualize() +
  shade_confidence_interval(
    endpoints = ci_endpoints,
    color = 'gray75', fill = 'gray75', size = 0)+
  geom_vline(
    xintercept = c(.522, .618),
    color = 'darkorange',
    linetype = 'dashed',
    lwd = 1
  )
```

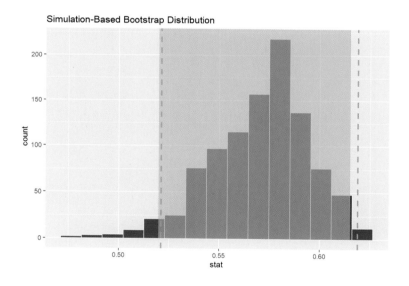

큰 차이 없이 잘 맞아 떨어지는 걸 확인할 수 있습니다. 앞에서 '신뢰구간 100개 가운데 95개'라고 말했던 건 이런 식으로 신뢰 구간을 그렸을 때 100개 가운데 95개는 참값을 포함하지만 나머지 5개는 포함하지 않는다는 뜻입니다.

이번 장도 고생 많았습니다. 열심히 공부했다면 여론 조사 결과를 전하는 언론 기사에 '신뢰 수준 95%에 표준오차(또는 오차범위) ± 3.1% 포인트'라는 표현이 무슨 뜻인지도 이해하게 됐으리라고 생각합니다.

## Chapter 11

(원리)코로나19는 안방팀 승률을 어떻게 바꿨을까?

> "수백만 혹은 수천만에 이르는 '상상의 공동체'는 실재하는
> 11명의 (축구) 팀에 의해 보다 현실적인 것으로 느껴진다."
>
> – 에릭 홉스봄 '1780년 이후의 민족과 민족주의' –

이번 장에서는 유라시아 대륙을 가로질러 유럽 축구 경기장으로 향해 보겠습니다.

스포츠 경기에서 안방팀이 유리하다는 건 어제 오늘 일이 아닙니다. 특히 축구가 더 그렇습니다. 2018~2019 시즌 기준으로 유럽 5대 프로축구 리그(독일, 잉글랜드, 이탈리아, 스페인, 프랑스) 경기 결과를 살펴 보면 안방팀 817승 427무 537패를 기록했습니다. 다른 스포츠처럼 '승리 ÷ (승리 + 패전)'으로 계산하면 안방팀 승률은 0.603입니다.

축구 경기에서 안방팀이 유리한 이유로 손꼽히는 것 중 하나가 바로 '응원'입니다. 관중 응원 소리는 안방팀 선수들 사기를 끌어올릴 뿐아니라 심판 판정에도 영향을 끼칩니다. 그리고 축구는 '저득점 경기'이기 때문에 다른 종목보다 심판 판정에 큰 영향을 받습니다.

이 글을 쓰고 있는 시점에 유럽에서는 이미 2020~2021 시즌이 진행 중입니다. 그런데 바로 직전도 아니고 두 시즌 전 이야기를 꺼낸 건 2019~2020 시즌이 좀 특이하기 때문입니다. 전 세계적으로 신종 코로나 바이러스 감염증(코로나19) 확산 탓에 유럽 프로 축구 무대에서는 '무관중 경기'가 적지 않았습니다.

정말 관중이 안방팀 승률을 끌어올리는 요소라면 코로나19 사태 전후로 안방팀 승률도 달라지지 않았을까요? 실제로 한 번 알아보겠습니다.

이번에도 tidyverse, tidymodels 패키지를 불러오는 코드부터 실행합니다.

```
pacman::p_load(tidyverse, tidymodels)
```

이제 set.seed()는 자동으로 치고 있을 걸로 믿습니다.

```
set.seed(1234)
```

이어서 2019~2020시즌 유럽 5대 프로축구 리그 경기 결과를 담고 있는 '19_20_uefa_big_5.csv' 파일을 불러옵니다.

```
'19_20_uefa_big_5.csv' %>%
  read.csv() %>%
  as_tibble -> uefa_big5_match_results
```

이 파일에는 이런 내용이 들어 있습니다.

```
uefa_big5_match_results %>%
  glimpse()
## Rows: 3,450
## Columns: 9
## $ 날짜 <chr> "2019-08-10", "2019-08-10", "2019-08-10", "2019-08-10", "2019-08...
## $ 리그 <chr> "EPL", "EPL", "EPL", "EPL", "EPL", "EPL", "EPL", "EPL", "EPL", "...
## $ 팀   <chr> "크리스탈 팰리스", "왓포드 FC", "웨스트햄", "AFC 본머스", "번리", "리버풀", "레스
터 시티",...
## $ 상대 <chr> "에버턴", "브라이튼", "맨시티", "셰필드", "사우샘프턴", "노리치 시티 FC", "울버햄
튼", "아스널"...
## $ 득점 <int> 0, 0, 0, 1, 3, 4, 0, 0, 3, 4, 1, 1, 1, 1, 2, 3, 1, 2, 1, 1, 0, 1...
## $ 실점 <int> 0, 3, 5, 1, 0, 1, 0, 1, 1, 0, 0, 1, 2, 2, 1, 1, 0, 2, 1, 1, 2, 2...
## $ 승리 <int> 0, 0, 0, 0, 1, 1, 0, 0, 1, 1, 1, 0, 0, 0, 1, 1, 1, 0, 0, 0, 0, 0...
## $ 장소 <chr> "안방", "안방", "안방", "안방", "안방", "안방", "안방", "안방", "안방", "안방",
"안방"...
## $ 시기 <chr> "BC", "BC", "BC", "BC", "BC", "BC", "BC", "BC", "BC", "BC", "BC"...
```

여기서 '장소' 열은 안방 경기와 방문 경기를 구분하는 역할을 합니다. 이런 데이터는 팩터형으로 바꾸는 게
낫겠죠? 코로나19 유행 이전(BC·Before COVID19)과 이후(AC·After COVID19)를 나누고 있는 '시기' 열도
마찬가지입니다. fct_relevel() 함수를 써서 두 열을 팩터형으로 바꾸는 동시에 순서까지 지정해 줍니다.

```
uefa_big5_match_results %>%
  mutate(
    장소 = 장소 %>% fct_relevel('안방', '방문'),
    시기 = 시기 %>% fct_relevel('BC', 'AC')
  ) -> uefa_big5_match_results
```

현재 데이터에는 승률 관련 정보가 없으니까 팀별로 안방 경기와 방문 경기 승률이 어떻게 되는지 계산해서
넣도록 하겠습니다. 축구에서 승률은 '승리 ÷ 전체 경기 숫자'로 계산합니다. 따라서 현재 승리 여부가 0 아
니면 1이니까 평균을 구하면 그 값이 바로 승률입니다.

```
uefa_big5_match_results %>%
  group_by(팀, 장소) %>%
  summarise(승률 = mean(승리), .groups = 'drop') -> uefa_big5_results
```

이 계산 결과를 가지고 안방 경기와 방문 경기 승률을 비교하는 '상자 그래프'를 그려보겠습니다.

```
uefa_big5_results %>%
  ggplot(aes(x = 장소, y = 승률)) +
  geom_boxplot()
```

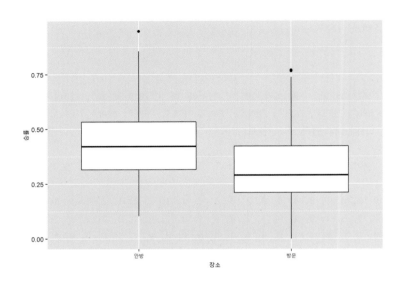

안방 경기 승률이 높은 것처럼 보이는 건 사실입니다. 간단하게 평균을 내보면 안방 경기 승률 평균은 44.2%이고 방문 경기는 31.4%입니다.

```
uefa_big5_results %>%
  group_by(장소) %>%
  summarise(승률 = mean(승률), .groups = 'drop')
## # A tibble: 2 x 2
##   장소    승률
##   <fct> <dbl>
## 1 안방  0.442
## 2 방문  0.314
```

그러면 12.8% 포인트 차이가 납니다. 이 차이가 통계적으로 의미가 있다고 할 수 있을까요? 혹시 이런 결과가 샘플링 과정에서 '어쩌다' 나타난 건 아닐까요?

11.1 데이터 뒤섞기

이 결과가 어쩌다 나타난 건지 아닌지 알아보는 방법은 간단합니다. '장소'를 마구잡이로 섞어 보면 됩니다. 즉, 실제 경기 장소와 관계 없이 '이건 안방 경기, 저건 방문 경기'라고 무작위로 지정을 해보는 겁니다. 만약 경기 장소가 승률에 영향을 끼치는 요소라면 이렇게 장소를 마음대로 배정했을 때는 현재 승률 분포를 유지할 수 없을 겁니다.

무작위로 장소를 배정해야 하니까 난수를 이용해야겠죠? 이번에는 sample() 함수를 활용합니다. 이 함수는 이름 그대로 어떤 데이터가 있을 때 그 안에서 샘플을 골라내는 역할을 합니다. 예를 들어 데이터가 100개 있을 때 그 안에서 샘플 10개를 골라내는 함수는 이렇게 쓸 수 있습니다.

```
sample(100, 10)
## [1] 28 80 22  9  5 38 16  4 86 90
```

우리는 경기 장소를 무작위로 뒤섞을 계획이니까 행 숫자(nrow())만큼 데이터를 확보한 다음 행마다 숫자를 하나씩 붙여 달라고 코드를 쓰면 될 겁니다. 따라서 rowwise()와 mutate() 함수를 써야 합니다.

그러면 어떤 기준에 따라 이 숫자를 '안방'과 '방문'으로 나눠야 할까요? 경기 장소를 두 개로 나누면 되니까 홀수와 짝수로 구분하도록 하겠습니다. 어떤 숫자가 홀수인지 짝수인지 가려낼 때는 '나머지'를 활용하면 됩니다. 홀수는 2로 나눴을 때 1이 남지만 짝수는 나머지가 0입니다.

R에서는 숫자 사이에 '%%' 기호를 쓰면 나머지를 구할 수 있습니다. 1~6을 2로 나눈 다음 나머지를 rest 열에 표시하도록 하는 코드는 이렇게 쓰면 됩니다.

```
tibble(
  x = 1:6
) %>%
  mutate(rest = x %% 2)
## # A tibble: 6 x 2
##       x  rest
##   <int> <dbl>
## 1     1     1
## 2     2     0
## 3     3     1
## 4     4     0
## 5     5     1
## 6     6     0
```

이렇게 조건에 따라 행마다 서로 다른 값을 배정하고 싶을 때는 if_else() 함수를 쓰면 됩니다. 숫자가 짝수일 때 '안방'을 배정하고 싶다면 if_else(숫자 %% 2 = 0, '안방', '방문')이라고 쓰면 되겠죠?

지금까지 이야기한 내용을 토대로 난수를 발생해 '랜덤_장소' 열에 경기 장소를 무작위로 배정하는 코드는 이렇게 쓸 수 있습니다. 이 결과를 soccer_big5_results_permutated 객체에 넣는 과정까지 한 번에 진행하겠습니다.

```
uefa_big5_results %>%
  rowwise() %>%
  mutate(난수 = sample(nrow(.), 1),
         랜덤_장소 = if_else(난수 %% 2 == 0, '안방', '방문')
  ) -> uefa_big5_results_permutated

uefa_big5_results_permutated
## # A tibble: 196 x 5
## # Rowwise:
##     팀          장소   승률   난수 랜덤_장소
##     <chr>       <fct> <dbl> <int> <chr>
## 1 AC 밀란       안방  0.474    70 안방
## 2 AC 밀란       방문  0.526    79 방문
## 3 AFC 본머스    안방  0.263   116 안방
## 4 AFC 본머스    방문  0.211    14 안방
## 5 AS 로마       안방  0.526   126 안방
```

pivot_longer() 함수를 쓰면 '랜덤_장소'와 장소를 기준으로 팀별 승률이 어떻게 분포하는지 상자 그래프로 확인할 수 있습니다.

```
uefa_big5_results_permutated %>%
  pivot_longer(cols = c('장소', '랜덤_장소'),
               names_to = '구분',
               values_to = '장소') %>%
  group_by(팀, 구분, 장소) %>%
  summarise(승률 = mean(승률), .groups = 'drop') %>%
  ggplot(aes(x = 장소 %>% fct_relevel('안방', '방문'),
             y = 승률)) +
  geom_boxplot() +
  facet_grid(~구분)
```

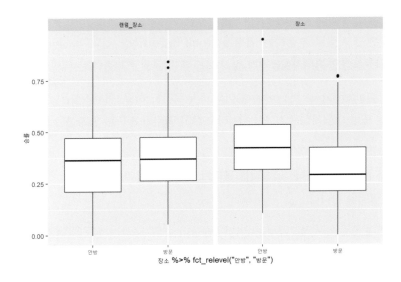

이번에는 (가상) 방문 경기 승률이 더 높아 보입니다. 실제 코드를 써서 확인해 보면 가상 방문 경기 승률은 40.2%, 안방 경기 승률은 35.5%입니다.

```
uefa_big5_results_permutated %>%
  group_by(랜덤_장소) %>%
  summarise(승률 = mean(승률), .groups = 'drop')
## # A tibble: 2 x 2
##   랜덤_장소  승률
##   <chr>     <dbl>
## 1 방문       0.402
## 2 안방       0.355
```

정말 경기 장소가 승률에 영향을 끼치는 걸까요? 이 역시 '어쩌다 나온 결과'는 아닐까요?

11.2 통계적 가설 검정

이럴 때 등장하는 개념이 바로 '가설 검정'입니다. 그러면 가설은 뭐고, 검정은 또 뭘까요?

국립국어원 표준국어대사전은 가설(假說)을 '사회 조사나 연구에서, 주어진 연구 문제에 대한 예측적 해답. 두 개의 변인이나 그 이상의 변인들 사이의 관계에 대한 추정적 또는 가성적 서술문의 형식으로 이루어진다'고 풀이합니다. 여기서 변인은 연구 대상이 되는 개체라는 뜻으로 변수와 사실상 같은 말입니다.

검정(檢定)은 영어로 그냥 'testing'입니다. 표준국어대사전은 검정을 '일정한 규정에 따라 자격이나 조건을 검사하여 결정함'이라는 뜻이라고 합니다. 우리가 공부하고 있는 내용은 '통계적 가설 검정'이니까 여기서 '일정한 규정'은 각종 통계 법칙이라고 할 수 있을 겁니다. 그러면 우리가 자격이나 조건을 검사해야 하는 대상은 무엇일까요?

네, 가설 맞습니다. 그런데 이때 가설은 우리가 품고 있는 궁금증을 담고 있는 연구가설(research hypothesis)이 아니라 이 연구 가설을 부정하는 귀무가설(null hypothesis)입니다. 영국 통계학자 로널드 피셔(1890~1962)는 "모든 실험은 귀무가설을 반박할 기회를 주기 위해 존재한다"는 유명한 말을 남겼습니다.

연구가설은 대립가설(alternative hypothesis)이라고 부르기도 하고, 귀무가설은 영(零)가설이라고 부르기도 합니다. 연구가설 또는 대립가설은 H_1 또는 H_A라고 쓰고 귀무가설 또는 영가설은 H_0이라고 씁니다.

일반적으로 H_1은 '어떤 차이가 있다'는 형태일 때가 많습니다. 상식적으로 생각해 봐도 그렇겠죠? 어떤 차이가 어떻게 생기는지 궁금하지 않으면 데이터를 돌려보고 있을 이유가 없으니까요. 그래서 자연스레 H_0은 보통 '차이가 없다'는 형태가 됩니다.

지금 우리는 '유럽 5대 프로축구 리그에서는 안방팀 승률이 높은가?'라는 질문에 대한 해답을 찾으려 하고 있습니다. 그러면 H_1은 '안방팀 승률과 방문 팀 승률은 차이가 난다'가 됩니다. 그리고 H_0은 '경기 장소에 따른 승률 차이는 없다'로 쓸 수 있습니다.

그런데 왜 연구가설이 아니라 영가설을 검정하는 걸까요? 그래야 '후건(後件) 긍정의 오류'라는 논리적 오류를 최소화할 수 있기 때문입니다. 말은 어려워도 실제 사례를 보면 어렵지 않게 이 오류가 무엇인지 이해할 수 있습니다. 아래 같은 논리 전개가 바로 후건 긍정의 오류에 해당합니다.

> 시즌 전승을 기록하면 스페인 프로축구 프리메라리가(라 리가) 챔피언 자리에 오른다. FC바르셀로나는 2018~2019시즌 라 리가 챔피언 자리에 올랐다. 그러므로 FC바르셀로나는 이 시즌 전승을 기록했다.

전승을 기록하지 않고도 우승할 수 있는 경우가 차고 넘치기 때문에 이런 접근은 비논리적입니다. 실제로 FC바르셀로나는 이 시즌 라 리가 우승을 차지했지만 26승 9무 3패로 전승을 기록하지는 못했습니다.

이건 '전승을 기록한다'를 P, '우승을 차지한다'를 Q라고 할 때 P → Q는 항상 참이지만 Q → P는 항상 참이 아니기 때문에 생기는 일이라고 정리할 수 있습니다. 대신 P → Q가 항상 참일 때 그 대우인 ~Q → ~P 역시 항상 참입니다. '우승을 차지하지 못했다면 전승을 기록하지 못했다'는 항상 참인 겁니다.

마찬가지로 '가설 A가 맞다면 B라는 결과가 나올 것이다. B라는 결과가 나왔다. 그러므로 가설 A는 맞다'는 논리 전개 역시 후건 긍정의 오류에 해당할 수 있습니다. 대신 '가설 A가 맞다면 B라는 결과가 나올 것이다. B라는 결과가 나오지 않았다. 따라서 가설 A는 맞지 않을 수 있다.'는 명제는 항상 참입니다. 그래서 'B라는 결과가 나오지 않았다'고 H_0을 세운 다음 이를 검정하는 겁니다.

H_0을 검정하는 과정은 형사 재판에서 '무죄 추정의 원칙'을 적용하는 것과 비슷한 구조입니다. 범죄를 저질렀다는 합리적인 증거가 나올 때까지 '이 사람은 무죄'라고 추정하는 것처럼 H_0이 틀렸다는 충분한 증거가 나오기 전까지는 H_0이 참이라고 추정하는 겁니다. 그리고 충분한 증거가 나오게 되면 H_0을 '기각'하게 됩니다.

이제 우리는 안방 경기 승률(44.2%)과 방문 경기 승률(31.4%) 사이에 존재하는 12.8% 포인트 차이가 '경기 장소에 따른 승률 차이는 없다'는 H_0을 기각하기에 충분한 증거인지 따져봐야 합니다.

물론 형사 재판에서 판결을 잘못 내릴 때가 있는 것처럼 H_0 기각 과정에서도 오류를 저지를 수 있습니다. 통계학에서는 H_0이 참이 맞는데 이를 기각하는 오류를 '1종 오류(type I error)', H_1이 맞는데 이를 인정하지 않는 오류를 '2종 오류(type II error)'라고 부릅니다. 범인이 아닌데 범인이라고 판결하는 게 1종 오류, 범인이 맞는데 무죄로 판결하는 게 2종 오류입니다.

11.3 순열 검정

우리는 앞에서 경기 장소를 한 차례 뒤섞었더니 방문 경기 승률이 오히려 높아지는 현상을 목격했습니다. 만약 이 작업을 여러 번 반복하면 어떤 결과가 나올까요?

이 작업을 실제로 해보기 전에 먼저 순열(permutation)이라는 개념을 공부할 필요가 있습니다. 숫자 1, 2, 3, 4, 5를 써서 다섯 자리 숫자를 만드는 방법은 몇 가지일까요?

별 다른 제약 조건이 없다면 모든 자리에 이 다섯 개 숫자가 모두 올 수 있습니다. 11111, 11112, 11113, … 55553, 55554, 55555 등이 모두 가능합니다. 수학 공식으로는 5 × 5 × 5 × 5 × 5처럼 나타낼 수 있고 이를 계산하면 3125가 나옵니다.

그런데 이 숫자를 한 번씩만 써서 다섯 자리 숫자를 만들어야 한다고 제약 조건을 주면 결과가 달라집니다. 일단 이 다섯 개 숫자 모두 맨 첫 자리(만 단위)에 올 수 있습니다. 이렇게 숫자를 하나 고르고 나면 두 번째 자리에는 이 숫자를 빼고 네 개가 올 수 있습니다. 그다음은 세 개, 그다음은 두 개가 올 수 있고, 맨 마지막에는 자동으로 하나가 남습니다.

이를 공식으로 쓰면 5 × 4 × 3 × 2 × 1가 되고 120가지가 정답이 됩니다. 이렇게 **전체 집합에서 원소를 한 번씩만 뽑아내는 연산 과정**을 '순열'이라고 부릅니다.

10.1절에서 천안 유관순체육관 관중 샘플을 분석할 때 우리는 11111~55555를 만들 때처럼 반복을 허용해 복제 샘플을 만들었습니다(재표집). 그리고 이런 방법을 '부트스트래핑'이라고 불렀습니다.

반대로 경기 장소를 뒤섞을 때는 반복 없이 데이터를 재정렬하는 방식을 선택했습니다. 이런 작업을 여러 번 반복해서 복제 샘플을 만드는 것도 물론 가능합니다. 이런 방법은 '순열 검정(permutation test)'이라고 부릅니다.

이제부터는 infer 패키지를 활용해 순열 검정을 진행하는 과정을 알아보겠습니다.

11.4 순열 검정 with infer

infer 패키지로 검정 작업을 진행할 때는 제일 먼저 문제를 특정하는 과정이 필요합니다. 우리가 이번에 알고 싶은 건 경기 장소가 승률에 어떤 영향을 끼치는가 하는 점입니다. 그렇다면 경기 장소가 설명변수(또는 독립변수), 승리 여부가 반응변수(또는 종속변수)가 됩니다. 10.3절에서 공부한 걸 응용해 보면 이런 코드로 문제를 특정할 수 있습니다.

```
uefa_big5_results %>%
  specify(response = 승률, explanatory = 장소)
## Response: 승률 (numeric)
## Explanatory: 장소 (factor)
## # A tibble: 196 x 2
##      승률 장소
##    <dbl> <fct>
##  1 0.474 안방
##  2 0.526 방문
##  3 0.263 안방
##  4 0.211 방문
##  5 0.526 안방
```

공식(formula)을 써서 두 변수 사이 관계를 나타내는 방법도 있습니다. 이때는 틸드(~) 기호를 써서 '종속변수 ~ 독립변수' 형태로 표현합니다. 여기서는 'specify(formula = 승률 ~ 장소)'라고 쓸 수도 있습니다. 이때 formula라는 인수 이름은 생략해도 무관합니다.

```
uefa_big5_results %>%
  specify(formula = 승률 ~ 장소)
## Response: 승률 (numeric)
## Explanatory: 장소 (factor)
## # A tibble: 196 x 2
##      승률 장소
##    <dbl> <fct>
##  1 0.474 안방
##  2 0.526 방문
##  3 0.263 안방
##  4 0.211 방문
##  5 0.526 안방
```

이어서 H_0이 무엇인지 설정합니다. 우리 H_1은 '경기 장소에 따라 승률은 차이가 난다'이니까 H_0은 '경기 장소에 관계없이 승률은 일정하다'고도 표현할 수 있습니다. 경기 장소와 승률 사이에 아무 관계도 없다고 가설을 세우는 겁니다.

통계학에서는 이렇게 두 변수 사이에 아무 관계도 없는 상태를 '독립'(independence)이라고 표현합니다. 그래서 H_0을 알려주는 코드는 hypothesize(null = 'independence')가 됩니다.

```
uefa_big5_results %>%
  specify(승률 ~ 장소) %>%
  hypothesize(null = 'independence')
## Response: 승률 (numeric)
## Explanatory: 장소 (factor)
## Null Hypothesis: independence
```

```
## # A tibble: 196 x 2
##     승률 장소
##    <dbl> <fct>
## 1 0.474 안방
## 2 0.526 방문
## 3 0.263 안방
## 4 0.211 방문
## 5 0.526 안방
```

계속해 재표집 작업을 진행합니다. 순열(permutation) 방식으로 재표집 작업을 진행할 때는 type = 'per-mute'라고 옵션을 지정하면 됩니다.

```
uefa_big5_results %>%
  specify(승률 ~ 장소) %>%
  hypothesize(null = 'independence') %>%
  generate(reps = 1000, type = 'permute')
## Response: 승률 (numeric)
## Explanatory: 장소 (factor)
## Null Hypothesis: independence
## # A tibble: 196,000 x 3
## # Groups:   replicate [1,000]
##     승률 장소   replicate
##    <dbl> <fct>      <int>
## 1 0.357 안방           1
## 2 0.263 방문           1
## 3 0.533 안방           1
## 4 0.421 방문           1
## 5 0.316 안방           1
```

이제 '통계량(statistic)'을 계산할 차례입니다. 우리가 알고 싶은 건 이렇게 표본을 뒤섞었을 때 평균이 차이가 나는지 아닌지 여부입니다. 평균 차이를 계산해 달라고 명령을 내릴 때는 stat = 'diff in means'라고 옵션을 줍니다.

평균 차이를 계산할 때는 어떤 그룹과 어떤 그룹 사이 평균 차이를 알고 싶은지도 함께 지정해야 합니다. 평균 차이는 그룹 A 평균에서 그룹 B 평균을 뺀 값입니다. 어떤 값이 앞에 오고 어떤 값이 뒤에 오는지 순서를 정해줘야 합니다. 그래서 order = c('안방', '방문') 옵션이 뒤따릅니다. 이 결과를 uefa_big5_results_null 객체에 넣는 작업까지 한 번에 진행합니다.

```
uefa_big5_results %>%
  specify(승률 ~ 장소) %>%
  hypothesize(null = 'independence') %>%
  generate(reps = 1000, type = 'permute') %>%
  calculate(stat = 'diff in means',
            order = c('안방', '방문')) -> uefa_big5_results_null


uefa_big5_results_null
## # A tibble: 1,000 x 2
##    replicate      stat
##        <int>     <dbl>
## 1          1   0.00585
## 2          2  -0.0369
## 3          3   0.000502
## 4          4   0.0144
## 5          5  -0.0258
```

1000번 재표집했을 때 안방 경기 승률 평균과 방문 경기 승률이 얼마나 차이가 나는지 계산한 결과가 stat 열에 들어 있습니다. 이번에도 visualize() 함수를 쓰면 stat 열을 가지고 그린 히스토그램을 확인할 수 있습니다.

```
uefa_big5_results_null %>%
  visualize()
```

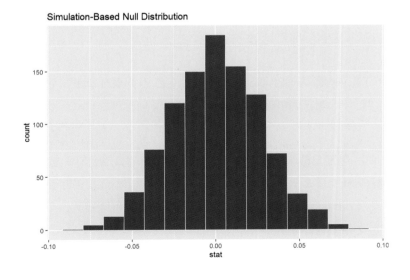

'세상은 정규분포'라는 그림이 왜 유행했는지 확인할 수 있는 모양새가 또 나왔습니다. 이 그래프에서 가로 축이 0이라는 건 안방 경기 승률과 방문 경기 승률이 차이가 나지 않는다는 뜻입니다. 이럴 경우가 제일 많습니다. H_0이 '경기 장소에 관계없이 승률은 일정하다'였으니까 당연한 일입니다.

단, 이 가정이 맞다고 해도 안방 경기 승률과 방문 경기 승률이 차이가 날 수도 있습니다. 대신 양쪽 끝으로 갈수록 양쪽으로 갈수록 그러니까 안방 승률 평균이 유독 높거나 방문 경기 승률 평균이 유독 높은 사례는 점점 줄어듭니다.

맨 처음에 우리가 계산한 안방 경기 – 방문 경기 승률 차이는 12.8% 포인트였습니다. 이 지점을 수직선으로 그래프에 표시하면 이렇게 나타납니다.

```
uefa_big5_results_null %>%
  visualize() +
  geom_vline(xintercept = .128,
             color = '#53bfd4',
             lwd = 1)
```

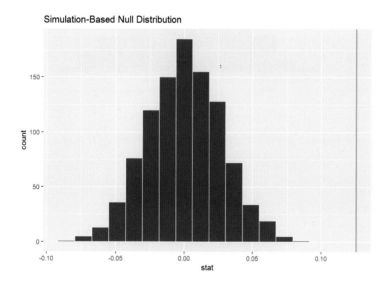

경기 장소를 1000번 뒤섞었을 때 안방 경기 승률 평균과 방문 경기 승률 평균이 12.8% 포인트 차이가 난 적은 단 한 번도 없었습니다. '경기 장소와 승률 관계 없이 승률은 일정하다'는 H_0이 맞다면 이 결과는 매우 예외적인 겁니다. 이 정도면 'H_0을 기각할 수 있는 증거가 나왔다'고 말할 수 있습니다.

11.5 p-값

그렇다면 실제 안방 경기 승률과 방문 경기 승률 차이가 12.8% 포인트가 아니라 5% 포인트 차이가 났을 때도 '경기 장소와 승률 관계 없이 승률은 일정하다던 H_0을 기각할 수 있다'고 말할 수 있을까요?

일단 앞서 그린 그래프에 5% 포인트 차이를 표시해 보면 다음 그림처럼 나타납니다.

```
uefa_big5_results_null %>%
  visualize() +
  geom_vline(xintercept = .05,
             color = '#53bfd4',
             lwd = 1)
```

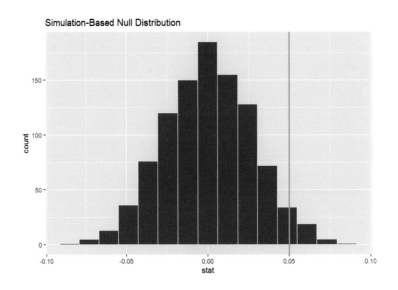

선 오른쪽에 히스토그램 일부분이 걸립니다. filter() 함수를 써서 '안방 경기 승률 – 방문 경기 승률' 사이에 4% 포인트 이상 차이가 난 케이스를 찾아보면 샘플 1000개 가운데 40개(= 0.040)가 나옵니다.

```
uefa_big5_results_null %>%
  filter(stat >= .05)
## # A tibble: 40 x 2
##    replicate   stat
##        <int>  <dbl>
## 1          6 0.0639
## 2         54 0.0626
## 3        103 0.0503
## 4        119 0.0533
## 5        128 0.0589
```

이건 무슨 뜻일까요? H_0이 맞다고 해도 경기 안방 경기 승률이 방문 경기 승률보다 5% 포인트 이상 높을 확률이 4% 정도는 된다는 뜻입니다.

이렇게 △H_0이 참이라고 가정하고 얻은 결과 가운데 △실제 관측 결과보다 '극단적인' 결과가 나타난 비율을 통계학에서는 '유의확률'(significance probability)이라고 부릅니다. 그리고 유의확률이라는 표현만큼이나 'p-값'(p-value, probability value)이라는 표현도 자주 씁니다.

이 p-값은 관측 데이터가 귀무가설과 양립할 수 있는 정도를 나타냅니다. 그리고 가설 검정을 시작하기 전에 '관행적으로' 5%(= 0.05) 또는 1%(= 0.01)을 미리 '문턱값'으로 설정하고 p-값이 이 기준보다 작으면 H_0을 기각합니다.

5%, 1%가 기준인 건 p-값을 개발한 피셔가 1920년대에 이 숫자를 문턱값으로 쓰기 시작한 뒤로 그냥 관행으로 굳어진 것뿐 다른 특별한 이유는 없습니다. (짐작건대 우리가 10진법을 쓰고 있기 때문일 겁니다. 누구도 타율 0.299인 타자가 되기를 원하지 않았던 것 기억하죠?)

보통은 가설 검정을 시작하기 전에 5%와 1% 가운데 어느 쪽을 기준으로 삼을지 결정합니다. 이 값을 '유의수준'(significance level)이라고 하며 보통 그리스 문자 알파(α)로 표시합니다.

5%를 기준으로 할 때는 신뢰수준 95%(= 100% − 5%), 1%를 기준으로 할 때는 신뢰수준 99%(= 100% − 1%)라는 표현을 씁니다. 따라서 만약 p-값이 0.04일 때는 "95% 신뢰수준에서 H_0을 기각한다"고 표현할 수 있습니다.

설마 여기서 95%, 99%가 무슨 뜻인지 감을 못 잡고 있는 건 아니겠죠? 만에 하나 '도저히 모르겠다' 싶으면 조금만 더 기다려 보세요. 몇 페이지만 지나면 한 번 더 설명할 일이 생기니까요.

11.6 p-값을 쓸 때 유의할 점

p-값이 어떤 개념인지 감이 오나요? 헷갈리는 게 여러분뿐만 아니니 너무 걱정할 필요는 없습니다.
p-값은 통계학에서 가장 중요한 개념 가운데 하나라고 할 수 있지만 잘못 쓰는 일이 정말 많습니다.

아예 미국통계학회(ASA·American Statistical Associaiton)에서 2016년 3월 7일 '통계적 유의성과 p-값에 대한 성명서'[54]를 발표할 지경입니다. 이런 내용입니다.

> 1. *p-값은 데이터가 특정한 통계 모형과 얼마나 양립할 수 없는지를 나타낼 수 있다.*
> *(p-values can indicate how incompatible the data are with a specified statistical model).*
>
> 2. *p-값은 연구가설이 참일 확률 또는 데이터가 순전히 우연의 산물일 확률을 측정하지 않는다.*
> *(P-values do not measure the probability that the studied hypothesis is true,*
> *or the probability that the data were produced by random chance alone).*
>
> 3. *오로지 p-값이 특정한 문턱값을 넘었는지 아닌지에 따라 과학적 결론과 사업·정책적 결정을 내려서는 안 된다.(Scientific conclusions and business or policy decisions should not be based only on whether a p-value passes a specific threshold).*
>
> 4. *적절한 추정으로 인정 받으려면 모든 절차를 투명하게 공개해야 한다.*
> *(Proper inference requires full reporting and transparency).*

---

54 www.amstat.org/asa/files/pdfs/P-ValueStatement.pdf

5. p-값이나 통계적 유의성은 '효과의 크기'나 '결과의 중요성'을 측정하지 않는다.
   (A p-value, or statistical significance, does not measure the size of an effect or the importance of a result).

6. p-값 그 자체는 모형이나 가설과 관련한 증거가 얼마나 충실한지 측정하지 않는다.
   (By itself, a p-value does not provide a good measure of evidence regarding a model or hypothesis).

한 마디로 p-값 하나만으로 가설 검정 성패를 결정해서는 안 된다는 겁니다. 우리는 검정 결과 되도록 작은 숫자가 p-값으로 나오기를 바라고 그런 값이 나오면 곧바로 어떤 사실을 증명했다고 자랑하고 싶어하지만, p-값이 5% 또는 1%보다 적게 나왔다고 해서 반드시 연구 가설이 맞다는 '증거'가 되는 건 아닙니다. 또한, p-값 0.000이 p-값 0.004보다 더 중요한 결론이라고 보장하는 것도 아닙니다. p-값은 그저 '어쩌다 우연히 일어난 일'에 속지 않도록 하는 도움을 받을 수 있는 존재 정도일 뿐입니다.

여기서 '우연'이라는 표현은 다시 한 번 강조할 필요가 있습니다. p-값이 '순전히 우연의 산물일 확률'을 측정하지 않는다고 표현한 건 통계학에서 모든 일은 전부 우연히 일어나기 때문입니다. 숫자로 보면 이 세계에 필연적으로 일어난 일은 없습니다.

11.7 p-값 with infer

infer 패키지로 가설 검정을 진행할 때는 get_p_value() 함수를 쓰면 p-값을 알아낼 수 있습니다.

p-값을 계산할 때는 먼저 우리가 실제로 관측한 값(obs_stat)이 얼마인지는 따로 입력을 해줘야 합니다. 실제 데이터에서 얻은 안방 경기 승률과 방문 경기 승률 차이는 12.8% 포인트(= 0.128)이었습니다.

우리는 이 값을 미리 계산해서 바로 알지만 아직 계산을 하지 않을 상태일 수도 있습니다. 이럴 때는 위에서 썼던 검정 코드 중 generate() 함수 부분만 지우면 원하는 결과를 얻을 수 있습니다.

```
uefa_big5_results %>%
  specify(formula = 승률 ~ 장소) %>%
  calculate(stat = 'diff in means',
            order = c('안방', '방문'))
## # A tibble: 1 x 1
##    stat
##    <dbl>
## 1 0.128
```

p-값을 계산할 때는 방향(direction)도 지정해줘야 합니다. 지금까지 우리는 '경기 장소에 따라 승률은 차이가 난다'를 H_1으로 사용했습니다. 이때 '차이가 난다'는 건 '안방 경기 승률이 방문 경기 승률보다 낮다', '안방 경기 승률이 방문 경기 승률보다 높다' 두 가지 내용을 모두 포함한다고 할 수 있습니다. 이때는 'direcion = two-sided'라고 쓰면 됩니다.

```
uefa_big5_results_null %>%
  get_p_value(obs_stat = .128,
              direction = 'two-sided')
## Warning: Please be cautious in reporting a p-value of 0. This result is an
## approximation based on the number of 'reps' chosen in the 'generate()' step. See
## '?get_p_value()' for more information.
## # A tibble: 1 x 1
##   p_value
##     <dbl>
## 1       0
```

infer 패키지 역시 이렇게 낮은 p-값이 나왔을 때는 조심하라고 경고를 합니다.

shade_p_value() 함수를 쓰면 그림으로 확인할 수도 있습니다. 그저 의미를 확인하는 차원에서 4.2% 포인트 차이가 나는 상황을 가정해 그래프를 그려보겠습니다. 다시 말하지만 이 부분은 그냥 'for example'일 뿐입니다.

```
uefa_big5_results_null %>%
  visualize() +
  shade_p_value(obs_stat = .042,
                direction = 'two-sided')
```

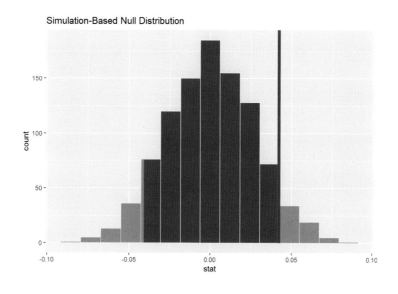

먼저 그래프에서 붉은 직선이 나타내는 건 4.2% 포인트 차이에 해당하는 지점입니다. 붉은 색이 들어간 부분 가운데 왼쪽은 '안방 경기 승률이 방문 경기 승률보다 4.2% 포인트 이상 낮게 나온 케이스'를 나타내고 오른쪽은 '안방 경기 승률이 방문 경기 승률보다 4.2% 포인트 이상 높은 케이스'을 나타냅니다. 'two-sided'가 무슨 뜻인지 좀 감이 오나요?

우리가 실제로 알고 싶은 건 12.8% 포인트 차이 '이상일' 확률입니다. 이때는 two-sided 대신 'greater'를 쓰면 됩니다.

그러면 우리가 처음 결과를 보고 그렸던 것과 똑같은 그래프를 얻을 수 있습니다.

```
uefa_big5_results_null %>%
  visualize() +
  shade_p_value(obs_stat = .128,
                 direction = 'greater')
```

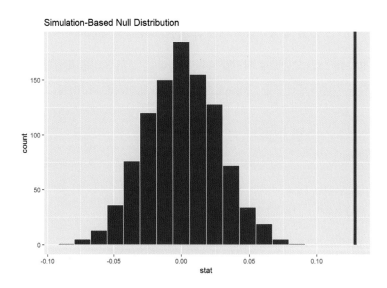

10.3절에서 shade_confidence_interval() 함수를 쓸 때 설명했던 것처럼 이 그래프 역시 ggplot 문법을 활용해 각종 요소를 수정할 수 있습니다.

```
uefa_big5_results_null %>%
  visualize(fill = 'gray75') +
  shade_p_value(obs_stat = .05,
                 direction = 'two-sided',
                 fill = '#53bfd4', color = '#53bfd4')
```

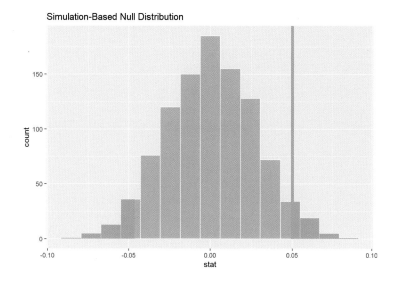

Simulation-Based Null Distribution

이 그래프에도 신뢰구간을 표시할 수 있습니다. 단, 이때도 데이터를 통해 얻은 값을 표시해야 합니다.

먼저 95% 신뢰구간 양 끝 점을 구해 uefa_big5_ci_endpoints 객체에 넣은 다음,

```
uefa_big5_results_null %>%
  get_confidence_interval() -> uefa_big5_ci_endpoints
## Using 'level = 0.95' to compute confidence interval.
```

shade_confidence_interval() 함수 안에 'endpoints = uefa_big5_ci_endpoints' 옵션을 주면 됩니다.

```
uefa_big5_results_null %>%
  visualize() +
  shade_p_value(obs_stat = .128,
                direction = 'greater') +
  shade_confidence_interval(endpoints = uefa_big5_ci_endpoints)
```

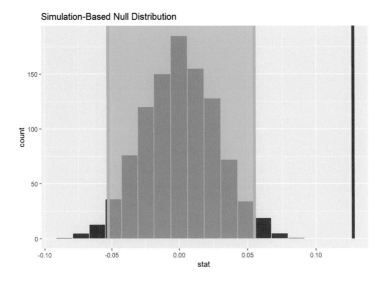

Simulation-Based Null Distribution

11.8 t-검정?

이제 H_1을 바꿀 때가 됐습니다. 이 장을 시작하면서 던진 질문은 '안방팀 승률이 더 높은가'가 아니라 '코로나 19로 안방팀 승률이 떨어졌나'였습니다. 따라서 H_0은 '코로나19 유행 전후 안방 승률에는 변화가 없다'가 될 겁니다.

이 작업을 진행하려면 일단 안방 경기만 골라내야 합니다. 그리고 프랑스 리그앙(리그1) 경기 결과는 제외해야 합니다. 나머지 4대 리그는 코로나19가 잠잠해지자 결국 무관중 상태로 모든 일정을 소화한 반면 리그앙은 서둘러 일정을 마무리했기 때문입니다.

먼저 이런 결과만 골라내서 uefa_big5_results_period 객체에 넣은 다음,

```
uefa_big5_match_results %>%
  filter(장소 == '안방' & 리그 != '리그1') -> uefa_big5_match_results_period
```

상자 그래프를 그려서 코로나19 유행 전후 안방 경기 승률이 어떻게 변했는지 비교해 봅니다.

```
uefa_big5_match_results_period %>%
  group_by(팀, 시기) %>%
  summarise(승률 = mean(승리), .groups = 'drop') -> uefa_big5_results_period
uefa_big5_results_period %>%

  ggplot(aes(x = 시기, y = 승률)) +
  geom_boxplot()
```

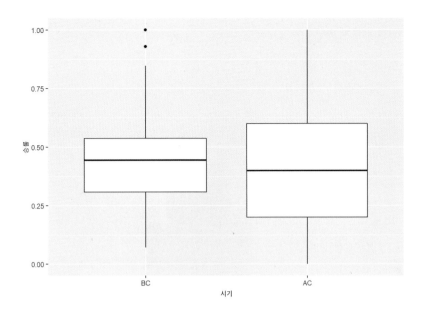

숫자로 계산을 해보면 이런 결과가 나옵니다.

```
uefa_big5_results_period %>%
  group_by(시기) %>%
  summarise(승률 = mean(승률), .groups = 'drop')
## # A tibble: 2 x 2
##    시기   승률
##    <fct> <dbl>
## 1 BC    0.439
## 2 AC    0.421
```

코로나19 유행 이후 안방팀 승률이 1.8% 포인트 떨어졌습니다.

계속해서 순열 검정 과정을 진행합니다. 영가설이 참일 때를 가정해 샘플 생성 과정을 진행하고 나서,

```
uefa_big5_results_period %>%
  specify(승률 ~ 시기) %>%
  hypothesize(null = 'independence') %>%
  generate(reps = 1000, type = 'permute') %>%
  calculate(stat = 'diff in means',
            order = c('AC', 'BC')) -> uefa_big5_results_period_null
```

영가설이 참일 때 코로나19 사태 이후 안방 승률이 1.8% 포인트 줄어든 게 얼마나 보기 드문 결과인지 확인해 봅니다. 이때는 direction = 'less' 옵션을 넣어야 합니다.

```
uefa_big5_results_period_null %>%
  visualize() +
  shade_p_value(obs_stat = -.018,
                direction = 'less')
```

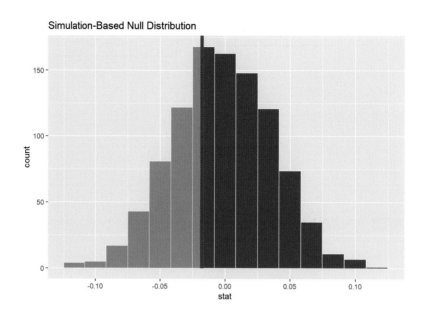

그렇게 드문 일처럼 보이지 않습니다. get_p_value()로 확인해 보면 '코로나19 유행 전후 안방 승률에 변화가 없다'는 가정이 참일 때도 33.5%는 이런 일이 일어날 수 있다는 사실을 확인할 수 있습니다. 이 정도라면 H_0을 기각하기가 쉽지 않습니다.

```
uefa_big5_results_period_null %>%
  get_p_value(obs_stat = -.018, direction = 'less')
## # A tibble: 1 x 1
##   p_value
##     <dbl>
## 1   0.335
```

그런데 이런 차이를 알아볼 때마다 이렇게 계속 순열 검정 방식으로 시뮬레이션을 진행해야 할까요?

당연히 아닙니다. t_test() 함수를 쓰면 p-값을 알아보는 건 어렵지 않습니다. t_test() 함수에서는 direction 대신 alternative 인수를 받는다는 게 유일한 차이점입니다.

```
uefa_big5_results_period %>%
  t_test(formula = 승률  ~  시기,
         order = c('AC', 'BC'),
         alternative = 'less')
## # A tibble: 1 x 6
##    statistic  t_df p_value alternative lower_ci upper_ci
##        <dbl> <dbl>   <dbl> <chr>          <dbl>    <dbl>
## 1     -0.466  134.   0.321 less            -Inf   0.0448
```

t_test() 함수는 infer 패키지에서, 문자 그대로, t-검정을 담당합니다. 그렇다면 t-검정은 뭘까요? 다음 장에서 알아보도록 하겠습니다.

Chapter **12**

(이론)코로나19는 안방팀 승률을 어떻게 바꿨을까?

"우리는 한 개인의 행동을 예측할 수는 없어도, 평균적인 사람들의 행동을
정확하게 말할 수는 있지. 개체는 다양하지만 확률은 일정하다네.
이것이 바로 통계란 것이지."

– 아서 코난 도일 '네 사람의 서명' –

21세기를 사는 우리에게는 컴퓨터(computer·계산하는 기계)가 있어서 앞 장에서 본 것처럼 코드 몇 줄로 간단하게 시뮬레이션을 진행할 수 있습니다. 예전에는 그렇게 할 수 없었지만 대신 정규분포 같은 '확률분포'를 발견한 다음 이를 통해 통계학적인 질문에 답했습니다.

시뮬레이션을 통해 접근하는 방식은 필연적으로 '표집 오차'(sampling error)를 피할 수가 없습니다. 표집 오차는 문자 그대로 표집 과정에서 생기는 오차를 뜻합니다. 동전을 던졌을 때 앞면과 뒷면이 나올 확률은 각 2분의 1이지만 동전을 100번 던졌을 때 앞면과 뒷면이 정확하게 50번씩 나올 확률은 약 8%밖에 되지 않습니다. 나머지 샘플 92%에서는 그때그때 다른 결과가 나오게 마련입니다.

그런데 우리는 앞면과 뒷면이 정확하게 50번씩 나올 확률이 약 8%라고 어떻게 말할 수 있을까요? 8.8절에서 공부한 것처럼 '이항분포'라는 확률 분포를 알고 있기 때문입니다. 이렇게 확률 분포를 활용하면 적은 정보를 가지고 많은 정보를 알 수 있게 됩니다.

유럽 프로축구 5대 리그 경기 안방 경기 승률과 방문 경기 승률 차이를 알아볼 때처럼 두 집단을 놓고 평균을 비교할 때는 't-분포'를 활용합니다. 두 집단 평균 차이를 나타내는 확률분포에 t-분포라는 이름을 붙인 사람은 11.5절에도 등장했던 '현대 통계학의 아버지' 로널드 피셔(1890~1962)였습니다.

피셔는 1925년 '학생 분포의 응용'(Applications of "Student's" Distribution)[55]이라는 논문을 쓰면서 알파벳 t로 이 분포를 지칭했습니다. 논문 영어 제목에서 알 수 있는 것처럼 학생(Student)에서 마지막 글자를 따온 겁니다. 그러면 누군가 먼저 '학생 분포'를 발견했다는 뜻이겠죠?

주인공은 맥주 회사 '기네스'에서 근무하던 윌리엄 고셋(1876~1937)이었습니다. 기네스는 고셋에게 맥주 원료인 '홉'을 어떤 비율로 넣어야 독특한 맛과 향은 유지한 상태로 생산량을 늘릴 수 있는지 알아내라고 업무를 맡겼습니다. 홉은 기본적으로 꽃 = 식물입니다. 사과나 배가 열매마다 맛이 다른 것처럼 홉 역시 저마다 성분

---

55   digital.library.adelaide.edu.au/dspace/handle/2440/15187

이 다릅니다. 단, 이 성분 차이는 평균을 중심으로 특정한 분포를 이룰 겁니다.

이런 업무를 수행할 때는 원하는 만큼 맥주를 가져다 쓰지 못하는 게 당연합니다. 그래서 고셋은 샘플 숫자가 적을 때 이 차이가 어떤 분포를 따라 나타나는지 연구하게 됩니다. 그리고 샘플 숫자에 따라 '정규분포와 비슷하지만 조금 다른' 어떤 분포가 나타난다는 사실을 발견합니다.

고셋은 이 발견을 학계에 발표하고 싶었지만 동서고금을 막론하고 회사는 보통 '튀는 직원'을 싫어하게 마련입니다. 게다가 경쟁사에서도 이 비법을 알아내면 매출에도 타격을 입을 수밖에 없었습니다. 그래도 연구 결과를 이대로 썩히기는 아까웠던 고셋은 회사와 딜(deal)을 시도해 "가명으로 연구 결과를 발표해도 좋다"고 허락을 받아 냅니다.

결국 고셋은 학생이라는 이름으로 자기 모교였던 영국 옥스퍼드대 학술지 '바이오메트리카(Biometrika)' 1908년 3월호에 '평균의 오차 확률분포(The Probable error of a mean)[56]'라는 논문을 발표합니다. 고셋은 그냥 평범하게 로마자 y를 써서 자신이 발견한 통계량을 표현했습니다.

12.1 t-분포 그리고 자유도

앞서 말한 것처럼 고셋은 표본(샘플) 숫자를 마음대로 늘릴 수 없는 상황이었습니다. 그래서 샘플 숫자가 적을 때 어떤 결과가 나올지에 주목했고 샘플 숫자에 따라 서로 조금씩 분포가 바뀐다. 즉, 그래프 모양이 달라진다는 사실을 발견했습니다. 이건 t-분포를 활용하려면 샘플 숫자가 몇 개인지 알고 있어야 한다는 뜻입니다.

그렇다고 샘플 개수를 곧바로 계산에 활용하는 건 아닙니다. 자유도(degrees of freedom)를 계산한 다음 이를 활용합니다. 자유도 계산은 아주 간단합니다. 그냥 샘플 개수에서 1을 빼면 됩니다. 샘플 개수가 10개라면 자유도는 9가 되는 겁니다.

자유도는 이런 개념입니다. 모자 10개가 있는 사람이 10일 동안 매일 서로 다른 모자를 쓰기로 마음을 먹었다고 해보겠습니다. 그러면 내가 골라 쓸 수 있는 모자 숫자는 날짜별로 10 → 9 → 8 → 7 → 6 → 5 → 4 → 3 → 2 → 1개로 줄어들 겁니다. 열 번째 날에는 아홉 번째 날에 남아 있던 모자 두 개 가운데 이날 고르지 않은 하나를 자동으로 선택할 수밖에 없습니다. 따라서 내가 자유롭게 고를 수 있는 모자는 9개가 됩니다.

이를 수학적인 관점에서 쓰면 이렇습니다. 만약 어떤 샘플 10개가 있는데 합이 55라고 해보겠습니다. 이때 샘플 10개가 c(1, 2, 3, 4, 5, 6, 7, 8, 9, x)라면 x는 자동으로 10이 됩니다. 숫자 9개를 자유롭게 지정하고 나면 맨 마지막 하나는 반드시 어떤 특정한 값이 나와야 하는 겁니다. 그래서 이때 자유도는 10에서 1을 뺀 9가 됩니다.

---

56 seismo.berkeley.edu/~kirchner/eps_120/Odds_n_ends/Students_original_paper.pdf

고등학교 때까지는 분산을 계산할 때 (관측치 – 평균)² 을 모두 더한 다음에 관측치 개수로 나누라고 배웁니다. 그런데 표본 분산을 계산할 때는 데이터 개수(n)가 아니라 하나 적은 숫자(n-1)로 나눕니다. 이를 '베셀 보정(bessel's correction)'이라고 부르고, 그 이유가 바로 자유도에 숨어 있습니다.

자유도를 v라고 할 때 t-분포는 아래 같은 수식 그러니까 확률 밀도 함수(PDF·Probability density function)를 통해 나타낼 수 있습니다.

$$t = \frac{\Gamma(\frac{v+1}{2})}{\sqrt{v\pi}\Gamma(\frac{v}{2})}(1+\frac{x^2}{v})^{(\frac{v+1}{2})}$$

8.11절에서 정규분포 PDF를 소개해 드릴 때 설명한 것처럼 이 수식을 확인해 보는 이유는 그저 어디선가 이런 식을 보게 되면 '아, t-분포구나'하고 짐작하라는 목적뿐입니다. 우리는 표지판을 보는 법을 배우고 있는 것뿐이니까요.

이제 공식은 여기까지 하고, 코드로 넘어가겠습니다. 먼저 tidyverse, tidymodels 패키지를 불러 놓고 시드를 지정하는 작업까지 진행하겠습니다.

```
pacman::p_load(tidyverse, tidymodels)
set.seed(1234)
```

8.10절에서 확인한 것처럼 R에서는 dt() 함수를 쓰면 t-값을 계산할 수 있습니다. 예를 들어 x = 0, 자유도 = 1일 때 t-값은 이렇게 계산합니다.

```
dt(x = 0, df = 1)
## [1] 0.3183099
```

이 확률밀도 함수로 자유도(df)가 1, 2, 4, 8, 16, 32일 때 t-값을 계산해 그래프를 그리면 다음 그림처럼 나타납니다.

회색으로 칠한 뒷 배경이 바로 평균 0, 표준편차 1인 표준 정규분포 그래프에 해당합니다. 자유도가 커질수록 (= 표본숫자가 늘어날수록) 점점 정규분포와 같은 모양이 나타난다는 사실을 알 수 있습니다. t-분포는 표본이 30개 이상이면 정규분포와 사실상 똑같은 모양입니다.

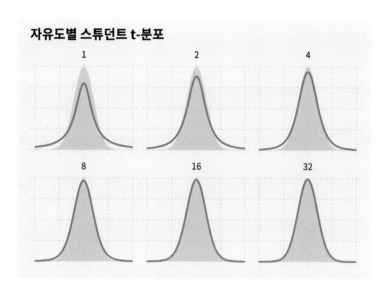

자유도별 스튜던트 t-분포

이 그래프를 활용해 영가설을 검정하는 작업이 바로 t-검정입니다.

12.2 웰치의 t-검정

이어서 앞 장과 마찬가지로 2019~2020 시즌 유럽 프로축구 5대 리그 경기 결과도 불러옵니다. 그리고 필요한 조치(?)도 모두 진행합니다.

```
'19_20_uefa_big_5.csv' %>%
  read.csv() %>%
  as_tibble -> uefa_big5_match_results

uefa_big5_match_results %>%
  mutate(
    장소 = 장소 %>% fct_relevel('안방', '방문'),
    시기 = 시기 %>% fct_relevel('BC', 'AC')
  ) -> uefa_big5_match_results

uefa_big5_match_results %>%
  filter(장소 == '안방' & 리그 != '리그1') -> uefa_big5_match_results_period
uefa_big5_match_results_period %>%
  group_by(팀, 시기) %>%
  summarise(승률 = mean(승리), .groups = 'drop') -> uefa_big5_results_period
```

```
uefa_big5_results_period %>%
  group_by(시기) %>%
  summarise(승률 = mean(승률), .groups = 'drop')
## # A tibble: 2 x 2
##    시기   승률
##    <fct> <dbl>
## 1 BC    0.439
## 2 AC    0.421
```

이미 확인했지만 다시 한 번 점검하자면 신종 코로나 바이러스 감염증(코로나19) 유행 이전에 43.9%였던 유럽 4대 프로축구 리그[57] 안방팀 승률은 유행 이후 42.1%로 1.8% 포인트 줄었습니다. 우리가 알고자 하는 이 차이가 통계적으로 의미가 있느냐 하는 겁니다.

이를 알아보는 과정에서 우리가 맨 마지막으로 쓴 코드는 이랬습니다.

```
uefa_big5_results_period %>%
  t_test(formula = 승률 ~ 시기,
         order = c('AC', 'BC'),
         alternative = 'less')
## # A tibble: 1 x 6
##   statistic  t_df p_value alternative lower_ci upper_ci
##       <dbl> <dbl>   <dbl> <chr>          <dbl>    <dbl>
## 1    -0.466  134.   0.321 less            -Inf   0.0448
```

이 결과에서 맨 앞에 나온 통계량(statistic)이 바로 t-값입니다. 이어서 자유도(t_df)가 나옵니다. 이상하지 않나요? 자유도는 분명 표본 숫자에서 1을 빼는 거라고 배웠는데 '133.5757'이라고 소수점까지 나왔습니다.[58]

그 이유는 이건 t_test() 함수가 '스튜던트 t-검정'이 아니라 '웰치의 t-검정'이라는 기법을 사용하기 때문입니다. 웰치의 t-검정은 영국 통계학자 버나드 루이스 웰치(1911~1989)가 '스튜던트 t-검정'을 업데이트한 형태라고 생각하시면 됩니다.

스튜던트 t-검정은 두 샘플 사이에 분산(variance) 즉, 서로 갈라지고 흩어진 정도가 같다고 가정합니다. 웰치의 t-검정은 이런 가정이 필요 없습니다. 대신 분산 차이를 보정하는 수식을 써서 자유도를 계산합니다.

지금은 표본숫자가 150개가 넘기 때문에 어느 방식을 사용해도 아무 관계가 없습니다. 자유도가 30 이상이면 이미 표준정규분포를 따르는 상황이니까요. 그래도 굳이 스튜던트 t-검정을 활용하고 싶으시다면 'var.equal = TRUE' 옵션을 주면 됩니다.

---

57 프랑스 리그1은 코로나19 유행 이후 2019~2020 리그 일정을 전부 취소했습니다.
58 출력 과정에서 소수점 이하 값이 사라졌습니다.

```
uefa_big5_results_period %>%
  t_test(formula = 승률 ~ 시기,
         order = c('AC', 'BC'),
         alternative = 'less',
         var.equal = TRUE)
## # A tibble: 1 x 6
##   statistic  t_df p_value alternative lower_ci upper_ci
##       <dbl> <dbl>   <dbl> <chr>          <dbl>    <dbl>
## 1    -0.466   154   0.321 less            -Inf   0.0448
```

그러면 자유도가 154로 바뀐 걸 알 수 있습니다. 이 데이터는 78개 팀 코로나19 유행 전후 승률이 들어 있습니다.

```
uefa_big5_results_period %>%
  group_by(시기) %>%
  tally()
## # A tibble: 2 x 2
##   시기       n
##   <fct> <int>
## 1 BC       78
## 2 AC       78
```

따라서 변수별 자유도는 78에서 1을 뺀 77이 되고 변수가 두 개니까 여기에 2를 곱해서 154가 자유도가 되는 겁니다.

아, 웰치의 t-검정은 t-값 계산이 (상대적으로) 손쉽다는 장점도 있습니다. 그냥 두 그룹 평균과 분산 그리고 당연히 그룹별 데이터 개수만 알면 됩니다.

$$t = \frac{\text{그룹1 평균} - \text{그룹2 평균}}{\sqrt{\dfrac{\text{그룹1 분산}}{\text{그룹1 데이터 개수}} + \dfrac{\text{그룹2 분산}}{\text{그룹2 데이터 개수}}}}$$

위에 있는 공식에서 분자는 무슨 뜻인지 어렵지 않게 짐작할 수 있습니다. 분모는 표준오차를 구하는 공식 ($\sqrt{\dfrac{s^2}{n}}$)을 변형한 것뿐입니다. 표준오차는 '각 표본평균이 얼마나 퍼져 있는지 알려주는 값'이라는 것을 기억하고 있을 겁니다.

먼저 경기 장소별 평균과 분산, 개수를 계산한 다음, 앞에 있는 공식에 숫자를 넣으면

```
uefa_big5_results_period %>%
  group_by(시기) %>%
  summarise(평균승률 = mean(승률),
            분산 = var(승률),
            개수 = n(),
            .groups = 'drop')
## # A tibble: 2 x 4
##   시기  평균승률   분산  개수
##   <fct>    <dbl>  <dbl> <int>
## 1 BC       0.439 0.0337    78
## 2 AC       0.421 0.0769    78


(.421 - .439) / sqrt(.07697 / 78 + .0337 / 78)
## [1] -0.4778646
```

이런 결과가 나옵니다. 앞에서 확인한 −0.466과 차이가 나는 건 소수점 자릿수 때문에 생긴 일입니다.

굳이 자릿수를 늘려서 계산하면 같은 결과를 얻을 수 있습니다.

```
(.4213370 - .4388944) / sqrt(.07693693 / 78 + .03368264 / 78)
## [1] -0.4662207
```

12.3 t-검정 with infer

자, 그럼 이제 infer 패키지를 통해 t-검정을 한다는 게 어떤 의미인지 알아볼 차례입니다.

먼저 비교 차원에서 앞 장에서 쓴 코드를 가져옵니다.

```
uefa_big5_results_period %>%
  specify(승률 ~ 시기) %>%
  hypothesize(null = 'independence') %>%
  generate(reps = 1000, type = 'permute') %>%
  calculate(stat = 'diff in means',
            order = c('AC', 'BC'))
```

일단 시뮬레이션 결과 대신 확률 분포가 들어가야 하므로 generate() 부분은 필요가 없고, calculate() 함수에서 계산해야 하는 통계량 역시 평균 차이(diff in means)가 아니라 t-값입니다.

그러면 코드를 이렇게 바꿀 수 있습니다. 이 결과에는 uefa_big5_results_period_null_theoretical라고 이름을 붙이겠습니다.

```
uefa_big5_results_period %>%
  specify(승률 ~ 시기) %>%
  hypothesize(null = 'independence') %>%
  calculate(stat = 't',
           order = c('AC', 'BC')) -> uefa_big5_results_period_null_theoretical


uefa_big5_results_period_null_theoretical
## Response: 승률 (numeric)
## Explanatory: 시기 (factor)
## Null Hypothesis: independence
## # A tibble: 156 x 2
##     승률 시기
##    <dbl> <fct>
## 1 0.385 BC
## 2 0.667 AC
## 3 0.286 BC
## 4 0.2   AC
## 5 0.462 BC
```

그래프를 그려봅니다. 이번에도 visualize() 함수를 쓰면 되는데 method = 'theoretical' 옵션이 필요합니다. (위 객체 이름이 어디서 나온 건지 아시겠죠?)

```
uefa_big5_results_period_null_theoretical %>%
  visualize(method = 'theoretical')
## Warning: Check to make sure the conditions have been met for the theoretical
## method. {infer} currently does not check these for you.
```

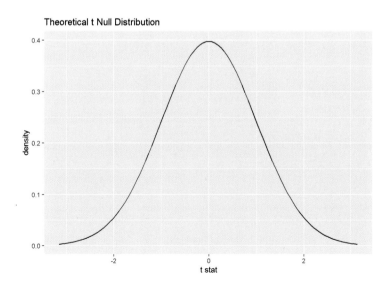

이번에는 당연히 히스토그램이 아니라 밀도(density) 곡선이 나왔습니다. 그리고 아래 이 곡선이 정말 의도한 게 맞는지 확인하라는 경고 문구도 등장했습니다. 이 부분은 뒤에서 다루겠습니다.

계속해서 shade_p_value() 함수로 p-값 이상이 얼마인지 그려보겠습니다. 우리가 관측한 통계량(obs_stat) 즉, t-값은 −0.466이었습니다. 그리고 우리가 세운 연구가설은 '코로나19 유행 이후 안방팀 승률이 낮아졌다'이므로 방향(direction)에는 'less'가 들어가야 합니다.

```
uefa_big5_results_period_null_theoretical %>%
  visualize(method = 'theoretical') +
  shade_p_value(obs_stat = -.466, direction = 'less')
## Warning: Check to make sure the conditions have been met for the theoretical
## method. {infer} currently does not check these for you.
```

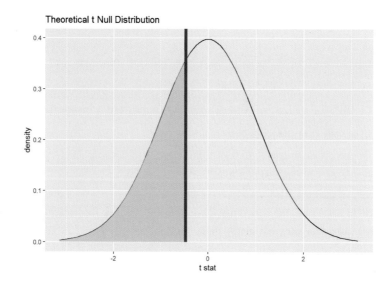

만약 t-값을 따로 계산해 놓지 않았을 때는 아래 코드로 t-값을 확인할 수 있습니다.

```
uefa_big5_results_period %>%
  specify(승률 ~ 시기) %>%
  calculate(stat = 't',
            order = c('AC', 'BC'))
## # A tibble: 1 x 1
##      stat
##     <dbl>
## 1 -0.466
```

이 그래프는 전체 면적이 1(= 100%)이고 붉은 색으로 칠한 부분이 p-값에 해당하는 면적입니다. 위에서 t_test() 함수로 확인한 결과를 보면 이 면적이 0.321에 해당한다는 사실을 알 수 있었습니다.

H₀ 즉, '코로나19 유행 전후에 유럽 4대 프로축구 리그 안방팀 승률은 변함이 없다'고 가정할 때도 32.1%는 이 정도 안방 승률 차이(1.8% 포인트)가 발생할 수 있는 겁니다. 따라서 코로나19 유행 전후 안방팀 승률에 차이가 있다고 보기 어렵습니다.

경우에 따라서는 시뮬레이션 결과와 t-분포를 동시에 그래프에 나타내고 싶을 때도 있을 겁니다. 그럴 때는 generate() 함수로 시뮬레이션을 진행한 다음 visualze() 함수에 method = 'both' 옵션을 주면 됩니다.

```
uefa_big5_results_period %>%
  specify(승률 ~ 시기) %>%
  hypothesize(null = 'independence') %>%
  generate(reps = 1000, type = 'permute') %>%
  calculate(stat = 't',
            order = c('AC', 'BC')) %>%
  visualize(method = 'both') +
  shade_p_value(obs_stat = -.466, direction = 'less')

## Warning: Check to make sure the conditions have been met for the theoretical
## method. {infer} currently does not check these for you.
```

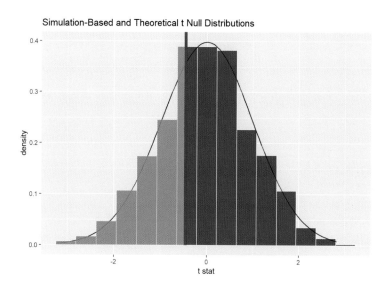

그림: Simulation-Based and Theoretical t Null Distributions

12.4 대응 표본 t-검정

그런데 사실 이 사례는 검정을 이렇게 진행하면 안 됩니다. tidymodels에서 계속 '이론적인 방식을 충족했는지 확인하라'는 경고 메시지에 주목해야 합니다.

'숫자가 딱딱 맞아 떨어졌는데 무슨 소리냐'고 생각할 수 있습니다. 그러나 t-검정을 이렇게 두 그룹 차이를 비교하는 용도로 쓸 때는 이 두 그룹이 서로 '독립적'이어야 합니다. 11.4절에서 본 것처럼 독립적이라는 건 서로 관계가 없다는 뜻입니다.

예를 들어 잉글랜드 프리미어리그(EPL) 팀 안방 경기 성적과 스페인 프리메라리가 팀 안방 경기 성적은 서로 다른 리그에 속한 팀끼리는 경기를 치르지 않으니까 서로 독립적이라고 할 수 있습니다. 반면 이 데이터는 같은 팀 안방 경기 성적이 코로나19 유행 전후에 어떻게 바뀌었는지 살펴본 것이라 독립적이라고 하기 어렵습니다.

이럴 때는 '대응표본(paired)' t-검정을 실시해야 합니다. 그냥 우리가 앞에서 쓴 t_test() 코드에 paired = TRUE 옵션을 주기만 하면 대응표본 t-검정 결과로 바뀝니다.

```
uefa_big5_results_period %>%
  t_test(formula =  승률  ~  시기,
         order = c('AC', 'BC'),
         alternative = 'less', paired = TRUE)
## # A tibble: 1 x 6
##   statistic  t_df p_value alternative lower_ci upper_ci
##       <dbl> <dbl>   <dbl> <chr>          <dbl>    <dbl>
## 1    -0.615    77   0.270 less            -Inf   0.0300
```

t-값이 −0.466에서 −0.615로 바뀌었습니다. 대응표본 t-검정에 쓰는 t-값은 아래 공식으로 계산합니다.

$$t = \frac{데이터별\ 차이\ 평균}{테이터별\ 차이\ 표준오차}$$

여기서 '데이터별 차이'는 전후 관계입니다. 이것만 알면 아래 코드를 통해 필요한 값을 전부 계산할 수 있습니다.

```
uefa_big5_results_period %>%
  pivot_wider(names_from = '시기', values_from = '승률') %>%
  mutate(차이 = AC - BC) %>%
  summarise(차이_평균 = mean(차이),
            차이_표준편차 = sd(차이),
            차이_표준오차 = 차이_표준편차 / sqrt(78))
## # A tibble: 1 x 3
##   차이_평균 차이_표준편차  차이_표준오차
##       <dbl>        <dbl>         <dbl>
## 1   -0.0176        0.252        0.0286
```

이 정도 코드는 이해할 수 있죠? 이제 −0.0176을 0.0286으로 나누면 우리가 원하는 결과가 나옵니다.

```
-.0176 / .0286
## [1] -0.6153846
```

infer 패키지로 대응표본 t-검정을 진행하려면 코드에서도 가설을 바꿔줘야 합니다. 대응표본 t-검정에서 우리가 알고 싶은 건 '두 그룹 차이 평균이 0인가? 아닌가?'하는 점입니다. 이 때는 hypothessize() 함수 안에 null = 'point', mu = 0이라고 옵션을 주면 됩니다. 수학에서는 그리스 문자 μ(뮤)를 (모)평균을 나타낼 때 쓰기 때문에 mu를 사용하는 겁니다.

그래프까지 한 번에 그리겠습니다. obs_stat에 들어가야 할 t-값을 paired = TRUE 옵션을 넣어 계산한 결과 (-0.615)로 바꿔줘야 한다는 것 잊지 마세요.

```
uefa_big5_results_period %>%
  specify(승률 ~ 시기) %>%
  hypothesize(null = 'point', mu = 0) %>%
  calculate(stat = 't',
            order = c('AC', 'BC')) %>%
  visualize(method = 'theoretical') +
  shade_p_value(obs_stat = -.615, direction = 'less')


## Warning: Check to make sure the conditions have been met for the theoretical
## method. {infer} currently does not check these for you.
```

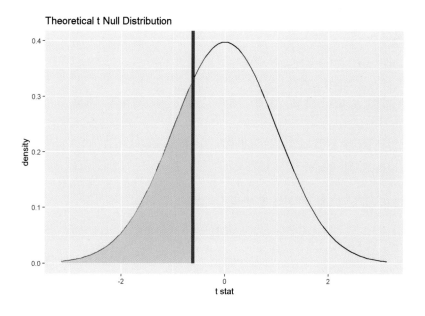

이렇게 바꾸면 붉은 색으로 칠한 부분 즉, p-값에 해당하는 부분 넓이는 0.270이 됩니다. 결과적으로 H_0 그러니까 '코로나19 유행 전후에 유럽 4대 프로축구 리그 팀 안방 승률은 변함이 없다'고 가정할 때도 27%는 이 정도 안방 승률 차이(1.8% 포인트)가 발생할 수 있는 겁니다.

12.5 NBA 안방 승률은?

그러면 미국프로농구(NBA)는 어땠을까요? NBA는 유타 재즈 센터 뤼디 고베르가 코로나19 확진 판정을 받자 2020년 3월 12일 리그 일정을 중단했습니다. 다시 리그 경기가 열리기 시작한 건 그해 7월 31일이었습니다. NBA는 무관중으로 전환한 것뿐만 아니라 미국 플로리다주 올랜도에 있는 디즈니월드에 '버블'을 만들어 남은 경기 일정을 소화했습니다. 모든 팀이 디즈니월드에 모여 같은 체육관에서 경기를 치르는 방식이었습니다.

자연스레 물리적인 구장 구분은 사라졌지만 '형식적으로는' 원래 일정상 안방팀이 계속 안방팀이었습니다. 예컨대 안방팀 장내 아나운서가 계속 경기 진행을 맡았습니다. 이런 환경에서도 안방팀은 계속 안방 어드밴티지를 누릴 수 있을까요? 참고로 말하자면 정상적으로 각자 자기 팀 구장에서 경기를 소화한 2018~2019 시즌 안방팀은 729승 501패(승률 0.593)를 기록했습니다.

일단 2019~2020 시즌 NBA 경기 결과 데이터를 불러옵니다.

```
'19_20_nba.csv' %>%
  read.csv() %>%
  as_tibble -> nba_match_results
```

names() 함수로 확인해 보면 이 데이터에는 아래 같은 내용이 들어 있습니다.

```
nba_match_results %>%
  names()
## [1] "날짜" "팀"  "상대" "득점" "실점" "승리" "장소" "시기" "리그" "예외"
```

'예외'가 무슨 뜻인지 궁금할 텐데 NBA 팀은 저변확대 차원에서 외국에서 정규리그 일정을 소화할 때가 있습니다. 그 경기를 따로 표시한 겁니다.

이번에도 먼저 장소, 시기, 리그를 팩터형으로 바꿔 줍니다.

```
nba_match_results %>%
  mutate(
    장소 = 장소 %>% fct_relevel('안방', '방문'),
    시기 = 시기 %>% fct_relevel('BC', 'AC'),
    리그 = 리그 %>% fct_relevel('정규리그', '플레이오프')
  ) -> nba_match_results
```

계속해 상자 그래프를 그려서 시기별로 안방팀 승률이 어떻게 달라졌는지 비교해 봅니다.

```
nba_match_results %>%
  filter(리그 != '플레이오프') %>%
  group_by(팀, 장소, 시기) %>%
  summarise(승률  = mean(승리), .groups = 'drop') %>%
  ggplot(aes(x = 장소, y = 승률)) +
  geom_boxplot() +
  facet_grid(. ~ 시기)
```

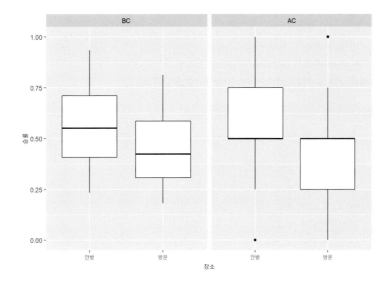

코로나 이후(AC) 즉, '버블'에서 경기를 치를 때도 안방팀 어드밴티지가 유효했다는 사실을 알 수 있습니다. 게다가 안방팀 승률이 올라가면서 방문 팀 승률과 격차가 더 커졌습니다.

사실 이렇게 상자가 서로 아예 겹치지 않을 때는 굳이 t-검정을 진행할 필요가 없습니다. 버블에서도 안방 어드밴티지는 여전했던 겁니다.

그러면 버블 입성 전후에 안방팀 승률이 올라간 게 통계적으로 의미가 있다고 할 수 있는지 알아볼까요?

이번에 그냥 t_test() 함수에 paired = TRUE 옵션을 주면 에러 메시지가 나옵니다.

```
nba_match_results %>%
  filter(리그 != '플레이오프') %>%
  group_by(팀, 장소, 시기) %>%
  filter(장소 == '안방') %>%
  summarise(승률  = mean(승리), .groups = 'drop') %>%
  t_test(formula =  승률  ~  시기,
         order = c('BC', 'AC'),
         paired = TRUE)
## Error in complete.cases(x, y): not all arguments have the same length
```

대응표본 t-검정을 진행하려면 이쪽과 저쪽 항목 숫자가 똑같아야 합니다. 그런데 NBA는 전체 30개 팀 가운데 22개 팀만 '버블'로 향했습니다. 플레이오프 진출 가능성이 없는 팀은 그대로 남은 일정을 취소했기 때문입니다. 양쪽 숫자를 맞춰주는 작업이 필요합니다.

이 작업은 간단하게 진행할 수 있습니다. pivot_wider() 함수로 코로나 이전(BC)과 코로니 이후(AC) 승률을 옆으로 별려준 다음에 drop_na() 함수로 AC 승률이 없는 팀은 지워버리면 그만입니다.

```
nba_match_results %>%
  filter(리그 != '플레이오프') %>%
  group_by(팀, 장소, 시기) %>%
  filter(장소 == '안방') %>%
  summarise(승률 = mean(승리), .groups = 'drop') %>%
  pivot_wider(names_from = '시기', values_from = '승률') %>%
  drop_na()
## # A tibble: 22 x 4
##   팀          장소    BC    AC
##   <chr>       <fct> <dbl> <dbl>
## 1 LA 레이커스  안방  0.742  0.5
## 2 LA 클리퍼스  안방  0.781  0.5
## 3 뉴올리언스   안방  0.406  0.5
## 4 댈러스       안방  0.559  0.25
## 5 덴버         안방  0.758  0.25
```

그리고 다시 t_test() 함수를 적용할 수 있도록 pivot_longer() 함수를 써서 롱 폼으로 만들어줍니다. t-검정까지 진행하는 코드는 이렇게 쓸 수 있습니다.

```
nba_match_results %>%
  filter(리그 != '플레이오프') %>%
  group_by(팀, 장소, 시기) %>%
  filter(장소 == '안방') %>%
  summarise(승률 = mean(승리), .groups = 'drop') %>%
  pivot_wider(names_from = '시기', values_from = '승률') %>%
  drop_na() %>%
  pivot_longer(BC:AC, names_to = '시기', values_to = '승률') %>%
  t_test(formula = 승률 ~ 시기,
         order = c('BC', 'AC'),
         paired = TRUE)
## # A tibble: 1 x 6
##   statistic  t_df p_value alternative lower_ci upper_ci
##       <dbl> <dbl>   <dbl> <chr>          <dbl>    <dbl>
## 1      1.27    21   0.220 two.sided    -0.0508    0.209
```

p-값 0.220으로 95% 신뢰수준에서 '코로나 전후 안방 경기 승률에는 차이가 없다'는 영가설을 기각하기는 어렵다는 결론이 나왔습니다.

이렇게 우리는 PPDAC 모델을 또 한 사이클 돌았습니다. 여기까지만 와도 새로운 문제가 마구 떠오르리라고 믿습니다. 지금껏 우리가 논의한 내용이 맞다면 안방 어드밴티지는 도대체 어디서 오는 걸까요? 이 문제 해답은 여러분께 맡기고 카이제곱 검정으로 넘어가 보겠습니다.

12.6 검정력(power of a test)

아, 그 전에 잠깐 짚고 넘어가야 할 개념이 있습니다. 검정력이라는 개념입니다.

p-값이라는 개념이 등장한 11.5절에서 유의수준은 그리스 문자 알파(α)를 써서 나타낸다고 설명했습니다. 유의수준은 영가설이 참인데도 이를 기각할 확률, 즉 1종 오류를 저지를 확률을 나타냅니다. 이를 다른 말로 '검정의 크기(size of a test)'라고 부르기도 합니다.

그렇다면 대립가설이 참인데도 이를 기각할 확률, 즉 2종 오류를 저지를 확률을 나타내는 표현도 있지 않을까요? 이 확률은 베타(β)를 써서 나타냅니다. 1에 이 확률을 빼면($1 - \beta$) 우리는 검정 결과 대립가설이 참일 확률을 얻게 됩니다. 이 확률을 뜻하는 표현이 바로 검정력입니다.

관례적으로 α를 0.05로 설정하는 것처럼 $1 - \beta$는 0.80으로 놓는 게 일반적입니다. 그리고 검정력에 제일 큰 영향을 끼치는 건 '표본 크기 = 샘플 사이즈'입니다. 당연히 샘플이 많을수록 검정력도 커집니다.

코로나19 유행 이전 NBA 경기 장소별 승률을 가지고 이게 무슨 뜻인지 한 번 알아보겠습니다. 먼저 영가설에 따라 시뮬레이션을 진행한 다음 평균 차이를 골라 nba_simulation_h0 객체에 넣습니다.

```
nba_match_results %>%
  filter(시기 == 'BC') %>%
  group_by(팀, 장소) %>%
  summarise(승률 = mean(승리), .groups = 'drop') %>%
  specify(승률 ~ 장소) %>%
  hypothesize(null = 'independence') %>%
  generate(reps = 1000, type = 'permute') %>%
  calculate(stat = 'diff in means',
            order = c('안방', '방문')) %>%
  select(stat) %>%
  mutate(type = 'h0') -> nba_simulation_h0
```

이때 p-값 0.05에 해당하는 값은 0.0747입니다.

```
nba_simulation_h0 %>%
  summarise(low = quantile(stat, .95))
## # A tibble: 1 x 1
##       low
##     <dbl>
## 1 0.0747
```

이어서 대립가설에 따라 또 시뮬레이션을 진행합니다.

```
nba_match_results %>%
  filter(시기 == 'BC') %>%
  group_by(팀, 장소) %>%
  summarise(승률 = mean(승리),
            .groups = 'drop') %>%
  pivot_wider(names_from = '장소',
              values_from = '승률') %>%
  mutate(차이 = 안방 - 방문) %>%
  rep_sample_n(reps = 1000, size = 30, replace = TRUE) %>%
  group_by(replicate) %>%
  summarise(stat = mean(차이), .groups = 'drop') %>%
  select(stat) %>%
  mutate(type = 'h1') -> nba_simulation_h1
```

시뮬레이션 결과를 히스토그램으로 표시해 봅니다. p-값 0.05에 해당하는 구간은 점선으로 표시해 넣습니다.

```
bind_rows(
  nba_simulation_h0,
  nba_simulation_h1
) %>%
  ggplot(aes(x = stat, fill = type)) +
  geom_histogram(color = 'white',
                 binwidth = .01, alpha = .5,
                 position = 'identity') +
  geom_vline(xintercept = .0747,
             linetype = 'dotted', lwd=1)
```

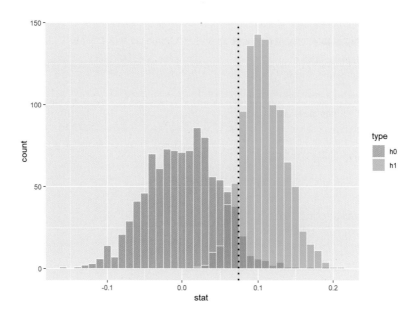

여기서 문제가 되는 건 h1 가운데도 p-값 왼쪽에 있는 구간에 해당하는 값이 있다는 점입니다. 이 구간이 바로 β에 해당합니다. 자연스레 $1-\beta$는 이 선 오른쪽 비율을 뜻하게 됩니다. 우리는 β를 0.2로 설정했으니까 이 선 오른쪽에 샘플 가운데 80% 이상이 자리잡아야 합니다.

정말 그런지 그냥 세어 보면 되겠죠?

```
nba_simulation_h1 %>%
  filter(stat > .0747) %>%
  tally()
## # A tibble: 1 x 1
##       n
##   <int>
## 1   868
```

1000개 중 868개니까 86.8%입니다. $1-\beta$쪽은 별 문제가 없습니다.

t-검정을 해보면 이때 p-값은 0.000988이 나옵니다.

```
nba_match_results %>%
  filter(시기 == 'BC') %>%
  group_by(팀, 장소) %>%
  summarise(승률 = mean(승리),
            .groups = 'drop') %>%
  t_test(승률 ~ 장소, order = c('안방', '방문'), paired = TRUE)
## # A tibble: 1 x 6
##   statistic  t_df  p_value alternative lower_ci upper_ci
##       <dbl> <dbl>    <dbl> <chr>          <dbl>    <dbl>
## 1      3.66    29 0.000988 two.sided     0.0468    0.165
```

따라서 p-값은 α(0.05)보다 작고, $1-\beta$도 0.8보다 크다는 결론에 도달합니다.

물론 검정력도 반자동으로 계산하는 방법이 있습니다. 반자동이라는 건 수동으로 계산해야 하는 부분이 있다는 뜻이겠죠?

일단 pwr 패키지[59]를 설치하고 불러옵니다.

```
pacman::p_load(pwr)
```

우리는 t-검정에 대한 검정력을 알아보려고 합니다. 이때 도움을 받을 수 있는 함수는 power.t.test()입니다. 어떤 인수가 필요한지 확인해 봅니다.

---

59 github.com/heliosdrm/pwr

```
args(power.t.test)
## function (n = NULL, delta = NULL, sd = 1, sig.level = 0.05, power = NULL,
##      type = c("two.sample", "one.sample", "paired"), alternative = c("two.sided",
##          "one.sided"), strict = FALSE, tol = .Machine$double.eps^0.25)
## NULL
```

여기서 delta(Δ)는 평균 차이이고, sd는 표준편차입니다.

```
nba_match_results %>%
  filter(시기 == 'BC') %>%
  group_by(팀, 장소) %>%
  summarise(승률  = mean(승리), .groups = 'drop') %>%
  group_by(장소) %>%
  summarise(승률  = mean(승률), .groups = 'drop')
## # A tibble: 2 x 2
##    장소   승률
##    <fct> <dbl>
## 1 안방  0.555
## 2 방문  0.449
nba_match_results %>%

  filter(시기 == 'BC') %>%
  group_by(팀, 장소) %>%
  summarise(승률  = mean(승리), .groups = 'drop') %>%
  pivot_wider(names_from = '장소', values_from = '승률') %>%
  mutate(차이 = 안방 - 방문) %>%
  summarise(sd = sd(차이))
## # A tibble: 1 x 1
##        sd
##    <dbl>
## 1 0.158
```

평균 차이는 0.106(=0.555-0.449)이고, 표준편차는 0.158입니다. 이제 이 값을 power.t.test() 함수에 넣어줍니다. 대응 표본이니까 type = 'paired'이고, 안방 경기 승률이 더 높으면 되니까 alternative = 'one.sided' 옵션을 넣어 줍니다.

```
power.t.test(delta = .106, sd = .158,
             sig.level = .05,
             power = .8,
             type = 'paired',
             alternative = 'one.sided')
##
##      Paired t test power calculation
##
##              n = 15.18432
##          delta = 0.106
##             sd = 0.158
##      sig.level = 0.05
##          power = 0.8
##    alternative = one.sided
##
## NOTE: n is number of *pairs*, sd is std.dev. of *differences* within pairs
```

여기서 우리가 주목해야 하는 값은 n입니다. n은 샘플이 몇 개가 있어야 이 검정이 유효하다고 할 수 있는지 알려줍니다. 여기서는 조건을 만족하려면 샘플이 16개 이상 있어야 하는 겁니다. NBA 팀은 30개니까 이 조건을 만족한다고 할 수 있습니다.

이제 진짜 카이제곱 검정을 알아볼 차례입니다.

나달은 정말 클레이 코트에서 강할까?

———

"사람을 대할 때도 나무를 대하듯이 하면 돼요.
버찌가 열리지 않는다고 무화과나무에게 화를 내는 건 어리석다는 거죠.
사람은 모두 다르고, 각자 있는 그대로 받아들여야 해요. 상대의 부족한 부분을
우리의 욕망으로 채워 넣고, 제멋대로 실망하고 다툴 필요가 없어요."

– 니코스 카잔차키스 '그리스인 조르바' –

앞 장에서 본 것처럼 프랑스 프로축구 리그1은 신종 코로나 바이러스 감염증(코로나19) 때문에 끝내 2019~2020 시즌 일정을 전부 소화하지 못했지만, 원래 5월 말~6월 초에 열리던 프랑스 오픈 테니스 대회는 9월 27일로 일정을 옮겨서 결국 2020년 대회를 치렀습니다.

프랑스 오픈은 4대 메이저 대회(호주 오픈, 프랑스 오픈, 윔블던, US 오픈) 가운데 유일하게 클레이 코트에서 경기를 치릅니다. 테니스 코트 바닥은 크게 잔디(grass) 코트, 클레이(clay) 코트, 하드(hard) 코트로 나눕니다. 잔디 코트에는 문자 그대로 잔디를 깔고, 클레이 코트 바닥에는 흙을 깝니다. 하드 코트는 아스팔트, 콘크리트, 고무 등으로 바닥을 딱딱하게 만든 경기장입니다.

프랑스 오픈을 치르는 롤랑 가로스 경기장에는 '앙투카(en tout cas)'라고 부르는 흙이 깔려 있습니다. 앙투카는 벽돌(정확하게는 불에 구운 흙)을 갈아 모래처럼 만들고 물을 충분히 뿌린 다음 굳혀서 만듭니다. 선수가 친 공이 이 앙투카 바닥에 닿으면 회전이 많이 걸리면서 속도가 느려지는 대신 (상대적으로) 높게 튀어 오릅니다.

그래서 '서브만' 좋은 선수는 이 바닥에서 '공격 한 방'으로 점수를 따는 일이 드물어서 별 재미를 보지 못합니다. 대신 수비력이 뛰어난 선수가 이 프랑스 오픈에서 좋은 성적을 거두는 일이 많습니다. 클레이 코트는 특성상 바닥이 미끄럽기 때문에 슬라이드 동작으로 발을 미끄러뜨려 상대 공격을 받아내는 것도 가능합니다.

이 분야 최고봉이 바로 라파엘 나달입니다. 나달은 2020년 대회에서 4연패를 기록하는 등 2020년까지 프랑스 오픈에서만 총 13번 정상에 올랐습니다. 테니스 역사상 그 어떤 선수도 특정 메이저 대회에서 이렇게 많이 우승하지는 못했습니다. 나달은 또 이 해 대회 우승으로 로저 페더러와 함께 역대 메이저 대회 최다 우승(20회) 기록 보유자가 됐습니다.

나달, 페더러와 함께 현대 테니스에서 빼놓을 수 없는 선수가 노바크 조코비치입니다. 2017년 호주 오픈 이후 2020년 프랑스 오픈까지 메이저 대회 15번을 치르는 동안 이 세 선수가 남자 단식 정상을 차지한 게 14번입

니다. 테니스 세계에서는 이들을 흔히 '빅3'라고 표현합니다.

테니스 전문가들은 흔히 나달은 클레이 코트에서 강하고, 페더러는 잔디 코트에서 강하며, 조코비치는 하드 코트에서 강하다고 평가를 내립니다. 이번 장은 이런 평가가 통계적으로도 유의미하다고 할 수 있는지 알아보겠습니다.

13.1 카이제곱 검정

이럴 때 사용하는 통계적 접근법이 바로 '카이 제곱 검정'입니다. 여기서 '카이'는 그리스 문자 x를 나타내고 카이 제곱은 x^2라는 뜻입니다. 이 검정 이름에 굳이 '제곱'이 들어갔다는 건 제곱이 중요하다는 의미일 겁니다. 통계에서 제곱하면 떠오르는 건 분산입니다.

본격적으로 코딩을 시작하기에 앞서 이번에도 어디선가 만나면 인사 나누라고 확률 밀도 함수(PDF·Probability density function)를 확인하고 넘어갑니다.

$$\chi^2 = \frac{1}{2^{\frac{k}{2}}\Gamma(\frac{k}{2})} x^{\frac{k}{2}-1} e^{-\frac{x}{2}}$$

자, 이제 tidyverse, tidymodels 패키지를 불러오고 시드 지정까지 마치겠습니다.

```
pacman::p_load(tidyverse, tidymodels)
set.seed(1234)
```

아주 간단하게 x와 y에 각각 평균 0, 표준편차 1인 정규분포를 따르는 난수 두 개를 발생시킨 다음에 분산을 계산해 보겠습니다. 그러면 분산이 총 네 개가 나올 겁니다.

```
crossing(
  x = rnorm(2, 0, 1),
  y = rnorm(2, 0, 1)
) %>%
  rowwise() %>%
  mutate(v = var(c(x, y)))
## # A tibble: 4 x 3
## # Rowwise:
##        x      y      v
##    <dbl> <dbl> <dbl>
## 1 -1.21  -2.35 0.648
## 2 -1.21   1.08 2.63
## 3  0.277 -2.35 3.44
## 4  0.277  1.08 0.326
```

간단합니다. 만약 이런 난수가 x, y 각 100개씩 있다고 할 때 분산을 계산해 히스토그램을 그리면 어떤 모양
으로 나타날까요?

```
crossing(
  x = rnorm(100, 0, 1),
  y = rnorm(100, 0, 1)
) %>%
  rowwise() %>%
  mutate(v = var(c(x, y))) %>%
  ggplot(aes(x = v)) +
  geom_histogram(bins = 30, fill = 'gray75', color = 'white')
```

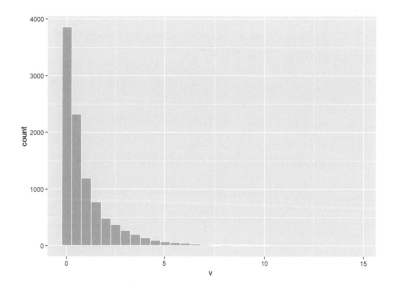

이런 모양입니다. 만약 정규분포가 세 개 그러니까 변수가 x, y, z가 있을 때는 어떤 모양일까요?

```
crossing(
  x = rnorm(100, 0, 1),
  y = rnorm(100, 0, 1),
  z = rnorm(100, 0, 1),
) %>%
  rowwise() %>%
  mutate(v = var(c(x, y, z))) %>%
  ggplot(aes(x = v)) +
  geom_histogram(bins = 30, fill = 'gray75', color = 'white')
```

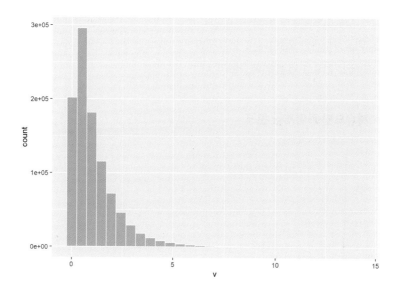

모양이 살짝 바뀌었습니다. 계속해서 변수가 네 개일 때도 그려보겠습니다.

```
crossing(
  x = rnorm(30, 0, 1),
  y = rnorm(30, 0, 1),
  z = rnorm(30, 0, 1),
  a = rnorm(30, 0, 1)
) %>%
  rowwise() %>%
  mutate(v = var(c(x, y, z, a))) %>%
  ggplot(aes(x = v)) +
  geom_histogram(bins = 30, fill = 'gray75', color = 'white')
```

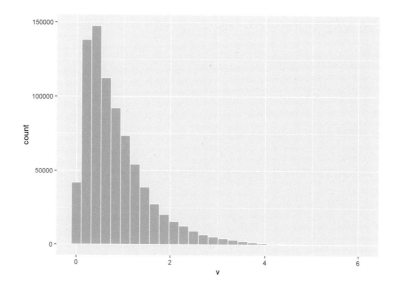

12.1절에서 배운 자유도를 기억하는지 확인해 보겠습니다. 변수가 두 개면 자유도는 얼마일까요? 네, 1입니다. 변수가 세 개면 2이고, 네 개면 3입니다. t-분포처럼 카이제곱 분포를 그릴 때도 자유도가 필요합니다. 자유도가 1~3일 때 카이제곱 분포는 어떻게 생겼을까요?

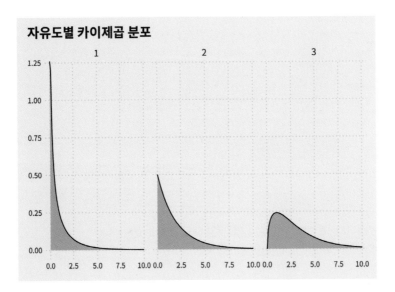

네, 우리가 앞에서 확인한 모양입니다. 카이제곱 분포는 이렇게 정규분포를 따르는 데이터가 여러 개 있을 때 데이터 사이 분산을 계산한 결과입니다.

도대체 이 분포가 무슨 의미가 있는지 테니스 빅3 성적을 통해 확인해 보겠습니다.

13.2 귀찮은 일 도맡아 처리하는 janitor

패키지를 불러오고 시드 지정도 했으니까 데이터만 불러오면 됩니다. 이 장 처음에 거론된 세 선수가 남자프로테니스(ATP) 무대에 데뷔한 뒤 2020년까지 어떤 성적을 남겼는지 정리한 파일 'tennis_big3_results.csv' 파일을 불러오겠습니다.

```
'tennis_big3_results.csv' %>%
  read.csv() %>%
  as_tibble() -> tennis_big3_results
```

그리고 오랜만에 glimpse() 함수로 파일 내용을 확인해 봅니다.

```
tennis_big3_results %>%
  glimpse()
## Rows: 3,884
## Columns: 7
## $ Player     <chr> "Roger Federer", "Roger Federer", "Roger Federer", "Roge...
## $ Date       <chr> "20-01-2020", "20-01-2020", "20-01-2020", "20-01-2020", ...
## $ Tournament <chr> "Australian Open", "Australian Open", "Australian Open",...
## $ Surface    <chr> "Hard", "Hard", "Hard", "Hard", "Hard", "Hard", "Hard (i...
## $ Round      <chr> "SF", "QF", "R16", "R32", "R64", "R128", "SF", "RR", "RR...
## $ W.L        <chr> "L", "W", "W", "W", "W", "W", "L", "W", "L", "W", "W", "...
## $ Score      <chr> "7-6(1), 6-4, 6-3", "6-3, 2-6, 2-6, 7-6(8), 6-3", "4-6, ...
```

여러분 가운데는 이렇게 영어로 된 파일을 자주 다뤄야 하는 분도 있을 겁니다. 현재 이 데이터에서 눈에 띄는 문제점(?) 중 하나는 열 이름 첫 글자가 대문자라는 점입니다. 그냥 볼 때는 이게 문제가 되지 않지만 열 이름을 반복해서 코드로 쳐야 하는 상황에서는 이런 작업이 번거로울 수 있습니다.

이때는 janitor 패키지[60] 도움을 받으면 됩니다. (janitor는 '잡부', '청소부'라는 뜻입니다.)

새 패키지가 나왔으니 설치하고 불러온 다음에

```
pacman::p_load(janitor)
```

다음처럼 쓰면 열 이름이 전부 소문자로 바뀌고 또 'W.L'도 'w_l'로 바뀌는 걸 볼 수 있습니다.

```
tennis_big3_results %>%
  as_tibble(., .name_repair = janitor::make_clean_names) -> tennis_big3_results

tennis_big3_results
## # A tibble: 3,884 x 7
##    player     date       tournament     surface round w_l   score
##    <chr>      <chr>      <chr>          <chr>   <chr> <chr> <chr>
## 1 Roger Fede~ 20-01-20~ Australian O~ Hard     SF    L     7-6(1), 6-4, 6-3
## 2 Roger Fede~ 20-01-20~ Australian O~ Hard     QF    W     6-3, 2-6, 2-6, 7-6(8~
## 3 Roger Fede~ 20-01-20~ Australian O~ Hard     R16   W     4-6, 6-1, 6-2, 6-2
## 4 Roger Fede~ 20-01-20~ Australian O~ Hard     R32   W     4-6, 7-6(2), 6-4, 4-~
## 5 Roger Fede~ 20-01-20~ Australian O~ Hard     R64   W     6-1, 6-4, 6-1
```

우리는 바닥(surface) 열도 자주 써야 하는데 이 역시 대문자를 섞어 치기가 번거롭다는 생각이 들 때도 있습니다. 이때는 stringr 패키지에 들어 있는 str_to_lower() 함수를 쓰시면 소문자로 바꿀 수 있습니다. 하는 김에 승패(w_l)도 소문자로 바꿔 놓겠습니다.

60 garthtarr.github.io/meatR/janitor.html

```
tennis_big3_results %>%
  mutate(surface = str_to_lower(surface),
         w_l = str_to_lower(w_l)) -> tennis_big3_results

tennis_big3_results
## # A tibble: 3,884 x 7
##    player      date      tournament    surface round w_l   score
##    <chr>       <chr>     <chr>         <chr>   <chr> <chr> <chr>
##  1 Roger Fede~ 20-01-20~ Australian O~ hard    SF    l     7-6(1), 6-4, 6-3
##  2 Roger Fede~ 20-01-20~ Australian O~ hard    QF    w     6-3, 2-6, 2-6, 7-6(8~
##  3 Roger Fede~ 20-01-20~ Australian O~ hard    R16   w     4-6, 6-1, 6-2, 6-2
##  4 Roger Fede~ 20-01-20~ Australian O~ hard    R32   w     4-6, 7-6(2), 6-4, 4-~
##  5 Roger Fede~ 20-01-20~ Australian O~ hard    R64   w     6-1, 6-4, 6-1
```

데이터 손질이 어느 정도 끝났으니 이제 '교차표(Cross Table)' 또는 '분할표(Contingency Table)'라고 부르는 테이블을 만들어 볼 겁니다. 우리는 어떤 바닥에서 어떤 선수가 강했는지 알아보고 있기 때문에 선수별 바닥별 승률을 계산해 보겠습니다.

아, glimpse() 함수 출력 결과를 보시면 'hard(i)'라고 쓴 부분이 나오는데 이건 실내(indoor) 하드코트에서 경기를 했다는 뜻입니다. 또 예전에는 카페트 바닥 위에서 테니스 경기를 벌이기도 했습니다. 이번 검정에서는 이런 바닥은 필요 없으니까 filter() 함수로 잔디, 클레이, 하드 코트만 빼냅니다. (filter(Surface %in% c('grass', 'clay', 'hard'))

나머지 코드는 별로 어려울 게 없습니다. 그냥 group_by(), summarise() 조합을 써서 각 선수가 어떤 코트에서 몇 승 몇 패를 기록했는지 센 다음에 '승 ÷ (승 + 패)'를 계산하면 승률(wp)이 나옵니다. 선수별로 가장 승률이 높은 바닥을 알아보는 코드까지 이렇게 쓸 수 있습니다.

```
tennis_big3_results %>%
  filter(surface %in% c('clay', 'grass', 'hard')) %>%
  group_by(player, surface) %>%
  summarise(wins = sum(w_l == 'w'),
            loses = sum(w_l == 'l'),
            wp = wins / (wins + loses),
            .groups = 'drop') %>%
  arrange(player, -wp)
## # A tibble: 9 x 5
##   player         surface wins loses    wp
##   <chr>          <chr>  <int> <int> <dbl>
## 1 Novak Djokovic hard     471    69 0.872
## 2 Novak Djokovic grass     94    16 0.855
## 3 Novak Djokovic clay     219    51 0.811
## 4 Rafael Nadal   clay     434    40 0.916
```

```
## 5 Rafael Nadal    hard     393    96 0.804
## 6 Rafael Nadal    grass     70    19 0.787
## 7 Roger Federer   grass    185    27 0.873
## 8 Roger Federer   hard     545   106 0.837
## 9 Roger Federer   clay     219    70 0.758
```

'백문이불여일견'이니까 코트별 승률 그래프도 그려보겠습니다.

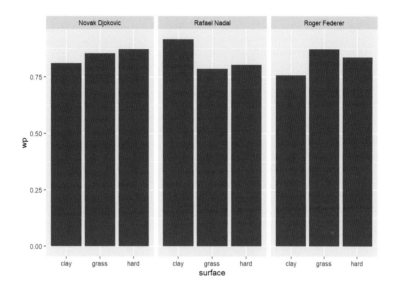

일단 조코비치는 하드 코트, 나달은 클레이 코트, 페더러는 잔디 코트에서 제일 좋은 성적을 거둔 게 사실입니다. 이제 infer 패키지로 이런 차이가 통계적으로 의미가 있는지 알아보겠습니다. 첫 검정 주인공은 물론 나달입니다.

13.3 카이제곱 검정 with infer

현재 이 데이터에는 사소한 문제가 하나 있습니다. w_l에 승(w)과 패(l) 말고도 'w w', 'w l'이 들어 있습니다. 본인 혹은 상대 기권(withdraw)으로 경기가 끝났다는 표시입니다. 그냥 filter() 함수로 걸러주면 됩니다. 결국 우리에게 필요한 데이터만 골라내는 코드는 이렇게 쓸 수 있습니다.

```
tennis_big3_results %>%
  filter(player == 'Rafael Nadal',
         surface %in% c('clay', 'grass', 'hard'),
         w_l %in% c('w', 'l'))
## # A tibble: 1,052 x 7
##    player       date     tournament    surface round w_l   score
##    <chr>        <chr>    <chr>         <chr>   <chr> <chr> <chr>
```

```
##  1 Rafael Nadal 27-09-2020 Roland Garros clay    F    w    6-0, 6-2, 7-5
##  2 Rafael Nadal 27-09-2020 Roland Garros clay    SF   w    6-3, 6-3, 7-6(0)
##  3 Rafael Nadal 27-09-2020 Roland Garros clay    QF   w    7-6(4), 6-4, 6-1
##  4 Rafael Nadal 27-09-2020 Roland Garros clay    R16  w    6-1, 6-1, 6-2
##  5 Rafael Nadal 27-09-2020 Roland Garros clay    R32  w    6-1, 6-4, 6-0
```

이제 specify() 함수로 문제를 특정할 차례입니다. 우리가 알아보려는 건 코트별 승패 기록이니까 specify(~ surface ~ w_l)처럼 쓰면 됩니다. 여기서 주의해야 하는 건 승률이 아니라 승리와 패배 숫자 즉, 항목별 비율이 아니라 집계 결과가 카이 검정 대상이라는 점입니다.

```
tennis_big3_results %>%
  filter(player == 'Rafael Nadal',
         surface %in% c('clay', 'grass', 'hard'),
         w_l %in% c('w', 'l')) %>%
  specify(surface ~ w_l)
## Response: surface (factor)
## Explanatory: w_l (factor)
## # A tibble: 1,052 x 2
##    surface w_l
##    <fct>   <fct>
## 1 clay     w
## 2 clay     w
## 3 clay     w
## 4 clay     w
## 5 clay     w
```

이어서 영가설을 세우고 hypothesize() 함수로 알려줍니다. 우리 연구가설은 '나달은 클레이 코트에서 강하다'이므로 영가설은 '코트별 승률에는 차이가 없다'가 될 겁니다. 앞서 본 것처럼 이럴 때는 hypothesize(null = 'independence')라고 쓰면 됩니다.

```
tennis_big3_results %>%
  filter(player == 'Rafael Nadal',
         surface %in% c('clay', 'grass', 'hard'),
         w_l %in% c('w', 'l')) %>%
  specify(surface ~ w_l) %>%
  hypothesize(null = 'independence')
## Response: surface (factor)
## Explanatory: w_l (factor)
## Null Hypothesis: independence
## # A tibble: 1,052 x 2
##    surface w_l
##    <fct>   <fct>
```

```
##  1 clay     w
##  2 clay     w
##  3 clay     w
##  4 clay     w
##  5 clay     w
```

우리가 계산해야 하는 통계량(statistic)은 물론 카이제곱입니다. calculate(stat = 'Chisq')라고 써줍니다.

```
tennis_big3_results %>%
  filter(player == 'Rafael Nadal',
         surface %in% c('clay', 'grass', 'hard'),
         w_l %in% c('w', 'l')) %>%
  specify(surface ~ w_l) %>%
  hypothesize(null = 'independence') %>%
  calculate(stat = 'Chisq')
## # A tibble: 1 x 1
##    stat
##   <dbl>
## 1  27.4
```

그랬더니 27.4라는 값이 나왔습니다. 이 값이 무엇을 뜻하는 걸까요?

나달이 총 1052경기를 치러 897승 155패(승률 0.853)를 기록하는 동안 바닥별로 남긴 성적은 이렇습니다.

```
## # A tibble: 3 x 3
##   코트       승      패
##   <chr>   <dbl> <dbl>
## 1 잔디        70      19
## 2 클레이     434      40
## 3 하드       393      96
```

만약 코트 바닥에 따라 승률 차이가 없었다면 나달은 잔디 코트에서 치른 89경기 가운데 85.3%에 해당하는 약 75.9경기에서 이기고, 13.1경기에서 패했을 겁니다. 이런 식으로 전체 승률에 따라 나머지 결과도 모두 정리하면 다음처럼 표시할 수 있습니다.

```
tribble(
  ~코트, ~승, ~패,
  '잔디', 70, 19,
  '클레이', 434, 40,
  '하드', 393, 96,
) %>%
  mutate(기대_승리 = (승 + 패) * (897 / (897 + 155)),
         기대_패배 = (승 + 패) - 기대_승리)
## # A tibble: 3 x 5
##   코트       승     패 기대_승리 기대_패배
##   <chr>  <dbl> <dbl>    <dbl>    <dbl>
## 1 잔디       70    19     75.9     13.1
## 2 클레이    434    40    404.      69.8
## 3 하드      393    96    417.      72.0
```

그다음 원래 결과에서 기대치를 빼고 제곱해서 분산을 계산합니다.

```
tribble(
  ~코트, ~승, ~패,
  '잔디', 70, 19,
  '클레이', 434, 40,
  '하드', 393, 96,
) %>%
  mutate(기대_승리 = (승 + 패) * (897 / (897 + 155)),
         기대_패배 = (승 + 패) - 기대_승리,
         승리_차이_제곱 = (승 - 기대_승리) ^ 2,
         패배_차이_제곱 = (패 - 기대_패배) ^ 2)
## # A tibble: 3 x 7
##   코트       승     패 기대_승리 기대_패배 승리_차이_제곱 패배_차이_제곱
##   <chr>  <dbl> <dbl>    <dbl>    <dbl>          <dbl>          <dbl>
## 1 잔디       70    19     75.9     13.1           34.7           34.7
## 2 클레이    434    40    404.      69.8          890.           890.
## 3 하드      393    96    417.      72.0          574.           574.
```

이제 이 값을 기대치로 나눕니다. 기대치와 어느 정도 비율로 차이가 나는지 알아보려는 목적입니다.

```
tribble(
  ~코트, ~승, ~패,
  '잔디', 70, 19,
  '클레이', 434, 40,
  '하드', 393, 96,
) %>%
  mutate(기대_승리 = (승 + 패) * (897 / (897 + 155)),
```

```
        기대_패배 = (승 + 패) - 기대_승리,
        승리_차이_제곱 = (승 - 기대_승리) ^ 2,
        패배_차이_제곱 = (패 - 기대_패배) ^ 2,
        승리_차이_비율 = 승리_차이_제곱 / 기대_승리,
        패배_차이_비율 = 패배_차이_제곱 / 기대_패배)
## # A tibble: 3 x 9
##   코트      승    패 기대_승리 기대_패배 승리_차이_제곱 패배_차이_제곱
##   <chr> <dbl> <dbl>    <dbl>    <dbl>        <dbl>        <dbl>
## 1 잔디     70    19     75.9     13.1         34.7         34.7
## 2 클레이~  434    40    404.      69.8        890.         890.
## 3 하드    393    96    417.      72.0        574.         574.
## # ... with 2 more variables: 승리_차이_비율 <dbl>, 패배_차이_비율 <dbl>
```

마지막으로 이 비율 차이를 모두 더합니다.

```
tribble(
  ~코트, ~승, ~패,
  '잔디', 70, 19,
  '클레이', 434, 40,
  '하드', 393, 96,
) %>%
  mutate(기대_승리 = (승 + 패) * (897 / (897 + 155)),
         기대_패배 = (승 + 패) - 기대_승리,
         승리_차이_제곱 = (승 - 기대_승리) ^ 2,
         패배_차이_제곱 = (패 - 기대_패배) ^ 2,
         승리_차이_비율 = 승리_차이_제곱 / 기대_승리,
         패배_차이_비율 = 패배_차이_제곱 / 기대_패배) %>%
  summarise(across(contains('비율'), sum)) %>%
  mutate(합 = sum(.))
## # A tibble: 1 x 3
##   승리_차이_비율 패배_차이_비율     합
##            <dbl>          <dbl> <dbl>
## 1           4.04           23.4  27.4
```

그러면 27.4가 나옵니다. 어떤 기준에 따라 차이가 생기지 않는다면 A라는 결과가 나왔을 텐데 실제로는 B라는 결과가 나왔습니다. 이때 A와 B의 분산이 예상 결과 A와 얼마나 차이가 나는지 알아보는 작업이 바로 카이 제곱 검정입니다.

그래프를 안 그리고 지나가면 허전하겠죠? 카이 제곱 분포와 p-값을 그래프로 나타내는 코드는 이렇게 쓰면 됩니다. 카이 제곱 검정에서는 아주 특수한 예외가 아니면 방향을 'greater'로 지정하는 게 기본입니다. 제곱은 마이너스(-)가 없으니까요.

```
tennis_big3_results %>%
    filter(player == 'Rafael Nadal',
            surface %in% c('clay', 'grass', 'hard'),
            w_l %in% c('w', 'l')) %>%
    specify(surface ~ w_l) %>%
    hypothesize(null = 'independence') %>%
    calculate(stat = 'Chisq') %>%
    visualize(method = 'theoretical') +
    shade_p_value(obs_stat = 27.4, direction = 'greater')
```

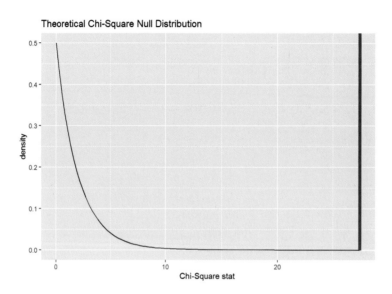

물론 t-검정에서 그랬던 것처럼 generate() 함수로 데이터를 만들어 검정하는 방식도 사용할 수 있습니다.

```
tennis_big3_results %>%
    filter(player == 'Rafael Nadal',
            surface %in% c('clay', 'grass', 'hard'),
            w_l %in% c('w', 'l')) %>%
    specify(surface ~ w_l) %>%
    hypothesize(null = 'independence') %>%
    generate(reps = 1000, type = 'permute') %>%
    calculate(stat = 'Chisq') %>%
    visualize(method = 'both') +
    shade_p_value(obs_stat = 27.4, direction = 'greater')
```

Simulation-Based and Theoretical Chi-Square Null Distributions

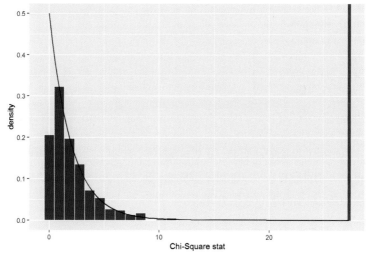

얼핏 보기에도 나달 사례는 영가설과 관측 결과가 양립하기 힘든 느낌이 듭니다.

chisq_test() 함수를 쓰면 지금껏 정리한 내용을 한 번에 나타낼 수 있습니다.

```
tennis_big3_results %>%
  filter(player == 'Rafael Nadal',
         surface %in% c('clay', 'grass', 'hard'),
         w_l %in% c('w', 'l')) %>%
  chisq_test(surface ~ w_l)
## # A tibble: 1 x 3
##   statistic chisq_df   p_value
##       <dbl>    <int>     <dbl>
## 1      27.4        2 0.00000113
```

아, 여기서 자유도(chisq_df)는 왜 2일까요? 나달이 기록한 성적은 아래 표로 정리할 수 있습니다.

```
## # A tibble: 4 x 4
##   코트       승      패    합계
##   <chr>   <dbl> <dbl>  <dbl>
## 1 잔디       70      19     89
## 2 클레이    434      40    474
## 3 하드      393      96    489
## 4 합계      897     155   1052
```

여기서 '관측 결과'는 코트별 승패 6가지에 해당하고 나머지는 그냥 합계입니다. 이 합계를 이미 알고 있다면 승패 중 두 가지만 알아도 나머지 값을 전부 채워넣을 수 있기 때문에 자유도가 2입니다. 승패 기록 가운데 숫자 두 개만 비워놓고 나머지는 X로 바꿔 보겠습니다.

```
## # A tibble: 4 x 4
##    코트        승      패    합계
##    <chr>   <dbl>  <dbl>  <dbl>
## 1 잔디        70      X     89
## 2 클레이       X      40    474
## 3 하드        X       X     489
## 4 합계       897     155   1052
```

그러면 나달은 잔디 코트에서 19패를 당했다는 걸 바로 알 수 있습니다. 마찬가지로 클레이 코트에서는 434 승을 기록했을 겁니다. 이 결과를 알고 있으면 하드 코트 승리도 897-70-434 = 393이라고 바로 계산이 가능합니다. 그러면 하드 코트에서 96패를 당했을 겁니다.

이렇게 값을 2개만 알고 있으면 나머지를 채울 수 있기 때문에 자유도가 2가 되는 겁니다. 따라서 카이 제곱 검정에서 자유도는 기본적으로 (행-1)×(열-1)로 계산할 수 있습니다. 이번에는 (3-1)×(2 -1)이니까 2가 되는 겁니다.

이제 다른 두 선수도 알아볼 차례입니다. 그냥 chisq_test() 함수를 쓰면 됩니다.

페더러 역시 95% 신뢰수준에서 영가설을 기각할 수 있다는 결과가 나왔습니다.

```
tennis_big3_results %>%
  filter(player == 'Roger Federer',
         surface %in% c('clay', 'grass', 'hard'),
         w_l %in% c('w', 'l')) %>%
  chisq_test(surface ~ w_l)
## # A tibble: 1 x 3
##    statistic chisq_df p_value
##        <dbl>    <int>   <dbl>
## 1       13.0        2 0.00153
```

이때 주의해야 하는 건 영가설은 '세 코트 결과가 모두 같다'는 뜻이라는 점입니다. 따라서 이와 반대 내용은 '적어도 어느 한 코트 결과는 다르다'입니다. 앞에서 봤던 그래프를 떠올려 보면 페더러는 클레이 코트 성적이 유독 나빴고 잔디 코트와 하드 코트는 비슷했습니다. 두 코트만 비교해 보겠습니다.

```
tennis_big3_results %>%
  filter(player == 'Roger Federer',
         surface %in% c('grass', 'hard'),
         w_l %in% c('w', 'l')) %>%
  chisq_test(surface ~ w_l)
## # A tibble: 1 x 3
##    statistic chisq_df p_value
##        <dbl>    <int>   <dbl>
## 1       1.28        1   0.257
```

이번에는 영가설이 참이라고 해도 25.7% 정도는 이런 결과가 나올 수도 있다는 결과가 나왔습니다. 그렇다면 페더러가 유독 잔디 코트에서 강했다고 보기는 어려울 겁니다. 그런데 왜 이런 평가가 생겼을까요? 가장 큰 이유는 잔디 코트 대회 최고봉인 윔블던 대회에서 2020년 기준 역대 최다(8회) 우승 기록을 보유 중이기 때문일 겁니다.

메이저 대회만 따로 빼 페더러가 잔디 코트에서 유독 강한 기록을 남긴 건 아닌지 알아보겠습니다. 나머지 대회는 영어 이름 그대로 쓰면 되는데 프랑스 오픈은 'French Open'이 아니라 'Roland Garros'라고 들어가 있습니다. 앞서 설명한 것처럼 '롤랑 가로스'는 이 대회가 열리는 경기장 이름이자 대회 애칭[61]입니다.

```
tennis_big3_results %>%
  filter(player == 'Roger Federer',
         tournament %in% c('Australin Open', 'US Open', 'Wimbledon', 'Roland Garros'),
         surface %in% c('clay', 'grass', 'hard'),
         w_l %in% c('w', 'l')) %>%
  chisq_test(surface ~ w_l)
## # A tibble: 1 x 3
##    statistic chisq_df p_value
##       <dbl>    <int>   <dbl>
## 1      2.74        2   0.254
```

이번에도 결론적으로 봤을땐 페더러가 잔디 코트에 강하다고 보기는 어렵다는 결론이 나왔습니다. 윔블던 최다 우승 기록은 물론 대단한 업적이지만 그 사실 하나만으로 '페더러는 잔디 코트에 강하다'고 보기는 무리입니다.

같은 이유로 조코비치 역시 '메이저 대회에서는' 하드 코트에 유독 강한 선수라고 결론 내리기가 쉽지 않습니다.

```
tennis_big3_results %>%
  filter(player == 'Novak Djokovic',
         tournament %in% c('Australin Open', 'US Open', 'Wimbledon', 'Roland Garros'),
         surface %in% c('clay', 'grass', 'hard'),
         w_l %in% c('w', 'l')) %>%
  chisq_test(surface ~ w_l)
## # A tibble: 1 x 3
##    statistic chisq_df p_value
##       <dbl>    <int>   <dbl>
## 1      1.05        2   0.590
```

다시 한 번 말하자면 p-값이 더 크다는 이유만으로 '이 연구가설보다 저 연구가설이 더 사실과 맞지 않는다'고 증명하는 증거가 되는 건 아닙니다.

13.5 적합도 검정 with infer

앞서 본 것처럼 카이 제곱 검정은 기본적으로 '기대치와 어느 정도 비율로 차이가 나는지' 확인할 수 있는 방법입니다. 이를 응용하면 모든 값이 고르게 분포하는지 아니면 어떤 값이 유독 '튄다'고 할 수 있는지 아닌지 알 수 있습니다. 이렇게 비율이 고른지 아닌지 작업은 적합도 검정(goodness of fit test)이라고 부릅니다.

7.1절에서 우리는 3월에 태어난 프로야구 선수가 제일 많다는 사실을 확인했습니다. '내국인 선수' 2447명 가운데는 11.4%(280명)가 3월에 태어났습니다. 만약 1년 열두 달 동안 고르게 선수가 태어난다면 모든 달에 12분의 1 그러니까 약 8.3%가 태어나야 할 겁니다. 그렇다면 이 11.4%는 통계적으로 유의미하게 많다고 할 수 있을까요?

일단 다시 'kbo_players_profile.csv' 파일을 불러옵니다.

```
'kbo_players_profiles.csv' %>%
  read.csv() %>%
  as_tibble -> kbo_profile
```

날짜 데이터를 다뤄야 하니까 lubridate 패키지도 불러옵니다.

```
pacman::p_load(lubridate)
```

외국인 선수를 제외하고 그래프를 그려서 결과를 확인해 봅니다.

```
kbo_profile %>%
  filter(외국인 != 1) %>%
  mutate(
    생일 = ymd(생년월일),
    월 = month(생일),
  ) %>%
  group_by(월) %>%
  summarise(count = n(), .groups = 'drop') %>%
  ggplot(aes(x = 월, y = count)) +
  geom_col() +
  scale_x_continuous(breaks = c(1:12))
```

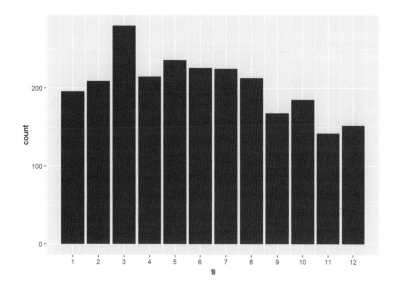

R은 기본적으로 모든 숫자를 당연히 숫자라고 생각하지만 1~12월로 구분할 때 숫자는 팩터(factor)형입니다. 따라서 as_factor() 함수를 써서 '월'을 팩터형으로 만들어줘야 합니다.

그리고 지금까지는 chisq_test() 안에 수식(formula)을 넣었지만, 이번에는 반응변수(response) 하나만 필요합니다. 당연히 '월'이 반응변수니까 response = '월' 옵션을 넣어줍니다.

이어서 월별 확률이 전부 1/12라는 뜻에서 c('1' = 1/12, '2' = 1/12 … '12' = 1/12)를 p 인수 안에 넣어야 합니다. 그러면 전체 코드는 이렇게 나옵니다.

```
kbo_profile %>%
  filter(외국인 != 1) %>%
  mutate(
    생일 = ymd(생년월일),
    월 = month(생일) %>% as_factor(),
  ) %>%
  chisq_test(response = 월,
             p = c('1' = 1/12,
                   '2' = 1/12,
                   '3' = 1/12,
                   '4' = 1/12,
                   '5' = 1/12,
                   '6' = 1/12,
                   '7' = 1/12,
```

```
                        '8' = 1/12,
                        '9' = 1/12,
                        '10' = 1/12,
                        '11' = 1/12,
                        '12' = 1/12))
## # A tibble: 1 x 3
##   statistic chisq_df  p_value
##       <dbl>    <dbl>    <dbl>
## 1      79.5       11 1.81e-12
```

이때 H_0은 '프로야구 선수가 태어나는 달에는 차이가 없다'입니다. 그럴 때 이런 결과를 관찰할 확률은 1.81e-12 즉, 0.00000000000181 = 0.000000000181%밖에 되지 않습니다.

3개월(분기) 단위로 묶어 보면 어떨까요? 원래 분기는 1월부터 석 달 단위로 묶지만, 이번에는 3월부터 묶어 보겠습니다. 그래프까지 한 번에 그려봅니다.

```
kbo_profile %>%
  filter(외국인 != 1) %>%
  mutate(
    생일 = ymd(생년월일),
    연 = year(생일),
    월 = month(생일),
    분기 = case_when(
      월 >= 3 & 월 < 6 ~ '1',
      월 >= 6 & 월 < 9 ~ '2',
      월 >= 9 & 월 < 12 ~ '3',
      TRUE ~ '4'
    )
  ) %>%
  ggplot(aes(x = 분기)) +
  geom_bar() +
  geom_text(stat = 'count', aes(label = ..count..), nudge_y = 16)
```

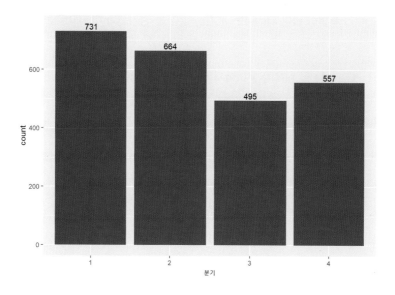

이번에도 3월부터 시작하는 분기 즉, 봄에 태어난 프로야구 선수가 731명으로 가장 많다는 사실을 알 수 있습니다.

이 결과가 통계적으로 의미가 있다고 할 수 있는지 알아봐야겠죠? 이번에는 분기별 확률이 4분의 1이라고 할 수 있는지 아닌지 따져 보면 됩니다.

```
kbo_profile %>%
  filter(외국인 != 1) %>%
  mutate(
    생일 = ymd(생년월일),
    연 = year(생일),
    월 = month(생일),
    분기 = case_when(
      월 >= 3 & 월 < 6 ~ '1',
      월 >= 6 & 월 < 9 ~ '2',
      월 >= 9 & 월 < 12 ~ '3',
      TRUE ~ '4'
    )
  ) %>%
  chisq_test(response = 분기,
            p = c('1' = 1/4,
                  '2' = 1/4,
                  '3' = 1/4,
                  '4' = 1/4))
## # A tibble: 1 x 3
##   statistic chisq_df  p_value
##       <dbl>    <dbl>    <dbl>
## 1      54.9        3 7.25e-12
```

역시나 '프로야구 선수가 특별히 많이 태어나는 분기는 없다'는 영가설과 이 데이터는 양립하기 어렵다는 결과가 나왔습니다.

이런 결과가 나타난 건 교육학 및 체육학 분야에서 이미 유명한 '월령 효과'(Relative Age Effect) 때문입니다. 월령 효과는 나이가 어릴 때는 몇 달 먼저 태어난 아이가 학업 및 체육 분야에서 우수한 성취도를 나타내는 현상을 가리킵니다.

성인이 되면 몇 달이 아니라 몇 년 차이도 별 게 아니지만 어리면 어릴수록 이 차이가 두드러지게 나타납니다. 돌 무렵에는 혼자 앉지도 못했던 아이가 몇 달 사이에 갑자기 여기저기 뛰어다닙니다. 중학생만 해도 1학년과 3학년은 제법 차이가 나지만 '성인' 국가대표 팀 선수 중에서는 고등학생이 아주 드문 존재가 아닙니다.

프로야구 선수는 성인인데 왜 이런 일이 벌어지느냐? 운동을 처음 시작할 때는 보통 초등학생이었기 때문입니다. 몇 달 먼저 태어나서 운동을 잘했던 것뿐일지도 모르지만, 또래들 사이에서 '운동을 잘한다'는 이야기를 들으면서 자연스럽게 운동을 시작하게 됐던 겁니다.

그래서 해외에서는 보통 1~3월에 태어난 운동 선수가 제일 많다고 설명하는데 우리는 일반적으로 3월생부터 같은 학년이었으니까 3월생이 제일 많이 나타난다고 할 수도 있습니다. 2003년생부터 '빠른 생일'이 사라졌기 때문에 세월이 조금 더 흐르면 우리도 1~3월생으로 바뀌게 될지 모릅니다. 그때가 되면 또 재미있는 검정 소재가 될 겁니다.

> "사람이란 알지 못하는 것에 관해서는 항상 과장된 생각을 품는 법이다.
> 그런데도 실상은 모든 것이 매우 간단하다는 사실을
> 나는 인정하지 않을 수 없었다."
>
> – 알베르 카뮈 '이방인' –

이번 장에서는 곧바로 tidyverse 패키지를 불러오는 것부터 시작합니다. tidymodels도 불러오고 시드도 지정해야겠지요?

```
pacman::p_load(tidyverse, tidymodels)

set.seed(1234)
```

그리고 아래처럼 배구 선수 항목별 능력치를 정리한 tibble을 하나 만듭니다.

```
tribble(
  ~항목, ~능력치,
  '스파이크', 30,
  '디그', 75,
  '서브', 45,
  '리시브', 80,
  '블로킹', 25,
  '2단_연결', 70
) -> volleyball_status
```

어떤 작업이 하고 싶나요? 어쩐지 능력치 평균을 내보고 싶다는 느낌적인 느낌이 들지 않나요? 한 번 해보겠습니다.

```
volleyball_status %>%
  summarise(평균 = mean(능력치))
## # A tibble: 1 x 1
##    평균
##   <dbl>
## 1  54.2
```

그러면 이 선수는 그저 평균 능력치 54.2점인 선수일까요? 능력치를 가만히 보고 있으면 이 선수는 어떤 기록은 아주 높고 어떤 기록은 아주 낮은 느낌이 듭니다.

각 능력치를 평균과 비교하면 얼마나 차이가 나는지 한 번 알아보겠습니다. 이런 값을 편차(deviance)라고 부르는 걸 기억할 겁니다. 편차 순서로 오름차순 정렬하는 과정까지 진행합니다.

```
volleyball_status %>%
  mutate(편차 = 능력치 - mean(능력치)) %>%
  arrange(편차) -> volleyball_status

volleyball_status
## # A tibble: 6 x 3
##   항목      능력치     편차
##   <chr>     <dbl>   <dbl>
## 1 블로킹       25  -29.2
## 2 스파이크     30  -24.2
## 3 서브         45   -9.17
## 4 2단_연결     70   15.8
## 5 디그         75   20.8
## 6 리시브       80   25.8
```

편차는 사실 분산(variance)을 구하는 단계라고 할 수 있습니다. 분산을 구할 때는 먼저 편차를 제곱합니다.

```
volleyball_status %>%
  mutate(편차_제곱 = 편차 ^ 2) -> volleyball_status

volleyball_status
## # A tibble: 6 x 4
##   항목      능력치     편차 편차_제곱
##   <chr>     <dbl>   <dbl>    <dbl>
## 1 블로킹       25  -29.2     851.
## 2 스파이크     30  -24.2     584.
## 3 서브         45   -9.17     84.0
## 4 2단_연결     70   15.8     251.
## 5 디그         75   20.8     434.
## 6 리시브       80   25.8     667.
```

이렇게 데이터를 제곱하면 구조에 변화가 생깁니다. 항목별 능력치는 원래 이런 구조였다고 할 수 있습니다.

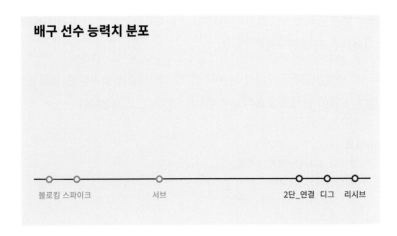

배구 선수 능력치 분포

그런데 편차를 '제곱'하고 나면 공간이 2차원을 바뀝니다. 어떤 값을 제곱하면 그 값을 한 변 길이로 하는 정사각형 넓이와 같은 값이 됩니다. 그래서 편차 제곱은 이렇게 표현할 수 있습니다.

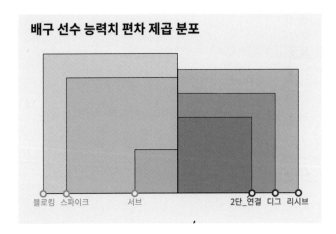

배구 선수 능력치 편차 제곱 분포

이렇게 나누고 보니까 왼쪽과 오른쪽 차이가 더욱 분명해 보입니다.

0.2절에서 'DIKW 피라미드'를 소개하면서 0358009999를 03-5800-9999로 바꾼 것처럼 데이터를 분석(分析·'나누고 가르다')할 수 있게 됐습니다. '배경 지식'을 활용하면 이 선수는 '공격'에 해당하는 카테고리는 능력치가 낮고, '수비'에 해당하는 카테고리는 능력치가 높다고 짐작할 수 있습니다.

카테고리 열을 만들어 이름을 붙여 주겠습니다. 현재 앞에서부터 세 개는 공격, 그다음 세 개는 수비니까 rep() 함수 안에 'each = 3' 옵션을 써서 이름을 붙여줄 수 있습니다.

```
volleyball_status %>%
  mutate(카테고리 = rep(c('공격', '수비'), each = 3)) -> volleyball_status

volleyball_status
## # A tibble: 6 x 5
##    항목     능력치    편차  편차_제곱  카테고리
##    <chr>    <dbl>   <dbl>    <dbl>   <chr>
## 1 블로킹       25   -29.2     851.  공격
## 2 스파이크     30   -24.2     584.  공격
## 3 서브         45   -9.17     84.0  공격
## 4 2단_연결     70    15.8     251.  수비
## 5 디그         75    20.8     434.  수비
## 6 리시브       80    25.8     667.  수비
```

참고로 rep() 함수에서 each 옵션이 있느냐 없느냐에 따른 출력 결과는 이렇게 달라집니다.

```
rep(c('공격', '수비'), 3)
## [1] "공격" "수비" "공격" "수비" "공격" "수비"

rep(c('공격', '수비'), each = 3)
## [1] "공격" "공격" "공격" "수비" "수비" "수비"
```

each가 없을 때는 번갈아 가면서 데이터를 출력하는 반면 each 옵션을 주면 미리 정한 횟수만큼 첫 번째 데이터를 반복하고 이어서 다음 데이터를 출력합니다.

이어서 카테고리별 평균 능력치를 계산해 봅니다.

```
volleyball_status %>%
  group_by(카테고리) %>%
  summarise(카테고리_평균 = mean(능력치),
            .groups = 'drop')
## # A tibble: 2 x 2
##   카테고리  카테고리_평균
##   <chr>          <dbl>
## 1 공격            33.3
## 2 수비            75
```

능력치 전체 평균에서 카테고리별 평균을 빼면 전체 능력치와 비교했을 때 공격과 수비 능력치가 얼마나 뛰어나거나 부족한지 알 수 있습니다. (전체 평균 – 공격 평균) + (전체 평균 – 수비 평균)을 하면 얼마가 나올까요?

평균을 기준으로 공격과 수비가 얼마나 뛰어나거나 부족한지 따진 거니까 답은 0이 됩니다. 그래서 카테고리 간 편차 제곱을 가지고 그래프를 그리면 넓이가 똑같은 정사각형 두 개가 나타납니다.

배구 선수 카테고리 사이 편차 제곱 분포

데이터에 이 결과를 담아 놓는 코드는 이렇게 쓸 수 있습니다.

```
volleyball_status %>%
  group_by(카테고리) %>%
  mutate(카테고리_평균 = mean(능력치)) %>%
  ungroup() %>%
  mutate(카테고리_전체_제곱 = (카테고리_평균 - mean(능력치)) ^ 2) -> volleyball_status

volleyball_status
## # A tibble: 6 x 7
##    항목    능력치   편차 편차_제곱 카테고리 카테고리_평균 카테고리_전체_제곱
##    <chr>   <dbl> <dbl>    <dbl> <chr>         <dbl>              <dbl>
## 1 블로킹      25 -29.2    851. 공격           33.3               434.
## 2 스파이크    30 -24.2    584. 공격           33.3               434.
## 3 서브        45 -9.17    84.0 공격           33.3               434.
## 4 2단_연결    70 15.8     251. 수비           75                 434.
## 5 디그        75 20.8     434. 수비           75                 434.
## 6 리시브      80 25.8     667. 수비           75                 434.
```

또 '이 선수는 공격 능력보다 수비 능력이 뛰어나다'고 설명할 수 있는 것과 별개로 카테고리 내에서도 항목별 능력치도 차이가 납니다. 각 카테고리 내에서도 편차를 계산할 수 있는 겁니다. 마찬가지로 그래프를 그리면 이렇게 나타납니다.

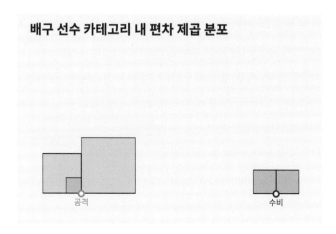

배구 선수 카테고리 내 편차 제곱 분포

공격   수비

카테고리 내 편차 제곱을 계산해서 붙여넣고 각 편차 제곱을 담고 있는 열을 앞으로 빼는 작업까지 같이 진행해 보겠습니다.

```
volleyball_status %>%
  mutate(능력치_카테고리_제곱 = (능력치 - 카테고리_평균) ^ 2) %>%
  relocate(ends_with('제곱'), .before=편차) -> volleyball_status

volleyball_status
## # A tibble: 6 x 8
##    항목   능력치 편차_제곱 카테고리_전체_제곱~ 능력치_카테고리_제곱~    편차 카테고리
##    <chr>  <dbl>    <dbl>            <dbl>            <dbl>  <dbl> <chr>
## 1 블로킹~     25    851.            434.             69.4 -29.2 공격
## 2 스파이크~   30    584.            434.             11.1 -24.2 공격
## 3 서브        45    84.0            434.            136.   -9.17 공격
## 4 2단_연~     70    251.            434.             25    15.8 수비
## 5 디그        75    434.            434.              0    20.8 수비
## 6 리시브~     80    667.            434.             25    25.8 수비
## # ... with 1 more variable: 카테고리_평균 <dbl>
```

분산을 구할 때 편차를 제곱하는 이유는 더했을 때 0이 나오지 않게 하려는 목적이니까 제곱값을 전부 더해봅니다.

```
volleyball_status %>%
  summarise(across(ends_with('제곱'), sum))
## # A tibble: 1 x 3
##    편차_제곱 카테고리_전체_제곱 능력치_카테고리_제곱
##        <dbl>            <dbl>            <dbl>
## 1     2871.            2604.             267.
```

암산에 아주 능통하다면 재미있는 결과가 나왔다는 사실을 눈치챘을 겁니다. 카테고리_전체_제곱_합(2604)

과 능력치_카테고리_제곱_합(267)을 더하면 편차_제곱_합(2871)이 나옵니다. 이건 또 무슨 뜻일까요?

지금까지 논의했던 내용을 이렇게 요약해 보면 힌트를 얻을 수 있을지 모릅니다. '이 선수는 공격형보다 수비형이지만 세부 카테고리별 능력치에는 차이가 난다.' 여기서 '이 선수는 공격형보다 수비형이다'라고 굵직하게 나눌 수 있는 근거가 바로 '카테고리 평균 − 전체 평균' 제곱합입니다. 이 값은 '그룹 사이'(Between Groups) 차이를 나타냅니다. 그리고 '세부 카테고리별 능력치에는 차이가 난다'에 해당하는 부분은 '능력치 − 카테고리 평균' 제곱합입니다. 이 값은 '그룹 내'(Within Group) 차이를 보여줍니다.

편차제곱합을 자유도(데이터 개수 − 1)로 나누면 (표본) 분산이 나옵니다. 그래서 이런 식으로 데이터를 분석하는 방법을 통계학에서는 '분산분석(ANOVA·Analysis of Variance)'이라고 부릅니다. 분산 분석은 기본적으로 '그룹간 분산' 대비 '그룹 내 분산' 비율을 알아보는 작업입니다.

위에서 본 것처럼 두 분산을 합치면 전체 분산이 나옵니다. 이 선수 능력치 전체 분산은 2871인데 그 가운데 90.7%인 2604가 그룹 간 분산입니다. 따라서 이 선수 능력치 가운데 90.7%(= 2604 ÷ 2871)를 그룹간 분산으로 설명할 수 있다고 할 수 있습니다.

그리고 이때 그룹 내 분산, 즉, 카테고리 안에서 차이를 만들어 내는 부분은, 밥이 남은 걸 잔반(殘飯)이라고 표현하는 것처럼, 차이가 남았다는 뜻으로 잔차(殘差·residual)라고 표현합니다.

14.1 t, f, x^2 무슨 사이야?

이전에 통계학 공부를 해본 적이 있다면 이상하다고 생각할 수 있습니다. ANOVA는 비교하려는 그룹이 세 개 이상일 때 사용하는 방법이니까요. 그리고 그룹이 두 개일 때는 t-검정을 써야 한다고 배웠을 겁니다. 그런데 알고 보면 특수한 ANOVA 형태가 t-검정입니다. 그리고 ANOVA는 뒤에서 우리가 배울 회귀분석의 특수한 형태입니다.

t-검정 과정에서 t-값을 활용하는 것처럼 ANOVA는 F-값[62]을 활용합니다. 물론 infer 패키지를 쓰면 이 값을 어렵지 않게 구할 수 있습니다.

```
volleyball_status %>%
  specify(능력치 ~ 카테고리) %>%
  calculate(stat = 'F', order = c('수비', '공격'))
## # A tibble: 1 x 1
##    stat
##   <dbl>
## 1  39.1
```

---

62 이 책에도 몇 번 등장했던 로널드 피셔(Ronald Fisher)를 기리는 뜻에서 이런 이름이 붙었습니다.

이 39.1이라는 값은 위에서 우리가 확인한 그룹간 제곱합(2604)과 그룹 내 제곱합(267) 그리고 자유도를 가지고 계산한 결과입니다.

데이터 개수가 6개니까 전체 자유도는 여기서 1을 뺀 5입니다. 그리고 그룹을 두 개로 나눴으니까 '그룹 간 제곱합' 자유도는 1입니다. 자연스레 '그룹 내 제곱합' 자유도는 4(= 5 − 1)가 됩니다.

이렇게 자유도를 확인한 다음 아래 공식을 통해 F−값을 구합니다.

$$F = \frac{\dfrac{\text{그룹 간 제곱합}}{\text{'그룹 간 제곱합' 자유도}}}{\dfrac{\text{그룹 내 제곱합}}{\text{'그룹 내 제곱합' 자유도}}}$$

따라서 아래처럼 계산하면 우리가 위에서 본 값이 나옵니다. (계산 결과가 똑같이 나오도록 소수점 자리수를 조절했습니다.)

```
(2604.167 / 1) / (266.6667 / 4)
## [1] 39.0625
```

이번에는 그룹이 두 개니까 t−값도 계산할 수 있습니다. 역시 infer 패키지로 계산합니다.

```
volleyball_status %>%
  specify(능력치 ~ 카테고리) %>%
  calculate(stat = 't', order = c('수비', '공격'))
## # A tibble: 1 x 1
##     stat
##    <dbl>
## 1  6.25
```

아직은 '이게 어떻다고?' 하는 게 당연합니다. 이 값을 제곱해 보면

```
6.25 ^ 2
## [1] 39.0625
```

F−값과 똑같은 값이 나옵니다. 즉, t−값을 제곱하면 F−값이 나옵니다. 그래서 t−검정을 특수한 F−검정이라고 하는 겁니다.

t−검정이 이미 있는데 F−검정이 따로 존재하는 이유는 신뢰수준 때문입니다. F−검정 영가설은 '여러 집단 사이에 차이가 없다'입니다. 이 영가설을 부정하는 명제는 '적어도 두 집단 사이에는 차이가 있다'가 됩니다.

만약 95% 신뢰수준으로 t−검정을 연달아 두 번 진행하면 p−값은 0.0975가 되기 때문에 0.05를 기준으로 영가설을 기각할 수 없게 됩니다.

```
1 - 0.95 ^ 2
## [1] 0.0975
```

이런 문제 때문에 t-검정이 이미 있는데도 F-검정이 세상에 나온 겁니다.

여기서 끝이 아닙니다. 앞서 우리는 카이 제곱 분포가 '분산의 분포'라는 사실을 공부했습니다. F-값은 기본적으로 그룹 간 분산 대비 그룹 내 분산 값입니다. 분산의 분포를 분자와 분모에 배치한 값이 바로 F-값입니다. 따라서 F-값은 카이 제곱 분포 두 개가 있을 때 그 비율이라고 할 수 있습니다.

실제로 rchisq() 함수로 자유도가 10인 카이 제곱 분포를 따르는 난수를 세트 만든 다음 그 비율을 히스토그램으로 그리고, 그 위에 자유도 두 개 모두 10인 F-분포를 얹어보면 잘 맞아 떨어지는 걸 확인할 수 있습니다.

```
tibble(
  x = rchisq(5000, 10),
  y = rchisq(5000, 10),
) %>%
  mutate(ratio = x / y) %>%
  ggplot(aes(x = ratio)) +
  geom_histogram(aes(y = ..density..),
                 bins = 30,
                 fill = 'gray75',
                 color = 'white') +
  geom_function(fun = df, args = list(df1 = 10, df2 = 10),
                color = '#53bfd4', lwd = 1)
```

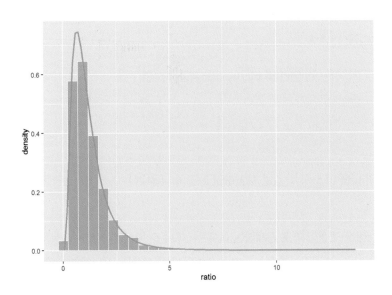

요컨대 지금까지 배운 확률분포 세 가지는 사실 친인척 관계였던 셈입니다.

이런 이유로 F-분포는 자유도 두 개에 어떤 숫자가 들어오는지에 따라 변화무쌍한 모습을 자랑합니다.

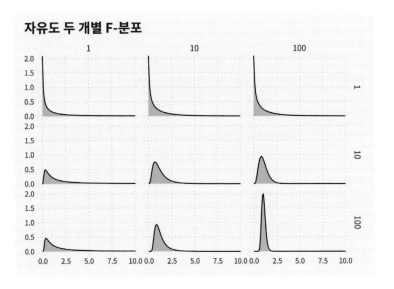

공식을 보지 않고 넘어가면 섭섭하니까 카이제곱 분포 확률 밀도 함수(PDF·Probability density function)도 확인하고 넘어가겠습니다. 자유도를 각각 d1, d2라고 할 때 F-분포 PDF는 이렇게 쓸 수 있습니다.

$$f(x;d1, d2) = \frac{\sqrt{\frac{(d_1 x)^{d_1 d_2 d_2}}{(d_1 x + d_2)^{d_1 + d_2}}}}{x B\left(\frac{d_1}{2}, \frac{2_2}{2}\right)}$$

14.2 ANOVA with infer

그럼 실제로 ANOVA를 한 번 진행해 보겠습니다. 이번에는 1981년부터 2019년까지 신인 드래프트를 통해 미국프로농구(NBA) 무대에 데뷔한 선수들 기록이 들어 있는 'nba_draft_data.csv' 파일을 활용할 겁니다.

```
'nba_draft_data.csv' %>%
  read.csv() %>%
  as_tibble() -> nba_players
```

각 열은 △지명 연도(season) △지명 순위(pick) △지명 팀(team) △선수 이름(player) △출신 대학(college) △활동 기간(years) △포지션(POS) △출장 경기(g) △선발 출전 경기(gs) △출장 시간(분·mp) △필드골 성공(fg) △필드골 시도(fga) △3점 슛 성공(x3p) △3점 슛 시도(x3pa) △자유투 성공(ft) △자유튜 시도(fta) △리바운드(trb) △어시스트(ast) △스틸(stl) △블로킹(blk) △턴오버(tov) △개인 반칙(pf) △득점(pts) △승리 지분(ws) 기록을 담고 있습니다.

```
nba_players %>%
  glimpse()
## Rows: 2,034
## Columns: 24
## $ season  <int> 1981, 1981, 1981, 1981, 1981, 1981, 1981, 1981, 1981, 1981,...
## $ pick    <int> 1, 2, 3, 4, 5, 6, 7, 8, 9, 10, 11, 12, 13, 14, 15, 16, 17, ...
## $ team    <chr> "DAL", "DET", "NJN", "ATL", "SEA", "CHI", "KCK", "SDC", "DA...
## $ player  <chr> "Mark Aguirre", "Isiah Thomas", "Buck Williams", "Al Wood",...
## $ college <chr> "DePaul", "Indiana", "Maryland", "UNC", "Utah", "Notre Dame...
```

농구 포지션은 크게 △포인트 가드 △슈팅 가드 △스몰 포워드 △파워 포워드 △센터 등 다섯 가지가 있습니다. 이번에 우리는 이 포지션별로 경기당 평균 득점에 차이가 있다고 할 수 있는지 알아보도록 하겠습니다.

그런데 문제가 있습니다. 사실 저 포지션이 무 자르듯 딱 나뉘는 건 아니기 때문에 '가드 겸 포워드' 같은 선수도 데이터에 들어 있습니다.

```
nba_players %>%
  count(pos, sort = TRUE)
## # A tibble: 11 x 2
##    pos       n
##    <chr> <int>
##  1 SG      430
##  2 PF      427
##  3 C       410
##  4 SF      400
##  5 PG      352
##  6 PF-SF     6
##  7 C-PF      3
##  8 SF-PF     2
##  9 SG-PG     2
## 10 PF-C      1
## 11 PG-SG     1
```

이 문제는 4.2절의 연습문제를 풀 때 확인했던 것처럼 fct_collpase() 함수를 써서 해결할 수 있습니다.

본격적으로 문제를 해결하기에 앞서 두 가지를 처리하고 가겠습니다. 하나는 출전 경기 숫자가 너무 적은 선수는 제외합니다. quantile() 함수로 확인하면 67경기 미만으로 뛴 선수가 하위 20%에 해당합니다.

```
nba_players$g %>%
  quantile()
##    0%    25%    50%    75%   100%
##  1.00  67.00 238.00 598.75 1541.00
```

경기 숫자를 제한한다는 건 경기당 평균 기록을 따져본다는 뜻이겠죠? 지금은 누적 기록이 들어 있는 상태니까 across() 함수를 활용해서 전부 경기당 평균 기록으로 바꿔주겠습니다. 이어서 필요한 기록만 남긴 다음 nba_position 객체에 이 결과를 넣어줍니다.

```
nba_players %>%
  filter(g > 67) %>%
  mutate(pos = fct_collapse(pos,
                            PF = c('PF', 'C-PF', 'PF-SF'),
                            SG = c('SG', 'PG-SG', 'SG-PG')),
         across(mp:pts, ~ . / g)) %>%
  select(pos, mp:pts) -> nba_position
```

이제 진짜 데이터를 분석할 준비를 마쳤습니다. 먼저 상자 그래프를 통해 포지션별 득점 기록이 어떻게 분포하고 있는지 확인해 봅니다.

```
nba_position %>%
  ggplot(aes(x = pos, y = pts)) +
  geom_boxplot()
```

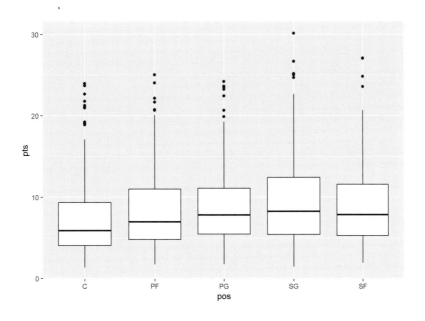

뭔가 애매한 결과입니다. 포지션별 평균 득점을 계산해 보면 일단 슈팅 가드가 9.42점으로 득점력이 제일 포지션이라는 사실을 알 수 있습니다.

```
nba_position %>%
  group_by(pos) %>%
  summarise(ppg = mean(pts),
            .groups = 'drop') %>%
  arrange(-ppg)
## # A tibble: 5 x 2
##    pos     ppg
##    <fct> <dbl>
## 1 SG     9.42
## 2 SF     8.91
## 3 PG     8.81
## 4 PF     8.25
## 5 C      7.19
```

그럼 이제 진짜로 ANOVA를 진행해 보겠습니다. 우리 연구 가설은 '포지션에 따라 경기당 평균 득점에 차이가 있다'이고, 영가설은 '포지션에 따른 경기당 평균 득점 차이는 없다'입니다. 다시 강조하자면 이때 영가설을 기각하는 조건은 '적어도 한 포지션은 경기당 평균 득점이 다른 포지션과 차이가 난다'입니다. 절대 '모두 다르다'가 아닙니다.

일단 F-값부터 계산해 봅니다. specify() 함수로 문제를 특정하고 calculate() 함수로 통계량을 뽑아내면 됩니다.

```
nba_position %>%
  specify(pts ~ pos) %>%
  calculate(stat = 'F')
## # A tibble: 1 x 1
##     stat
##    <dbl>
## 1  10.0
```

이어서 그래프를 그리고 p-값도 표시해 줍니다.

```
nba_position %>%
  specify(pts ~ pos) %>%
  calculate(stat = 'F') %>%
  visualize(method = 'theoretical') +
  shade_p_value(obs_stat = 10.0, direction = 'greater')
## Warning: Check to make sure the conditions have been met for the theoretical
## method. {infer} currently does not check these for you.
```

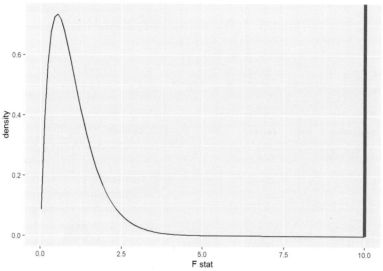
Theoretical F Bootstrap Distribution

그러니까 이 데이터는 '포지션별로 경기당 평균 득점에는 차이가 없다'는 영가설과 양립하기 어려운 상황이라고 할 수 있습니다.

애석하게도 infer 패키지에는 t_test(), chisq_test() 함수처럼 깔끔하게 ANOVA 결과를 알려주는 함수를 따로 제공하지 않습니다. 그래서 'R 표준어'에 있는 aov() 함수를 빌려 와야 합니다.

infer 패키지에서 별도로 함수를 제공하지 않을 때도 tidy() 함수를 쓰면 깔끔하게 결과를 받아볼 수 있습니다.

```
nba_position %>%
  aov(pts ~ pos, data = .) %>%
  tidy()
## # A tibble: 2 x 6
##    term          df  sumsq meansq statistic       p.value
##    <chr>      <dbl>  <dbl>  <dbl>    <dbl>          <dbl>
## 1 pos            4   893.   223.     10.0  0.0000000548
## 2 Residuals   1518 33905.   22.3      NA     NA
```

여기서 sumsq가 제곱합에 해당하는 부분입니다. 이를 통해 전체 득점 차이 가운데 포지션 차이로 설명할 수 있는 부분은 약 2.6%(= 893 / (893 + 33905))밖에 되지 않는다는 사실도 확인할 수 있습니다. p-값 (0.0000000548)만 보고 '적어도 포지션 하나는 차이가 있다'고 서둘러서 결론을 내리면 안 되는 이유입니다. 이렇게 데이터를 분석할 때는 다각도에서 살펴보고 다양한 분석을 진행해야 올바른 결론을 내릴 수 있습니다.

14.3 분포는 달라도 원리는 똑같다

'연속 확률 분포'에 t-분포, 카이 제곱분포, F-분포 세 가지만 있는 건 아닙니다.

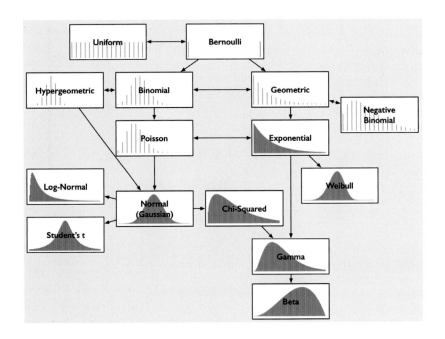

그러나 어떤 분포를 쓰든지 기본적인 가설 검증 과정은 비슷합니다.

1. 문제(Problem)를 정의한다.

2. 연구가설과 영가설을 세우고 검정 통계량(test statistics)을 선택하는 준비(Plan) 과정을 거친다.

3. 관찰 데이터(Data)를 확보한 다음 영가설이 참이라고 가정한 뒤 검정 통계량의 표집 분포를 만든다.

4. 우리가 확보한 통계량이 이 분포 어디에 위치하고 있는지 분석(Analysis)한다.

5. 만약 p-값이 어떤 문턱값 아래 있다면 이 관찰 결과가 정말 통계적으로 의미가 있다고
   결론(Conclusion)을 내릴 수 있는지 다시 한번 따져본다.

6. 그리고 이 결론으로부터 또 다른 문제를 찾아낸다.

물론 이 프로세스는 다음 장에서 배우게 될 회귀분석에도 그대로 적용할 수 있습니다.

"일직선이란 동경할 만한 가치가 있는 환상이면서도,
사람들을 종종 실패로 안내한다."

– 빅토르 위고 '레미제라블' –

이번 장에서는 '회귀분석'(Regression Analysis)을 알아볼 겁니다. 회귀(回歸)는 문자 그대로 어디론가 돌아 간다는 뜻입니다. 그럼 어디로 돌아가느냐? '평균'으로 돌아갑니다.

'종의 기원'을 쓴 찰스 다윈(1809~1882)과 고종 사촌이었던 영국 인류학자 프랜시스 골턴(1822~1911)은 1885년 부부 197쌍과 그들 사이에서 태어난 성인 자녀 898명(아들 465명, 딸 433명)의 키를 조사했습니다.

그리고 나서 아주 키가 큰 아버지를 둔 아들은 아버지보다 키가 작고, 아주 키가 작은 아버지를 둔 아들은 아 버지보다 키가 큰 경향이 있다는 사실을 찾아냈습니다. 어머니와 딸 사이도 마찬가지였습니다. 크거나 작았 던 부모 세대 키가 자식 세대에서는 평균으로 돌아갔던 겁니다.

골턴이 이 현상을 정리하면서 처음 사용한 표현은 '평범함으로의 회귀(regression to mediocrity)'였습니다. 그런데 영어 단어 'mediocrity'는 '썩 뛰어나지는 않고 중간 정도는 간다'는 뉘앙스가 있기 때문에 '평균으로 의 회귀(regression to the mean)'라는 표현을 더 많이 쓰게 됐습니다.

그렇다고 회귀분석이 평균을 찾아내는 방법은 아닙니다. 회귀분석은 설명(독립)변수와 반응(종속)변수가 어 떤 관계인지를 확인하는 과정에 가깝습니다. 계산 과정에서 평균을 수단으로 활용할 뿐입니다.

찰스 윌런 미국 다트머스대 록펠러센터 선임 정책 연구원은 2012년에 'Naked Statistics(벌거벗은 통계학)' 라는 책을 펴내면서 "통계학이라는 무기고에서 회귀분석은 수소폭탄과 같다(Regression analysis is the hy-drogen bomb of the statistics arsenal)"고 썼습니다.

이를 통해 윌런 연구원이 강조한 건 두 가지입니다. 첫 번째는 물론 회귀분석이 아주 강력한 무기라는 것이고, 두 번째는 회귀분석을 잘못 다루면 가설 검정 과정을 완전히 파괴할 수도 있다는 겁니다. 도대체 회귀분석이 무엇인지 지금부터 천천히 알아보겠습니다.

15.1 상관관계

제일 먼저 tidyverse, tidymodels 패키지를 불러오고 시드 설정을 합니다.

```
pacman::p_load(tidyverse, tidymodels)

set.seed(1234)
```

이어서 2020년 프로야구 팀별 타석당 평균 득점(runs), 타율(avg), 출루율(obp), 장타력(slg) 그리고 출루율+장타력(ops) 결과가 들어 있는 '2020_kbo_team_batting.csv' 파일을 불러 와 batting_2020 객체에 넣어 둡니다.

```
'2020_kbo_team_batting.csv' %>%
  read.csv() %>%
  as_tibble() -> batting_2020
batting_2020
##   # A tibble: 10 x 6
##     team   runs   avg   obp   slg   ops
##     <chr> <dbl> <dbl> <dbl> <dbl> <dbl>
##   1 두산  0.141 0.293 0.365 0.427 0.792
##   2 NC    0.152 0.291 0.366 0.462 0.828
##   3 KT    0.141 0.284 0.358 0.436 0.794
##   4 LG    0.141 0.277 0.349 0.428 0.778
##   5 롯데  0.132 0.276 0.353 0.408 0.761
##   6 KIA   0.128 0.274 0.351 0.404 0.755
##   7 키움  0.133 0.269 0.355 0.408 0.762
##   8 삼성  0.125 0.268 0.338 0.394 0.731
##   9 SK    0.115 0.250 0.329 0.383 0.711
##  10 한화  0.100 0.245 0.320 0.338 0.658
```

우리는 이 데이터로 '타율은 (타석당) 득점에 어떤 영향을 끼칠까?'라는 질문에 답을 해볼 겁니다. 이렇게 두 변수 사이 관계를 그래프로 나타낼 때는 산점도를 그려 보면 도움이 될 수 있습니다. 회귀분석은 '평균'을 이용한다고 했으니까 타율과 득점 평균도 각각 선으로 표시해 봅니다.

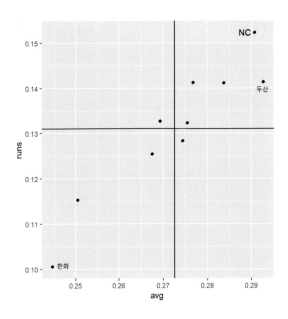

이 그래프를 보면 일단 팀 타율(0.245)이 제일 낮은 한화 이글스가 팀 득점(0.100점)도 제일 낮다는 점을 알 수 있습니다. 그런데 팀 타율이 제일 높은 두산 베어스(0.293)이 득점(0.141점)까지 제일 높지는 않습니다. 따라서 팀 득점이 제일 많은 NC 다이노스(0.152점) 역시 팀 타율(0.291) 1위는 아닙니다.

득점과 타율 평균에서 한화와 NC를 향해 선을 내려 그려보면 당연히 사각형 형태가 나타날 겁니다.

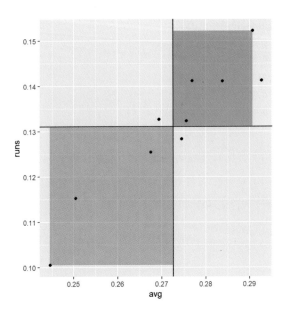

이때 한화 쪽 사각형 넓이는 '(한화 팀 타율 − 평균 타율) × (한화 팀 득점 − 평균 득점)'이라고 쓸 수 있습니다. 관측 결과에서 평균을 뺀 값은 '편차'(deviance)입니다. 그러니까 이 사각형 넓이는 '편차 × 편차'인 겁니다.

이때 주의해야 하는 것이 하나 있습니다. 타율은 단위가 따로 없지만 득점은 '점'이 단위입니다. 그리고 이 두 값이 서로 나타나는 범위도 다릅니다. 이럴 때는 '표준화' 작업이 필요합니다. 표준화는 편차를 '표준편차'(standard deviance)로 나누는 작업입니다.

이렇게 표준화 작업을 진행해 계산한 사각형 넓이를 전부 더하면 8.50이 나옵니다.

```
batting_2020 %>%
  mutate(
    runs_z_score = (runs - mean(runs)) / sd(runs),
    avg_z_score = (avg - mean(avg)) / sd(avg),
    rectangle_size = runs_z_score * avg_z_score
  ) %>%
  summarise(size_sum = sum(rectangle_size))
## # A tibble: 1 x 1
##   size_sum
##      <dbl>
## 1     8.50
```

팀 숫자가 10개니까 이때 자유도는 9가 됩니다. 위에서 계산한 값을 자유도로 나누면 0.945가 나옵니다.

```
batting_2020 %>%
  mutate(
    runs_z_score = (runs - mean(runs)) / sd(runs),
    avg_z_score = (avg - mean(avg)) / sd(avg),
    rectangle_size = runs_z_score * avg_z_score
  ) %>%
  summarise(size_sum = sum(rectangle_size) / 9)
## # A tibble: 1 x 1
##   size_sum
##      <dbl>
## 1    0.945
```

이 숫자에 어떤 의미가 있을까요? 만약 a~e 5개 팀이 있는 리그에서 타율과 득점이 다음과 같은 결과로 나타났다고 해보겠습니다.

```
## # A tibble: 5 x 3
##   team    avg  runs
##   <chr> <dbl> <dbl>
## 1 a     0.245  0.1
## 2 b     0.255  0.11
## 3 c     0.265  0.12
## 4 d     0.275  0.13
## 5 e     0.285  0.14
```

여기서 b 팀은 a 팀보다 타율이 0.010 높고 팀 득점 역시 0.010점이 높습니다. 다른 팀도 마찬가지입니다. 그러면 이 리그에서는 100% 확률로 타율이 0.010 오를 때마다 팀 득점이 0.010점 오른다고 할 수 있습니다.

실제 데이터를 가지고 계산했던 것처럼 이번에도 사각형 넓이를 계산한 다음 자유도(4)로 나눠 보면 이번에는 딱 1이 나옵니다.

```
tribble(
  ~team, ~avg, ~runs,
  'a', .245, .100,
  'b', .255, .110,
  'c', .265, .120,
  'd', .275, .130,
  'e', .285, .140
) %>%
  mutate(
  runs_z_score = (runs - mean(runs)) / sd(runs),
  avg_z_score = (avg - mean(avg)) / sd(avg),
  rectangle_size = runs_z_score * avg_z_score
) %>%
  summarise(size_sum = sum(rectangle_size) / 4)
## # A tibble: 1 x 1
##   size_sum
##      <dbl>
## 1       1.
```

이 값을 '상관계수(correlation coefficient)'라고 부릅니다. 변수 x와 y가 있을 때 'x와 y가 함께 변하는 정도'를 'x와 y가 각각 변하는 정도'로 나눈 값이 바로 상관계수입니다. 영국 통계학자 칼 피어슨(1857~1936)이 골턴의 연구 결과를 보고 이 개념을 발명했기 때문에 '피어슨의 상관계수'라고도 부르며 흔히 로마자 R을 써서 이 값을 나타냅니다.

상관계수 R은 −1에서 1 사이 값으로 나타납니다. 1이면 두 변수 사이가 완전한 비례 관례라는 뜻이고 −1이면 역비례 관계라는 뜻입니다. 0일 때는 둘 사이에 아무 관계도 없다는 뜻입니다.

R에서 R을 구하는 기본 함수는 cor.test()입니다.

```
batting_2020 %>%
  cor.test(.$runs, .$avg, data= .)
##
##  Pearson's product-moment correlation
##
## data:  .$runs and .$avg
## t = 8.1398, df = 8, p-value = 3.854e-05
## alternative hypothesis: true correlation is not equal to 0
```

```
## 95 percent confidence interval:
##  0.7772149 0.9871330
## sample estimates:
##       cor
## 0.9445977
```

infer 패키지를 사용해 R 값을 구할 수도 있습니다. calculate() 함수 안에 stat = 'correlation' 옵션만 주면
됩니다.

```
batting_2020 %>%
  specify(runs ~ avg) %>%
  calculate(stat = 'correlation')
## # A tibble: 1 x 1
##     stat
##    <dbl>
## 1 0.945
```

물론 아래 같은 코드로 검정 작업을 진행하는 것도 가능합니다.

```
batting_2020 %>%
  specify(runs ~ avg) %>%
  hypothesize(null = 'independence') %>%
  generate(reps = 1000, type = 'permute') %>%
  calculate(stat = 'correlation') %>%
  visualize() +
  shade_p_value(obs_stat = .945, direction = 'two-sided')
```

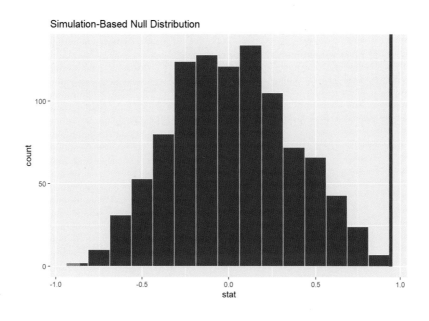

```
batting_2020 %>%
  specify(runs ~ avg) %>%
  hypothesize(null = 'independence') %>%
  generate(reps = 1000, type = 'permute') %>%
  calculate(stat = 'correlation') %>%
  get_p_value(obs_stat = .945, direction = 'two-sided')
## Warning: Please be cautious in reporting a p-value of 0. This result is an
## approximation based on the number of 'reps' chosen in the 'generate()' step. See
## '?get_p_value()' for more information.
## # A tibble: 1 x 1
##    p_value
##      <dbl>
## 1        0
```

이 정도 코드는 이제 별다른 설명이 없어도 다 무슨 뜻인지 이해할거라 믿습니다.

상관관계를 다룰 때는 상관관계가 있다고 해서 꼭 인과관계가 있다는 뜻은 아니라는 사실에 주의해야 합니다.[63]

예컨대 야구장에서 아이스크림이 많이 팔리면 상대 투수가 몸에 맞는 공을 던졌을 때 우리 팀 투수가 상대 타자에게 보복하는 일이 늘어납니다. 그런데 이건 날이 더우면 아이스크림이 많이 팔리고 또 날이 더우면 투수가 '열 받는' 일도 늘어나기 때문일 뿐 아이스크림 판매량이 원인이고 보복 투구가 결과라고 보기는 어렵습니다.[64]

이런 이유로 데이터 과학에서는 보통 아래 같은 조건을 만족할 때 X가 Y의 원인이고, Y가 X의 결과라고 인정합니다.

1. 시간 순서상 X가 Y보다 먼저 발생했다.

2. X가 있으면 Y가 있고, X가 없으면 Y가 없다.

3. X보다 이런 일을 더 잘 설명하는 다른 변수가 없다.

4. 시간이 흐르거나 다른 변수가 개입한다고 해도 이 관계를 안정적으로 유지한다.

그러니까 인과관계는 특수한 상관관계 형태라고 이야기할 수 있습니다.

---

63 얼마나 재미있는(?) 상관관계가 존재하는지 궁금하시면 다음 링크를 참고해 보셔도 좋습니다. www.tylervigen.com/spurious-correlations
64 기온이 올라가면 실제로 보복 투구가 늘어납니다. kini.kr/1002

15.2 회귀식

머리를 식히는 차원에서 중학교 수학 문제를 잠깐 풀어보겠습니다. 상관계수가 0.945라는 건 이런 뜻입니다.

$$득점 \ 표준점수 = 0.945 \times 타율 \ 표준점수$$

표준 점수는 '(관찰 결과 – 평균) / 표준편차'니까 이렇게 풀어쓸 수 있습니다.

$$\frac{득점 - 득점 \ 평균}{득점 \ 표준편차} = 0.945 \times \frac{타율 - 타율 \ 평균}{타율 \ 표준편차}$$

양 변에 '득점 표준편차'를 곱하면

$$득점 - 득점평균 = 0.945 \times \frac{타율 - 타율 \ 평균}{타율 \ 표준편차} \times 득점 \ 표준편차$$

곱하기나 나누기는 순서를 바꿔도 계산 결과에 영향을 끼치지 않으니까

$$득점 - 득점평균 = 0.945 \times \frac{득점 \ 표준편차}{타율 \ 표준편차} \times (타율 - 타율 \ 평균)$$

득점 평균을 오른쪽으로 옮겨 줍니다.

$$득점 = 0.945 \times \frac{득점 \ 표준편차}{타율 \ 표준편차} \times (타율 - 타율 \ 평균) + 득점평균$$

평균과 표준편차를 계산한 다음 이 값을 이 수식에 넣어 봅니다.

```
batting_2020 %>%
  summarise(across(runs:avg, list(mean = mean, sd= sd)))
## # A tibble: 1 x 4
##   runs_mean runs_sd avg_mean avg_sd
##       <dbl>   <dbl>    <dbl>  <dbl>
## 1     0.131  0.0148    0.273 0.0156
```

$$득점 = 0.945 \times \frac{0.0148}{0.0156} \times (타율 - 0.273) + 0.131$$

이 식을 계산하면 이런 결과가 나옵니다.

$$득점 = 0.8965 \times 타율 - 0.1138$$

중학교 수학 시간에 배운 것처럼 이 식은 기울기(slope)가 0.8965, y 절편(intercept)이 –0.1138인 직선을 뜻합니다. 'y = 0.8965x – 0.1138'과 똑같은 식이니까요. geom_abline() 함수를 써서 이 직선을 위에서 그린 그래프에 얹어 보겠습니다.

```
batting_2020 %>%
  ggplot(aes(x = avg,
             y = runs)) +
  geom_point() +
  geom_abline(
    slope = .8965,
    intercept = -.1138,
    color = 'darkorange',
    lwd = 1
  ) +
  coord_fixed()
```

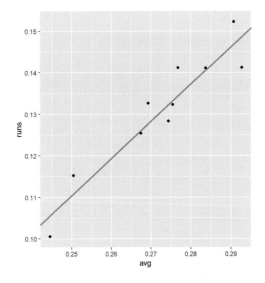

그러면 이 직선이 각 팀을 나타내는 점 10개 사이를 관통하고 있다는 사실을 확인할 수 있습니다. 이 직선과 각 지점 사이 거리는 우리가 위에서 구한 공식으로 얻을 수 있는 '예상 득점'과 '실제 득점' 사이 차이입니다.

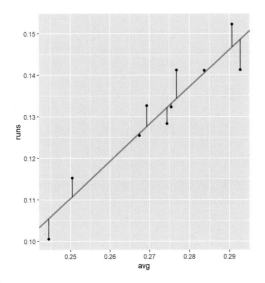

예를 들어 팀 타율 0.245를 기록한 한화는 '득점 = 0.8965 × 타율 − 0.1138' 공식에 넣어 계산하면 약 0.106 점이 나옵니다.

```
.245 * .8965 - .1138
## [1] 0.1058425
```

실제로는 0.100점에 그쳤으니까 0.006점 차이가 나는 셈입니다. 10개 팀을 대상으로 이렇게 모두 계산한 다음 기대 득점과 실제 득점 사이 차이를 전부 더하면 0.04가 나옵니다.

이 그래프에는 '득점 = 0.8965 × 타율 − 0.1138' 이외에도 수 없이 많은 직선을 그릴 수 있습니다. 그 가운데 기대 득점과 실제 득점 차이의 합이 가장 적은 직선이 바로 '득점 = 0.8965 × 타율 − 0.1138'입니다. 이 직선을 '추세선(trend line)'이라고 부릅니다. 그리고 '득점 = 0.8965 × 타율 − 0.1138' 같은 수식은 '회귀식'이라고 부릅니다.

infer 패키지로 회귀식 기울기가 정확하다고 할 수 있는지도 검증할 수 있습니다. 이번에 calculate() 함수 안에 들어가야 하는 옵션은 stat = 'slope'입니다.

```
batting_2020 %>%
  specify(runs ~ avg) %>%
  hypothesize(null = 'point', mu=0) %>%
  generate(reps= 1000, type = 'bootstrap') %>%
  calculate(stat = 'slope') %>%
  visualize() +
  shade_p_value(obs_stat = .8965, direction = 'both')
```

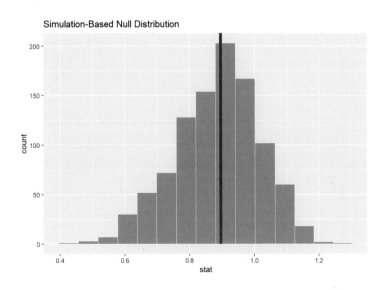

이 그래프를 보면 영가설은 '이 그래프 기울기가 0이다'라고 걸 짐작할 수 있습니다. 영가설을 왜 이렇게 세우는지 이해하면 앞 장에서 "회귀분석은 특수한 ANOVA 형태"라고 말씀드린 이유를 이해하게 될 겁니다.

15.3 결정계수(R²)

어떤 직선 기울기가 0이라는 건 수평선이라는 뜻입니다. 수평선 가운데 각 지점과 거리를 쟀을 때 가장 가까운 선을 그리려면 어느 지점을 y 절편으로 삼아야 할까요? 네, '평균'입니다. 여기서는 득점 평균이 될 겁니다.

그런데 회귀식을 유도하고 나면 기대 득점(projected runs)을 계산할 수 있습니다. 만약 이 기대 득점을 '그룹 평균'처럼 활용하면 아래 같은 계산이 가능합니다.

```
batting_2020 %>%
  mutate(projected_runs = 0.8965 * avg - 0.1138,
         a = (runs - mean(runs)) ^ 2,
         b = (projected_runs - mean(runs)) ^ 2,
         c = (runs - projected_runs) ^ 2) %>%
  summarise(a_sum = sum(a), b_sum = sum(b), c_sum = sum(c), d = b_sum / a_sum)
## # A tibble: 1 x 4
##     a_sum   b_sum    c_sum     d
##     <dbl>   <dbl>    <dbl> <dbl>
## 1 0.00198 0.00177 0.000216 0.891
```

여기서 a는 전체 편차제곱합, b는 기대 득점과 평균 사이 편차제곱합, c는 실제 득점과 기대 득점 사이 편차제곱합입니다. ANOVA 때처럼 설명하자면 전체 분산 a 가운데 b 만큼은 회귀식을 통해 '설명할 수 있습니다.' 그리고 c는 이 공식을 통해 설명할 수 없는 차이 그러니까 잔차입니다.

따라서 a = b + c이고, b를 a로 나눈 d가 바로 이 회귀식으로 전체 분산 가운데 얼마를 설명할 수 있는지 나타냅니다. 왜 회귀분석을 특수한 ANOVA 형태라고 했는지 이제 좀 감이 오나요?

앞에서 계산한 상관계수(R) 0.945를 제곱하면 0.893으로 지금 우리가 계산한 d 값과 아주 엇비슷한 결과가 나타납니다.

```
.945 ^ 2
## [1] 0.893025
```

사실 계산 과정에서 반올림을 거듭했기 때문에 차이가 나는 것처럼 보이는데 소수점 자리수를 늘려서 계산하면 R은 0.9445977이고, 회귀식은 '득점 = 0.8975 × 타율 – 0.1136', d는 0.8922648입니다.

```
.9445977 ^ 2
## [1] 0.8922648
```

R을 제곱하면 d와 완전히 똑같은 결과가 나옵니다. 그래서 이 숫자를 R^2이라고 표시하고 통계학 용어로는 '결정 계수(coefficient of determination)'라고 부릅니다.

a~c도 사실 다 따로 이름이 있습니다. a는 총 제곱합(SST·total sum of square), b는 회귀 제곱합(SSR·regression sum of square), c는 잔차 제곱합(SSE·residual sum of square)입니다.

앞서 본 사례처럼 직선을 활용해 회귀분석을 진행하는 걸 '선형(linear) 회귀분석'이라고 부릅니다. R 표준어에 있는 lm() 함수를 쓰면 간단하게 선형 회귀분석을 진행할 수 있습니다.

```
batting_2020 %>%
  lm(runs ~ avg, .)
##
## Call:
## lm(formula = runs ~ avg, data = .)
##
## Coefficients:
## (Intercept)          avg
##     -0.1136       0.8975
```

−0.1136과 0.8975가 어디에서 나왔는지 짐작할 수 있지요?

이런 분석 결과가 나왔을 때는 summary() 함수를 쓰면 '속살'을 들여다 볼 수 있습니다.

```
batting_2020 %>%
  lm(runs ~ avg, .) %>%
  summary()
##
## Call:
## lm(formula = runs ~ avg, data = .)
##
## Residuals:
##        Min        1Q     Median        3Q        Max
## -0.0078072 -0.0036223 -0.0005006  0.0044207  0.0063184
##
## Coefficients:
##             Estimate Std. Error t value Pr(>|t|)
## (Intercept)  -0.1136     0.0301  -3.775  0.00543 **
## avg           0.8975     0.1103   8.140 3.85e-05 ***
## ---
## Signif. codes:  0 '***' 0.001 '**' 0.01 '*' 0.05 '.' 0.1 ' ' 1
##
## Residual standard error: 0.005169 on 8 degrees of freedom
## Multiple R-squared:  0.8923, Adjusted R-squared:  0.8788
## F-statistic: 66.26 on 1 and 8 DF,  p-value: 3.854e-05
```

여기서 먼저 눈여겨 봐야 할 건 계수(Coefficients) 부분입니다. t-값(t value)이 나오고 맨 아래를 보면 F-값(F-statistics)도 등장합니다. 회귀 분석은 특수한 ANOVA, ANOVA는 특수한 t-검정이라는 말이 여기서 다시 부활하는 겁니다.

계수 끝부분에 p-값(Pr)도 등장합니다. 여기서 p-값은 해당 설명변수 – 반응변수 사이 관계를 설명하는 값입니다. 변수 두 개를 비교했으니까 t-값도 나오는 겁니다.

이 회귀식 전체에 대한 p-값은 맨 오른쪽 아래에 나타납니다. p-값 옆에 등장하는 별표(*)는 유의수준을 나타냅니다. p-값 < 0.05일 때는 한 개(*), p-값 < 0.01일 때는 두 개(**), p-값 < 0.001일 때는 세 개(***)가 나타납니다.

R^2는 두 가지 버전이 나옵니다. 다중 R^2(Multiple R-squared)가 우리가 위에서 계산한 R^2입니다. 수정 R^2(Adjusted R^2)는 데이터 숫자 및 설명변수(독립변수) 개수에 따라 R^2를 조절한 값입니다.

설명변수 개수가 늘어나면 R^2도 항상 같이 커집니다. 지금은 설명변수가 하나뿐이었지만 여러 개를 투입할 수도 있습니다. 경우에 따라서는 반응변수(종속변수)를 잘 설명하지 못하는 설명변수를 투입했을 때도 R^2가 덩달아 커질 수 있기 때문에 이런 문제를 보완하는 차원에서 R^2를 쓰는 겁니다. 수정 R^2은 아래처럼 계산합니다.

$$수정\ R^2 = \frac{(데이터\ 개수-1) \times (1 - R^2)}{데이터\ 개수\ -\ 설명변수\ 개수\ -1}$$

현재 데이터는 10개, R^2는 0.8923이니까 이 숫자를 넣어서 계산하면 결과에 나와 있는 0.8788과 같은 값이 나옵니다.

```
1- (10 - 1) * (1 - .8923) / (10 - 1 - 1)
## [1] 0.8788375
```

수정 R^2는 R^2를 줄이는 게 존재 이유이기 때문에 R^2보다 작거나 같은 값이 나옵니다.

15.4 broom

tidymodels에는 lm() 같은 R 표준어 함수를 써서 데이터 분석 작업을 진행했을 때 이를 tibble 형태로 바꿔주는 broom 패키지도 들어 있습니다. 영어 단어 broom은 '빗자루'라는 뜻입니다. 짐작건대 지저분한 분석 결과를 깔끔하게 쓸어 담아 tibble에 넣는다는 뜻에서 이런 이름이 붙었을 겁니다.

앞서 사용한 tidy() 함수가 바로 broom 패키지 소속입니다. broom 패키지는 tidy()를 비롯해 세 가지 동사를 써서 통계 분석 결과를 쓸어 담습니다.

먼저 작업 결과를 깔끔하게 정리하는 tidy() 함수를 쓰고,

```
batting_2020 %>%
  lm(runs ~ avg, .) %>%
  tidy()
## # A tibble: 2 x 5
##   term        estimate std.error statistic  p.value
##   <chr>          <dbl>     <dbl>     <dbl>    <dbl>
## 1 (Intercept)   -0.114    0.0301     -3.78 0.00543
## 2 avg            0.898    0.110       8.14 0.0000385
```

이어서 회귀식(통계 모형) 성능을 정리해서 알려주는 glance() 함수를 씁니다.

```
batting_2020 %>%
  lm(runs~avg, .) %>%
  glance()
## # A tibble: 1 x 12
##   r.squared adj.r.squared   sigma statistic p.value   df logLik   AIC   BIC
##       <dbl>         <dbl>   <dbl>     <dbl>   <dbl> <dbl>  <dbl> <dbl> <dbl>
## 1     0.892         0.879 0.00517      66.3 3.85e-5     1   39.6 -73.2 -72.2
## # ... with 3 more variables: deviance <dbl>, df.residual <int>, nobs <int>
```

마지막으로 각 데이터에 통계 모형을 적용해 결과를 정리하는 augment()입니다.

```
batting_2020 %>%
  lm(runs~avg, .) %>%
  augment()
## # A tibble: 10 x 8
##     runs   avg .fitted   .resid .std.resid  .hat  .sigma   .cooksd
##    <dbl> <dbl>   <dbl>    <dbl>      <dbl> <dbl>   <dbl>     <dbl>
##  1 0.141 0.293   0.149 -0.00781      -1.79 0.284 0.00429 0.633
##  2 0.152 0.291   0.147  0.00498       1.11 0.249 0.00508 0.205
##  3 0.141 0.284   0.141  0.0000701     0.0148 0.157 0.00553 0.0000202
##  4 0.141 0.277   0.135  0.00632       1.29 0.108 0.00491 0.102
##  5 0.132 0.276   0.134 -0.00135      -0.276 0.104 0.00550 0.00442
##  6 0.128 0.274   0.133 -0.00438      -0.894 0.102 0.00524 0.0452
##  7 0.133 0.269   0.128  0.00454       0.928 0.105 0.00522 0.0504
##  8 0.125 0.268   0.126 -0.00107      -0.220 0.112 0.00551 0.00304
##  9 0.115 0.250   0.111  0.00406       0.955 0.323 0.00520 0.217
## 10 0.100 0.245   0.106 -0.00537      -1.41 0.458 0.00479 0.838
```

predict() 함수도 자주 씁니다. predict()는 모형을 적용해 얻은 예상 결과를 벡터로 출력합니다. 다시 설명하자면 벡터는 c()로 묶은 값이라고 생각하면 됩니다.

```
batting_2020 %>%
  lm(runs ~ avg, .) %>%
  predict()
##         1         2         3         4         5         6         7         8
## 0.1490814 0.1472533 0.1410268 0.1348539 0.1336503 0.1327024 0.1281293 0.1264750
##         9        10
## 0.1111677 0.1058584
```

predict()를 벡터로 결과를 출력하기 때문에 이렇게 자연스레 추세선까지 연결할 수도 있습니다.

```
batting_2020 %>%
  ggplot(aes(x = avg,
             y = runs)) +
  geom_point() +
  geom_line(aes(y = batting_2020 %>%
                  lm(runs ~ avg, .) %>%
                  predict()))
```

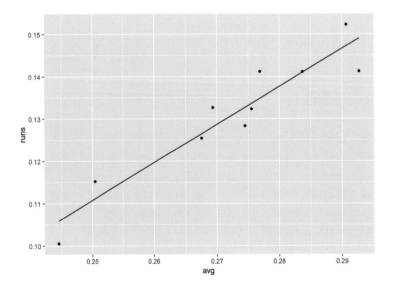

ggplot에서 geom_smooth() 함수 안에 method = 'lm' 옵션을 주면 이 선형 추세선을 똑같이 그릴 수 있습니다.

```
batting_2020 %>%
  ggplot(aes(x = avg,
             y = runs)) +
  geom_point() +
  geom_line(aes(y = batting_2020 %>%
```

```
            lm(runs ~ avg, .) %>%
               predict())) +
    geom_smooth(method = 'lm', se = FALSE)
 ## 'geom_smooth()' using formula 'y ~ x'
```

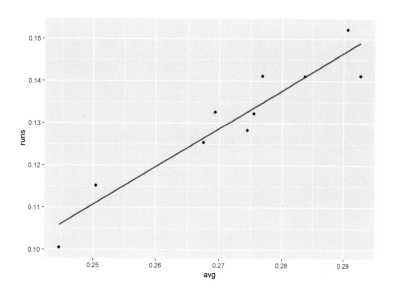

15.5 회귀분석 전제조건 LINE

이제 기본적인 개념은 잡았을 테니 프로야구 원년(1982년)부터 2020년까지 각종 팀 타격 기록을 담고 있는
'kbo_team_batting.csv' 파일을 불러와 작업을 계속 진행해 보겠습니다.

```
'kbo_team_batting.csv' %>%
  read.csv() %>%
  as_tibble() -> team_batting

team_batting
## # A tibble: 313 x 22
##    team  year      g batters   tpa    ab     h   X2b   X3b    hr    bb   ibb
##   <chr> <int> <int>   <int> <int> <int> <int> <int> <int> <int> <int> <int>
## 1 롯데   1982    80     863  3062  2628   674   112     8    59   326     8
## 2 삼미   1982    80     867  2954  2653   637   117    20    40   221     3
## 3 해태   1982    80     873  2990  2665   696   110    14    84   235    12
## 4 삼성   1982    80     887  3043  2647   705   126    18    57   307     2
## 5 OB     1982    80     930  3098  2745   778   137    23    57   247    22
```

현재 데이터에는 집계 결과만 들어 있기 때문에 필요한 '비율 기록'을 따로 계산해서 넣어줍니다.

```
team_batting %>%
  mutate(
    runs = r / tpa,
    avg = h / ab,
    obp = (h + bb + hbp) / (ab + bb + hbp + sf),
    slg = (h + X2b + 2 * X3b + 3 * hr) / ab,
    ops = obp + slg,
    woba = (0.69 * (bb - ibb) + 0.719 * hbp + 0.87 * (h - X2b - X3b - hr) + 1.217 * X2b + 1.529 *
X3b + 1.94 * hr) / (ab + bb - ibb + sf + hbp),
    .before = g
  ) -> team_batting
```

참고로 이렇게 숫자가 많은 데이터는 skimr::skim() 함수를 쓰면 간이 버전으로 탐색적 데이터 분석을 진행할
수 있습니다.

```
pacman::p_load(skimr)

team_batting %>%
  select(runs, avg, obp, slg, ops) %>%
  skimr::skim()
```

Data summary

Name	Piped data
Number of rows	313
Number of columns	5

Column type frequency:	
numeric	5

Group variables	None

Variable type: numeric

skim_variable	n_missing	complete_rate	mean	sd	p0	p25	p50	p75	p100	hist
runs	0	1	0.12	0.02	0.08	0.11	0.12	0.13	0.16	▃▅▇▃▁
avg	0	1	0.27	0.02	0.22	0.26	0.27	0.28	0.31	▂▅▇▅▁
obp	0	1	0.34	0.02	0.29	0.33	0.34	0.35	0.38	▂▅▇▅▁
slg	0	1	0.40	0.04	0.30	0.37	0.39	0.42	0.51	▃▇▅▂▁
ops	0	1	0.74	0.05	0.59	0.70	0.73	0.78	0.89	▂▇▅▂▁

데이터 준비가 끝났으니까 다시 공부를 시작해 보겠습니다. 이번 절에서는 '선형 회귀분석' 기본 가정 네 가지를 소개할 예정입니다.

선형 회귀분석 모형을 만들 때는 아래 네 가지 기본 가정을 만족해야 합니다.

1. **선형성(Linearity of relationship)** : 설명변수와 반응변수는 선형 관계에 있어야 한다.
2. **독립성(Independence of residuals)** : 잔차끼리는 서로 독립적이어야 한다.
3. **정규성(Normality of residuals)** : 잔차는 정규분포를 따라 분포해야 한다.
4. **등분산성(Equality of variance)** : 잔차의 분산이 일정해야 한다.

머리글자만 따면 이 기본 가정을 LINE이라고 요약해서 쓸 수 있습니다. 타율과 (타석당) 득점에 어떤 영향을 끼치는지 알아보는 선형 회귀분석 모형을 통해 각 항목이 무슨 뜻인지 한 번 알아보겠습니다.

⚽ 선형성

x축에 타율, y축에 득점을 배치해 산점도를 그리면 이런 결과가 나옵니다. 추세선도 같이 그리겠습니다.

```
team_batting %>%
  ggplot(aes(x = avg, y = runs)) +
  geom_point() +
  geom_smooth()
## `geom_smooth()` using method = 'loess' and formula 'y ~ x'
```

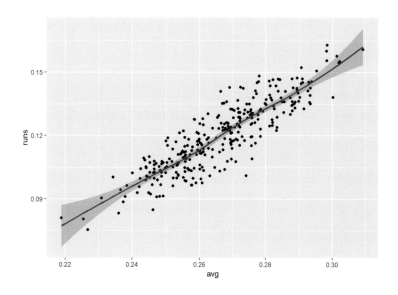

추세선을 그리는 방법을 따로 지정하지 않아 R에서 자동으로 비(非)선형 회귀분석 방법인 '국소 회귀(Local Regressin)' 모형을 채택했는데도 추세선이 직선에 가깝에 나타났습니다. 두 변수가 선형 관계에 있다는 건 이런 의미입니다.

만약 표준 정규분포를 따라 움직이는 변수 두 개가 있다면 이 때는 선형과 거리가 멀다고 할 수 있을 겁니다.

```
tibble(
  x = seq(-5, 5, .1),
  y = dnorm(x)
) %>%
  ggplot(aes(x = x, y = y)) +
  geom_point() +
  geom_smooth()
## `geom_smooth()` using method = 'loess' and formula 'y ~ x'
```

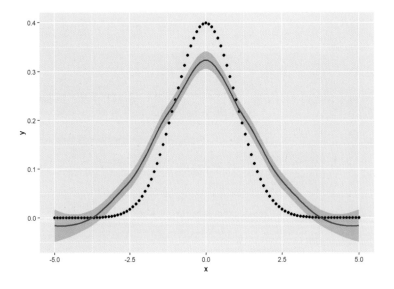

⚽ 독립성

독립성은 예상값을 x축, 표준 잔차를 y축에 놓고 산점도를 그리면 확인할 수 있습니다. augment() 함수를 써서 계산하면 예상값은 .fitted, 표준 잔차는 .std.resid 열에서 확인할 수 있습니다.

```
team_batting %>%
  lm(runs ~ avg, .) %>%
  augment()
## # A tibble: 313 x 8
##     runs   avg .fitted .resid .std.resid   .hat  .sigma  .cooksd
##    <dbl> <dbl>   <dbl>  <dbl>      <dbl>  <dbl>   <dbl>    <dbl>
## 1 0.115 0.256   0.111 0.00456      0.588 0.00442 0.00778 0.000767
## 2 0.102 0.240  0.0956 0.00664      0.860 0.0120  0.00777 0.00449
## 3 0.125 0.261   0.115 0.0100       1.29  0.00352 0.00776 0.00295
## 4 0.141 0.266   0.120 0.0211       2.72  0.00320 0.00769 0.0119
## 5 0.129 0.283   0.136 -0.00686    -0.886 0.00705 0.00777 0.00278
```

이때 추세선이 표준 잔차 평균 그러니까 0을 따라 나타나면 잔차끼리 서로 독립적이다. 즉, 상관관계가 없다고 할 수 있습니다.

```
team_batting %>%
  lm(runs ~ avg, .) %>%
  augment() %>%
  ggplot(aes(x = avg, y = .resid)) +
  geom_point() +
  geom_smooth() +
  geom_hline(yintercept = 0, linetype = 'dashed')
## 'geom_smooth()' using method = 'loess' and formula 'y ~ x'
```

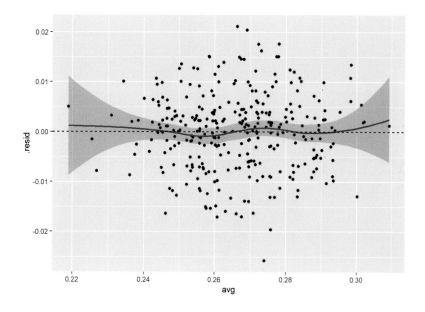

실제로 예상값과 표준 잔차 사이에 상관계수(R)를 계산하면 이런 결과가 나옵니다.

```
team_batting %>%
  lm(runs ~ avg, .) %>%
  augment() %>%
  summarise(R = cor(avg, .resid))
## # A tibble: 1 x 1
##           R
##       <dbl>
## 1 -1.51e-15
```

이 값이 -1 또는 1에 가까울수록 둘 사이에 상관관계가 크고, 0에 가까울수록 서로 관계가 적다는 것 기억하고 계시죠? -1.51e-15는 -0.00000000000000151로 0에 가깝습니다. 여기서는 위에서 본 cor.test() 함수가 아니라 상관계수만 출력하는 cor() 함수를 써서 상관계수를 계산했습니다.

⚽ 정규성

정규성은 히스토그램을 그려보면 어렵지 않게 판정할 수 있습니다. augment() 함수를 썼을 때 .resid 열에 들어 있는 값이 바로 잔차입니다.

```
team_batting %>%
  lm(runs ~ avg, .) %>%
  augment() %>%
  ggplot(aes(x = .resid)) +
  geom_histogram(binwidth = .005, fill = 'gray75', color = 'white')
```

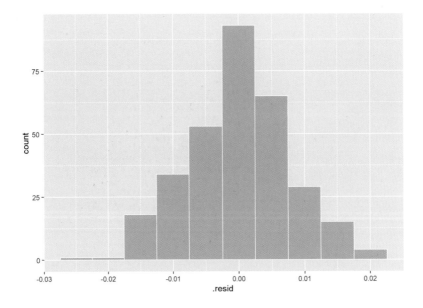

이 정도면 잔차가 정규분포를 따라 분포하고 있다고 결론을 내리는 데 큰 무리는 없을 겁니다.

정규성은 '분위수 대조 그래프'라는 걸 활용해 판단하기도 합니다. 이 그래프는 분위수(Quantiles) 두 개를 비교한다는 뜻에서 'Q-Q 그래프'라고 부르기도 합니다.

어떤 데이터가 표준 정규분포(평균 0, 표준편차 1)를 따라 분포한다면 50분위에 해당하는 숫자는 0일 겁니다. 한 가운데 평균이 와야 하니까요. 그리고 평균으로부터 ± 1.96 × 표준편차만큼 떨어진 위치한 숫자(2.5분위수, 97.5분위수) 역시 ±1.96이 되어야 할 겁니다.

```
rnorm(10000, mean = 0, sd = 1) %>%
  quantile(., c(.025, .25, .5, .75, .975))
##       2.5%        25%        50%        75%       97.5%
##-1.967166831 -0.684232934 -0.004881268  0.685893154  1.957435249
```

그러면 이때 각 분위수에 해당하는 숫자는 y = x 그래프를 따라 나타난다고 할 수 있습니다.

실제로 rnorm() 함수로 평균 50, 표준편차 10을 따르는 샘플 5000개를 만들어 Q-Q 그래프를 그려 보면 아래처럼 나타납니다.

```
tibble(
  x = rnorm(5000, mean = 100, sd = 50)
) %>%
  ggplot(aes(sample = x)) +
  geom_qq() +
  geom_qq_line()
```

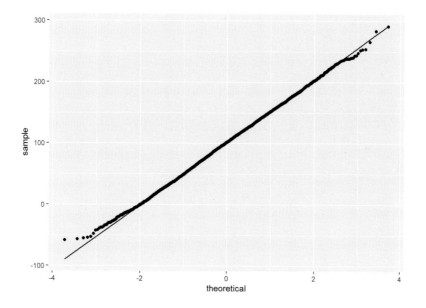

이 코드를 통해 ggplot2에서는 gg_qq(), geom_qq_line() 함수를 써서 Q-Q 그래프를 그릴 수 있다는 사실도 알 수 있습니다.

타율 – 득점 선형 회귀 모형을 가지고 Q-Q 그래프를 그리는 코드는 이렇게 쓸 수 있습니다.

```
team_batting %>%
  lm(runs ~ avg, .) %>%
  augment() %>%
  ggplot(aes(sample = .resid)) +
  geom_qq() +
  geom_qq_line()
```

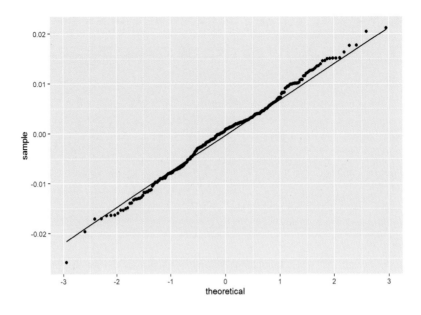

만약 이 그래프만 보고 판단을 내리기가 애매할 때는 shapiro.test() 함수를 써서 '샤피로 월크 검정(shap-iro-wilk test)[65]'을 진행하면 됩니다.

```
team_batting %>%
  lm(runs ~ avg, .) %>%
  augment() %>%
  pull(.resid) %>%
  shapiro.test(.)
##
##  Shapiro-Wilk normality test
##
## data:  .
## W = 0.99433, p-value = 0.2966
```

샤피로 검정에서 영가설은 '이 데이터 분포는 정규분포와 차이가 없다'입니다. p-값 0.2966으로 95% 신뢰수준에서 이 영가설을 기각하기가 어렵습니다. 따라서 잔차는 정규분포를 따라 분포한다고 간주할 수 있습니다.

⚽ 등분산성

등분산성 역시 독립성 검정에 썼던 산점도를 가지고 판정합니다. 이때 등분산성이라는 건 예측값이 크거나 작거나에 관계없이 잔차가 일정한 모양으로 나타나야 한다는 사실을 의미합니다.

예를 들어 다음과 같은 형태로 잔차가 나타난다면 x축 값이 커질수록 잔차도 커지기 때문에 등분산성을 만족하지 못한다고 할 수 있습니다.

---

65 새무얼 샤피로와 마틴 윌크가 이 검정을 고안해 이런 이름이 붙었습니다.

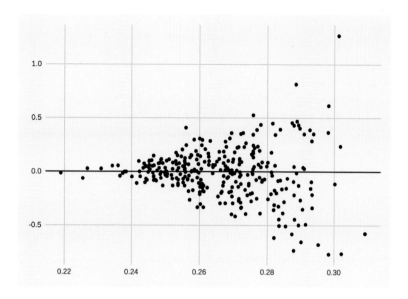

독립성 부분에서 확인한 산점도에서는 이런 패턴을 확인하기 쉽지 않았습니다.

등분산성이라는 건 잔차를 어떻게 샘플링해도 똑같은 분산이 나올 것이라고 기대할 수 있다는 뜻입니다. 따라서 아래처럼 검정을 진행할 수 있습니다.

먼저 rep_sample_n() 함수를 써서 팀을 150개씩 고른 샘플 30개를 만들어 잔차의 분산을 계산합니다. 이 결과를 var_equality_test_sample이라는 객체에 넣어둡니다.

```
team_batting %>%
  lm(runs ~ avg, .) %>%
  augment() %>%
  rep_sample_n(reps = 30, size = 150) %>%
  group_by(replicate) %>%
  summarise(.resid_var = var(.resid),
            .groups = 'drop') -> var_eqaulity_test_sample
```

이 분산끼리 서로 차이가 나지 않는다는 건 표준편차(sigma)가 제로(0)라는 뜻입니다. 이를 영가설로 단일표본 t-검정을 진행합니다.

```
var_eqaulity_test_sample %>%
  specify(response = .resid_var) %>%
  hypothesize(null = 'point', sigma = 0) %>%
  calculate(stat = 't')
## # A tibble: 1 x 1
##    stat
##   <dbl>
## 1  44.1
```

```
var_eqaulity_test_sample %>%
  specify(response = .resid_var)%>%
  hypothesize(null = 'point', sigma = 0) %>%
  generate(reps = 1000, type = 'bootstrap') %>%
  calculate(stat = 't') %>%
  get_p_value(obs_stat = 67.2, direction = 'two-sided')
## # A tibble: 1 x 1
##   p_value
##     <dbl>
## 1   0.898
```

'이 분산값끼리는 서로 차이가 없다'는 영가설과 우리 관찰 데이터가 서로 양립할 수 있다는 걸 알 수 있습니다. 따라서 이 데이터는 등분산성 조건을 만족한다고 할 수 있습니다.

15.6 OPS > wOBA

이제 실제로 선형 회귀분석 모형을 만들어 보겠습니다. 회귀분석은 한 변수가 다른 변수를 얼마나 잘 설명하는지 알아보는 방법이니까 설명변수 여러 개가 있을 때 어떤 변수가 가장 응답변수를 잘 설명하는지도 알 수 있습니다.

예를 들어 '타율(avg), 출루율(obp), 장타력(slg), 출루율+장타력(ops), 가중 출루율(woba) 가운데 어떤 변수가 타석당 득점(runs)을 가장 설명하는가?' 같은 질문에 대한 해답을 찾을 수도 있는 겁니다.

이렇게 변수가 여러 개 있을 때는 어떻게 회귀분석을 진행해야 할까요? 가장 기본적인 방법은 코드를 일일이 쓰는 겁니다. 우리에게 필요한 건 상관계수 R 하나뿐이니까 cor() 함수를 사용하면 됩니다.

```
team_batting %>%
  summarise(avg = cor(runs, avg),
            obp = cor(runs, obp),
            slg = cor(runs, slg),
            ops = cor(runs, ops),
            woba = cor(runs, woba))
## # A tibble: 1 x 5
##     avg   obp   slg   ops  woba
##   <dbl> <dbl> <dbl> <dbl> <dbl>
## 1 0.882 0.878 0.936 0.957 0.954
```

현재 데이터를 비율 기록(avg, obp, slg, ops, woba)을 중심으로 롱 폼으로 바꾼 다음 broom 패키지를 활용해 결과를 출력하는 방법도 있습니다. summarise() 함수 안에 tidy()를 쓴 형태입니다.

```
team_batting %>%
  pivot_longer(cols = avg:woba, names_to = '구분', values_to = '기록') %>%
  group_by(구분) %>%
  summarise(cor.test(runs,  기록) %>% tidy(), .groups = 'drop') %>%
  arrange(estimate)
## # A tibble: 5 x 9
##    구분  estimate statistic   p.value parameter conf.low conf.high method
##    <chr>    <dbl>     <dbl>     <dbl>     <int>    <dbl>     <dbl> <chr>
## 1 obp      0.878      32.4 1.17e-101       311    0.850     0.901 Pears~
## 2 avg      0.882      33.1 8.49e-104       311    0.855     0.905 Pears~
## 3 slg      0.936      47.0 2.59e-143       311    0.921     0.949 Pears~
## 4 woba     0.954      56.1 9.26e-165       311    0.943     0.963 Pears~
## 5 ops      0.957      58.0 7.38e-169       311    0.946     0.965 Pears~
## # ... with 1 more variable: alternative <chr>
```

물론 회귀분석 결과도 같은 방식으로 정리할 수 있습니다.

```
team_batting %>%
  pivot_longer(cols = avg:woba, names_to = '구분', values_to = '기록') %>%
  group_by(구분) %>%
  summarise(lm(runs ~ 기록) %>% tidy(), .groups = 'drop') %>%
  arrange(estimate)
## # A tibble: 10 x 6
##    구분  term         estimate std.error statistic   p.value
##    <chr> <chr>           <dbl>     <dbl>     <dbl>     <dbl>
## 1 obp   (Intercept)   -0.166    0.00884     -18.8 2.95e- 53
## 2 woba  (Intercept)   -0.127    0.00440     -28.8 8.32e- 90
## 3 avg   (Intercept)   -0.126    0.00746     -16.9 4.26e- 46
## 4 ops   (Intercept)   -0.0977   0.00376     -26.0 5.62e- 80
## 5 slg   (Intercept)   -0.0391   0.00339     -11.5 8.64e- 26
## 6 ops   기록           0.295    0.00509      58.0 7.38e-169
## 7 slg   기록           0.402    0.00855      47.0 2.59e-143
## 8 woba  기록           0.777    0.0139       56.1 9.26e-165
## 9 obp   기록           0.838    0.0259       32.4 1.17e-101
## 10 avg  기록           0.925    0.0280       33.1 8.49e-104
```

R^2이 필요하시다면 tidy() 함수 대신 glance() 함수를 쓰면 됩니다.

```
team_batting %>%
  pivot_longer(cols = avg:woba, names_to = '구분', values_to = '기록') %>%
  group_by(구분) %>%
  summarise(lm(runs~기록) %>% glance(), .groups = 'drop') %>%
  arrange(r.squared)
## # A tibble: 5 x 13
##   구분   r.squared adj.r.squared sigma statistic  p.value    df logLik    AIC
##   <chr>      <dbl>         <dbl> <dbl>     <dbl>    <dbl> <dbl>  <dbl>  <dbl>
## 1 obp        0.771         0.771 0.00789     1049. 1.17e-101     1  1072. -2139.
## 2 avg        0.778         0.778 0.00777     1093. 8.49e-104     1  1077. -2149.
## 3 slg        0.877         0.876 0.00580     2208. 2.59e-143     1  1169. -2332.
## 4 woba       0.910         0.910 0.00495     3149. 9.26e-165     1  1218. -2431.
## 5 ops        0.915         0.915 0.00480     3366. 7.38e-169     1  1228. -2450.
## # ... with 4 more variables: BIC <dbl>, deviance <dbl>, df.residual <int>,
## #   nobs <int>
```

wOBA는 요즘 세이버메트릭스(야구통계학) 세계에서 가장 각광받는 타격 지표 가운데 하나입니다. 그런데 이렇게 회귀분석을 해보면, 적어도 한국 프로야구에서는 사실 그 전부터 널리 쓰던 OPS와 설명력에서 별 차이가 없다는 사실을 알 수 있습니다.

계산 방법은 OPS 쪽이 훨씬 간단합니다. 그냥 출루율과 장타력을 더하기만 하면 되니까요. OPS가 진짜 위대한 기록인 이유를 한 번 더 확인할 수 있습니다.

15.7 능력 vs 성과

스포츠 데이터를 다룰 때는 회귀분석을 통해 '능력'과 '성과'를 구분하기도 합니다. 기본적으로 스포츠 데이터는 어떤 선수가 얼마나 잘하고 못했는지 '성과'를 측정합니다. 그런데 어떤 선수가 어떤 해에 이 기록을 잘했는데 다음 해에도 잘했다면 '이 선수는 이 능력이 있다'고 평가를 내리는 겁니다.

실제 데이터를 가지고 작업을 진행해 보겠습니다. 이번에 사용할 파일은 2015년부터 2020년 사이에 한 시즌에 250타석 이상 들어선 타자 기록이 들어 있는 'kbo_batting_risp.csv'입니다.

```
'kbo_batting_risp.csv' %>%
  read.csv() %>%
  as_tibble() -> kbo_batting_risp

kbo_batting_risp
## # A tibble: 573 x 24
##    name   code  year     g   tpa    ab     h   X2b   X3b    hr    tb   rbi    sb
##    <chr> <int> <int> <int> <int> <int> <int> <int> <int> <int> <int> <int> <int>
## 1 정훈   60523  2015   135   562   486   146    27     2     9   204    62    16
```

```
##  2 오태곤~  60558  2015  122  353  327   90   18    1    8  134   43   15
##  3 유강남~  61102  2015  126  313  279   76   11    1    8  113   37    2
##  4 고종욱~  61353  2015  119  443  407  126   25    4   10  189   51   22
##  5 강경학~  61700  2015  120  376  311   80    7    4    2  101   27    4
```

risp는 'Runners In Scoring Postition'을 줄인 말입니다. 야구에서는 주자가 2루, 3루, 2·3루, 1·2·3루(만루)에 있을 때를 '득점권'이라고 부릅니다. 이 상황을 뜻하는 영어 표현이 risp입니다. 2015년이 기준인 건 그해부터 프로야구가 10개 구단 체제로 바뀌었기 때문입니다.

이 데이터를 가지고 어떻게 당해 연도와 이듬해 기록을 비교하는 코드를 짤 수 있을까요? 네, 맞습니다. 4.4절에서 배운 lead() 함수를 쓰면 됩니다(이듬해 = lead(year)). 그 전에 선수 코드가 바뀌면 무시하라는 뜻으로 group_by(code)를 써줘야 합니다. 그리고 분석 작업에 필요한 코드는 아니지만 '보기 좋으라고' arrange(code, year) 코드를 써서 정렬해 보겠습니다.

```
kbo_batting_risp %>%
  group_by(code) %>%
  arrange(code, year) %>%
  mutate(다음해 = lead(year),
          .after = year)
## # A tibble: 573 x 25
## # Groups:   code [200]
##    name   code  year 다음해     g   tpa    ab     h   X2b   X3b    hr    tb
##    <chr> <int> <int>  <int> <int> <int> <int> <int> <int> <int> <int> <int>
##  1 라모스~ 50165  2020     NA   117   494   431   120    17     2    38   255
##  2 러셀   50350  2020     NA    65   271   244    62    14     0     2    82
##  3 김지찬~ 50458  2020     NA   135   287   254    59     5     1     1    69
##  4 마차도~ 50506  2020     NA   144   560   486   136    31     1    12   205
##  5 반즈   50730  2020     NA    74   319   283    75    17     1     9   121
##  6 최지훈~ 50854  2020     NA   127   520   466   120    19     5     1   152
##  7 알테어~ 50923  2020     NA   136   546   482   134    20     7    31   261
##  8 이해창~ 60343  2016   2017    88   254   231    47    10     0     6    75
##  9 이해창~ 60343  2017     NA   114   283   254    69    11     0    11   113
## 10 백상원~ 60456  2016     NA   132   517   445   128    19     3     3   162
## # ... with 563 more rows, and 13 more variables: rbi <int>, sb <int>, cs <int>,
## #   sh <int>, sf <int>, bb <int>, ibb <int>, hbp <int>, so <int>, gidp <int>,
## #   e <int>, avg_risp <dbl>, ops_risp <dbl>
```

이 데이터에는 2020년 기록까지만 들어 있어서 2020년 데이터 다음해에는 해당 사항 없음(NA) 표시가 나타납니다. 또 8~10행에 있는 이해창 사례를 보시면 2017년 기록은 있지만 2018년 기록이 없어서 NA가 나옵니다. 일단 drop_na() 함수로 이런 데이터를 없애고 다시 보겠습니다.

```
kbo_batting_risp %>%
  group_by(code) %>%
  arrange(code, year) %>%
  mutate(다음해 = lead(year),
         .after = year) %>%
  arrange(code, year) %>%
  drop_na()
## # A tibble: 373 x 25
## # Groups:   code [134]
##     name   code  year 다음해     g   tpa    ab     h   X2b   X3b    hr    tb
##    <chr> <int> <int> <int> <int> <int> <int> <int> <int> <int> <int> <int>
## 1 이해창~ 60343  2016  2017    88   254   231    47    10     0     6    75
## 2 정훈   60523  2015  2016   135   562   486   146    27     2     9   204
## 3 정훈   60523  2016  2020   121   439   370    97    18     2     2   125
## 4 오태곤~ 60558  2015  2017   122   353   327    90    18     1     8   134
## 5 오태곤~ 60558  2017  2018   122   384   355   104    29     1     8   159
```

이제 정훈 사례에서 문제가 생깁니다. 2015, 2016년은 1년 간격이지만 2016년 다음에는 2020년이 옵니다. 우리는 이듬해 기록을 따지고 있으니까 이럴 때는 맞지 않습니다. 다음 해가 이듬해와 같은지 알려주는 열을 추가해 봅니다. 다음 해가 이듬해가 아닌 열은 전부 지워도 되겠죠?

```
kbo_batting_risp %>%
  group_by(code) %>%
  arrange(code, year) %>%
  mutate(다음해 = lead(year),
         이듬해 = if_else(다음해 == year + 1, 1, 0),
         .after = year) %>%
  filter(이듬해 == 1)
## # A tibble: 341 x 26
## # Groups:   code [129]
##     name   code  year 다음해 이듬해     g   tpa    ab     h   X2b   X3b    hr
##    <chr> <int> <int> <int> <dbl> <int> <int> <int> <int> <int> <int> <int>
## 1 이해창~ 60343  2016  2017     1    88   254   231    47    10     0     6
## 2 정훈   60523  2015  2016     1   135   562   486   146    27     2     9
## 3 오태곤~ 60558  2017  2018     1   122   384   355   104    29     1     8
## 4 오태곤~ 60558  2018  2019     1   128   374   342    87    17     2    12
## 5 유강남~ 61102  2015  2016     1   126   313   279    76    11     1     8
## 6 유강남~ 61102  2016  2017     1   100   297   263    70     7     0     8
## 7 유강남~ 61102  2017  2018     1   118   364   324    90    13     0    17
## 8 유강남~ 61102  2018  2019     1   132   465   425   126    33     0    19
## 9 유강남~ 61102  2019  2020     1   132   468   418   113    22     0    16
## 10 이천웅~ 61186  2016  2017     1   103   320   276    81    10     1     6
## # ... with 331 more rows, and 14 more variables: tb <int>, rbi <int>, sb <int>,
## #   cs <int>, sh <int>, sf <int>, bb <int>, ibb <int>, hbp <int>, so <int>,
## #   gidp <int>, e <int>, avg_risp <dbl>, ops_risp <dbl>
```

이번에는 drop_na()는 필요가 없습니다. 어차피 '이듬해' 열이 NA일 테니까 'filter(이듬해 == 1)'로 걸러낼 수 있습니다.

이제 pivot_loger() 함수를 활용해 데이터를 롱 폼(포맷)으로 바꿉니다. 출전 경기 숫자(g)부터 맨 끝 열(last_col())까지 늘어뜨리면 될 겁니다. 여기서 다시 code와 구분 열을 그룹으로 묶은 다음 lead() 함수를 쓰면 이듬해 기록을 가져올 수 있습니다.

filter(이듬해 == 1)이 먼저 나오면 2017, 2018, 2019년 기록이 있을 때 2017, 2018년은 합칠 수 있지만 2018, 2019년은 빠뜨리게 됩니다. 그래서 이 코드를 뒤로 보냅니다.

```
kbo_batting_risp %>%
  group_by(code) %>%
  arrange(code, year) %>%
  mutate(다음해 = lead(year),
         이듬해 = if_else(다음해 == year + 1, 1, 0),
         .after = year) %>%
  pivot_longer(cols = g:last_col(),
               names_to = '구분',
               values_to = '기록') %>%
  group_by(code, 구분) %>%
  mutate(이듬해_기록 = lead(기록)) %>%
  filter(이듬해 == 1)
## # A tibble: 7,161 x 8
## # Groups:   code, 구분 [2,709]
##     name   code  year 다음해 이듬해 구분   기록 이듬해_기록
##     <chr>  <int> <int> <int>  <dbl> <chr> <dbl>      <dbl>
## 1  이해창 60343  2016  2017      1 g        88        114
## 2  이해창 60343  2016  2017      1 tpa     254        283
## 3  이해창 60343  2016  2017      1 ab      231        254
## 4  이해창 60343  2016  2017      1 h        47         69
## 5  이해창 60343  2016  2017      1 X2b      10         11
## 6  이해창 60343  2016  2017      1 X3b       0          0
## 7  이해창 60343  2016  2017      1 hr        6         11
## 8  이해창 60343  2016  2017      1 tb       75        113
## 9  이해창 60343  2016  2017      1 rbi      22         44
## 10 이해창 60343  2016  2017      1 sb        1          1
## # ... with 7,151 more rows
```

이제 group_by() + summarise() 조합으로 결과를 확인할 수 있습니다. 작업에 필요한 부분만 남겨 놓으면 아래처럼 코드를 쓸 수 있습니다. R^2가 높은 순서대로 정렬까지 하겠습니다. (arrange(-r.squared))

```
kbo_batting_risp %>%
  group_by(code) %>%
  mutate(다음해 = lead(year),
```

```
         이듬해 = if_else(다음해 == year + 1, 1, 0),
            .after = year) %>%
   pivot_longer(cols = g:last_col(),
             names_to = '구분',
             values_to = '기록') %>%
   group_by(code, 구분) %>%
   mutate(이듬해_기록 = lead(기록)) %>%
   filter(이듬해 == 1) %>%
   group_by(구분) %>%
   summarise(lm(이듬해_기록 ~ 기록) %>% glance(), .groups = 'drop') %>%
   arrange(-r.squared) %>%
   print(n = Inf)
```

```
# A tibble: 21 x 13
   구분    r.squared adj.r.squared  sigma statistic  p.value     df logLik    AIC    BIC
   <chr>       <dbl>        <dbl>  <dbl>     <dbl>    <dbl>  <dbl>  <dbl>  <dbl>  <dbl>
 1 sb          0.556        0.555   5.73      425.  9.44e-62     1 -1078.  2162.  2174.
 2 hr          0.534        0.532   6.83      388.  3.92e-58     1 -1138.  2282.  2294.
 3 sh          0.482        0.481   2.92      316.  2.21e-50     1  -848.  1702.  1714.
 4 so          0.463        0.461  19.6       292.  1.18e-47     1 -1497.  3000.  3011.
 5 e           0.456        0.454   3.82      284.  1.05e-46     1  -940.  1887.  1898.
 6 bb          0.434        0.432  13.5       260.  7.96e-44     1 -1371.  2748.  2759.
 7 hbp         0.417        0.416   3.64      243.  1.15e-41     1  -923.  1852.  1864.
 8 rbi         0.359        0.357  21.8       190.  1.36e-34     1 -1534.  3073.  3085.
 9 tb          0.323        0.321  52.8       162.  1.52e-30     1 -1836.  3677.  3689.
10 X3b         0.303        0.301   1.90      147.  2.02e-28     1  -701.  1409.  1420.
11 gidp        0.254        0.251   3.99      115.  2.56e-23     1  -955.  1916.  1928.
12 cs          0.253        0.250   2.89      115.  3.13e-23     1  -845.  1696.  1707.
13 ibb         0.226        0.224   1.88       99.0 1.24e-20     1  -699.  1403.  1415.
14 h           0.219        0.216  31.2        94.9 6.26e-20     1 -1656.  3319.  3330.
15 tpa         0.203        0.200  93.2        86.1 2.08e-18     1 -2029.  4064.  4076.
16 ab          0.183        0.181  82.4        76.1 1.24e-16     1 -1987.  3981.  3992.
17 X2b         0.175        0.172   7.69       71.8 7.36e-16     1 -1178.  2363.  2374.
18 ops_risp    0.148        0.145   0.146      58.9 1.82e-13     1   174.  -341.  -330.
19 sf          0.0793       0.0766  2.60       29.2 1.23e- 7     1  -809.  1624.  1635.
20 avg_risp    0.0401       0.0373  0.0493     14.2 1.97e- 4     1   544. -1081. -1070.
21 g           0.0253       0.0224 16.1         8.79 3.24e- 3    1 -1431.  2869.  2880.
# ... with 3 more variables: deviance <dbl>, df.residual <int>, nobs <int>
```

이를 통해 알 수 있는 건 도루(sb)는 하는 선수가 계속하고 (= 도루는 능력이고), 홈런(hr)도 치던 선수가 계속 친다 (= 홈런도 능력)라는 사실을 알 수 있습니다. 희생번트(sh)는 애매합니다. 희생번트를 잘 대는 능력이 따로 있다고 볼 수도 있지만 희생번트 사인을 계속 받는 선수가 계속 받는다고 볼 수도 있기 때문입니다.

아래 쪽을 보면 경기 숫자가 올해 기록을 가지고 이듬해 기록을 '예상'하기가 가장 힘든 기록이라고 나옵니다. 다칠 수도 있고, 같은 포지션에 더 잘하는 선수가 나올 수도 있기 때문입니다. 득점권 타율[66] 역시 예상 가능한 기록이 아닙니다.

여기서 중요한 건 '예상'이라는 표현입니다. 이렇게 회귀분석은 어떤 결과를 예상 또는 전망하는 데에 활용할 수 있습니다.

우리는 누적 기록을 있는 그대로 다룬 게 많으니까 경기당 평균으로 바꿔서 다시 결과를 내는 코드를 쓰면 아래와 같습니다. mutate() 함수를 맨 처음에 썼던 부분에 across() 함수를 넣으면 누적 기록을 경기당 평균으로 손쉽게 바꿀 수 있습니다.

```
kbo_batting_risp %>%
  arrange(code, year) %>%
  group_by(code) %>%
  mutate(다음해 = lead(year),
         이듬해 = if_else(다음해 == year + 1, 1, 0),
         across(h:e, ~.x / g),
            .after = year) %>%
  pivot_longer(cols = h:last_col(),
            names_to = '기록') %>%
  arrange(code, 기록, year) %>%
  group_by(code, 기록) %>%
  mutate(next_value = lead(value)) %>%
  filter(이듬해 == 1) %>%
  group_by(기록) %>%
  summarise(lm(next_value ~ value) %>% glance(), .groups = 'drop') %>%
  arrange(-r.squared)
## # A tibble: 18 x 13
##    기록   r.squared adj.r.squared sigma statistic  p.value    df logLik    AIC
##    <chr>      <dbl>         <dbl> <dbl>     <dbl>    <dbl> <dbl>  <dbl>  <dbl>
##  1 so         0.605         0.604 0.121      519.  2.37e-70     1   238.  -471.
##  2 sb         0.591         0.589 0.0417     489.  1.02e-67     1   600. -1195.
##  3 hr         0.585         0.584 0.0486     478.  9.63e-67     1   549. -1091.
##  4 bb         0.501         0.500 0.0903     341.  3.91e-53     1   337.  -668.
##  5 tb         0.477         0.475 0.298      309.  1.36e-49     1  -70.5   147.
##  6 sh         0.475         0.473 0.0238     306.  2.64e-49     1   791. -1577.
##  7 rbi        0.469         0.468 0.137      300.  1.53e-48     1   194.  -383.
##  8 e          0.469         0.468 0.0294     300.  1.54e-48     1   720. -1434.
##  9 hbp        0.435         0.433 0.0282     261.  7.01e-44     1   734. -1462.
## 10 h          0.376         0.375 0.169      205.  1.20e-36     1   122.  -239.
```

---

[66] 다음 코드에는 avg_risp가 avg_~로 줄었습니다.

```
## 11 cs      0.308      0.306  0.0213     151.  5.86e-29     1 830.  -1654.
## 12 X3b     0.306      0.304  0.0148     150.  8.90e-29     1 954.  -1901.
## 13 gidp    0.236      0.234  0.0322     105.  1.43e-21     1 688.  -1371.
## 14 ibb     0.212      0.209  0.0145      91.0 2.88e-19     1 960.  -1914.
## 15 X2b     0.203      0.200  0.0515      86.1 2.07e-18     1 529.  -1052.
## 16 ops_~   0.148      0.145  0.146       58.9 1.82e-13     1 174.   -341.
## 17 sf      0.0834     0.0807 0.0206      30.8 5.66e- 8     1 840.  -1675.
## 18 avg_~   0.0401     0.0373 0.0493      14.2 1.97e- 4     1 544.  -1081.
## # ... with 4 more variables: BIC <dbl>, deviance <dbl>, df.residual <int>,
## #   nobs <int>
```

그랬더니 삼진(so), 도루(sb), 홈런(hr), 볼넷(bb)이 가장 예상하기 수월한 즉, 능력을 보여주는 기록으로 나타났습니다. 이 가운데 삼진, 홈런, 볼넷은 전부 타자와 배터리(투수+포수) 사이에서 순수하게 결론이 나는 기록입니다. 이런 이유로 세이버메트릭스에서는 이 세 기록을 TTO(Three True Outcomes)라고 부릅니다.

15.8 피타고라스 승률

스포츠 세계에서 '예상'과 가장 관련이 깊은 기록은 '피타고라스 승률'입니다. 피타고라스 승률은 득점과 실점을 토대로 계산한 '기대 승률'입니다.

'세이버메트릭스의 아버지'라고 불리는 빌 제임스는 1982년 '득점^2 ÷ (득점^2 + 실점^2)'를 계산하면 팀 승률과 비슷한 결과가 나온다는 사실을 발견했습니다.[67] 이 계산 방법이 피타고라스 정리($a^2 + b^2 = c^2$)와 비슷하게 생겼다는 뜻에서 이런 이름이 붙었습니다.

⚽ 어떤 지수가 제일 정확할까?

피타고라스 승률이라는 개념이 처음 등장한 뒤 '지수에 2 대신 1.83을 쓰는 게 더 정확하다', '아니다. 로그 함수를 써서 지수를 계산해야 한다'고 갑론을박이 있었습니다. 과연 한국 프로야구는 어떤 공식으로 계산할 때 가장 정확하게 승률을 예상할 수 있는지 알아보겠습니다.

'kbo_pythagorean_expectation.csv' 파일을 불러오면 그 안에 작업에 필요한 기록이 들어 있습니다.

```
'kbo_pythagorean_expectation.csv' %>%
  read.csv() %>%
  as_tibble() -> kbo_pythagorean_expectation

kbo_pythagorean_expectation %>%
  glimpse()
```

---

67 이건 스포츠 경기에서 득점과 실점이 '베이불 분포'라는 확률 분포를 따르기 때문입니다. 이에 대한 수학적인 논리 전개가 궁금하신 분은 다음 링크를 확인하시면 도움이 될 수 있습니다. arxiv.org/pdf/math/0509698.pdf

```
## Rows: 313
## Columns: 7
## $ 연도 <int> 2020, 2020, 2020, 2020, 2020, 2020, 2020, 2020, 2020, 2020, 2019...
## $ 팀   <chr> "NC", "KT", "두산", "LG", "키움", "KIA", "롯데", "삼성", "SK", "한화", "S...
## $ 경기 <int> 144, 144, 144, 144, 144, 144, 144, 144, 144, 144, 144, 144,...
## $ 승   <int> 83, 81, 79, 79, 80, 73, 71, 64, 51, 46, 88, 88, 86, 73, 78, 62,...
## $ 패   <int> 55, 62, 61, 61, 63, 71, 72, 75, 92, 95, 55, 55, 57, 69, 64, 79,...
## $ 득점 <int> 888, 813, 816, 802, 759, 724, 750, 699, 634, 551, 655, 736, 780,...
## $ 실점 <int> 714, 715, 695, 694, 692, 795, 720, 745, 846, 820, 546, 550, 572,...
```

직접 한 번 해보겠습니다. 이제 이 정도 코드는 간단하게 이해하리라 믿고 결과까지 한 번에 갑니다.

```
kbo_pythagorean_expectation %>%
  mutate(
    실제_승률  =  승 / (승 + 패),
    방식_1 =  득점 ^ 2 / (득점 ^ 2 + 실점 ^ 2),
    방식_2 =  득점 ^ 1.83 / (득점 ^ 1.83 + 실점 ^ 1.83),
    x = 0.45 + 1.5 * log10((득점 + 실점) / 경기),
    방식_3 =  득점 ^ x / (득점 ^ x + 실점 ^ x)
  ) %>%
  pivot_longer(cols = starts_with('방식'),
               names_to = '방식',
               values_to = '결과') %>%
  group_by(방식) %>%
  summarise(lm(실제_승률 ~ 결과) %>% glance(), .groups = 'drop')
## # A tibble: 3 x 13
##    방식   r.squared adj.r.squared  sigma statistic  p.value    df logLik   AIC
##    <chr>      <dbl>         <dbl>  <dbl>     <dbl>    <dbl> <dbl>  <dbl> <dbl>
## 1 방식_1~     0.897         0.897 0.0282     2709. 1.45e-155     1   674. -1342.
## 2 방식_2~     0.897         0.897 0.0282     2711. 1.30e-155     1   674. -1342.
## 3 방식_3~     0.898         0.897 0.0281     2728. 5.56e-156     1   675. -1343.
## # ... with 4 more variables: BIC <dbl>, deviance <dbl>, df.residual <int>,
## #   nobs <int>
```

재미없게도(?) R^2에 사실상 아무 차이도 나타나지 않습니다. 혹시 '로그 함수를 써서 복잡하게 계산한 방식_3 이 p-값이 제일 낮게 나오니까 제일 더 정확하다'고 생각하는 분은 없겠죠?

어떤 회귀분석 모형이 더 정확한지 측정할 때는 '평균 제곱근 편차(RMSE·Root Mean Square Deviation)' 라는 값을 계산합니다. 말은 어려운 데 별 거 아닙니다. 앞에서에서 점과 선 사이 거리를 모두 합쳤을 때 이 거리가 제일 짧은 선이 회귀선이라고 설명했듯이 RMSE가 바로 그 거리 합을 나타냅니다.

거리 자체는 항상 양수(+)로 나타납니다. '원래 결과 – 예상 결과'를 계산한 다음에 +/– 부호를 무시하면 거리가 되는 겁니다. 이 말은 '원래 결과 – 예상 결과' 그러니까 편차 자체는 +/–가 모두 나타날 수 있다는 뜻입니다.

이럴 때는 거리를 계산할 때처럼 부호를 빼고 절댓값을 계산해도 되고 제곱을 해서 양수로 만들어도 됩니다. RMSE 계산은 제곱을 선택합니다. 그리고 이 편차 제곱합의 평균 그러니까 분산을 계산한 다음에 제곱근(루트)을 씌우면 그 값이 바로 RMSE입니다.

R에서 평균을 구하는 함수는 mean()이고 제곱근을 씌울 때는 sqrt() 함수를 쓰면 되니까 다음처럼 쓰면 RMSE를 얻을 수 있습니다.

```
kbo_pythagorean_expectation %>%
  mutate(
    실제_승률  =  승 / (승 + 패),
    방식_1 =  득점 ^ 2 / (득점 ^ 2 + 실점 ^ 2),
    방식_2 =  득점 ^ 1.83 / (득점 ^ 1.83 + 실점 ^ 1.83),
    x = 0.45 + 1.5 * log10((득점 + 실점) / 경기),
    방식_3 =  득점 ^ x / (득점 ^ x + 실점 ^ x),
    차이_1 = (실제_승률 - 방식_1) ^ 2,
    차이_2 = (실제_승률 - 방식_2) ^ 2,
    차이_3 = (실제_승률 - 방식_3) ^ 2
  ) %>%
  summarise(across(contains('차이'), mean)) %>%
  summarise(across(everything(), sqrt))
## # A tibble: 1 x 3
##   차이_1 차이_2 차이_3
##    <dbl>  <dbl>  <dbl>
## 1 0.0287 0.0281 0.0281
```

역시나 재미없게 이번에도 세 모형 사이에 별 차이가 없습니다. 그러니까 그냥 지수 2를 써서 간단하게 계산해도 대세에 별 영향이 없는 겁니다. 게다가 간단한 모형을 놔두고 일부러 복잡한 모형을 선택할 이유도 전혀 없습니다.

Chapter **16**

어떤 배구 기록이 승리를 제일 잘 설명할까?

"세상에서 가장 고운 별 하나가 내 어깨 위에 기대어 고이 잠들어 있다."

– 알퐁스 도데 '별' –

앞 장에서 우리는 출루율과 장타력을 더하면 그만인 OPS가 얼마나 득점을 잘 예상할 수 있는지 확인했습니다. 아웃을 최대한 적게 당하면서(출루) 한 번에 되도록 많은 베이스에 진루(장타)하는 게 야구에서 득점을 많이 올릴 수 있는 기본 원리라는 걸 생각하면 아주 이상한 일도 아닙니다.

OPS 사례에서 알 수 있는 것처럼 설명변수(독립변수)를 하나만 쓰는 것보다 두 개 이상 쓸 때 반응변수(종속변수)를 더욱 정확하게 설명할 수 있는 일이 많습니다. 이렇게 설명변수 여러 개를 활용해 반응변수를 예상하는 방식을 '다중 회귀분석'이라고 부릅니다.

일단 앞 장과 마찬가지로 프로야구 팀 타격 기록을 활용해 다중 회귀분석을 진행해 보겠습니다.

먼저 항상 그랬듯 tidyverse, tidymodels 패키지를 불러오고 시드 설정을 합니다.

```
pacman::p_load(tidyverse, tidymodels)

set.seed(1234)
```

계속해서 앞장에서 썼던 'kbo_team_batting.csv' 파일도 불러옵니다.

```
'kbo_team_batting.csv' %>%
  read.csv() %>%
  as_tibble() -> team_batting
```

이 파일은 누적 기록만 담고 있기 때문에 비율 기록 그러니까 타석당 득점(runs), 타율(avg), 출루율(obp), 장타력(slg)을 계산해서 붙여 넣어줍니다.

```
team_batting %>%
  mutate(
    runs = r / tpa,
    avg = h / ab,
```

```
        obp = (h + bb + hbp) / (ab + bb + hbp + sf),
        slg = (h + X2b + 2 * X3b + 3 * hr) / ab
    ) -> team_batting
```

회귀분석을 진행하기 전에 상관계수 R부터 계산해 줍니다. 타율, 출루율, 장타력만 선택한 다음(select(avg, obp, slg)) cor() 함수를 쓰면 간단하게 각 변수 사이 상관계수를 얻을 수 있습니다.[68]

```
team_batting %>%
  select(avg, obp, slg) %>%
  cor()
##              avg       obp       slg
## avg  1.0000000 0.8960227 0.8561422
## obp  0.8960227 1.0000000 0.8156327
## slg  0.8561422 0.8156327 1.0000000
```

16.1 다중공선성 주의

앞 장에서 다른 회귀분석 기본 가정 'LINE' 가운데 다중 회귀분석에서 제일 주의해야 하는 건 'I' 즉, '독립성'입니다. 현재 데이터에서는 타율, 출루율, 장타력 사이에서는 전부 상관관계 R가 0.8 이상인 걸 확인할 수 있습니다.

이렇게 설명변수 사이에 상관관계 R가 높을 때는 '다중공선성(multicollinearity)'이라는 문제가 있는지 따져봐야 합니다. 다중공선성(多重公線性)은 한자 그대로 변수 사이에 선형 관계가 다중으로 존재한다는 뜻입니다.

일반적으로는 두 변수 사이 상관관계 R을 계산해 0.9가 넘게 나오거나 '분산팽창인수(VIF·Varinca Inflation Factor)'를 계산해 10보다 높으면 다중공선성이 있다고 판정을 내립니다. k번째 변수의 VIF를 계산하는 공식은 다음과 같이 씁니다.

$$VIF_k = \frac{1}{1 - R_j^2}$$

여기서 R_j^2은 j번째 그러니까 k번째 변수를 제외한 나머지 변수를 설명변수로 만든 모형의 결정계수(R^2)를 뜻합니다. R^2은 0에서 1사이로 나타나니까 R_j^2가 0에 가깝다는 건 = VIF가 1에 가깝게 나타난다는 건 k번째 변수가 다른 변수와 상관성이 거의 없다는 뜻이고, 거꾸로 R_j^2가 1에 가깝다는 건 = VIF가 커진다는 건 상관성이 높다는 뜻이 됩니다.

---

68 참고로 corrplot 패키지(github.com/taiyun/corrplot)를 활용하면 이 상관관계를 다양한 그래프로 표현할 수 있습니다.

R에서 VIF를 계산할 때는 car 패키지[69]에 들어 있는 vif() 함수를 쓰면 됩니다. 여기서 car는 자동차가 아니라 'Companion to Applied Regression'(응용 회귀의 동반자)에서 따온 말입니다.

먼저 car 패키지를 설치한 다음에 아래처럼 쓰면 설명변수별 VIF를 구할 수 있습니다.

```
pacman::p_load(car)

team_batting %>%
  lm(runs ~ avg + obp + slg, data = .) %>%
  vif()
##      avg      obp      slg
## 6.656513 5.309814 3.920278
```

그러나 이렇게 어떤 숫자를 기준으로 무 자르듯 이쪽은 맞고 저쪽은 틀리다고 판정을 내리는 게 별로 옳은 방법이 아니라는 걸 짐작하고 계실 겁니다.

프로야구 팀 타격 데이터에서 타율과 출루율 사이 상관관계 R은 0.896입니다. 그러면 0.900이 넘지 않았으니까 다중공선성 문제로부터 자유롭다고 해야 할까요?

이럴 때는 숫자만 따질 게 아니라 '배경 지식' 또는 '상식'을 활용해 문제에 접근하는 게 옳습니다.

출루율은 기본적으로 '타율 + 나머지'이고, 장타력 역시 '타율 + 나머지'가 기본 구조입니다. 볼넷이나 몸에 맞는 공으로 출루한 경우가 없어도 타율이 올라가면 출루율이 올라갑니다. 또 모든 안타가 전부 단타인 선수도 타율이 올라가면 장타력이 올라갑니다.

따라서 이럴 때는 타율과 나머지 두 변수(출루율, 장타력) 사이에는 다중공선성이 존재한다고 판정하는 게 옳은 일이라고 생각합니다. 다중공선성이 나타나는 변수는 모형을 만들 때 빼버리면 그만입니다.

실제로 타석당 득점을 예측하는 다중 회귀 모형을 만들면서 한 번은 타율을 넣고

```
team_batting %>%
  lm(runs ~ avg + obp + slg, data = .) %>%
  summary()
##
## Call:
## lm(formula = runs ~ avg + obp + slg, data = .)
##
## Residuals:
##       Min       1Q   Median       3Q      Max
## -0.012109 -0.003177 -0.000097  0.003313  0.020481
##
```

69 cran.r-project.org/web/packages/car/index.html

```
## Coefficients:
##             Estimate Std. Error t value Pr(>|t|)
## (Intercept) -0.10527    0.00608 -17.314  < 2e-16 ***
## avg          0.09094    0.04433   2.051   0.0411 *
## obp          0.27791    0.03606   7.707 1.77e-13 ***
## slg          0.26797    0.01393  19.235  < 2e-16 ***
## ---
## Signif. codes:  0 '***' 0.001 '**' 0.01 '*' 0.05 '.' 0.1 ' ' 1
##
## Residual standard error: 0.004773 on 309 degrees of freedom
## Multiple R-squared:  0.9169, Adjusted R-squared:  0.9161 '
## F-statistic:  1137 on 3 and 309 DF,  p-value: < 2.2e-16
```

또 한 번은 타율을 빼 보면

```
team_batting %>%
  lm(runs ~ obp + slg, data = .) %>%
  summary()
##
## Call:
## lm(formula = runs ~ obp + slg, data = .)
##
## Residuals:
##        Min        1Q    Median        3Q       Max
## -0.0111861 -0.0033229 -0.0001307  0.0034160  0.0202559
##
## Coefficients:
##              Estimate Std. Error t value Pr(>|t|)
## (Intercept) -0.103269   0.006032  -17.12   <2e-16 ***
## obp          0.326831   0.027187   12.02   <2e-16 ***
## slg          0.281909   0.012224   23.06   <2e-16 ***
## ---
## Signif. codes:  0 '***' 0.001 '**' 0.01 '*' 0.05 '.' 0.1 ' ' 1
##
## Residual standard error: 0.004797 on 310 degrees of freedom
## Multiple R-squared:  0.9158, Adjusted R-squared:  0.9153
## F-statistic:  1686 on 2 and 310 DF,  p-value: < 2.2e-16
```

R^2 0.9169 vs 0.9158로 모형 성능에 별 차이가 나지 않는다는 사실을 알 수 있습니다. 심지어 타율 옆에 별표 하나가 떴는데도 (95% 신뢰수준에서 통계적으로 유의미한 결과인데도) 그렇습니다.

16.2 회귀계수

타율을 뺀 모형을 바탕으로 우리는 타석당 득점, 출루율, 장타력 관계를 아래와 같은 식으로 표현할 수 있습니다.

$$타석당\ 득점 = 0.327 \times 출루율 + 0.282 \times 장타력 - 0.103$$

이 숫자는 앞 출력 결과 가운데 'Estimate'에서 가져온 겁니다. 이렇게 각 변수 앞에 나타나는 숫자를 '회귀계수(regression coefficient)'라고 부릅니다.

이건 장타력이 똑같을 때 출루율이 어떤 한 단위만큼 올라가면 타석당 득점이 0.327점 늘어난다는 뜻입니다. 마찬가지로 출루율이 똑같을 때 장타력이 한 단위만큼 올라가면 타석당 득점이 0.282점 올라간다는 뜻이기도 합니다. 현재 모형에서 '단위'는 그냥 숫자 1입니다. 출루율과 장타력은 따로 단위가 없는 기록이니까요.

그러면 출루율과 장타력 가운데 어느 쪽이 득점에 끼치는 영향이 더 클까요? 얼핏 보면 출루율 쪽 그래프가 기울기가 더 가팔라서 (0.327 > 0.282) 출루율이라고 생각하기 쉽습니다.

그런데 평균과 표준편차를 계산해 보면 출루율이 장타력보다 평균은 낮고 표준편차도 적은 걸 알 수 있습니다.

```
team_batting %>%
  select(obp, slg) %>%
  pivot_longer(obp:slg) %>%
  group_by(name) %>%
  summarise(mean = mean(value), sd = sd(value))
## # A tibble: 2 x 3
##   name   mean     sd
##   <chr>  <dbl>  <dbl>
## 1 obp    0.341 0.0173
## 2 slg    0.395 0.0384
```

히스토그램으로 보면 두 변수가 어떻게 분포하고 있는지 조금 더 분명하게 알 수 있습니다.

```
team_batting %>%
  select(obp, slg) %>%
  pivot_longer(obp:slg) %>%
  ggplot((aes(x = value, fill = name))) +
  geom_histogram(position = 'identity',
                 binwidth = .01,
                 alpha = .75,
                 color = 'white')
```

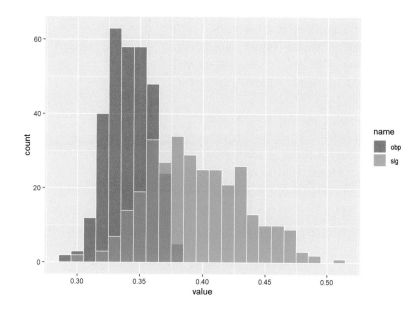

이렇게 평균과 표준편차(=분산)가 차이가 나는 데이터를 비교할 때는 '표준점수(z-점수)'를 쓰면 됩니다. 그렇죠?

표준점수를 계산해 각각 obp_z, slg_z라는 열을 만든 다음에

```
team_batting %>%
  mutate(
    obp_z = (obp - mean(obp)) / sd(obp),
    slg_z = (slg - mean(slg)) / sd(slg),
    .before = g
  ) -> team_batting
```

두 점수를 설명변수로 하는 회귀 모형을 만들어 확인해 보면

```
team_batting %>%
  lm(runs ~ obp_z + slg_z, data = .) %>%
  summary()
##
## Call:
## lm(formula = runs ~ obp_z + slg_z, data = .)
##
## Residuals:
##        Min        1Q     Median        3Q       Max
## -0.0111861 -0.0033229 -0.0001307  0.0034160 0.0202559
##
## Coefficients:
```

```
##              Estimate Std. Error t value Pr(>|t|)
## (Intercept) 0.1196978  0.0002712  441.43   <2e-16 ***
## obp_z       0.0056432  0.0004694   12.02   <2e-16 ***
## slg_z       0.0108260  0.0004694   23.06   <2e-16 ***
## ---
## Signif. codes:  0 '***' 0.001 '**' 0.01 '*' 0.05 '.' 0.1 ' ' 1
##
## Residual standard error: 0.004797 on 310 degrees of freedom
## Multiple R-squared:  0.9158,  Adjusted R-squared:  0.9153
## F-statistic:  1686 on 2 and 310 DF,  p-value: < 2.2e-16
```

갑자기 장타력(0.0108260)쪽 회귀계수가 출루율(0.0056432) 보다 2배 가까이 크게 나타납니다. 그러면서도 모형 전체 R^2는 변화가 없습니다.

그러니까 분포 양상을 고려하면 장타력이 득점에 더욱 중요한 기록이었던 겁니다.

이렇게 일일이 표준화 작업을 거치지 않고도 vip 패키지[70]에 들어 있는 vi() 함수를 활용하면 어떤 변수가 중요한지 간단하게 확인할 수 있습니다.

먼저 vip 패키지를 설치한 다음 모형 끝에 vi() 함수를 더하기만 하면 어떤 변수가 얼마나 중요한지 나타납니다.

```
pacman::p_load(vip)

team_batting %>%
  lm(runs ~ obp + slg, data = .) %>%
  vi()
## # A tibble: 2 x 3
##   Variable Importance Sign
##   <chr>         <dbl> <chr>
## 1 slg            23.1 POS
## 2 obp            12.0 POS
```

Sign에 나온 POS는 'Positive'를 줄인 말입니다. 이 설명변수가 늘어나면 응답변수도 같이 늘어난다는 뜻입니다. 거꾸로 NEG(Negative)도 있습니다.

사실 이 패키지 이름 vip는 'Variable Importance Plots'를 줄인 말입니다. vip() 함수를 쓰면 중요도 차이를 그래프로 확인할 수 있습니다. 레이블까지 표시하고 싶을 때는 'geom_text(aes(label = Importance))'를 추가하면 됩니다.

```
team_batting %>%
  lm(runs ~ obp + slg, data = .) %>%
  vip() +
  geom_text(aes(label = Importance))
```

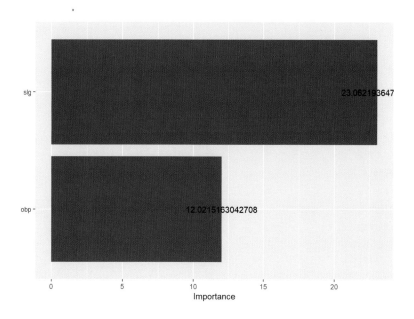

16.3 다중 회귀분석 with parsnip

이번 장을 시작하고 지금까지는 일부러 'R 표준어'에 있는 함수로만 회귀분석을 진행했습니다. 이제부터는 진짜 tidymodels 스타일로 회귀분석을 진행하는 코드를 써보겠습니다. 조금 더 정확하게는 parsnip 스타일입니다. parsnip 패키지 역시 tidymodels 핵심 패키지 중 하나입니다.

> 파스닙(parsnip)은 한국어로 '설탕당근'이라고 부르는 채소입니다. 이 패키지에 이런 이름이 붙은 건 R에 이미 복잡한 통계 모형을 만들 때 도움을 받을 수 있는 'caret'(Classification And REgression Training)'이라는 패키지가 있었기 때문입니다. caret은 carrot(당근)과 똑같은 소리로 읽습니다.

R을 쓰다 보면 똑같은 통계 모형을 만드는 함수를 패키지마다 서로 다른 이름으로 부른다는 사실을 알 수 있습니다. 문제는 함수 이름만 다른 게 아니라 똑같은 옵션을 줄 때 사용하는 인수 이름도 다르다는 점입니다. 함수마다 문법을 새로 배워야 하는 겁니다.

parsnip 패키지를 쓰면 패키지에 관계없이 똑같은 문법으로 같은 모형을 만들 수 있습니다. 물론 같은 데이터로 다른 모형을 만드는 작업도 가능합니다.

우리는 선형 회귀분석 모형을 만드는 중이니까 일단 linear_reg()라는 함수로 시작합니다.[71] 그리고 지금까지 사용한 lm을 '엔진'으로 지정합니다.

```
linear_reg() %>%
  set_engine(engine = 'lm')
## Linear Regression Model Specification (regression)
##
## Computational engine: lm
```

이렇게 코드를 쓰면 그냥 모델을 어떻게 '선언'했는지만 표시합니다. 모형별로 어떤 엔진을 지정할 수 있는지 알아보고 싶으면 show_engines() 함수를 쓰면 됩니다.

```
show_engines('linear_reg')
## # A tibble: 5 x 2
##   engine mode
##   <chr>  <chr>
## 1 lm     regression
## 2 glmnet regression
## 3 stan   regression
## 4 spark  regression
## 5 keras  regression
```

이어서 fit() 함수 안에 어떤 모형을 만들 것인지를 써줍니다. 지금까지 lm() 함수 안에 썼던 것과 똑같이 쓰면 됩니다.

```
linear_reg() %>%
  set_engine(engine = 'lm') %>%
  fit(runs ~ obp + slg,
      data = team_batting)
## parsnip model object
##
## Fit time:  0ms
##
## Call:
## stats::lm(formula = runs ~ obp + slg, data = data)
##
## Coefficients:
## (Intercept)         obp          slg
##     -0.1033      0.3268       0.2819
```

---

71 parsnip 패키지로 어떤 모형을 만들 수 있는지 궁금하신 분은 www.tidymodels.org/find/parsnip/을 참고하면 됩니다.

지금까지 많이 보던 결과가 나왔습니다. 이 뒤에 summary()를 붙여도 좋고 아니면 tidy(), glance(), aug-ment() 같은 함수를 활용해도 좋습니다.

```
linear_reg() %>%
  set_engine(engine = 'lm') %>%
  fit(runs ~ obp + slg,
      data = team_batting) %>%
  tidy()
## # A tibble: 3 x 5
##   term         estimate std.error statistic  p.value
##   <chr>           <dbl>     <dbl>     <dbl>    <dbl>
## 1 (Intercept)    -0.103   0.00603     -17.1 1.04e-46
## 2 obp             0.327   0.0272       12.0 1.39e-27
## 3 slg             0.282   0.0122       23.1 3.19e-69
```

이제 감을 잡으셨을 줄로 믿고, 재미있는 걸 한 번 해보겠습니다.

16.4 과적합

회귀분석 모형을 만들다 보면 '과적합'(over-fitting)이라는 문제를 마주할 때가 있습니다. 과적합은 통계 모형이 현재 바로 그 데이터를 설명하는 데만 너무 초점을 맞추다 보니 새로운 데이터가 들어왔을 때는 힘을 쓰지 못하는 상태를 가리킵니다.

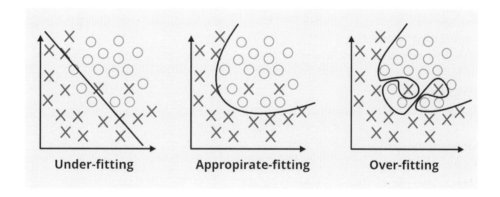

어떤 모형이 과적합 상태인지 아닌지는 데이터를 '쪼개서' 모형을 돌려 보면 됩니다.

initial_split()이라는 함수를 쓰면 데이터를 자동으로 나눌 수가 있습니다. 한 번 나눠 보겠습니다.

```
team_batting %>%
  initial_split() -> team_batting_split

team_batting_split
## <Analysis/Assess/Total>
## <235/78/313>
```

이 함수로 만든 새로운 객체 안에는 그저 데이터를 어떤 비율로 나누겠다는 내용만 들어 있습니다. 전체 데이터가 313개 중 235개를 분석(analysis)에 쓰고, 나머지 78개를 평가(assess)에 쓰겠다는 뜻입니다.

235개는 313개 중 약 75%(4분의 3)에 해당합니다. initial_split()에 별다른 옵션을 주지 않으면 이렇게 3 대 1로 데이터를 나눕니다. 이 비율을 바꾸고 싶을 때는 'prop = 비율' 옵션을 주면 됩니다.

```
team_batting %>%
  initial_split(prop = .7) -> team_batting_split

team_batting_split
## <Analysis/Assess/Total>
## <220/93/313>
```

그러면 이번에는 분석용 데이터가 220개(70.3%)로 줄어든 건 확인할 수 있습니다.

실제로 데이터를 나누는 작업은 traininig(), testing() 함수가 담당합니다. 두 함수로 데이터를 나누고 확인해 보면 이번에는 실제로 데이터를 나눴다는 사실을 알 수 있습니다.

```
team_batting_split %>%
  training() -> team_batting_training

team_batting_split %>%
  testing() -> team_batting_testing

team_batting_training
## # A tibble: 220 x 28
##    team   year  obp_z  slg_z     g batters   tpa    ab     h   X2b   X3b    hr
##    <chr> <int>  <dbl>  <dbl> <int>   <int> <int> <int> <int> <int> <int> <int>
## 1 롯데   1982  0.171 -0.591    80     863  3062  2628   674   112     8    59
## 2 삼미   1982 -2.17  -1.32     80     867  2954  2653   637   117    20    40
## 3 해태   1982 -0.762  0.320    80     873  2990  2665   696   110    14    84
## 4 OB     1982  0.468  0.447    80     930  3098  2745   778   137    23    57
## 5 해태   1984 -1.43  -0.780   100    1081  3728  3321   822   143    10    76

team_batting_testing
## # A tibble: 93 x 28
##    team   year   obp_z   slg_z      g batters   tpa    ab     h   X2b   X3b    hr
```

```
##      <chr> <int>   <dbl>    <dbl> <int>   <int> <int> <int> <int> <int> <int> <int>
## 1 삼성    1982  0.336  -0.0802    80     887  3043  2647   705   126    18    57
## 2 MBC     1982  0.737   0.373     80     952  3061  2686   757   124    12    65
## 3 삼미    1983 -1.70   -1.33     100    1046  3738  3317   814   113    14    62
## 4 해태    1983 -0.561  -0.265    100    1124  3734  3340   892   130    15    78
## 5 OB      1983 -0.992  -0.853    100    1156  3766  3330   863   142    26    50
```

이제 앞에서 썼던 것처럼 모형을 만듭니다. 연습용(training) 데이터를 써야겠죠?

```
linear_reg() %>%
  set_engine(engine = 'lm') %>%
  fit(runs ~ obp + slg,
      data = team_batting_training) -> team_batting_fit
```

predict() 함수를 쓰면 이 모형을 토대로 예상한 결과를 확인할 수 있습니다. 이번에는 시험용(testing) 데이터를 가지고 예상을 해보도록 하겠습니다.

```
team_batting_fit %>%
  predict(new_data = team_batting_testing)
## # A tibble: 93 x 1
##     .pred
##     <dbl>
## 1 0.121
## 2 0.128
## 3 0.0959
## 4 0.114
## 5 0.105
```

그냥 예상 결과만 나와 있으니 뭐가 뭔지 알기가 어렵습니다. 실제 결과는 team_batting_testing$runs에 들어 있으니까 붙여 넣어 봅니다.

```
team_batting_fit %>%
  predict(new_data = team_batting_testing) %>%
  mutate(truth = team_batting_testing$runs)
## # A tibble: 93 x 2
##     .pred  truth
##     <dbl>  <dbl>
## 1 0.121  0.141
## 2 0.128  0.137
## 3 0.0959 0.0923
## 4 0.114  0.113
## 5 0.105  0.111
```

예상 결과와 실제 결과가 얼마나 차이가 나는지는 평균 제곱근 편차(RMSE)를 계산하면 알 수 있습니다. 15.8 절에서는 이 값을 직접 계산했지만 사실 rmse() 함수를 쓰면 됩니다. rmse() 함수는 rmse(truth = 실제 결과, estimate = 예상치) 형태로 씁니다. 앞에서 왜 실제 결과를 truth라는 열 이름으로 붙여 넣었는지 알겠죠?

```
team_batting_fit %>%
  predict(new_data = team_batting_testing) %>%
  mutate(truth = team_batting_testing$runs) %>%
  rmse(truth = truth, estimate = .pred)
## # A tibble: 1 x 3
##   .metric .estimator .estimate
##   <chr>   <chr>          <dbl>
## 1 rmse    standard     0.00567
```

이 결과만 가지고는 모델이 과적합 상태인지 아닌지 알 수 없습니다. 연습용 데이터로 똑같은 작업을 진행해 봅니다.

```
team_batting_fit %>%
  predict(new_data = team_batting_training) %>%
  mutate(truth = team_batting_training$runs) %>%
  rmse(truth = truth, estimate = .pred)
## # A tibble: 1 x 3
##   .metric .estimator .estimate
##   <chr>   <chr>          <dbl>
## 1 rmse    standard     0.00436
```

시험용 데이터를 사용한 쪽이 RMSE가 줄었습니다. 이 정도면 이 모형을 계속 사용해도 좋다고 결론을 내릴 수 있습니다.

지금 우리가 진행한 작업이 무슨 뜻인지 전혀 감을 잡지 못한 분도 있을 겁니다. 여러분은 지금 막 생애 첫 '머신러닝' 작업을 끝내셨습니다.

사실 선형 회귀는 초보자가 머신러닝을 배울 때 좋은 알고리즘으로 손꼽힙니다. 어떤 머신러닝 알고리즘을 활용해서 작업을 진행하든지 기본적인 프로세스는 위에서 우리가 진행한 것과 크게 차이가 나지 않습니다.

그러니까 △데이터를 연습용과 시험용으로 나누고 △모형을 만들어 연습용에 먼저 적용해 본 다음 △이 모형이 새로운 데이터(시험용 데이터)에도 잘 맞아 떨어지는지 알아보는 방식입니다.

16.5 조절변수 '*'

지금까지 우리가 다룬 팀 타격 데이터에서 출루율과 장타력은 모두 설명변수였습니다. 그런데 경우에 따라서는 조절변수(moderating variable)를 써서 다중 회귀분석을 진행해야 할 때도 있습니다.

학문적으로 조절변수는 '설명변수에 대한 영향력의 강도와 방향에 영향을 주는 변수'라고 정의합니다. 말이 어렵습니다. 예를 들면 더 이해가 수월할지 모릅니다. '프로 스포츠 구단 고객 만족도에 성별이 어떤 영향을 끼치는가?'라는 주제로 연구를 진행한다고 하면 이때 조절변수는 '성별'입니다.

이번 절에서는 프로배구 경기에서 남녀부에 따라 서브 리시브 효율이 세트 승률에 어떤 영향을 끼치는지 알아보겠습니다. 일단 2015~2016 시즌부터 2019~2020 시즌까지 5세트 경기 결과를 제외하고 각 팀 기록이 들어 있는 'kovo_sets_results.csv' 파일부터 불러오겠습니다.

```
'kovo_sets_results.csv' %>%
  read.csv() %>%
  as_tibble() -> kovo_sets_results

kovo_sets_results
## # A tibble: 65 x 11
##    season 남녀부 플레이팀   세트   승리   승률 세트당_서브 리시브_효율 공격_효율
##    <int> <chr> <chr>     <int> <int> <dbl>       <dbl>       <dbl>     <dbl>
## 1   1516 남    KB손해보험~  130    42 0.323        1.04       0.444     0.317
## 2   1516 남    OK저축은행~  127    79 0.622        1.67       0.497     0.374
## 3   1516 남    대한항공    127    73 0.575        1.09       0.520     0.371
## 4   1516 남    삼성화재    131    72 0.550        1.39       0.482     0.358
## 5   1516 남    우리카드    128    35 0.273       0.781       0.421     0.159
```

배구에서 1~4세트는 기본적으로 25점을 먼저 따는 팀이 이깁니다. 그런데 5세트는 '타이 브레이킹'(tie-breaking) 세트라 15점만 먼저 따면 이깁니다. 이런 차이 때문에 5세트 경기 결과를 전부 제외한 겁니다.

현재 그냥 문자형인 남녀부를 팩터형으로 바꿔주는 게 좋습니다. 그 작업을 먼저 진행합니다.

```
kovo_sets_results %>%
  mutate(남녀부 = as_factor(남녀부)) -> kovo_sets_results
```

이어서 남녀부에 따라 서브 리시브 효율과 승률 사이 관계가 어떻게 다른지 그래프를 그려서 확인해 보겠습니다. 제일 먼저 서브 리시브를 선택한 이유는 프로배구 감독이나 TV 중계 해설자 모두 '리시브가 흔들려서 졌다'는 이야기를 제일 많이 하기 때문입니다.

```
kovo_sets_results %>%
  ggplot(aes(x = 리시브_효율, y = 승률, color = 남녀부)) +
  geom_point() +
  geom_smooth(method = 'lm', se = FALSE)
```

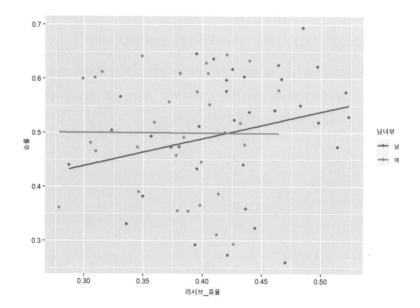

얼핏 보기에 남자부(붉은 색)는 그래도 서브 리시브 효율과 승률 사이에 어떤 관계가 있을지도 모르겠다는 느낌적인 느낌이 들지만, 여자부는 수평선에 가까운 형태로 나타납니다. 남녀부에 따라 추세선 시작점과 끝점이 다른 건 기록이 나타나는 범위가 다르기 때문입니다.

자, 그럼 실제로 회귀 모형을 만들어 보겠습니다. R에서 조절변수는 더하기(+)가 아니라 곱하기(*)로 연결한다는 점만 주의하면 나머지는 다를 게 없습니다.

```
linear_reg() %>%
  set_engine(engine = 'lm') %>%
  fit(승률 ~ 리시브_효율 * 남녀부,
      data = kovo_sets_results) %>%
  tidy()
## # A tibble: 4 x 5
##   term             estimate std.error statistic p.value
##   <chr>               <dbl>     <dbl>     <dbl>   <dbl>
## 1 (Intercept)         0.289     0.139      2.09  0.0410
## 2 리시브_효율          0.498     0.324      1.54  0.129
## 3 남녀부여            0.215     0.215      1.00  0.321
## 4 리시브_효율:남녀부여 -0.511    0.540     -0.946  0.348
```

이 결과를 해석할 때는 주의가 필요합니다. 가나다 순서에 따라 성별에서는 '남'이 '여'보다 먼저입니다. 따라서 맨 처음에 나오는 두 행은 전부 남자부 기록입니다. 따라서 남자부 승률은 아래처럼 쓸 수 있습니다.

$$남자부\ 승률 = 0.498 \times 서브\ 리시브\ 효율 + 0.289$$

그 아래 두 행은 '차이'를 나타냅니다. 세 번째 행에 나온 '남녀부여'는 여자부 절편(intercept)을 뜻합니다. 그러니까 여자부 절편(intercept)은 0.289와 0.215 차이가 납니다. 따라서 여자부 절편은 0.504(= 0.289 + 0.215)가 됩니다. 마찬가지로 여자부 기울기는 0.498 − 0.511 = − 0.013이 됩니다. 그러면 여자부 승률은 이렇게 쓸 수 있습니다.

$$여자부\ 승률 = -0.013 \times 서브\ 리시브\ 효율 + 0.504$$

회귀식을 어떻게 쓰는지 연습을 해보려고 이 모형을 선택했지만 남녀부 모두 95% 신뢰수준에서 서브 리시브 효율이 승률에 영향을 끼친다고 하기는 어렵습니다. 여자부 기록을 가지고 그래프 기울기를 검정해 보면 이렇게 붉은 결과가 나타납니다.

```
kovo_sets_results %>%
  filter(남녀부 == '여') %>%
  specify(승률 ~ 리시브_효율) %>%
  hypothesize(null = 'independence') %>%
  generate(1000, type = 'permute') %>%
  calculate(stat = 'slope') %>%
  visualize() +
  shade_p_value(obs_stat = -.013, direction = 'two-sided')
```

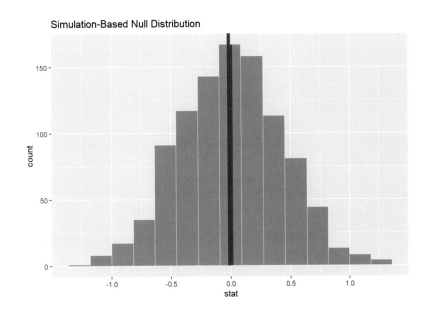

16.6 심슨 역설 주의

서브 리시브가 아니라면 어떤 기록이 배구 승률에 영향을 끼칠까요? 남자부 데이터로 알아보겠습니다.

일단 이 데이터에서는 △세트당 서브 득점 △서브 리시브 효율 △공격 효율 △세트당 블로킹 성공 △세트당 디그 성공 등 다섯 가지 항목을 설명변수로 활용할 수 있습니다. 먼저 이 변수를 전부 투입해 회귀 모형을 만들어 봅니다.

```
linear_reg() %>%
  set_engine(engine = 'lm') %>%
  fit(승률 ~ 세트당_서브 + 리시브_효율 + 공격_효율 + 세트당_블로킹 + 세트당_디그,
      data = kovo_sets_results %>% filter(남녀부 == '남')) %>%
  tidy()
## # A tibble: 6 x 5
##   term          estimate std.error statistic  p.value
##   <chr>            <dbl>     <dbl>     <dbl>    <dbl>
## 1 (Intercept)     -0.734    0.136     -5.39  0.00000859
## 2 세트당_서브       0.106    0.0274     3.87  0.000563
## 3 리시브_효율      0.0965    0.134      0.722 0.476
## 4 공격_효율         1.26     0.206      6.12  0.00000114
## 5 세트당_블로킹     0.163    0.0269     6.07  0.00000130
## 6 세트당_디그      0.0267    0.0113     2.37  0.0247
```

앞서 확인한 것처럼 서브 리시브 효율은 95% 신뢰수준에서 유의미한 변수라고 보기 어려우니 뺍니다.

```
linear_reg() %>%
  set_engine(engine = 'lm') %>%
  fit(승률 ~ 세트당_서브 + 공격_효율 + 세트당_블로킹 + 세트당_디그,
      data = kovo_sets_results %>% filter(남녀부 == '남')) %>%
  tidy()
## # A tibble: 5 x 5
##   term          estimate std.error statistic  p.value
##   <chr>            <dbl>     <dbl>     <dbl>    <dbl>
## 1 (Intercept)     -0.709    0.131     -5.43  0.00000695
## 2 세트당_서브       0.101    0.0264     3.84  0.000586
## 3 공격_효율         1.29     0.199      6.49  0.000000354
## 4 세트당_블로킹     0.167    0.0262     6.36  0.000000506
## 5 세트당_디그      0.0269    0.0112     2.41  0.0224
```

그러면 일단 모든 변수가 95% 신뢰수준에서 유의미한 결과를 나타냅니다.

이제 vi() 함수를 쓰면 어떤 변수가 승률에 가장 큰 영향을 끼치는지 알 수 있습니다.

```
linear_reg() %>%
  set_engine(engine = 'lm') %>%
  fit(승률 ~ 세트당_서브 + 공격_효율 + 세트당_블로킹 + 세트당_디그,
      data = kovo_sets_results %>% filter(남녀부 == '남')) %>%
  vi()


## # A tibble: 4 x 3
##   Variable      Importance Sign
##   <chr>              <dbl> <chr>
## 1 공격_효율           6.49 POS
## 2 세트당_블로킹        6.36 POS
## 3 세트당_서브          3.84 POS
## 4 세트당_디그          2.41 POS
```

프로배구 남자부 경기에서는 공격 효율이 제일 중요하고 그와 거의 비슷한 수준으로 세트당 블로킹 성공이 중요하다는 사실을 알 수 있습니다.

여자부는 어떨까요? 그냥 filter() 부분을 filter(남녀부 == '여')로 바꾸기만 하면 됩니다.

```
linear_reg() %>%
  set_engine(engine = 'lm') %>%
  fit(승률 ~ 세트당_서브 + 리시브_효율 + 공격_효율 + 세트당_블로킹 + 세트당_디그,
      data = kovo_sets_results %>% filter(남녀부 == '여')) %>%
  tidy()
## # A tibble: 6 x 5
##   term         estimate std.error statistic   p.value
##   <chr>           <dbl>     <dbl>     <dbl>     <dbl>
## 1 (Intercept)    -0.951     0.354     -2.69    0.0129
## 2 세트당_서브     0.128     0.115      1.11    0.277
## 3 리시브_효율   -0.0436     0.288     -0.151   0.881
## 4 공격_효율       3.01      0.573      5.25    0.0000222
## 5 세트당_블로킹   0.0787    0.0399     1.97    0.0604
## 6 세트당_디그     0.0179    0.0116     1.54    0.136
```

같은 신뢰수준에서 유의미하게 나타나는 기록이 공격 효율밖에 없습니다.

그렇다고 아직 여자부에서는 공격 효율만 중요하다고 결론을 내리기에는 이릅니다. '심슨 역설'이라고 부르는 현상 때문입니다.

영국 통계학자 에드워드 심슨(1922~2019)이 정리한 이 역설은 전체 통계가 부분 통계와 서로 맞지 않을 때가 적지 않다는 의미입니다.

예컨대 오른손 투수와 왼손 투수를 상대로 다음과 같은 기록을 남긴 타자 A와 B가 있다고 가정해 보겠습니다.

구분	타자A			타자B		
상대	안타	타수	타율	안타	타수	타율
vs 오른손	46	201	.229	59	251	.235
vs 왼손	71	251	.283	33	109	.303
vs 전체	117	452	.259	92	360	.256

그러면 타자 A가 오른손과 왼손 상대 타율이 전부 타자 B보다 낮지만 두 기록을 합치면 타자 A가 타율이 더 높습니다. 이런 상황이 바로 심슨 역설에 해당합니다.

같은 이유로 세트 단위로 보면 서브 리시브 효율이 높은 팀이 유리한데 이 결과를 모두 합치면 서브 리시브 효율이 승률과 무관한 것처럼 나올 수도 있습니다. 데이터를 나누거나 결합할 때 조심해야 하는 점입니다.

Chapter **17**

진짜 어떤 배구 기록이
승리를 제일 잘 설명할까?

17.1 오즈(odds), 로짓(logit)

17.2 glm()

17.3 로지스틱 회귀 with parsnip

17.4 ROC 곡선

> "어쩌다 오발탄 같은 손님이 걸렸어. 자기 갈 곳도 모르게."
>
> – 이범선 '오발탄' –

8.9절에서 우리는 이항분포를 활용해 '프로야구 팀 롯데 자이언츠가 '가을 야구'에 진출할 확률은?' 같은 문제에 해답을 구하는 방법을 알아봤습니다. 이때 우리는 △프로야구 한 시즌은 144경기다 △롯데는 시즌 첫 44경기를 22승 22패로 마쳤다 △가을 야구 진출 마지노선인 5위 팀은 평균 73승을 기록했다고 가정했습니다.

이번 장은 마지막 조건만 바꿔서 '롯데가 n승을 기록했을 때 가을 야구에 진출할 확률은?'이라는 질문에 답을 찾아보는 간단 시뮬레이션을 진행해 보는 걸로 시작해 보겠습니다. 일단 tidyverse, tidymodels 패키지를 불러오고 시드 지정부터 해야겠죠?

```
pacman::p_load(tidyverse, tidymodels)

set.seed(1234)
```

시뮬레이션은 이런 단계로 진행합니다.

1. 먼저 이항분포를 따르는 난수를 1만 개 발생해 현재 승률 0.500인 롯데가 남은 100경기에서 이 정도 승수를 추가할 수 있다고 가정합니다. 그다음 이미 기록 중인 22승에 새로운 거둔 승수를 추가해 최종 승률을 계산합니다.

2. 프로야구가 10개 구단 체제를 갖춘 2015년 이후 2020년까지 6년 동안 프로야구 5위 팀은 승률 0.468~0.559 사이를 기록했습니다. 이 사이를 0.010 간격으로 나눈 다음 샘플링을 통해 가상의 5위 팀 승률을 하나 만듭니다. 롯데 예상 승률이 이 가상 마지노선과 비교했을 때 같거나 크면 롯데는 가을 야구에 진출할 수 있다고 할 수 있습니다. '진출_성공' 열을 만들어 진출했을 때는 1, 진출하지 못했을 때는 0을 지정합니다.

이렇게 10,000번 시뮬레이션을 진행한 결과를 lotte_simulation이라는 객체에 넣겠습니다.

```
tibble(
  추가_승수 = rbinom(100000, 100, .5),
  예상_승률 = (추가_승수 + 22) / 144,
```

```
    마지노선 = sample(seq(.486, .559, .010), 100000, replace = TRUE),
    진출_성공 = if_else(예상_승률 >= 마지노선, 1, 0)
) -> lotte_simulation
```

group_by(), summarise() 콤보를 활용하면 추가 승수에 따라 가을 야구 진출 확률이 어떻게 달라지는지 계산할 수 있습니다. 그래프를 그리는 작업까지 한 번에 진행합니다.

```
lotte_simulation %>%
  group_by(추가_승수) %>%
  summarise(
    전체_횟수 = n(),
    진출_성공 = sum(진출_성공),
    진출_확률 =  진출_성공 / 전체_횟수,
    .groups = 'drop'
  ) %>%
  ggplot(aes(x = 추가_승수, y = 진출_확률)) +
  geom_line()
```

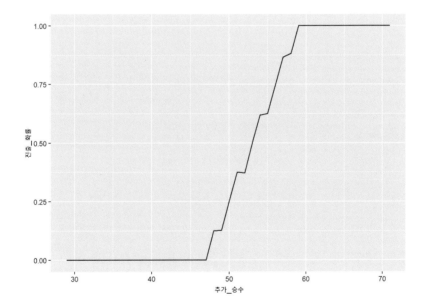

이 그래프를 보면 47승을 추가할 때까지는 계속 가을 야구 진출에 실패하다가 그 뒤로는 진출 확률이 올라가는 추세가 나타난다는 사실을 확인할 수 있습니다. 59승 이상을 거두면 100% 가을 야구에 진출할 수 있습니다.

8.9절에서 설명한 것처럼 사실 이 시뮬레이션은 동전을 100번 던지는 것과 똑같은 내용입니다. 동전을 100번 던져서 앞 면이 한 번이라도 더 나오면 이기는 게임이 있다고 가정해 보겠습니다. 이 게임을 10만 번 반복할 때 앞면이 나오는 횟수에 따라 이 게임에서 이길 확률을 계산해 그래프로 그리는 코드는 다음처럼 쓰면 됩니다.

```
tibble(
  x = rbinom(100000, 100, .5),
  y = rbinom(100000, 100, .5),
  z = if_else(x > y, 1, 0)
) %>%
  group_by(x) %>%
  summarise(
    n = n(),
    z = sum(z),
    p = z / n,
    .groups = 'drop'
  ) %>%
  ggplot(aes(x = x, y = p)) +
  geom_line() +
  geom_hline(yintercept = .5, linetype = 'dotted')
```

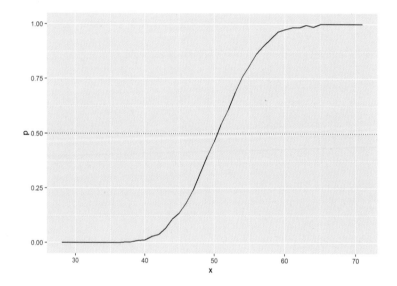

선이 훨씬 매끄럽게 나왔습니다. 뭔가 점점 그럴 듯한 결과가 나오는 것 같지 않나요?

이 시뮬레이션 결과를 응용하면 예상 승률이 0.500 미만이면 '실패', 그 이상이면 '성공'이라고 '분류'하는 통계 모형을 만들 수 있습니다. 이렇게 어떤 계산 결과에 따라 그룹을 나눠주는 방법을 데이터 과학에서는 '로지스틱(logistic) 회귀분석'이라고 부릅니다.

17.1 오즈(odds), 로짓(logit)

로지스틱 회귀 모형을 만드는 첫 단계는 '오즈(odds)'를 계산하는 겁니다. 해외 축구를 즐겨 보거나 체육진흥투표권(스포츠토토)에 관심이 있는 분이라면 '아, 그 오즈!'하고 생각하실지 모릅니다. 이때 오즈는 배당률 계산에 나오는 그 오즈입니다. 잠깐 실제 사례를 볼까요?

> *"주요 베팅업체인 래드브룩스의 경우 한국의 2-0 승리 배당률은 100/1이다. 반면 독일이 7-0으로*
> *이기는 경우 배당률은 80/1로 더 낮다."*

이 문장은 2018 국제축구연맹(FIFA) 월드컵을 앞두고 나온 신문 기사에서 가져왔습니다. 7.6절에서 살펴본 것처럼 한국 대표팀은 이 경기에서 승리를 거두면서 FIFA 월드컵 본선에서 FIFA 랭킹 1위를 꺾은 가장 랭킹이 낮은 나라가 됐습니다. 그렇다는 건 스포츠 도박 세계에서는 한국이 이길 확률을 높게 평가하지 않았다는 뜻일 겁니다.

승리 배당률이 100/1이라는 건 한국이 정말 2-0으로 이겼을 때 1달러를 건 사람은 100달러를 받아간다는 뜻입니다. 이는 이 베팅 참가자 사이에서는 한국이 2-0으로 이길 확률을 약 0.99%(= 1 / 101)로 보고 있었다는 의미입니다. 같은 방식으로 계산하면 7-0 독일 승리 확률은 약 1.23%(= 1 / 81)이 됩니다. 아직도 감을 못 잡은 분들도 있을 테니 하나 더 설명해 보겠습니다. 만약 배당률이 80/3이었다면 예상 승률은 약 3.61%(= 3 / 83)이었을 겁니다. 80/4라면 약 4.76%(= 4 / 84)가 됩니다.

여기서 괄호 안에 등장한 분수가 바로 '오즈'입니다. '승산(勝算)'이라고 쓰기도 하는 오즈는 어떤 일이 발생할 확률을 p라고 할 때 아래 같은 공식을 통해 계산할 수 있습니다.

$$오즈 = \frac{p}{1-p}$$

좀 이상하지 않으십니까? 이미 확률이 있는데 굳이 오즈를 계산할 필요가 있을까 싶지만, 실생활에서는 오즈가 훨씬 도움이 될 때가 많습니다. '저 투수는 빠른 공과 커브를 3 대 1로 섞어 던진다'고 할 때 '3 대 1'이 바로 오즈에 해당하는 표현입니다.

그러면 '빠른 공과 커브를 3 대 1로 섞어 던지는 투수 A'와 '빠른 공과 슬라이더를 4 대 1로 섞어 던지는 투수 B'가 있을 때 투수 A는 B보다 빠른 공 비중이 얼마나 높다고 할 수 있을까요? 아래처럼 간단하게 계산하면 됩니다.

$$\frac{\dfrac{1}{3+1}}{\dfrac{1}{4+1}} = 1.25$$

이렇게 오즈가 두 개 있을 때 그 비율을 계산한 결과를 '오즈 비율' 그러니까 '오즈비(比)'라고 부릅니다. 오즈비에는 재미있는 특징이 하나 있습니다. 어떤 특징인지 시뮬레이션을 통해 알아보겠습니다.

0과 1 사이에서 난수 100개를 각각 발생해 1만(= 100 × 100)행짜리 데이터를 만듭니다. 그리고 나서 각각 오즈와 오즈비를 계산합니다. 로그 함수에 이 값을 넣은 다음에 히스토그램을 그리면

```
crossing(
  x = runif(100, 0, 1),
  y = runif(100, 0, 1)
) %>%
  mutate(
    odds_x = x / (1 - x),
    odds_y = y / (1 - y),
    odds_ratio = odds_x / odds_y,
    logit = log(odds_ratio)
  ) %>%
  ggplot(aes(x = logit)) +
  geom_histogram(bins = 30, fill = 'gray75', color = 'white')
```

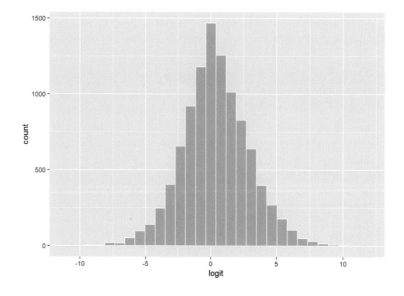

너무도 친숙한 모양이 나타납니다. 오즈비에 로그 함수를 적용한 값 그러니까 로짓(logit)이 의미가 있는 건 이렇게 어떤 두 확률의 비율 차이를 정규분포와 연결하기 때문입니다.

사칙연산 수준을 넘어가기에 여기서는 따로 설명해 드리지 않지만, 그 변환 과정을 거치면 로짓 함수는 이렇게 정리할 수 있습니다.

$$g(x) = \frac{e^x}{1 + e^x}$$

느닷없이 e라는 문자가 나와서 당황한 분이 있을 겁니다. 파이(π)가 3.14로 시작하는 숫자인 것처럼 '자연로그의 밑'에 해당하는 e 역시 2.71로 시작하는 숫자입니다.

보기만 해도 어지러운 이 수식이 바로 '로지스틱 함수'입니다. −10~10 사이를 0.1 간격으로 나눈 다음 각 값을 이 함수에 넣어서 그래프를 그리면 다음과 같은 모양이 나옵니다.

```
tibble(
  x = seq(-10, 10, .1),
  y = exp(x) / (1 + exp(x))
) %>%
  ggplot(aes(x = x, y = y)) +
  geom_line()
```

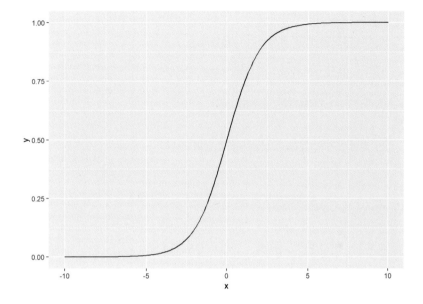

로지스틱 회귀 분석이 무엇인지 이제 감을 잡으셨겠죠? 이제부터는 앞 장 마지막 부분에서 던진 질문에 답을 해보겠습니다.

17.2 glm()

이번에는 'kovo_set_by_set.csv' 파일을 가지고 작업을 진행합니다.

앞 장에서 쓴 'kovo_sets_results.csv' 파일이 시즌별로 기록을 정리한 형태라면 이 파일에는 매 세트 결과가 들어 있습니다. (이번에도 같은 이유로 5세트 내용은 제외했습니다.)

```
'kovo_set_by_set.csv' %>%
  read.csv() %>%
  as_tibble() -> kovo_sets

kovo_sets
## # A tibble: 7,620 x 50
```

```
##      시즌 남녀부 세트_id 플레이팀   득점 블로킹  디그 리시브효율 서브효율⁶⁶ 공격효율
##    <int> <chr>  <chr>  <chr>    <int> <int> <int>    <dbl>    <dbl>    <dbl>
## 1  1516 남     1-1    OK저축은행~   25     3    11    0.591    0.333    0.258
## 2  1516 남     1-1    삼성화재     21     4     8    0.333    0.591    0.125
## 3  1516 남     1-2    OK저축은행~   28     4    10    0.708     0.64    0.323
## 4  1516 남     1-2    삼성화재     26     5     9     0.64    0.708    0.156
## 5  1516 남     1-3    OK저축은행~   23     2     7    0.783     0.85      0.4
```

다른 열은 괜찮은데 '승리'를 0, 1로 구분해 놓은 건 정수형(int)이 아니라 팩터니까 이 부분을 바꿔줘야 합니다. (팩터형으로 바꿔주지 않으면 에러 메시지가 나옵니다.)

```
kovo_sets %>%
  mutate(승리 = 승리 %>% as_factor()) -> kovo_sets
```

그리고 남자부 결과만 뽑아서 kovo_set_male 객체에 넣어줍니다.

```
kovo_sets %>%
  filter(남녀부 == '남') -> kovo_set_male
```

R에서 로지스틱 회귀분석에 가장 많이 사용하는 함수는 glm()입니다. glm은 '일반화 선형 모형(Generalized Linear Model)'을 만드는 함수입니다. 로지스틱 회귀분석 모형 역시 일반화 선형 모형 중 하나입니다.

로지스틱 회귀분석을 진행하고 싶을 때는 glm() 함수 안에 family = binomial 옵션만 주면 됩니다. binomial 은 이항분포 할 때 이항(二項)이라는 뜻입니다. 나머지는 lm()과 같습니다.

tidy() 함수로 모형을 들여다 보면 서브 리시브 효율을 비롯해 우리가 투입한 다섯 가지 변수 모두 95% 신뢰 수준에서 유의미한 결과를 나타낸다는 사실을 알 수 있습니다.

```
kovo_set_male %>%
  glm(승리 ~ 서브효율 + 리시브효율 + 공격효율 + 블로킹 + 디그,
      family = binomial,
      data = .) %>%
  tidy()
## # A tibble: 6 x 5
##   term        estimate std.error statistic  p.value
##   <chr>          <dbl>     <dbl>     <dbl>    <dbl>
## 1 (Intercept)    -7.79     0.303     -25.7 1.23e-145
## 2 서브효율        -4.41     0.287     -15.4 2.74e- 53
## 3 리시브효율       3.29     0.282      11.6 2.31e- 31
```

```
## 4 공격효율      13.1     0.443     29.6 6.21e-193
## 5 블로킹      0.791    0.0342     23.1 2.44e-118
## 6 디그       0.185    0.0131     14.2 1.65e- 45
```

로지스틱 회귀모형 역시 vip 패키지에 들어 있는 vi() 함수로 어떤 변수가 중요한지 확인할 수 있습니다. (우리는 앞에서 vip 패키지를 설치한 상태입니다.)

```
kovo_set_male %>%
  glm(승리  ~  서브효율 + 리시브효율 + 공격효율 + 블로킹 + 디그,
      family = binomial,
      data = .) %>%
  vip::vi()
## # A tibble: 5 x 3
##    Variable    Importance Sign
##    <chr>            <dbl> <chr>
## 1 공격효율          29.6 POS
## 2 블로킹           23.1 POS
## 3 서브효율          15.4 NEG
## 4 디그            14.2 POS
## 5 리시브효율        11.6 POS
```

공격 효율이 제일 중요한 기록이라는 사실을 알 수 있습니다. 반면 서브 리시브 효율은 이 다섯 가지 기록 중 제일 덜 중요한 기록이라고 할 수 있습니다.

혹시 서브 리시브 효율이 높을수록 공격 효율이 올라가는 건 아닐까요? 선형 회귀분석을 진행해 보면 이 질문에 대답을 찾을 수 있습니다.

```
kovo_set_male %>%
  lm(공격효율 ~ 리시브효율, data = .) %>%
  glance()
## # A tibble: 1 x 12
##   r.squared adj.r.squared sigma statistic  p.value    df logLik   AIC    BIC
##       <dbl>         <dbl> <dbl>     <dbl>    <dbl> <dbl>  <dbl> <dbl>  <dbl>
## 1    0.0181        0.0179 0.164      82.3 1.74e-19     1  1739. -3472. -3453.
## # ... with 3 more variables: deviance <dbl>, df.residual <int>, nobs <int>
```

그러니 이제 리시브에 대한 관심은 잠시 꺼둬도 좋을 듯합니다. 서브 리시브 효율로는 공격율 전체 분산 중 1.8%밖에 설명하지 못합니다.

17.3 로지스틱 회귀 with parsnip

선형 회귀분석을 머신러닝 알고리즘으로 분류할 수 있는 것처럼 로지스틱 회귀분석 역시 마찬가지입니다. 이번에도 tidymodels 문법으로 로지스틱 회귀분석을 진행해 보겠습니다.

이번에는 initial_split() 함수로 데이터를 연습용과 시험용으로 나누는 작업부터 진행합니다. 선형 회귀분석은 데이터를 아무렇게나(?) 나눠도 크게 관계가 없었지만 이번에는 응답변수 즉, 승패 비율을 엇비슷하게 나누면 더 좋을 겁니다. 이때는 strata = '변수' 옵션을 사용하면 됩니다. strata는 '지층', '단층'이라는 뜻입니다.

```
kovo_set_male %>%
  initial_split(strata = '승리') -> set_split


set_split %>% training() -> set_train


set_split %>% testing() -> set_test
```

앞 장에서는 곧바로 모형을 만들었지만 이번에는 조금 다른 방법을 선택할 겁니다. 레시피(recipe)를 활용하는 방법입니다.

첫 단계는 우리가 어떤 요리법으로 이 데이터를 처리할 것인지 지정해 주는 것입니다.

```
recipe(승리 ~ 서브효율 + 리시브효율 + 공격효율 + 블로킹 + 디그, data = set_train)
## Data Recipe
##
## Inputs:
##
##      role #variables
##   outcome          1
##  predictor          5
```

아직은 별 반응이 없습니다. 그저 예상에 활용하는 변수(predictor) 5개를 투입해서 결과 변수(outcome) 1개를 얻어낸다는 내용만 들어 있을 뿐입니다.

이어서 'step_어쩌고()' 함수를 씁니다. step 계열 함수는 데이터를 미리 손질하는 구실을 담당합니다. 16.1절에서 본 것처럼 데이터끼리 서로 상관관계가 높을 수도 있고, 16.2절에서 본 것처럼 분포 양상이 달라서 표준점수 처리가 필요할 수도 있습니다. step 계열 함수가 바로 이런 작업을 담당합니다.

아래는 데이터 사이에 상관관계를 점검하고 표준점수로 만드는 과정을 나타내는 코드입니다. step_corr() 함수가 상관관계를 점검하고, step_normaize()가 표준화를 담당합니다. 결과에는 이런 처리를 할 필요가 없으니까 빼줍니다.(-all_outcomes())[73]

---

[73] step_어쩌고저쩌고() 함수는 총 77개가 있습니다. R 콘솔에 'grep("^step_", ls("package:recipes"), value = TRUE)'라고 입력하시면 전체 함수를 확인해 보실 수 있습니다.

378 친절한 R with 스포츠 데이터

```
recipe(승리 ~ 서브효율 + 리시브효율 + 공격효율 + 블로킹 + 디그, data = set_train) %>%
  step_corr(all_predictors()) %>%
  step_normalize(all_predictors(), -all_outcomes())
## Data Recipe
##
## Inputs:
##
##       role #variables
##    outcome          1
##  predictor          5
##
## Operations:
##
## Correlation filter on all_predictors()
## Centering and scaling for all_predictors(), -all_outcomes()
```

이렇게 만든 레시피에 prep() 함수를 적용해 보면 어떤 작업을 진행했는지 알 수 있습니다. 그 전에 먼저 레시피를 set_recipe라는 객체에 넣어놓겠습니다.

```
recipe(승리 ~ 서브효율 + 리시브효율 + 공격효율 + 블로킹 + 디그, data = set_train) %>%
  step_corr(all_predictors()) %>%
  step_normalize(all_predictors(), -all_outcomes()) -> set_recipe

set_recipe %>%
  prep()
## Data Recipe
##
## Inputs:
##
##       role #variables
##    outcome          1
##  predictor          5
##
## Training data contained 3354 data points and no missing data.
##
## Operations:
##
## Correlation filter removed no terms [trained]
## Centering and scaling for 서브효율, 리시브효율, 공격효율, 블로킹, 디그 [trained]
```

실제 데이터 처리 결과를 확인하고 싶을 때는 여기에 juice() 함수를 한 번 더 쓰면 됩니다.

```
set_recipe %>%
  prep() %>%
  juice()
# A tibble: 3,354 x 6
##    서브효율 리시브효율 공격효율 블로킹    디그 승리
##    <dbl>    <dbl>      <dbl>    <dbl>    <dbl> <fct>
## 1  0.976    -0.569     -1.32    1.06    -0.446 0
## 2  1.68     1.27       -1.13    1.69    -0.171 0
## 3  2.53     2.13        0.349 -0.206  -0.721 0
## 4  0.703    1.52        0.196 -0.838   0.928 1
## 5  1.52     0.704       0.255 -0.838  -0.995 0
```

이런 함수는 tidy(), glance(), augment() 함수와 마찬가지로 실제 분석 결과에 영향을 주는 건 아닙니다. 그 때 그때 필요에 따라 쓰는 출력용 함수입니다.

이제 데이터 손질을 마쳤으니 실제로 요리를 시작해 봅니다. 어떤 모형을 사용할 것인지 – 우리는 로지스틱 회귀분석을 씁니다 – 그 모형에 어떤 엔진을 사용할 것인지 – glm()이겠죠? – 지정해 줍니다. '로지스틱 회귀'(Logistic Regression) 모형이라는 뜻에서 set_lr_model이라고 이름을 붙여 놓겠습니다.

```
logistic_reg() %>%
  set_engine('glm') -> set_lr_model

set_lr_model
## Logistic Regression Model Specification (classification)
##
## Computational engine: glm
```

계속해서 workflow() 함수로 작업 과정을 지정합니다(= 워크플로우를 만들어줍니다). 그냥 어떤 모형을 어떤 요리법으로 진행할 것인지 알려주면 됩니다. 이번에도 이름은 set_lr_workflow입니다.

```
workflow() %>%
  add_model(set_lr_model) %>%
  add_recipe(set_recipe) -> set_lr_workflow

set_lr_workflow
## == Workflow ========================================================
## Preprocessor: Recipe
## Model: logistic_reg()
##
## -- Preprocessor ----------------------------------------------------
## 2 Recipe Steps
##
```

```
## * step_corr()
## * step_normalize()
##
## -- Model ----------------------------------------------------------------
## Logistic Regression Model Specification (classification)
##
## Computational engine: glm
```

다음 단계는 데이터에 모형을 적용하는 피팅(fitting)입니다. 연습용 데이터에 먼저 이 모형을 적용해야겠죠? 이번 객체 이름은 set_lr_fit입니다.

```
set_lr_workflow %>%
  fit(data = set_train) -> set_lr_fit


set_lr_fit
## == Workflow [trained] ===========================================================
## Preprocessor: Recipe
## Model: logistic_reg()
##
## -- Preprocessor ----------------------------------------------------------
## 2 Recipe Steps
##
## * step_corr()
## * step_normalize()
##
## -- Model ----------------------------------------------------------------
##
## Call:  stats::glm(formula = ..y ~ ., family = stats::binomial, data = data)
##
## Coefficients:
## (Intercept)      서브효율      리시브효율       공격효율       블로킹          디그
##     -0.1373      -0.7436        0.5324        2.1627       1.2026        0.6609
##
## Degrees of Freedom: 3353 Total (i.e. Null);   3348 Residual
## Null Deviance:       4650
## Residual Deviance: 2431   AIC: 2443
```

이제부터는 앞장에서 했던 것과 똑같습니다. 먼저 결과에 tidy() 함수를 적용해 봅니다.

```
set_lr_fit %>%
  tidy()
# A tibble: 6 x 5
##   term         estimate std.error statistic   p.value
##   <chr>           <dbl>     <dbl>     <dbl>     <dbl>
## 1 (Intercept)    -0.134    0.0519     -2.58 9.78e-  3
## 2 서브효율       -0.739    0.0551    -13.4  4.71e- 41
## 3 리시브효율      0.528    0.0538      9.81 9.72e- 23
## 4 공격효율        2.17     0.0846     25.7  1.24e-145
## 5 블로킹          1.23     0.0618     19.9  3.24e- 88
## 6 디그            0.677    0.0548     12.4  4.55e- 35
```

predict() 함수를 쓰면 이 모형으로 승리 여부를 예상하는 것도 물론 가능합니다.

```
set_lr_fit %>%
  predict(set_train)
## # A tibble: 3,354 x 1
##    .pred_class
##    <fct>
## 1 0
## 2 0
## 3 0
## 4 1
## 5 0
```

이 숫자만 봐서는 결과가 어떤지 파악하기가 어려우니까 bind_cols() 함수로 원래 데이터하고 합쳐 봅니다.
또 relocate() 함수로 원래 예상하고 싶었던 결과 그러니까 '승리' 열을 앞으로 빼보겠습니다.

```
set_lr_fit %>%
  predict(set_train) %>%
  bind_cols(set_train) %>%
  relocate(승리, .before = 시즌)
## # A tibble: 3,354 x 51
##    .pred_class 승리    시즌 남녀부 세트_id 플레이팀   득점 블로킹  디그 리시브효율
##    <fct>       <fct> <int> <chr> <chr>   <chr>    <int> <int> <int>      <dbl>
## 1 0           0      1516 남    1-1     삼성화재    21     4     8      0.333
## 2 0           0      1516 남    1-2     삼성화재    26     5     9      0.64
## 3 0           0      1516 남    1-3     OK저축은행~   23     2     7      0.783
## 4 1           1      1516 남    1-4     OK저축은행~   25     1    13      0.682
## 5 0           0      1516 남    1-4     삼성화재    23     1     6      0.545
## 6 0           0      1516 남    10-1    우리카드    21     4     5      0.5
## 7 1           1      1516 남    10-2    한국전력    25     6    22      0.267
## 8 0           0      1516 남    10-3    우리카드    19     1     7      0.522
## 9 0           0      1516 남    100-1   삼성화재    20     1     8      0.391
```

```
## 10 1          1    1516 남    100-1   현대캐피탈~   25   6    5     0.421
## # ... with 3,344 more rows, and 41 more variables: 서브효율 <dbl> (이하 생략)
```

일단 처음에 나오는 10행에서는 모든 결과를 정확하게 예상했습니다. metrics() 함수를 쓰면 실제로 얼마나 정확한지 알 수 있습니다. 이 함수는 metrics(truth = 예상하고 싶었던 변수, estimate = 예상 결과) 형태로 씁니다.

```
set_lr_fit %>%
  predict(set_train) %>%
  bind_cols(set_train) %>%
  metrics(truth = 승리, estimate = .pred_class)
## # A tibble: 2 x 3
##   .metric  .estimator .estimate
##   <chr>    <chr>          <dbl>
## 1 accuracy binary         0.835
## 2 kap      binary         0.670
```

여기서 accuracy(정확도)는 전체 3354개 행 가운데 83.5%를 정확하게 맞췄다는 뜻입니다. 이건 직관적으로 무슨 뜻인지 이해하실 수 있을 겁니다.

kap은 '카파(kappa) 상관계수'를 나타냅니다. 카파 상관계수는 모형이 정확하게 예측한 결과 가운데 '우연히' 맞춘 결과를 제외한 비율을 알려줍니다. 여기서 우연히 맞췄다는 건 '찍어서' 맞췄다는 뜻이라고 이해해도 됩니다. 계산 공식은 이렇습니다.

$$\text{Kap} = \frac{\text{정확하게 예측한 비율 − 우연히 결과를 맞출 확률}}{1 − \text{우연히 결과를 맞출 확률}}$$

'우연히 맞춘 확률'을 계산하려면 먼저 conf_mat() 함수로 표를 하나 그려야 합니다. metrics() 함수와 똑같은 구조로 쓰면 됩니다.

```
set_lr_fit %>%
  predict(set_train) %>%
  bind_cols(set_train) %>%
  conf_mat(truth = 승리, estimate=.pred_class)
##           Truth
## Prediction    0    1
##          0 1387  263
##          1  290 1414
```

일단 졌는데 질 거라고 예상하고(1387 팀), 이겼는데 이길 거라고(1414 팀) 결과를 모두 합치면 2801 팀이 나옵니다. 전체 팀이 3354 팀이니까 83.5%(= 2801 ÷ 3354)를 정확하게 예상했습니다.

여기서 이 표를 좀 확장해 보겠습니다.

예상 결과 / 실제 결과	패배	승리	전체
패배	1387	263	1650
승리	290	1414	1704
전체	1677	1677	3354

실제로 이기고 진 확률은 반반 그러니까 각 50%씩인데 이 모형은 51%(1704팀)는 이기고 49%(1650팀)는 질 거라고 예상했습니다.

따라서 실제 결과도 이겼고 모형도 이길 거라고 예상한 비율은 25.5%(= 50% × 51%)이고, 실제 결과도 패했고 모형도 패할 거라고 예상한 비율은 24.5%(= 50% × 49%)가 됩니다.

이 결과를 바탕으로 모형이 우연히 결과를 맞췄을 확률이 50%(= 25.5% + 24.5%)는 된다고 계산할 수 있습니다.

결과를 정확하게 예측한 비율(83.5%)에서 우연히 결과를 맞출 확률(50%)을 뺀 뒤 이 숫자(33.5%)를 100%에서 우연히 결과를 맞출 확률(50%)을 뺀 값으로 나누면 0.670이 나옵니다.

이해하기 어려울 때는 그냥 이런 게 있다고 넘어가도 됩니다. 이제 시험용 데이터에도 로지스틱 회귀분석 모형을 적용해 봅니다.

```
set_lr_fit %>%
  predict(set_test) %>%
  bind_cols(set_test) %>%
  metrics(truth = 승리, estimate = .pred_class)
## # A tibble: 2 x 3
##   .metric  .estimator .estimate
##   <chr>    <chr>          <dbl>
## 1 accuracy binary         0.824
## 2 kap      binary         0.649
```

연습용 데이터와 시험용 데이터 결과가 거의 일치합니다. 따라서 '과적합 상태'라고 보기는 어렵습니다.

17.4 ROC 곡선

이 장 앞부분에 확인한 것처럼 로지스틱 회귀분석은 어떤 데이터가 두 그룹에 속할 확률을 각각 계산한 다음 어떤 그룹에 속할 확률이 더 높은지를 기준으로 분류 작업을 진행합니다. 지금까지 우리는 패배 또는 승리를 기준으로 그룹을 나눴지만 실제 분류 과정에는 확률이 들어간다는 뜻입니다.

predict() 함수 안에 type = 'prob' 옵션을 주면 이 확률이 얼마인지 확인할 수 있습니다.

```
set_lr_fit %>%
  predict(set_train, type = 'prob')
## # A tibble: 3,354 x 2
##    .pred_0 .pred_1
##      <dbl>   <dbl>
## 1   0.954   0.0458
## 2   0.770   0.230
## 3   0.704   0.296
## 4   0.456   0.544
## 5   0.885   0.115
```

이렇게 확률을 계산한 다음 '수신자 조작 특성(ROC·Receiver Operation Characteristic) 곡선[74]'을 통해 모형 성능을 검증할 수 있습니다. 이 곡선(Curve)은 민감도(Sensitivity)와 특이도(Spectify)를 활용해 그립니다.

위에서 모형 성능 평가에 사용한 표를 다시 가져와서 특이도와 민감도가 무엇인지 알아보겠습니다.

예상 결과 / 실제 결과	패배	승리	전체
패배	1387	263	1650
승리	290	1414	1704
전체	1677	1677	3354

한마디로 실제로 졌는데 모형이 질 거라고 예측한 비율(1387 ÷ 1677 = 0.827)이 민감도, 실제로 이겼는데 모형도 이길 거라고 예측한 비율(1414 ÷ 1677 = 0.843)이 특이도입니다.

그러니까 실제 결과도 TRUE, 모형 예측 결과도 TRUE인 비율이 민감도, 실제 결과도 FALSE, 모형 예측 결과도 FALSE인 비율이 특이도입니다.

ROC 곡선은 x 축에 '1 − 특이도' 그러니까 여기서는 이겼는데 질 거라고 예측[75]한 비율, y 축에 민감도 즉, 여기서는 졌는데 질 거라고 예측한 비율을 배치해서 그립니다.

이런 식으로 두 축을 설정하면 예측에 전부 실패한 (랜덤) 모델은 오른쪽 위로 올라가는 대각선 형태로 나타나고 모형이 정확할수록 왼쪽 위를 향해 볼록하게 올라오게 됩니다.

두 숫자 사이에 아무 관계도 없는 랜덤 모델을 하나 만들어서 ROC 곡선을 그리면 이런 결과가 나옵니다.

---

74 이 곡선은 원래 제2차 세계대전 때 적군 항공기 레이더 신호를 분석하려는 목적에서 나왔습니다. 그래서 이런 이름이 붙었습니다.
75 여기서 이겼는데 질 거라고 잘못 예측하는 일은 '1종 오류'에 해당합니다.

```
tibble(
  x = runif(100000, 0, 100),
  t = sample(seq(0, 100, 10), 100000, replace = TRUE),
  pred = if_else(x >= t, 1, 0),
  actual = sample(c(0, 1), 100000, replace = TRUE)
) %>%
  group_by(t) %>%
  summarise(
    true_true = sum(actual == 1 & pred == 1),
    true_false = sum(actual == 1 & pred == 0),
    false_true = sum(actual == 0 & pred == 1),
    false_false = sum(actual == 0 & pred == 0),
    sensitivity = true_true / (true_true + true_false),
    specificity = false_false / (false_true + false_false),
    .groups = 'drop'
  ) %>%
  ggplot(aes(x = 1 - specificity, y = sensitivity)) +
  geom_path()
```

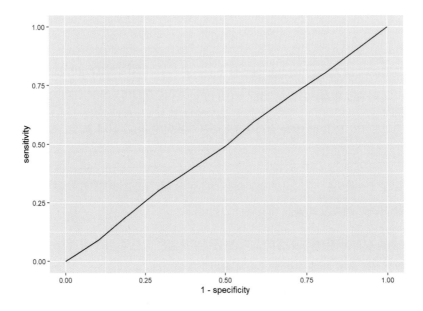

tidymodels에서는 roc_curve() 함수를 활용하면 이 곡선을 그릴 때 필요한 좌표를 얻을 수 있습니다.

```
set_lr_fit %>%
  predict(set_train, type = 'prob') %>%
  bind_cols(set_train) %>%
  roc_curve(truth = 승리, estimate = .pred_0)
## # A tibble: 3,356 x 3
##    .threshold specificity sensitivity
##         <dbl>       <dbl>       <dbl>
## 1       -Inf            0           1
## 2    0.000175           0           1
## 3    0.000178    0.000596           1
## 4    0.000186     0.00119           1
## 5    0.000194     0.00179           1
```

이 코드에 autoplot() 함수를 더하면 실제 곡선이 나옵니다.

```
set_lr_fit %>%
  predict(set_train, type = 'prob') %>%
  bind_cols(set_train) %>%
  roc_curve(truth = 승리, estimate = .pred_0) %>%
  autoplot()
```

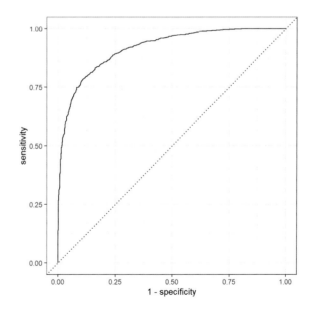

그래프 모양을 보고 눈치챈 분도 있을 텐데 autoplot() 함수는 원래 ggplot 패키지 소속이기 때문에 ggplot 코드로도 똑같은 그래프를 그릴 수 있습니다.

```
set_lr_fit %>%
  predict(set_test, type = 'prob') %>%
  bind_cols(set_test) %>%
  roc_curve(truth = 승리, estimate = .pred_0) %>%
  ggplot(aes(x = 1 - specificity, y = sensitivity)) +
  geom_path() +
  geom_abline(linetype = 'dotted') +
  coord_equal()
```

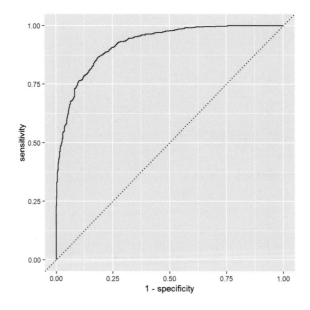

이렇게 ROC 곡선을 그리고 나면 AUC(Area Under the Curve)라는 숫자로 모형을 평가할 수 있습니다. AUC는 문자 뜻 그대로 곡선 아래 넓이라는 뜻입니다. 만약 어떤 모형이 실제 결과를 100% 정확하게 예상하면 이 곡선 아래 넓이 = 전체 사각형 넓이는 1이 나옵니다. 거꾸로 전혀 예상하지 못하면 45도 직선 아래 삼각형 넓이인 1/2(= 1 × 1 × 1/2)이 나옵니다.

tidymodels에서는 roc_auc() 함수로 이 넓이를 계산할 수 있습니다.

```
set_lr_fit %>%
  predict(set_train, type = 'prob') %>%
  bind_cols(set_train) %>%
  roc_auc(truth = 승리, .pred_0)
## # A tibble: 1 x 3
##   .metric .estimator .estimate
##   <chr>   <chr>          <dbl>
## 1 roc_auc binary         0.919
```

이 넓이가 0.919라는 건 실제로 패배한 팀보다 실제로 승리한 팀이 이길 거라고 예상할 가능성이 91.9%라는 뜻입니다.

시험용 데이터를 대상으로 같은 모형을 적용한 뒤 AUC를 계산하면 이런 결과가 나옵니다.

```
set_lr_fit %>%
  predict(set_test, type = 'prob') %>%
  bind_cols(set_test) %>%
  roc_auc(truth = 승리, .pred_0)
## # A tibble: 1 x 3
##    .metric .estimator .estimate
##    <chr>   <chr>          <dbl>
## 1 roc_auc binary         0.918
```

다시 한번 이 모형을 과적합 상태라고 평가하기 어렵다는 결과가 나왔습니다.

이번 장에서는 새로운 함수가 엄청 많이 등장해서 외워야 할 게 넘쳐나는 것처럼 보이는 게 사실입니다. 그런데 기본적인 요령만 알아 놓으면 다른 머신러닝 알고리즘을 적용할 때도 이 순서를 그대로 따르기만 하면 문제 없습니다.

Chapter **18**

베이즈 통계란
무엇인가?

> "내 경험에 따르면, 연인에 대한 일반적인 통념은 틀릴 때가 많다.
> 절대적인 진실을 말하건대, 한 남자로서 내가 에스텔러를 사랑했을 때
> 그것은 오직 내가 그녀에게 끌리는 마음을 아무리해도
> 어쩌지 못했기 때문이다."
>
> – 찰스 디킨스 '위대한 유산' –

프로야구 KT 위즈 외국인 타자 로하스는 2020시즌 개막 한 달이 지난 6월 5일까지 타율 0.413(109타수 45안타)을 기록하고 있었습니다. 그렇다면 시즌이 끝났을 때 로하스의 타율은 어떻게 됐을까요? 이보다 내려갔을까요? 아니면 올라갔을까요? 그리고 타율은 어느 정도나 변했을까요?

야구팬이라면 개막 후 한 달 정도 4할대 타율을 기록하고 있는 타자가 있더라도 '시간이 흐르면 타율이 내려갈 것'이라고 '본능적으로' 짐작하게 마련입니다. 실제로 로하스는 결국 타율 0.349(550타수 192안타)로 2020 시즌을 마쳤습니다. 왜 우리는 타율이 결국 내려갈 거라고 짐작했고 또 실제로 타율이 내려가는 걸까요?

맞습니다. 첫 번째 정답은 '표본이 너무 적기 때문'입니다. 야구팬은 역시 본능적으로 10타수 4안타로 타율 0.400을 기록 중인 타자보다 1000타수 300안타로 타율 0.300을 기록한 타자가 타격 솜씨가 더 뛰어날 확률이 높다고 느낍니다. 로하스는 '타격'이라는 실험을 100번 넘게 '시행'했지만 여전히 이 숫자는 부족합니다.

야구팬은 또 0.400이 넘어가는 타율은 지나치게 '튀는' 기록이라는 사실도 알고 있습니다. 높은 쪽으로 말입니다. 그래서 표본이 더 쌓이면 이 기록이 내려갈 거라고 '자연스럽게' 짐작합니다. 아무 기록을 찾아보지 않아도 타율이 0.250 ~ 0.350 사이인 타자가 제일 많을 거라고 짐작하고 있으니까요.

이렇게 분명히 100번이 넘는 시도를 관찰해 0.413이라는 '안타 확률'을 얻어 냈는데도 야구팬은 '직관적'으로 이 확률이 언젠가는 무너질 것이라고 생각합니다. 로하스는 타율 0.413을 기록하고 있을 때 109타수 45안타였으니까 이로부터 시즌 끝까지는 441타수 147안타(타율 0.333)를 기록했습니다.

앞면이 나올 확률이 41.3%인 동전을 441번 던졌을 때 앞면이 147번 나올 확률은 0.01%밖에 되지 않습니다. 그런데도 야구팬 가운데 이 선수 타율이 결국 0.350 정도로 내려올 거라고 믿었던 이들 비율은 확실히 0.01%보다 많았을 겁니다.

이 사례를 통해 알 수 있는 건 '확률'이라는 게 꼭 절대적이거나 객관적인 건 아니라는 사실입니다. 그리고 이 '주관적 확률'이 꼭 사실과 부합하지 않는 것도 아니라는 사실입니다. 통계는 확률을 바탕으로 어떤 현상을 분석하고 해석하는 작업입니다. 따라서 이렇게 확률에 대한 접근법이 달라지면 통계적 접근법 역시 달라져야 합니다.

18.1 베이즈 정리

이때 주관적 확률은 '어떤 사람이 특정한 순간에 어떤 명제에 대해 느끼는 믿음의 정도'라고 풀이할 수 있습니다. "저는 이 책이 여러분 데이터 과학 입문에 도움이 될 확률이 75%라고 생각합니다"라는 문장에 '확률'이라는 단어가 들어 있다고 해서 그게 잘못이라고 느끼는 분은 (거의) 없을 겁니다. 이 문장은 그냥 '제가 이렇게 생각한다(믿는다)'는 진술일 뿐이니까요.

그러다가 '1도 도움이 되지 않았는데 무슨 소리냐?'고 반박하는 분을 만나면 제 믿음이 살짝 흔들리게 됩니다. 이렇게 말하는 분 숫자가 늘어난다면 믿음이 더욱 흔들릴 겁니다. 그래서 저는 "이 책이 도움이 될 확률이 그래도 50% 정도는 된다고 믿습니다"하고 표현을 수정해야 할지 모릅니다. 그러다가 다시 '정말 큰 도움이 되었다'는 격려가 이어지면 속으로 '거봐, 사실은 85% 이상이라고!'하고 생각하게 될 수도 있습니다.

이런 식으로 어떤 대상에 대해 처음 생각했던 확률을 새로 얻게 된 정보에 따라 새로 계산(갱신)하는 방식으로 실제 확률을 추론할 수도 있습니다. 이때 처음에 떠올렸던 확률을 '사전 확률'(prior probability)이라고 부르고 나중에 얻게 된 확률은 '사후 확률'(posterior probability)이라고 부릅니다. 그리고 이런 식으로 사후 확률을 구하는 작업이 바로 '베이즈 추정'(Bayeian inference)입니다.

여기 나오는 베이즈는 장로교 목사이자 아마추어 수학자였던 토머스 베이즈(1701~1761)입니다. 베이즈가 세상을 떠난 뒤 목사 동료이자 철학자였던 리처드 프라이스(1723~1791)가 그의 유고를 정리하던 중 '확률론의 한 문제에 대한 에세이'(An Essay towards solving a Problem in the Doctrine of Chances)[76]를 발견하게 됩니다. 프라이스는 이 내용을 정리해 1763년 영국 왕립학회보(Philosophical Transactions of the Royal Society of London)를 통해 발표합니다.

당시에는 이 내용이 별로 주목을 받지 못했습니다. 그러다 프랑스 수학자 피에르시몽 라플라스(1749~1827)가 1774년 독자적으로 다시 똑같은 내용을 재발견하면서 상황이 바뀝니다. 1781년 프랑스 파리에서 프라이스와 만나게 된 라플라스는 자기 발견에 대해 더욱 확신을 가지게 됐고 1814년 '확률에 대한 철학적 시론'(Essai philosophique sur les probabilites)[77]이라는 책을 펴내면서 아래 공식을 세상에 내놓습니다.

$$P(A \mid B) = \frac{P(B \mid A) \times P(A)}{P(B)}$$

여기서 일단 P는 어떤 값이 참일 확률을 나타냅니다. 따라서 P(A), P(B)는 그냥 A가 참일 확률, B가 참일 확률이라는 뜻입니다. P(A|B)는 B가 참일 때 A도 참일 확률입니다. 자연스레 P(B|A)는 A가 참일 때 B도 참일 확률입니다.

그럼 이 공식은 무슨 뜻일까요? 다음 벤다이어그램을 한 번 보겠습니다.

---

76 royalsocietypublishing.org/doi/pdf/10.1098/rstl.1763.0053
77 gallica.bnf.fr/ark:/12148/bpt6k96200351.texteImage

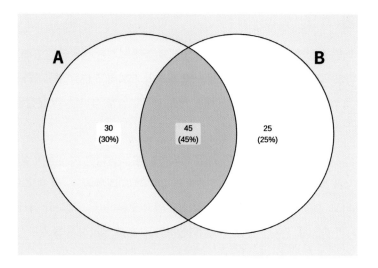

여기서 P(A)는 75%(= 30% + 45%)이고, P(B)는 70%(= 45% + 25%)입니다. P(B|A)는 75% 가운데 45%니까 60%(=45% ÷ 75%)가 됩니다. 이를 공식에 넣어서 계산하면 P(A|B)는 75% × 60% / 70% ≒ 64.3%가 나옵니다. P(B|A)는 70% 가운데 45%니까 64.3%가 맞습니다.

이건 이런 뜻입니다. 처음에 저는 이 책이 도움이 될 확률이 75%(=P(A))라고 믿었습니다. 실제 조사 결과 독자 중 60%(=P(B|A))가 '도움이 됐다'고 답했습니다. 그렇다면 이 책이 도움이 된 확률이 64.3%(=P(A|B))라고 믿음을 수정해야 합니다.

> 거꾸로 여기까지 우리가 다뤘던 즉, 추정, 신뢰구간, 가설검정, p-값 같은 개념을 사용하는 통계적 접근법은 주류(主流) 통계학 또는 빈도주의(frequentism)라고 부릅니다.

18.2 방출 위기 타자의 경우

그럼 조금 더 복잡한 문제를 한 번 다뤄보겠습니다.

경기 시작 전 '이번 경기에서 안타를 치지 못하면 방출하겠다'는 통보를 받은 만년 후보 타자가 있었습니다. 타격 연습을 하지 않고 베이즈 통계학 공부에만 열심이었던 이 타자는 상대가 던지는 구종을 알면 100% 안타를 때리지만 구종 예측에 실패했을 때 타율은 제로(0)입니다.

사정이 급했던 타자는 초중고교 동창인 상대팀 포수를 찾아가 '오늘 경기에 나서게 되면 제발 구종 힌트를 알려달라'고 부탁합니다. 친구 사정이 딱했던 이 포수는 '구종을 알려줄 수는 없다. 대신 네가 먼저 어떤 공을 노리는지 말해주면 나도 사인을 내지 않은 공 하나는 알려주겠다'고 답했습니다.

경기 내내 더그아웃을 지키던 이 타자는 팀이 0-1로 뒤진 9회말 2사 만루 상황에서 드디어 대타 출전 기회를 잡았습니다. 마운드에 있던 상대 투수는 속구, 체인지업, 커브를 던질 줄 압니다. 타자는 약속대로 포수에게

'속구 타이밍에 방망이를 휘두를 생각'이라고 말합니다. 그러자 포수가 '체인지업 사인은 내지 않았다'고 알려줍니다.

이윽고 투수가 투구 동작에 들어갑니다. 이 타자가 방출 위기에서 벗어나려면 계속 속구에 맞춰 빠르게 방망이를 휘둘러야 할까요? 아니면 커브가 들어올 걸 예상하고 스윙 타이밍을 조절해야 할까요? 여러분은 어떤 선택을 내리겠습니까?

만약 실제로 이런 일이 벌어진다면 '포수 친구는 사인 유출 때문에 방출 당했다'가 정답에 가까울 겁니다. 단, 순수하게 통계학적인 관점에서 말씀드리면 커브로 예상 구종을 바꾸는 게 맞습니다.

처음에 타자가 타석에 들어설 때 포수가 속구, 체인지업, 커브 사인을 낼 확률은 각 3분의 1입니다.

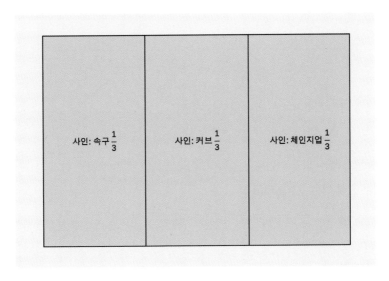

타자가 '속구를 노린다'라고 말하는 순간 포수는 속구 사인을 냈는지 아닌지에 대해서는 이야기하지 않습니다. 그래서 확률이 이렇게 변합니다.

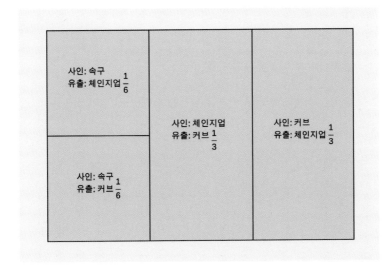

이어서 포수가 '체인지업 사인을 내지 않았다'고 답하면 다시 이렇게 확률을 갱신하게 됩니다.

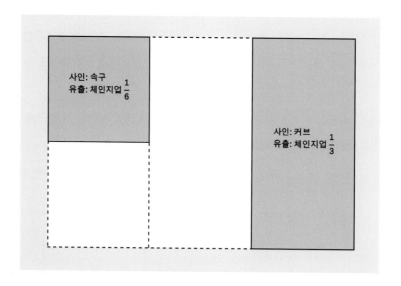

따라서 투수가 속구를 던질 확률은 1/6, 커브를 던질 확률은 1/3이 됩니다. 1/3은 2/6이니까 커브를 던질 확률이 두 배 높은 상황이 된 겁니다.

이 내용은 '몬티 홀 문제'라는 퍼즐을 변형한 겁니다. 미국 TV 쇼 '렛츠 메이크 어 딜'(Let's Make A Deal)에서 유래한 이 퍼즐은 원래 이런 구성입니다.

> 문 세 개 중에 하나를 선택해 문 뒤에 있는 선물을 가져갈 수 있는 퀴즈쇼에 참가한 당신.
>
> 문 하나 뒤에만 자동차가 있고 나머지 문 뒤에는 염소가 있다. 사회자는 문 뒤에 무엇이 있는지 미리 알고 있다.
>
> 만약 이 참가자가 1번 문을 선택하면 사회자 몬티 홀 씨는 2, 3번 문 가운데 자동차가 없는 문을 임의로 하나 열어 선택지를 줄여준다. 그리고 나서 1번 대신 다른 문을 선택하겠냐고 묻는다.
>
> 원래 선택했던 문 번호를 유지하는 것과 문 번호를 바꾸는 것 가운데 어느 쪽이 자동차를 가져가는 데 유리할까?

이번에도 정답은 커브, 그러니까 문 번호를 바꾸는 쪽입니다.

참가자가 전부 1번 문을 고른 상황에서 현재 번호를 유지했을 때(스테이)와 바꿨을 때(스위치) 결과는 아래 표로 정리할 수 있습니다.

1번	2번	3번	사회자	스테이	스위치
염소	염소	자동차	2번	염소(1번)	**자동차(3번)**
염소	자동차	염소	3번	염소(1번)	**자동차(2번)**
자동차	염소	염소	2·3번	**자동차(1번)**	염소(2·3번)

스테이 때는 자동차가 있는 문을 선택했을 확률이 마지막 한 번 즉, 3분의 1이지만 스위치 때는 3분의 2로 올라갑니다.

참가자가 첫 번째 문을 선택한 상태에서 몬티 홀 씨가 두 번째 문을 연 상황을 베이즈 정리를 적용해 보면 이렇습니다.

$$P(\text{자동차}=\text{문1} \mid \text{몬티 홀}=\text{문 2})=\frac{\frac{1}{2}\times\frac{1}{3}}{\frac{1}{2}\times\frac{1}{3}+0\times\frac{1}{3}+1\times\frac{1}{3}}=\frac{1}{3}$$

$$P(\text{자동차}=\text{문2} \mid \text{몬티 홀}=\text{문 2})=\frac{0\times\frac{1}{3}}{\frac{1}{2}\times\frac{1}{3}+0\times\frac{1}{3}+1\times\frac{1}{3}}=0$$

$$P(\text{자동차}=\text{문3} \mid \text{몬티 홀}=\text{문 2})=\frac{1\times\frac{1}{3}}{\frac{1}{2}\times\frac{1}{3}+0\times\frac{1}{3}+1\times\frac{1}{3}}=\frac{2}{3}$$

분명 결과가 이런 데도 많은 이들이 속구와 1번 문을 고집합니다. 속구, 체인지업, 커브 셋 중 하나(=1/3)였던 확률이 속구와 커브 둘 중 하나(=1/2)로 올라갔다고 착각하기 때문입니다.

그래도 혹시나 여전히 못 믿는 분들이 있을까 봐 R로 1만 번 시뮬레이션을 진행해 보면 승률이 3분의 2를 향해 수렴한다는 사실을 알 수 있습니다. (은근슬쩍 패키지 불러오기, 시드 지정 작업까지 진행합니다.)

```
pacman::p_load(tidyverse, tidymodels)
set.seed(1234)

tibble(
  trial = 1:10000,
  car = sample(1:3, 10000, replace = TRUE),
  initial_pick = sample(1:3, 10000, replace = TRUE)
) %>%
  rowwise() %>%
  mutate(
    monty_hall = ifelse(car == initial_pick,
                        sample((1:3)[-car], 1),
                        (1:3)[-c(car, initial_pick)]
    ),
    the_other = (1:3)[-c(monty_hall, initial_pick)]
  ) %>%
  ungroup() %>%
  mutate(result = if_else(car == the_other, 1, 0),
        success_rate = cumsum(result) / trial) %>%
```

```
ggplot(aes(x = trial, y = success_rate)) +
geom_line(lwd = 1.25) +
geom_hline(yintercept = 2/3, linetype = 'dashed', color = '#53bfd4', lwd = 1) +
scale_y_continuous(limits = c(0, 1))
```

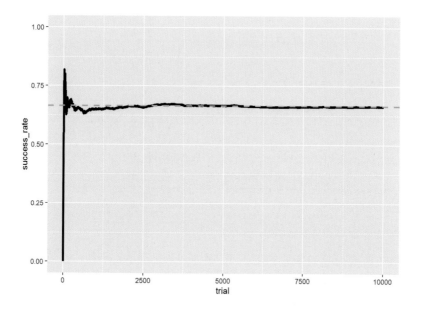

이렇게 생각하면 어떨까요? 복권 1000장이 있을 때 먼저 한 장을 고릅니다. 그리고 사회자가 "이 복권은 꽝"이라면서 998장을 찢어 버렸습니다. 그리고 딱 한 장만 남겨 놓고 원래 선택을 유지할지 아니면 남은 한 장으로 바꿀지 물어봅니다. 이러면 어떤 선택을 내리시겠습니까? 이 사례에서는 원래 당첨 확률 1/1000과 999/1000를 바꾸는 셈입니다.

18.3 사전, 사후 분포

다시 방출 위기 타자 사례로 돌아갑니다. 이 투수는 타자가 기대한 대로 커브를 던졌지만 바운드 볼로 들어오는 바람에 타자가 손을 대지 못했습니다. 다행히도 이 포수가 몸을 던져 공을 막아내면서 그대로 경기가 끝나는 일은 없었습니다. 그 덕에 우리 주인공도 다시 타격 기회를 잡았습니다.

타자는 동창생 포수에게 '이번에도 속구를 노린다'고 말했지만 포수는 '네 경험을 믿으라'고만 이야기할 뿐 어떤 구종을 던지지 않을지에 대해서는 힌트를 주지 않았습니다. 타자는 '내 경험에 따르면 투수는 일반적으로 속구를 제일 많이 던진다'고 생각했습니다.

투수에 세 가지 유형이 있다고 가정해 보겠습니다. 투수 A는 속구를 2/3, B는 1/2, C는 1/3 확률로 던집니다. 그러면 각 투수가 공을 던지는 비율은 다음 그림처럼 정리할 수 있습니다.

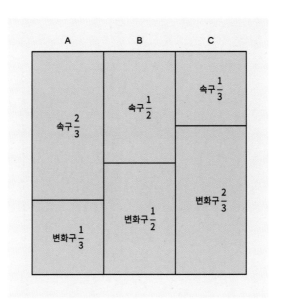

아직 이 투수가 어떤 유형에 속하는지 알지 못합니다. 그런데 방금 전 이 투수는 커브 즉, 변화구를 던졌습니다. 그러면 이 그림에서 속구는 사라지고 변화구만 남습니다. 다음 그림처럼 말입니다.

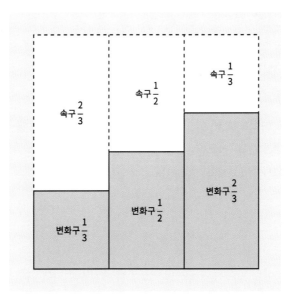

이 경험을 통해 확률에도 생깁니다. 원래 이 투수가 A, B, C 유형에 속할 확률은 각각 1/3이었습니다. 그런데 초구에 변화구를 던지면서 이 확률에 변화가 생겼습니다. 1/3, 1/2, 2/3를 통분하면 2/6, 3/6, 4/6가 됩니다. 따라서 이 투수는 2 : 3 : 4 비율로 각 유형에 속할 것이라고 짐작할 수 있습니다.

즉, 이 투수가 각 유형에 속할 '사전 확률'은 각각 1/3이었지만 첫 번째 공이 변화구였다는 관찰 결과에 따라 각각 2/9, 3/9, 4/9라는 '사후 확률'을 얻을 수 있던 겁니다. (노파심에 말씀드리면 2 + 3 + 4 = 9이니까 2/9, 3/9, 4/9로 비율을 배분합니다.)

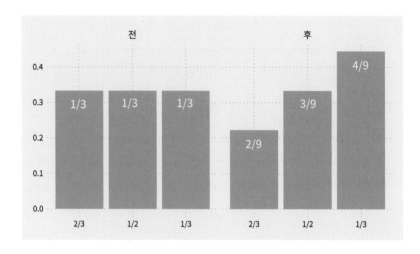

각 유형은 변화구를 1/3, 1/2, 2/3 비율로 던지니까 이 투수가 다음 번에도 변화구를 던질 확률은 아래처럼 계산할 수 있습니다.

$$\frac{1}{3} \times \frac{2}{9} + \frac{1}{2} \times \frac{3}{9} + \frac{2}{3} \times \frac{4}{9} = 0.537037$$

중학교 수학 시간에 졸지 않았다면 이렇게 확률에 따라 계산하는 값을 '기댓값'이라고 부른다는 사실을 기억할 겁니다.

따라서 이 투수가 다음 공도 변화구를 던질 확률은 약 53.7% 정도 된다고 믿을 수 있습니다. 이를 바꿔 말하면 속구를 던질 확률이 46.3%라는 뜻입니다. 요컨대 변화구를 던질 확률이 속구를 던질 확률보다 1.16배 더 높은 겁니다. 이 정도 차이를 가지고 한 쪽을 선택할 수 있을까요?

결론을 내리지 못한 타자는 '아직 1볼 0스트라이크니까 여유가 있다'고 생각해 공 하나를 더 지켜보기로 합니다. 투수가 던진 공은 스트라이크 존 한복판을 지나는 속구였습니다. 새로운 증거를 얻었으니까 우리는 초구가 커브였다는 증거를 토대로 얻은 사후 확률을 사전 확률로 해서 또 한 번 베이즈 갱신을 진행하면 됩니다.

18.4 가능도 비율

결국 끝내기 안타를 치면서 생명 연장에 성공한 타자는 방문 경기를 떠나는 버스 안에서 다시 베이즈 통계학 공부를 시작했습니다. 그가 읽고 있는 책에 아래 같은 문제가 나와 있었습니다.

> 국가적인 차원에서 도핑(약물을 써서 경기력을 끌어올리는 행위)을 저지르는 바람에 러시아는 세계 반도핑기구(WADA)로부터 4년간 국제대회 출장 정지 징계를 받았습니다. 이에 러시아반도핑기구 (RUSADA)는 정확도 95%를 자랑하는 도핑 검사 기법을 새로 도입했습니다. 러시아에서는 전체 운동 선수 가운데 5%가 경기력 향상 물질(PED)을 복용하고 있다고 가정해 보겠습니다. 이때 어떤 선수 도핑 검사 결과가 양성이라면 이 선수가 실제로 PED 복용자일 확률은 얼마나 될까요?

일단 정답은 당연히 95%가 아닙니다. 95%부터 시작해서는 정답을 찾기가 어렵기 때문에 5%부터 거슬러 올라가야 합니다.

러시아 전체 운동 선수 가운데 5%가 PED를 복용하고 있으니까 선수 400명 있다면 그 중 20명이 PED 복용자입니다. 반대로 380명은 PED와 무관합니다.

도핑 검사 정확도가 95%입니다. 그러면 PED 복용자 20명 가운데 19명은 도핑 양성 반응을 보이겠지만 그 중 한 명은 음성 판정을 받을 겁니다. 마찬가지로 PED와 무관한 380명 가운데서도 361명은 음성 판정을 받을 테지만 19명은 억울하게 양성 판정이 나오게 됩니다.

요컨대 양성 판정을 받은 건 총 38명인데 이 중에서 실제로 PED 복용자는 19명뿐입니다. 따라서 정확도가 95%인 검사 결과 양성 판정을 받았지만 실제로 이 선수가 PED 복용자일 확률은 50%밖에 되지 않는 겁니다.

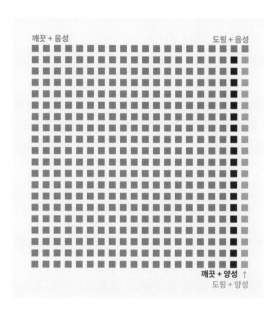

투수 유형을 예측할 때도 우리는 처음에 던진 공을 보고 거슬러 올라가 이 투수가 A, B, C 유형에 속할 확률을 계산했습니다. 이렇게 역순으로 확률을 계산하기 때문에 베이즈 확률을 '베이즈 역확률(inverse probability)'이라고 부르기도 합니다.

여기서 또 한 가지 눈여겨 봐야 하는 건 PED 복용 여부에 따라 양성 판정이 나오는 비율 차이입니다. 실제로 PED를 복용 중인 선수가 양성 판정을 받을 확률은 95%이고, PED와 무관한 선수가 양성 판정을 받을 확률은 5%입니다.

그러면 PED 복용 선수가 양성 판정을 받는 일이 PED와 무관한 선수가 양성 판정을 받는 일보다 19배 많이 일어난다고 할 수 있습니다.

베이즈 통계학에서는 이 값을 '가능도(likelihood) 비율' 또는 '우도(尤度) 비율'이라고 부릅니다. 비율에서 비(比)만 남겨서 가능도비, 우도비라는 표현도 씁니다.

만약 검사 정확도가 99%로 올라가면 어떻게 될까요? 그러면 가능도비가 99까지 올라갑니다. 검사 정확도가 99.9%가 되면 가능도비는 999가 됩니다. 4% 포인트 차이가 그저 4% 포인트 차이가 아니고 0.9% 포인트 차이가 0.9% 포인트 차이가 아닌 겁니다.

18.5 베타 분포

앞에서 우리는 속구 비율에 따라 투수 종류를 그저 A, B, C 세 유형으로 구분하고 임의로 각 유형에 속할 확률이 3분의 1이라고 가정했습니다. 또 도핑 사례에서 전체 선수 가운데 5%가 PED를 복용하고 있다는 것 역시 그저 가정일 뿐이었습니다. 만약 실제로 1%가 PED를 복용 중이라면 95% 정확도 검사에서 도핑 양성 반응이 나왔다고 해도 실제로 이 선수가 PED 복용자일 확률은 9.6%밖에 되지 않습니다.

이렇게 사전 확률을 특정하기가 쉽지 않기 때문에 베이즈 통계학에서는 아래 수식을 확률 밀도 함수로 하는 '베타분포'를 사전분포로 활용하는 일이 많습니다.

$$f(x; \alpha, \beta) = \frac{\Gamma(\alpha + \beta)}{\Gamma(\alpha)\Gamma(\beta)} x^{\alpha-1} (1-x)^{\beta-1}$$

언제나 그랬듯 확률 밀도 함수를 보여 드리는 건 어디선가 이런 수식을 발견했을 때 '아, 이게 베타 분포구나!' 하고 짐작하시라는 의미이지 다른 뜻은 없습니다.

위에 있는 수식에서 보는 것처럼 베타분포를 그리려면 알파(α)와 베타(β)라는 모수 두 개가 필요합니다. 두 값 모두 0보다 커야 합니다. 베타 분포는 두 모수에 어떤 값을 주느냐에 따라 그래프 모양이 아주 다이나믹하게 변합니다.

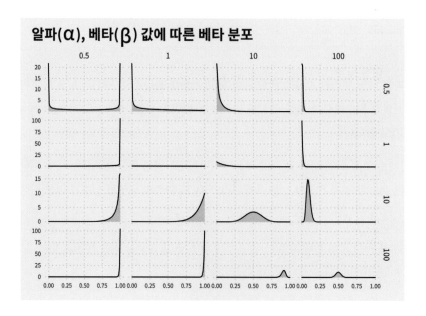

그래프 여러 개를 한꺼번에 그리다 보니까 잘 눈에 띄지 않지만 α = 1, β = 1인 베타분포는 그냥 y = 1인 평행선입니다. 또 베타분포는 α, β가 서로 비슷하게 커지면 정규분포와 점점 닮아가는 특징이 있습니다. 이렇게 다양한 모양으로 나타나기 때문에 베타분포를 사전분포로 설정하는 겁니다.

18.6 경험적 베이즈 추정

그러면 실제로 이 베타분포를 어떻게 활용하는지 타율을 가지고 알아보겠습니다. 타율은 '타수당 안타 확률'이니까 타율 분포를 알아보는 작업 역시 확률의 확률을 다루는 작업이라고 할 수 있습니다.

먼저 1982~2020년 프로야구에서 타자로 단 한 경기라도 출전한 선수들 연도별 타석, 타수, 안타 기록이 들어 있는 'kbo_batting_bayesian.csv' 파일을 불러옵니다.

```
'kbo_batting_bayesian.csv' %>%
  read.csv() %>%
  as_tibble() -> kbo_batting

kbo_batting %>%
  glimpse()
## Rows: 8,837
## Columns: 6
## $ name <chr> "이호준", "김응국", "이호준", "최정", "최정", "김응국", "김성한", "이호준", "김응국", "...
## $ code <int> 94629, 88510, 94629, 75847, 75847, 88510, 82612, 94629, 88510,...
## $ year <int> 2004, 1999, 2003, 2012, 2013, 1996, 1989, 2013, 1991, 2012, 20...
## $ tpa  <int> 578, 555, 554, 553, 525, 518, 513, 508, 504, 504, 502, 500, 49...
## $ ab   <int> 497, 481, 473, 474, 434, 446, 414, 442, 436, 426, 430, 424, 44...
## $ h    <int> 139, 141, 137, 142, 137, 143, 116, 123, 131, 128, 114, 115, 12...
```

한 시즌에 250타석 이상 들어선 타자 기록만 따로 골라내 kbo_batting_250 객체에 넣고 히스토그램까지 그려보겠습니다.

```
kbo_batting %>%
  filter(tpa >= 250) %>%
  mutate(avg = h / ab) -> kbo_batting_250

kbo_batting_250 %>%
  ggplot(aes(x = avg)) +
  geom_histogram(aes(y = ..density..),
                 fill = 'gray75',
                 color = 'white',
                 bins = 30)
```

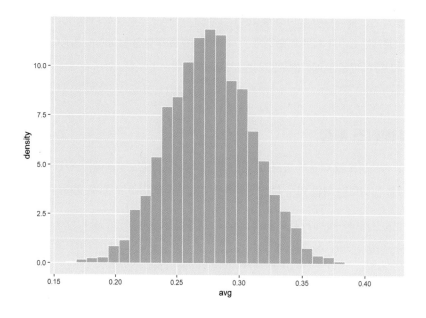

많은 야구팬이 대충 짐작하고 있을 바로 그 모양입니다. 이 모양과 닮은 베타 분포를 그리려면 알파와 베타에 어떤 값을 집어 넣어야 할까요?

원래는 이 역시 복잡한 계산 과정이 따르지만 MASS[78] 패키지에 들어 있는 fitdistr() 함수를 쓰면 그 값을 알 수가 있습니다.

먼저 패키지를 설치하고 불러오는 과정을 진행하고, 아래처럼 코드를 쓰면 가장 알맞은 α(shape1), β(shape2) 값을 계산해 알려줍니다.

```
pacman::p_load(MASS)

kbo_batting_250 %>%
  pull(avg) %>%
  fitdistr(dbeta, start = list(shape1 = 1, shape2 = 1))
## Warning in densfun(x, parm[1], parm[2], ...): NaNs produced
## Warning in densfun(x, parm[1], parm[2], ...): NaNs produced

## Warning in densfun(x, parm[1], parm[2], ...): NaNs produced

## Warning in densfun(x, parm[1], parm[2], ...): NaNs produced

## Warning in densfun(x, parm[1], parm[2], ...): NaNs produced

## Warning in densfun(x, parm[1], parm[2], ...): NaNs produced
```

[78] 여기서 MASS는 'Modern Applied Statistics with S'를 줄인 말입니다. R 언어가 S 언어에 뿌리를 두고 있기에 이런 이름이 붙은 패키지가 남아 있는 겁니다.

```
## Warning in densfun(x, parm[1], parm[2], ...): NaNs produced

## Warning in densfun(x, parm[1], parm[2], ...): NaNs produced
##       shape1        shape2
##    47.078845    123.279501
##  (  1.261037) (   3.312992)
```

이 과정에서 에러 메시지가 나오는 건 MASS 패키지에도 select() 함수가 있어서 dplyr::select() 함수와 충돌하기 때문입니다. 지금은 α, β 결과만 알아내면 되기에 큰 문제가 없지만 MASS 패키지와 dplyr 패키지를 함께 쓰고 싶을 때는 이 점을 조심해야 합니다.

필요한 함수(dbeta)와 start라는 옵션을 입력하는 데서 짐작할 수 있듯이 fitdistr() 함수는 분포별로 확률 밀도 함수를 계산하는 함수에 여러 값을 넣어서 계산을 한 다음에 우리 데이터와 가장 잘 맞는 결과를 도출해 주는 역할을 합니다.

이 값을 가지고 베타분포를 그려서 앞서 그린 히스토그램에 얹어 보면 제법 잘 맞아 떨어지는 걸 확인할 수 있습니다.

```
kbo_batting_250 %>%
  ggplot(aes(x = avg)) +
  geom_histogram(aes(y = ..density..),
                 fill = 'gray75',
                 color = 'white',
                 bins = 30) +
  geom_function(
    fun = dbeta,
    args = list(shape1 = 47, shape2 = 123),
    color = '#53bfd4',
    lwd = 1.25
  )
```

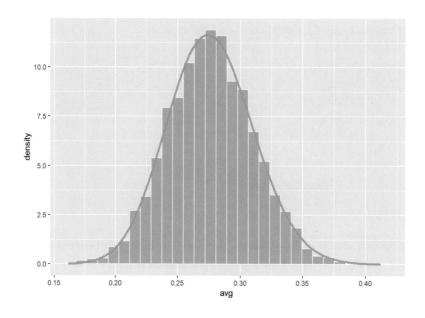

이 α, β 값은 또 한 가지 재미있는 구실을 합니다. 한 번 $\frac{\alpha}{\alpha+\beta}$를 계산해 볼까요?

```
47 / (47 + 123)
## [1] 0.2764706
```

그러면 0.276이 나옵니다. $\frac{\alpha}{\alpha+\beta}$는 베타분포에서 기댓값을 계산하는 공식입니다. 우리 데이터(타율) 평균을 계산해 보면

이 값과 거의 똑같은 결과가 나온다는 사실을 알 수 있습니다.

```
kbo_batting_250 %>%
  pull(avg) %>%
  mean()
## [1] 0.2763574
```

이렇게 α, β 값을 계산하고 나면 두 값을 활용해 사후 확률을 계산할 수 있습니다. 예를 들어 사후 타율을 계산하는 공식은 이렇게 쓸 수 있습니다.

$$\frac{안타 + \alpha}{타수 + \alpha + \beta}$$

이 장 처음에 나왔던 로하스는 109타수 동안 45안타를 쳐서 타율 0.413을 기록 중이었습니다. 로하스의 사후 타율을 계산해 보면 어떻게 될까요?

```
(45 + 47) / (109 + 47 + 123)
## [1] 0.3297491
```

약 0.330으로 남은 시즌 타율이었던 0.333과 큰 차이가 없다는 사실을 알 수 있습니다. 로하스가 특별히 타격 슬럼프에 빠진 게 아니라도 해도 타율이 이 정도로 떨어지는 게 이상한 일은 아니었던 겁니다.

이렇게 과거 데이터를 바탕으로 사전 분포를 만든 다음 사후 확률을 추정하는 작업을 '경험적 베이즈 추정'(Empirical Bayes Estimation)이라고 부릅니다.

18.7 베이즈 통계 소개가 벌써 끝난다고?

물론 베이즈 통계학적인 접근법을 통해서도 t-검정, 분산분석(ANOVA)이나 회귀 모형 등에 대해서 접근할 수 있습니다. 그런데 짐작하는 것처럼 이 내용을 전부 소개하려면 빈도주의 관점에서 설명했던 것 정도 되는 분량이 또 필요합니다. 아니, 그 이상이 필요할 거라고 89.6% 정도 확신합니다.

이 이상 궁금한 분이 있다면 BayesFactor[79] 패키지를 찾아보기를 추천해 드립니다. 그러고도 갈증이 풀리지 않는다면 서점 등에서 베이즈 통계학에 기반한 R 교재를 찾아보면 궁금증 해소에 도움이 될 겁니다. 그래도 궁금증이 풀리지 않는다면 영진닷컴에 "황규인 버전으로 '최대한 친절하게 쓴 R 베이즈 통계'를 출판하라"고… 네, 마지막은 그냥 흰소리였습니다.

---

[79] https://richarddmorey.github.io/BayesFactor/

"모든 모형은 틀렸다, 그러나 몇 개는 쓸 만하다
(All models are wrong, but some are useful)."

– 조지 박스 '과학과 통계학' –

축하드립니다. 합격입니다. 여러분이 꿈에 그리던 데이터 과학 수동 운전 면허 획득에 성공하셨습니다.

여전히 확률 밀도 함수는 외계어처럼 보이고, 어떤 확률 분포를 언제 쓰는지 헷갈리겠지만, 그래도 여기가 우리가 이 책을 처음 시작할 때 도달하고자 했던 목적지입니다. 원래 운전 면허증은 '이제 운전을 다 배웠다'고 주는 게 아니라 '이제부터 진짜로 운전을 배워보라'고 주는 겁니다.

사실 의사결정 나무, 랜덤 포레스트, K-평균 군집(clustering) 분석, 주성분 분석(PCA), 나이브 베이즈 분류, 인공 신경망을 다루는 내용까지 원고 작성을 모두 마친 상태입니다. 이것 말고도 세상에 존재하는 통계적 검정 기법, 머신러닝 알고리즘은 차고 넘칩니다.

그런데 우리가 운전을 할 줄 안다는 건 생전 처음 본 차 운전대를 잡고도 평생 한 번도 가보지 않은 길을 갈 줄 알게 된다는 뜻입니다. 이 책을 잘 따라왔다면 이 책에서 미처 다 소개하지 못한 각종 검정 기법이나 머신러닝 알고리즘을 활용해 모형을 구축할 때 어떻게 접근해야 하는지 짐작하게 됐으리라고 믿습니다.

가장 기본은 △표본(추출) △신뢰구간 △회귀 이렇게 세 가지입니다. 표본을 추출해 시뮬레이션을 진행하면 어떤 분포가 나오고, 그 분포를 이용해 특정한 신뢰구간에서 가설이 맞는지 아닌지 검정하는 게 결국 기본 데이터 분석 프로세스니까요. 그리고 이때 사용하는 각종 분포는 결국 거슬러 올라가면 회귀와 만나게 되어 있습니다.

여기서 끝이 아닙니다. 회귀는 머신러닝으로 가는 '톨게이트'로, 머신러닝 끝에는 인공지능이 자리잡고 있다고 할 수 있습니다. 사람들이 '있어 보이는 것'에 관심을 기울이는 건 너무 당연한 일이지만 첫 걸음을 제대로 떼지 못하면 결국 엉뚱한 곳에 도달하게 마련입니다. 이 책에서 원리를 설명하는 데 초점을 맞춘 이유이기도 합니다.

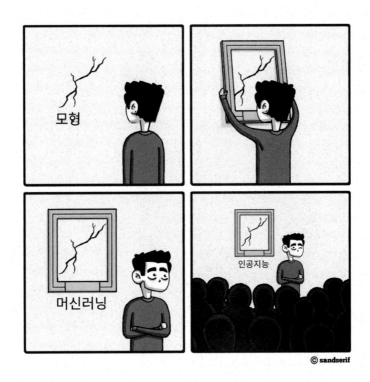

이 책에서는 '숫자 데이터'에만 초점을 맞췄지만 R 표준어는 물론 tidyverse 사투리를 통해서도 다양한 데이터 분석이 가능합니다. '깔끔하게' 텍스트 분석을 하고 싶을 때는 tidytext 패키지[80], 사회관계망분석(SNA)을 해보고 싶으실 때는 tidygraph 패키지[81]를 찾아보면 도움이 될 겁니다.

페이스북을 사용하고 계시다면 'Tidyverse Korea 그룹'[82]에서 tidyverse에 대해 궁금한 거의 모든 문제에 대한 해답을 들을 수 있습니다. (혹시 오해할까 밝히면 저는 이 그룹과 무관합니다.)

만약 이 그룹에서 해결법을 찾지 못했거나 기타 다른 이유로 도움을 받을 다른 곳이 필요할 때는 '스택 오버플로우'(stack overflow)[83]를 이용하는 게 정석입니다. 이 개발자 커뮤니티는 사실 R뿐만 아니라 거의 모든 프로그래밍 언어에 대한 '지식in'이라고 할 수 있습니다.

80 www.tidytextmining.com 또는 kuduz.tistory.com/1090
81 tidygraph.data-imaginist.com 또는 kuduz.tistory.com/1087
82 www.facebook.com/groups/tidyverse
83 www.stackoverflow.com/

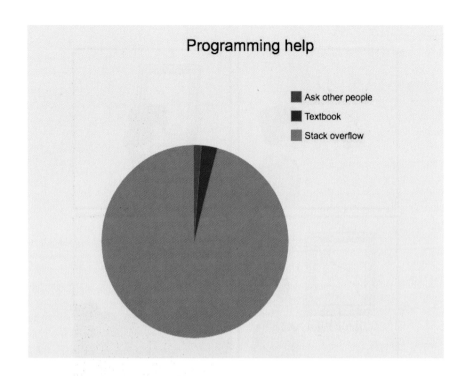

R이 출력한 에러 메시지를 구글 검색창에 입력하면 이 사이트로 연결하는 일이 많을 겁니다. 내가 궁금해 하는 건 이미 누군가 궁금해 했을 확률이 그만큼 높다는 뜻입니다. 그렇게 다들 차근차근 하나씩 하나씩 알아가는 겁니다.

모쪼록 이 책이 도움이 되는 확률이 늘어나는 방향으로 베이즈 갱신을 진행할 수 있기를 바라면서 이만 글을 마칩니다. 'R 실전 회화'에도 성공하기를 기원합니다. 지금까지 읽느라 정말 고생 많으셨습니다.

1판 1쇄 발행 2021년 7월 14일

저　　자 | 황규인
발 행 인 | 김길수
발 행 처 | ㈜영진닷컴
주　　소 | ㈜08507 서울 금천구 가산디지털1로 128
　　　　　 STX-V타워 4층 영진닷컴 기획1팀
등　　록 | 2007. 4. 27. 제16-4189호

©2021. ㈜영진닷컴

ISBN | 978-89-314-6550-1

YoungJin.com **Y.**
영진닷컴

영진닷컴
프로그래밍 도서

영진닷컴에서 출간된 프로그래밍 분야의 다양한 도서들을 소개합니다.
파이썬, 인공지능, 알고리즘, 안드로이드 앱 제작, 개발 관련 도서 등 초보자를 위한 입문서부터
활용도 높은 고급서까지 독자 여러분께 도움이 될만한 다양한 분야, 난이도의 도서들이 있습니다.

스마트 스피커
앱 만들기

타카우마 히로노리 저 | 336쪽
24,000원

호기심을 풀어보는
신비한 파이썬
프로젝트

LEE Vaughan 저 | 416쪽
24,000원

나쁜 프로그래밍
습관

칼 비쳐 저 | 256쪽
18,000원

유니티를 이용한
VR앱 개발

코노 노부히로, 마츠시마 히로키,
오오시마 타케나오 저 | 452쪽
32,000원

하루만에 배우는
안드로이드 앱 만들기
2nd Edition

서창준 저 | 272쪽
20,000원

퍼즐로 배우는
알고리즘
with 파이썬

Srini Devadas 저 | 340쪽
20,000원

돈 되는
안드로이드
앱 만들기

조상철 저 | 512쪽
29,000원

IT 운용 체제 변화를 위한
데브옵스 DevOps

카와무라 세이고, 기타노 타로우,
나카야마 타카히로 저
400쪽 | 28,000원

게임으로 배우는
파이썬

다나카 겐이치로 저 | 288쪽
17,000원

멀웨어 데이터 과학
: 공격 탐지 및 원인 규명

Joshua Saxe, Hillary Sanders 저
256쪽 | 24,000원

바닥부터 배우는
강화 학습

노승은 저 | 304쪽
22,000원

유니티를 몰라도 만들 수 있는
유니티 2D 게임 제작

Martin Erwig 저 | 336쪽
18,000원